MA
VIE MILITAIRE

1800-1810

PAR

J. CHEVILLET

Trompette au 8e régiment de chasseurs à cheval.

PUBLIÉE D'APRÈS LE MANUSCRIT ORIGINAL

PAR

GEORGES CHEVILLET

Petit-fils de l'auteur.

AVEC UNE PRÉFACE

PAR

HENRY HOUSSAYE

de l'Académie Française.

PARIS

LIBRAIRIE HACHETTE ET Cie

79, BOULEVARD SAINT-GERMAIN, 79

1906

MA VIE MILITAIRE

1800-1810

Dix Ans de Service

A L'École de L'Expérience

ou

Ma Vie Militaire.

Rédigée par Chevillet fils, après son Retour de l'armée. —

A Pontoise, année 1811 —

Le Tout Écrit de sa main Gauche.

MA VIE MILITAIRE

1800-1810

PAR

J. CHEVILLET

Trompette au 8ᵉ régiment de chasseurs à cheval.

PUBLIÉE D'APRÈS LE MANUSCRIT ORIGINAL

PAR

GEORGES CHEVILLET

Petit-fils de l'auteur.

AVEC UNE PRÉFACE

PAR

HENRY HOUSSAYE

de l'Académie Française.

PARIS

LIBRAIRIE HACHETTE ET Cⁱᵉ

79, BOULEVARD SAINT-GERMAIN, 79

—

1906

PRÉFACE

Dans ces Mémoires militaires, la poudre ne parle pas toujours. En dix ans, trois batailles rangées et une douzaine de combats et d'escarmouches ce serait beaucoup pour un soldat de la France d'à présent. C'était peu pour un soldat de la Grande Armée. Le trompette Chevillet assista à la mémorable reddition d'Ulm, il chargea à la Piave, à Raab, à Wagram ; mais il ne vit ni Austerlitz, ni Auerstaedt, ni Iéna, ni Pultusk, ni Eylau, ni Heilsberg, ni Friedland. Et, à en juger par l'esprit aventureux et l'âme vaillante que nous révèlent ses *Souvenirs,* on ne peut douter qu'il ne l'ait regretté. Il a des paroles qui ne mentent pas.

Que Chevillet, d'ailleurs, n'ait point écrit une relation suivie des batailles gagnées par Napoléon, je n'y vois aucun dommage. Tant d'autres témoins les ont racontées ! Je préfère qu'il nous retrace la vie des troupes en garnison, en marche et en cantonnement , qu'il nous renseigne sur l'administration et la discipline des corps, qu'il nous dise comment les soldats français se comportaient dans les pays occupés. Sans doute, il y avait déjà sur

tout cela bien des révélations et bien des aperçus,
mais épars en d'innombrables récits de campagnes.
Chez Chevillet, tous ces détails forment un ensemble. On pénètre dans l'existence journalière
des soldats; ils sont peints au naturel jusques en
leurs « espiègleries », selon l'expression du narra-
teur. C'est la raison pourquoi les *Souvenirs* de
Chevillet sont un document vraiment nouveau et
auront une place spéciale parmi les **Mémoires
militaires**.

Je laisse la parole au brave trompette du 8e régiment de chasseurs. Je ne veux point par un sec
résumé déflorer son récit. Il me semble qu'il y a
mieux à faire.

A Wagram, Chevillet eut un bras brisé par un
éclat d'obus. Il dut quitter l'armée. Il a laissé
quelques pages sur sa vie à dater de sa rentrée
dans ses foyers. Ce sont ces pages qui faute de
place n'ont pu être imprimées dans ce volume,
déjà très compact, que je crois intéressant — et
utile — de faire connaître.

En 1810, Chevillet se trouvait donc à vingt-
quatre ans amputé du bras droit. Il aurait pu entrer
aux Invalides, mais, si jeune, il rêvait une existence
moins monotone et plus libre que celle qui l'attendait à l'hôtel ou, pis encore, dans les succursales
de Louvain ou d'Avignon. « A cette époque, dit-il,
on considérait et on favorisait beaucoup les militaires qui s'étaient sacrifiés au service de la patrie.
Comme j'étais de ce nombre, je sollicitai un
emploi. » Presque aussitôt sa demande faite, Chevillet fut nommé garde champêtre de Saint-Ouen,

puis, peu après, brigadier des gardes champêtres du canton de Pontoise.

Avec sa petite solde de retraite, la dotation de 500 francs que l'Empereur lui avait donnée comme blessé de Wagram, et ses appointements, Chevillet avait plus de 1200 francs par an. Il remplissait ses fonctions avec plaisir et partant avec zèle, « méritant dans l'étendue de ses attributions, l'estime de l'administration, des cultivateurs, de ses collègues, et de tous les honnêtes gens ». Comme il avait appris à écrire de la main gauche, il avait aussi appris à tirer le fusil avec cette unique main, et « il se distinguait dans les parties de chasse »· Enfin, cet ex-trompette du 8ᵉ chasseurs avait conservé, devenu garde champêtre, les goûts et les façons d'un cavalier léger ; et, pas plus qu'en Italie et en Moravie, les bonnes fortunes ne lui manquèrent dans le canton de Pontoise. « Jamais, écrit-il, je n'avais été aussi heureux. »

Mais les mauvais jours vinrent pour la France, pour l'Empereur et pour l'humble Chevillet. Quoique manchot, celui-ci ne crut pas devoir continuer à garder pacifiquement les bois et les champs des propriétaires ruraux tandis que le canon tonnait en Champagne. Dès la fin de janvier 1814, il s'engagea à Versailles dans une compagnie franche qui fut dirigée sur Orléans et licenciée là, deux mois plus tard, sans même avoir été armée. En route pour venir reprendre à Pontoise son service de garde champêtre, Chevillet fit, dans la forêt de Cercottes, l'heureuse rencontre d'un Cosaque qu'il allégea d'une ceinture pleine d'écus.

« Cela, dit-il, me dédommagea de mes frais de voyage. » Chevillet avait peu de scrupules envers les Cosaques, mais je crois bien qu'en ce temps-là je n'en aurais pas eu plus que lui.

Chateaubriand a dit dans les *Mémoires d'Outre-tombe* qu'en 1814 « les membres de l'ancienne famille royale étaient aussi inconnus de la France que les enfants de l'Empereur de la Chine ». Les *Souvenirs* du brave Chevillet confirment, sur ce point, les *Mémoires* du grand écrivain royaliste. « Né dans le commencement de la Révolution, écrit-il, je passai ma tendre jeunesse à travers ses orages, sans connaissance de ses causes. Je n'avais jamais connu ni entendu parler de la famille royale ni de ses adhérents. J'avais toujours ignoré leur existence et leurs prétentions. C'est pourquoi je ne m'imaginais pas qu'il dût y avoir un nouvel ordre de choses, lorsque les grands événements de 1814 et de 1815 vinrent se succéder vigoureusement pour refondre l'esprit et les principes de la nation française. »

Chevillet connut la douceur du nouvel ordre de choses par la suppression de sa dotation, ou plutôt par une interruption de paiement qui devait se prolonger jusqu'en 1821. Du moins, il fut maintenu d'abord dans ses fonctions de garde champêtre. Là, pendant la longue et cruelle occupation de 1815, sa connaissance de l'allemand, sa fermeté et son habileté rusée l'aidèrent à rendre de sérieux services à la ville et aux communes voisines. Il servait d'interprète, vérifiait et discutait les ordres de réquisition, faisait parfois entendre raison aux officiers prussiens, résistait aux pillards isolés, mettant au clair, s'il le fallait, son sabre de garde champêtre. Il protégea des maisons et des fermes ; un jour, il s'employa si bien en faveur du sous-préfet de Pontoise Garnier, menacé de déportation en Silésie, qu'il réussit à le sauver.

Au commencement de 1816, l'administration royale reconnut les services de Chevillet ne le révoquant. « C'était un malheur, dit-il philosophiquement, d'avoir servi l'Empereur ! » Le voici destitué, privé de sa dotation, réduit à sa petite solde de retraite. Il adressa une demande au ministre de la Guerre afin d'entrer aux Invalides. On lui répondit qu'il fallait un certificat de bonne conduite et de dévouement au roi. Le nouveau sous-préfet et le nouvau maire de Pontoise lui refusèrent ces certificats. Chevillet trouva un emploi de porteur de contraintes. Mais dans ces régions, ruinées par les extorsions et les ravages des Alliés, il y avait tant de contraintes à faire tenir aux contribuables, qu'en moins de six mois, Chevillet, qui avait cependant fait de rudes campagnes, fut complètement fourbu. Un refroidissement l'acheva. Il dut s'aliter et renoncer à son petit emploi.

Guéri de sa fluxion de poitrine mais non point de cette maladie, trop souvent incurable, qui s'appelle le manque d'argent, Chevillet trouva à s'employer pour l'été de 1817 comme garde de moissons. C'était une ressource de courte durée. Mais Chevillet n'était ni d'un âge ni d'un caractère à perdre courage. Il se découragea si peu que cette même année il épousa une jeune fille de dix-huit ans, nommée Louise Dumortier. Les parents de celle-ci, cultivateur aisés, ne s'opposèrent pas au mariage, « parce que, nous dit Chevillet, à l'âge qu'elle avait, les filles sont plus à charge qu'à profit ». Du moins, ils s'épargnèrent de la doter, et un oncle qui devait lui donner une dot de 1 500 francs conserva cet argent, disant que le mariage de sa nièce avec un brigand de bonapartiste ne lui convenait point.

Chevillet entra en ménage avec cinquante-sept francs pour tout avoir. C'était plus que les cinq sous de la chanson, mais ce n'était guère tout de même. « Nous trouvâmes le temps un peu dur, écrit Chevillet. Nous avions bien notre tendresse pour nous dédommager, et, ce serait le cas de faire des réflexions sentimentales sur le bonheur que goûtaient deux époux bien unis en vivant de pain sec, d'eau claire et d'amour. »

L'amour dura, mais le pain sec et l'eau claire n'eurent qu'un temps. Chevillet entra comme receveur-adjoint à l'octroi de Pontoise. L'année d'après, l'oncle revint de ses prétentions contre l'ancien soldat de Bonaparte et donna la dot promise. En 1821, enfin, une loi affecta aux dotataires de l'Empire une rente perpétuelle sur le Grand Livre. Chevillet reçut de ce fait une rente de 250 francs en remplacement de la dotation de 500 francs qui avait cessé de lui être payée depuis 1814. Avec cette rente, sa solde de retraite, les intérêts de la dot de sa femme et ses appointements à l'octroi, Chevillet eut pour vivre 1 100 ou

1 200 francs. Il se serait estimé riche s'il avait été seul avec sa femme, mais des enfants étaient nés. De 1817 à 1836, Mme Chevillet eut huit enfants dont six vécurent.

Au temps où il chevauchait par l'Europe, ardent à prendre de la vie militaire d'alors tout ce qu'elle pouvait donner de bonnes aubaines et de bonnes fortunes, et n'ayant d'attention sérieuse que « pour les amis et les ennemis qu'il fallait combattre », le trompette Chevillet ne se doutait pas qu'il eût le cœur d'un père de famille. Cela était pourtant. Son Journal où il prend grand soin de noter la naissance de chacun de ses enfants, et d'accompagner cette mention de courtes réflexions, nous renseigne à cet égard : « 4 novembre 1819. Ma femme donne le jour à une belle petite fille qu'on nomme Louise comme sa mère. Pour comble de bonheur, à cette époque je reçus de notre digne oncle, le curé de Magny, la dot qu'il avait différé de me remettre. » — « 12 septembre 1824. Ma femme m'a encore rendu père en donnant le jour à un beau petit garçon, bien façonné et bien portant. J'éprouvai un grand contentement à la naissance de mon fils et je voyais dans cet événement comme un bienfait de la Providence. Que Dieu veuille me le conserver et me donner assez de jours pour l'élever et en faire un homme utile à la patrie et à la société. » — « 16 juin 1826. Ma femme a donné le jour à un autre petit garçon, que nous avons nommé Léon, ange qui vient augmenter notre famille. » Ici Chevillet fait cette remarque où il n'y a d'ailleurs nulle amertume : « C'est dommage que la fortune ne vienne pas avec les enfants, car nous avons des dispositions à les bien élever. »

Poursuivons ce dénombrement de nouveau-nés : « 7 mars 1828. Ma femme me fit encore papa d'un joli petit garçon que nous avons nommé Jules. Il vient ainsi que les autres augmenter les charges de notre ménage. Quatre enfants sont suffisants pour donner de l'embarras et du tourment à un père et à une mère qui désirent bien faire leur devoir et les élever convenablement, et dont les ressources sont bornées. Mais pourvu que la Providence nous préserve de grands malheurs nous sommes heureux dans notre honnête médiocrité. » — « 3 septembre 1830. Mon épouse me fit encore cadeau d'un joli petit garçon que nous avons nommé Eugène. Nous nous disons : quand on a déjà le tourment de quatre enfants, un cinquième ne fait pas un grand surcroît. Tout se confond ensemble, et il s'élèvera avec les autres. Nous n'avons de l'inquiétude que quand le pain vient cher, car nos moyens d'existence n'augmentent pas. » — « 2 décembre 1830. La mort nous enlève notre petit Léon, le plus jeune de nos petits garçons. Il nous laisse beaucoup de regrets, car cet enfant était intéressant et promettait beaucoup. » — « 20 septembre 1832. Ma femme me fit encore papa d'une jolie petite fille toute mignonne que je nommai Hélène. Ma petite Hélène vient faire le nombre *cinq* de mes enfants. J'espère qu'elle sera la dernière. » Mais ce souhait qui échappe au brave Chevillet, dans son inquiétude

bien légitime de ne pouvoir suffire à tant de charges, ne l'empêchera pas, comme on va le voir, de
très bien accueillir un sixième enfant :

« 6 nov. 1834. Ma femme accouche encore d'une
jolie petite fille bien vivante, bien portante qui fut
nommée Clémence et qui vient faire le nombre
six de mes enfants... Nous pensions bien l'élever
comme les autres. Moi et ma femme sommes cou-
rageux. Avec de la patience on vient à bout de tout ;
mais le destin en ordonna autrement. Une mauvaise maladie, que le médecin nomma gastro-
entérite, nous enleva notre petite Clémence le 21
mai 1835. Il nous fut impossible de la sauver.
Cette perte nous fut très sensible. » — « 10 avril
1836. Ma femme me fit encore papa d'une petite
fille que nous avons nommée Pauline et qui vient
remplacer notre Clémence. Puisque notre destinée veut que nous élevions six enfants, qu'elle
vive comme les autres pour nous tourmenter. Nous
leur ferons tout le bien que nous pourrons. La
Providence fera le reste. »

Afin d'aider la Providence, qui ne donnait toujours que 1 200 francs pour huit bouches à nour-
rir, Mme Chevillet ouvrit à Pontoise une petite
boutique de lingerie. Pour Chevillet, il employait
à l'instruction de ses enfants le peu de temps
que lui laissait son service à l'octroi. « Je suis
leur maître d'école, dit-il. J'en ai la patience
et j'en vaux bien un autre que je paierais. Je
les commence par les premiers éléments... Je
mourrai heureux si je vois mes enfants s'élever
avec de bonnes dispositions. Qu'ils suivent mes

traces comme j'ai suivi celles de mon père. Je leur recommande surtout de toujours se comporter avec honneur et probité, de chérir leur patrie, de la bien servir et, au besoin, de la défendre contre ses ennemis. »

Chevillet avait trop peiné. Il vieillit vite. A quarante-neuf ans, il dut quitter le bureau de l'octroi, son écriture devenant tremblée et incertaine. (On s'en aperçoit aux dernières pages de son manuscrit.) On lui rendit l'emploi de garde champêtre qu'il avait exercé de 1810 à 1815. « C'est, dit-il, le métier qui me convient le mieux. » Mais il ajoute avec mélancolie : « Malheureusement je n'ai pas la même activité qu'il y a vingt ans... Les années se passent en travaillant à élever notre famille. Nous sommes heureux autant qu'on le peut être dans notre modeste position. Nous avons la paix du cœur. » Ce sont les dernières lignes de son manuscrit.

Chevillet mourut le 2 février 1837. Lui-même avait rédigé son épitaphe :

EN PLACE! REPOS!
VÉTÉRAN DE L'ANCIENNE ARMÉE
J'AI ASSEZ VÉCU POUR MA PATRIE QUE J'AI BIEN SERVIE
MAIS PAS ASSEZ POUR ÉLEVER MES ENFANTS
LA PROVIDENCE FERA LE RESTE

CHEVILLET

Dans les Commentaires des soldats, comme j'ai appelé jadis ces sortes de Mémoires, on se plaît à lire les aventures de guerre, les récits de batailles, de marches et de gîtes d'étapes. Mais ce qui en fait l'intérêt supérieur, c'est que l'on y trouve les éléments de la psychologie des armées. Tandis que les généraux, préoccupés seulement des résultats, racontent et raisonnent en stratèges et en politiques, les Coignet, les Fricasse, les Dupuy, les Briquart, les Belot, les Bourgogne, les Marquand, expriment les sentiments et l'opinion de la plèbe à épaulettes de laine, de la multitude en armes. C'est Monsieur Tout le Monde, *Herr Omnes,* qui fait entendre ses murmures et ses vivats.

Chevillet tient bien sa partie dans ce chœur des soldats. Mais, au contraire de ses camarades, il a continué d'écrire ses Mémoires après avoir quitté le service. Les dernières pages de son manuscrit sont ainsi un document des plus précieux. Elles complètent la physionomie du soldat impérial ; elles apprennent comment il se comportait le plus souvent quand il rentrait dans ses foyers ; elles prouvent qu'il n'y devenait pas un déclassé, un fainéant ou un conspirateur comme trop de gens se l'imaginent ; elles témoignent enfin qu'il portait dans la vie civile l'esprit de devoir pris au régiment.

HENRY HOUSSAYE.

PREMIÈRE PARTIE

DEPUIS MON ENTRÉE AU RÉGIMENT
JUSQU'A MON PASSAGE DU RHIN A MAYENCE

Mon origine. — Mon gout militaire. — Mon séjour a l'École
de Versailles.

Versailles, le 10 mars 1800.

Voici, mon ami, la première lettre que je t'écris. Je dois, avant de commencer la correspondance qui va s'établir entre nous, te dire quelque chose sur mon origine.

Je suis un enfant de troupe.

Je naquis, en 1786, à la Fère, en Picardie, département de l'Aisne, où mon père était alors au service dans le régiment de Grenoble-Artillerie.

Ma mère était fille d'un honnète brasseur de bière de Douay, en Flandre, département du Nord. Elle suivit mon père dans toutes ses pérégrinations.

J'ai été élevé au milieu des hasards et des vicissitudes de la vie.

Je parvins ainsi à l'âge de 14 ans, parmi les orages de la révolution, après avoir reçu une petite éducation de campagne à Franconville, puis à Magny (Seine-et-Oise) où mon père avait été envoyé en résidence comme gendarme à cheval. Il voulut me faire apprendre un état et m'en laissa le choix ; mais de tous les états qu'il me fit valoir, aucun ne me convenait. Il s'était aperçu que j'avais un penchant pour le maniement des armes, par l'usage que je faisais souvent malgré lui des siennes ; je lui déclarai naïvement que c'était

1

l'état militaire que je préférais : alors mon père m'approuva et me seconda dans mes dispositions.

Je fus donc proposé et accepté dans une École nationale établie à Versailles, pour y être instruit aux divers exercices comme tous les élèves qui s'y trouvaient.

Me voilà donc à Versailles au gré de mes désirs ; c'est alors, mon ami, que je vais avoir du plaisir à te dire combien je suis content ; je suis déjà habillé en uniforme militaire, je monte la garde et je suis déjà fier quand je suis en faction, j'emploie bien mon temps et je profite de l'instruction que l'on me donne, j'apprends la musique, à jouer de la clarinette, à sonner la trompette, à lire, à écrire, à tirer des armes et à monter à cheval. Tous mes maitres sont contents de ma bonne volonté.

J'emploie mes heures de récréation en divertissement avec mes bons camarades, je vais visiter et remarquer toutes les curiosités de Versailles et des environs.

Mon père est venu me voir. Adieu, mon ami, je t'embrasse jusqu'à la prochaine.

P. S. — Il part de l'École beaucoup d'élèves trompettes pour les régiments qui en ont besoin, je pense que mon tour ne tardera pas à arriver.

DÉPART AVEC CINQ CAMARADES.

Châlons, le 7 juin 1801 (Prairial, an IX).

Je n'ai pas eu le moment de t'écrire plus tôt, mon ami ; lorsque tu me crois à Versailles, j'en suis déjà loin, car je suis parti de l'École voilà huit jours. Après y avoir demeuré environ un an, l'on m'a trouvé assez instruit, et j'ai été désigné pour aller rejoindre le 8ᵉ régiment de chasseurs à cheval en qualité de trompette. Je fais route avec cinq élèves qui ont été désignés comme moi ; je suis bien content je t'assure, mon ami, d'aller dans la cavalerie légère. L'on nous a dit que c'est un beau régiment qui revient de faire les campagnes d'Allemagne sous le commandement du général Moreau, et depuis peu il est venu en garnison à Thionville en Lorraine ; c'est là où nous allons le rejoindre.

Je suis parti de Versailles avec quelques petites ressources ; je sais, comme tu vois, passablement écrire, je connais un peu la musique, je sais un peu jouer de la clarinette, et je sonne assez bien la trompette ; j'ai passé chez mon père pour faire mes adieux à toute la famille ; ma mère a eu de la peine à se décider à me laisser partir et à m'abandonner si jeune, mais un premier mouvement de chagrin se passa, j'étais bien décidé à m'en aller ; c'est ainsi que j'ai quitté ma mère et mes sœurs.

J'étais accompagné d'un camarade, mon ami Roger ; nous avions passé à Saint-Germain pour dire aussi adieu à ses parents. Alors mon père nous fit la conduite jusqu'à Saint-Denis où nous devions retrouver nos compagnons de voyage ; enfin mon père m'ayant fait toutes les recommandations nécessaires dans pareil cas, me donna une petite somme d'argent, et je lui dis adieu sans savoir quand je le reverrais.

Le lendemain et les jours suivants, notre petit peloton composé de six espiègles de trompettes se mettent en marche sac sur le dos, bien ou mal garni, armés de sabres et de bâtons, tous bien gais et décidés, le plus âgé des six n'avait pas 17 ans. J'étais lié depuis longtemps d'amitié et de confiance avec mon camarade Roger qui est comme moi âgé de 15 ans ; nous nous soutenons tous les deux, vu que les caractères et les manières des quatre autres ne nous plaisent pas beaucoup. Cependant tout en cheminant par Meaux, Château-Thierry, Épernay, Châlons, nous n'avons fait que chanter, boire et extravaguer. C'est ainsi, mon ami, que nous arrivâmes à Châlons-sur-Marne où je trouve le moment de te donner de mes nouvelles.

AVENTURE DES CERISES. — INTERVENTION DE MA PART. — INGRA-
TITUDE ET LACHETÉ DE MES COMPAGNONS DE VOYAGE. — ARRIVÉE
A METZ.

Metz, le 11 juin 1801.

Je ne m'attendais pas, mon cher ami, à t'écrire deux
lettres dans l'espace de cinq jours : je ne suis pas encore
rendu à ma destination qu'il vient de m'arriver avant-hier
une aventure assez tragique, dont je vais te rapporter les
circonstances, tu vas voir que ton pauvre ami, pour avoir
voulu faire le bien, se trouva le dindon de la farce.

Imagine-toi qu'en marchant de Châlons à Sainte-Menehould, il y a sur la route des cerisiers et les cerises commencent à mûrir, si bien que cela tenta mes quatre bambocheurs de compagnons de voyage, excepté moi et Roger
qui ne voulions pas participer à l'entreprise ; je leur repré-
sentais au contraire qu'il ne fallait pas nous amuser, qu'ils
allaient s'exposer à être vus des paysans et qu'il leur arriverait quelques désagréments qui leur feraient payer cher
leur envie ; mais ces quatre entêtés s'imaginant que tout
leur était permis, n'en voulurent faire qu'à leur tête.
Pour monter que je n'étais de leur écot, je continuai ma
route avec Roger l'espace de 500 pas, et je les voyais tous
les quatre actionnés à faire un délit considérable : deux
étaient grimpés chacun sur un cerisier, et à coups de sabre
ils abattaient des branches chargées de fruit que les deux
autres recevaient en bas, lorsque j'aperçus au loin des
paysans qui accouraient. J'applaudissais avec Roger, en
disant : c'est bien fait les voilà pris, ils n'avaient qu'à
m'écouter. Tout à coup, trois paysans arrivèrent avec des
bâtons ou échalas, ils surprirent les quatre friands qui demeurèrent bien sots, un tomba de dessus l'arbre et se dé-
chira la figure ; puis ils voulurent s'obstiner et tâcher de
se sauver : leur résistance devint inutile, car il arriva successivement cinq autres paysans, tous aussi impitoyables
les uns que les autres ; les mangeurs de cerises essayèrent

vainement de se débarrasser, ils reçurent une distribution de taloches, de coups d'échalas et de galoches; leurs habits furent déchirés; les sabres et les bâtons cassés; les chapeaux, les sacs et la feuille de route tombèrent au pouvoir des paysans qui emportèrent tout et forcèrent nos mangeurs de cerises à venir avec eux jusqu'à Sainte-Menehould.

Cependant, je voyais cette scène de sang-froid, je n'étais pas pressé d'aller me compromettre avec les délinquants et me faire empoigner; néanmoins je voyais leur désordre et me décidai avec Roger d'aller en parlementaires vers les paysans qui nous reçurent avec un peu d'égard parce qu'ils avaient vu que nous n'avions pas participé à la faute des autres. Alors je leur parlai avec honnêteté et douceur en leur demandant excuse pour mes camarades, j'offris même mon argent pour les dédommager du tort qu'ils avaient fait. Ceux d'entre ces rustres les plus méchants étaient deux messieurs qui ne voulaient rien entendre; il fallait, disaient-ils, conduire les délinquants à Sainte-Menehould, les mettre en prison, dresser procès-verbal, et les faire conduire à leur destination par des gendarmes.

Enfin je récidivai mes instances. Si bien que mes raisons l'emportèrent sur la mauvaise humeur de ces paysans qui se calmèrent entre eux. Cette aventure durait depuis une heure, quand les paysans rendirent les effets et nous laissèrent continuer notre route, en maudissant une aussi triste rencontre.

Je m'applaudissais en moi-même de ce que je m'étais ainsi rendu utile, sachant bien pourtant que c'était à des compagnons ingrats, sans mœurs, ni moralité; je les connaissais depuis l'école, il existait entre eux et moi une espèce de jalousie et nous n'avions jamais été d'accord.

Le lendemain en continuant la route de Châlons à Verdun, les quatre mangeurs de cerises (si tu veux savoir leurs noms, Hubert, Baucher, Cloës et Failly, tous bons polissons, élevés à l'école de Liancourt), étaient en colère de ce que je me prévalais de ne pas avoir eu part à la raclée qu'ils avaient reçue, de manière qu'ils me cherchèrent querelle. D'abord je tournai tout en plaisanterie, mais ils me chicanèrent tant qu'ils me dirent des injures et me firent des menaces auxquelles je ne pus m'accommoder : alors ne pouvant pas les rendre raisonnables et voyant leur dessein prémédité, je ne gardai plus de ménagements, et je brusquai aussi ; puisqu'il fallait en venir à se battre, je les défiai l'un après l'autre, et sur-le-champ, l'un d'eux se présenta (c'était Failly) ; aussitôt le combat s'engagea à coups de pieds et à coups de poings, je terrassai bientôt mon adversaire et me mis à genoux sur son ventre ; j'allais le réduire, et peut-être ainsi de suite des autres, s'ils eussent été braves, mais leur méchanceté en décida autrement. Ces trois gredins se mirent à la revanche de celui que je tenais et me renversèrent à terre ; je voulus me relever, mais ils se jetèrent sur moi comme quatre enragés et m'accablèrent d'une volée de coups de poings, de coups de pieds et de coups de bâtons, si bien que je fus obligé de demander quartier : jamais, non jamais je n'avais reçu tant de coups. Le croirais-tu, mon ami, que Roger n'osa pas me défendre ? mes quatre gredins lui avaient défendu de s'approcher, et il a craint d'être aussi rossé. Je lui ai fait des reproches sur sa caponnerie, mais je l'excuse, vu qu'il n'était pas hardi. Mes gredins de compagnons l'obligèrent à les suivre et à me laisser seul sur le bord d'un fossé, la figure tout ensanglantée des coups que j'avais reçus sur le nez et sur les dents. Là, je pleurais de dépit et de rage, lorsqu'un voiturier passa près de moi et vint me consoler ; alors je lui rapportai mon accident, et ce brave homme me rassura le cœur en me régalant de bon vin de Champagne dont sa voiture était chargée. J'en bus à plusieurs reprises et je fis route avec lui jusqu'à Verdun, où mes gredins de compagnons étaient déjà arrivés et logés : je trouvai en arrivant mon capon de Roger qui m'attendait à la porte de la ville pour me conduire à notre logement.

Je t'assure, mon ami, que je me souviendrai longtemps de cette aventure et qu'elle sera pour moi un stimulant bien vif, lorsque j'aurai l'occasion de m'en venger, car tu peux bien penser que je réserve un petit chien de ma chienne à mes compagnons de voyage.

Ainsi j'arrivai à Metz, cette belle ville de garnison, célèbre et imprenable à cause de ses immenses fortifications, ce que je me plais à considérer pour la première fois, car je n'avais jamais rien vu dans ce genre.

C'est demain que j'espère arriver à Thionville, je t'écrirai, aussitôt que je pourrai, ma situation.

Au 8ᵉ RÉGIMENT DE CHASSEURS A CHEVAL. — JE GRAISSE LA MARMITE. — MES PREMIERS EXERCICES AU MANÈGE.

Thionville, le 15 novembre 1801.

Mon cher père, je me porte bien, et si je ne vous ai pas écrit plus tôt, c'est que je voulais attendre que ma situation soit à peu près fixée ; vous ne vous attendez pas sans doute à de grands exploits de la part d'un petit militaire de 15 ans, mais cela viendra et j'espère que je ne dégénérerai pas de la race de mes aïeux[1].

En arrivant à Thionville, le 12 juin 1801 ou 19 prairial an IX de la République, j'ai été engagé et enregistré Trompette au 8ᵉ régiment de chasseurs à cheval, 4ᵉ compagnie, capitaine Planchon, un des plus intrépides soldats du régiment. Le lendemain on me commanda pour faire la soupe, c'est-à-dire que je devais graisser la marmite, ce que je fis selon mes petits moyens, car pour être admis à la société des vieux soldats il ne faut pas se faire tirer l'oreille, il faut être franc et loyal de bonne volonté. Alors je débutai par offrir aux camarades de la chambrée deux bouteilles de rogomme, puis un petit jambon de 12 livres que je mis dans la marmite ; et, avec deux cruches de bière sur la table, l'on fit un diner copieux dans la chambrée. C'était une petite récréation pour tous. Ensuite pour faire mon noviciat, il me fallut passer par plusieurs épreuves d'usage parmi les vieux chasseurs, sans quoi, disaient-ils,

---

1. La famille des Chevillet, mes aïeux en Franche-Comté, ont toujours servi leur patrie successivement depuis plus de 150 ans, — mon trisaïeul et mon bisaïeul sous le règne de Louis XIV, mon aïeul et mon grand-père sous le règne de Louis XV ; mon père a servi sous le règne de Louis XVI, ensuite de la République et de l'Empereur jusqu'en 1814 pendant 36 ans.

on ne peut devenir bon soldat. Je me prêtai à tout, et en faisant et disant comme eux, je pris un caractère espiègle et je sus me faire bien venir de mes camarades qui me montrèrent d'abord ce qu'il faut savoir. Maintenant je fais mon service sans me plaindre et je vis sans souci. Je suis de même reçu dans la société des vieux trompettes et je prends goût à mon nouvel état.

Qui ne serait pas content, à 15 ans, trompette dans un beau régiment de cavalerie légère ! C'est le poste le plus convenable à mon caractère : une haute paye, bien habillé, un grand sabre à mon côté, un beau petit cheval blanc qui s'appelle Chiml, je voudrais déjà, mon cher père, pouvoir aller vous voir comme je suis équipé.

Ce n'est pas le tout ; je suis obligé d'aller à l'exercice pour apprendre à devenir bon cavalier, ce qui me coûte la peine de tomber en bas de mon cheval presque tous les jours, dans le manège et ailleurs, vu que ces premiers exercices se font tout simplement avec une couverte pliée et sanglée sur le dos du cheval. Comme je n'avais pas encore pris l'aplomb avec mes jambes courtes, je roulais là-dessus comme un paquet, surtout dans les commencements lorsqu'il s'agissait de trotter, ou de galoper ; je me croyais solide à cheval en empoignant les crins et en serrant les jambes, mais mon Chiml qui est malin, comme sont tous les vieux chevaux de trompette, n'était pas gêné de mettre sa tête entre ses jambes, puis de faire des caracoles et jeter son petit cavalier à terre ; et par bonheur je ne me suis jamais fait grand mal : l'on m'avait bientôt remis à cheval en me disant : « tiens-toi bien, petit bougre ! » Il ne fallait pas se rebuter : et je commence à me tenir de plus en plus solidement : il ne faut que de la hardiesse et l'on vient à bout de tout. Ce qui me convient davantage, c'est quand le régiment fait la manœuvre, alors je monte à cheval comme les autres, avec armes et bagages, je galope tant que je peux et je n'ai pas peur de tomber.

C'est ainsi, mon cher père, que j'ai commencé mon apprentissage ; n'ayez pas d'inquiétude sur mon compte, je grandirai et me tirerai d'embarras, faites part à mon ami des lettres que je vous écrirai, comme il pourra vous faire part de celles que je lui adresserai. Je finis, etc...

UNE LIAISON AVEC LA FAMILLE BEAUMONT. — AVENTURE PLAISANTE.
— DUEL RISIBLE.

Thionville, le 25 avril 1802 (an X).

Mon ami, je t'écris celle-ci au sujet d'une aventure qui
m'arriva voilà 15 jours. Ce n'est pas une aventure com-
parable à celle de Télémaque, mais de ces enfantillages
conformes à mon âge et à ma capacité ; le souvenir de
celle-ci m'intéresse assez, et tu verras que je suis plus in-
nocent que coupable et que le dénouement en est assez
plaisant.

Il y a ici un vieux maréchal ferrant qui demeure à la
forge du régiment au bout du quartier près le rempart. Le
père Beaumont a trois filles assez jolies et, dans un régiment, c'est du gibier que l'on aime à chasser. J'étais lié
d'amitié avec Auguste Beaumont, fils, qui est de mon âge.
Devenus intimes confidents, l'un et l'autre, partageant ensemble nos récréations et nos amusements, il m'introdui-
sit bientôt dans sa famille, et presque tous les jours j'allais
à la maison souhaiter le bonjour à Mme Beaumont et à ses
demoiselles, et y passer les soirées. Auguste avait une
sœur nommée Adélaïde, âgée de 14 ans, brune, aimable et
rusée ; je me familiarisai bientôt avec elle, vu qu'elle
n'était pas farouche, mais de ces familiarités innocentes
que nos jeux et nos espiégleries nous occasionnaient dans
diverses rencontres. La mère Beaumont de son côté m'avait
pris en amitié, parce que, disait-elle, je ressemblais à son
fils aîné qu'elle regrettait toujours (il avait été aussi trompette au régiment et avait été tué pendant la campagne
de l'an VII), de manière que cette bonne mère se figurait
voir toujours en moi son pauvre François.

De mon côté, je faisais en sorte de mériter ses égards par
ma douceur, mon honnêteté et mes prévenances. Je me
procurais des livres amusants et les lisais correctement à
la société qui m'écoutait avec plaisir. La mère Beaumont
aurait désiré qu'Auguste, Adélaïde et Julie sussent aussi

bien lire que moi, puisque je les faisais lire à chacun leur tour et que j'étais sensé leur montrer. Un autre moment, l'on jouait et l'on s'amusait, le père Beaumont se trouvait quelquefois compris dans la petite société et nous rapportait des vieilles farces ; mais le plus souvent, il allait boire la canette avec ses vieux compagnons d'armes et ne s'embarrassait plus de nous. C'est ainsi que je passai agréablement les derniers six mois.

Cependant la mère Beaumont avait quelquefois des attentions et des préférences pour moi qu'elle n'avait pas pour Auguste, de manière que je m'aperçus par la froideur de ce dernier à mon égard, que je lui portais ombrage ; alors, ne voulant pas exciter la jalousie d'un ami mécontent de moi, je cessai d'aller chez la mère Beaumont sous quelque prétexte ; cela n'empêcha pas que je voyais toujours Adélaïde avec plaisir, soit à la promenade, soit à la danse ; mon amour-propre était flatté de me voir remarqué par cette jolie petite brune : mais je ne tardai pas à éprouver des tracasseries qui déroutèrent mes innocentes récréations : ce qui donna lieu, comme tu vas voir, mon ami, à cette plaisante aventure.

Auguste avait fait part de son mécontentement à des chasseurs, lesquels étaient capables de faire tourner les choses en mal plutôt qu'en bien pour avoir sujet de plaisanter, de manière que ces chasseurs gâtèrent le reste de bon sens qu'Auguste avait encore dans son esprit malade, au point qu'ils s'avisèrent de compromettre la réputation de sa sœur et de me supposer une conduite équivoque avec elle, en disant qu'on m'avait vu avec Adélaïde aller nous cacher dans les remparts. On ne pouvait pas inventer une plus méchante calomnie. Auguste qui était content de trouver l'occasion de me brouiller avec ses parents, alla de suite leur rapporter tout ce qu'on lui avait dit.

Je ne sais s'ils y ajoutèrent foi oui ou non ; n'importe, le coup était porté. Le soir suivant, après la retraite, Auguste me tira à l'écart, en me déclarant tout en colère, que j'avais fait injure à sa sœur, à lui et à ses parents, que j'avais manqué à l'honneur de sa famille, que c'était très vilain de ma part après tous les égards que l'on avait eus pour moi, que si je revenais à la maison j'en serais chassé, qu'au surplus cela ne se passerait pas ainsi. Puis il me dit des injures grossières, et me provoqua de me battre avec lui, disant qu'il voulait me couper le ventre... Je demeurai bien surpris en écoutant tout ce ragotage-là, ce qui m'échauffa aussi les oreilles et je lui répondis sur le même ton : « Il paraît que tu es fou, Auguste, pour me dire de pareilles bêtises ! Quel diable as-tu donc dans la tête, et qui t'a si bien instruit ? D'ailleurs, tu n'as pas besoin de chercher tant de détours, je vois depuis quelque temps ce que tu cherches : à demain matin je te ferai raison, tu trouveras celui qui ne te craint pas, non plus que les imbéciles qui ont inventé toutes les sottises qui te servent de prétexte pour me chercher querelle. » Alors je le quittai brusquement. Voilà une sacrée farce, dis-je à part, il faut voir cela de suite ; chère petite Adélaïde, on ne te ménage pas, mais je te justifierai.

Je courus aussitôt trouver la mère Beaumont chez elle, où j'aperçus d'abord Adélaïde en pleurs, sans savoir pourquoi. Là, j'entrepris de me justifier de mon mieux, disant que j'étais bien surpris de ce que je venais d'apprendre, assurant que tout était faux et injuste ; que jamais nous n'avions eu la pensée de faire ni de donner lieu à une pareille calomnie, que j'avais trop d'estime et de respect pour elle et pour ses parents ; qu'Auguste était dans l'erreur à cet égard, et que je demandais au moins quelques preuves. Dans ce moment Auguste vint à entrer avec son père, alors il y eut des explications où ma fermeté et mon assurance convainquirent le père et la mère Beaumont de l'innocence de leur fille ; puis je me retirai assez content de moi. Je pense, mon ami, que tu croiras que je ne suis pas encore capable de mener une intrigue et tu auras raison ; car bien qu'il y ait une apparence de réalité dans mon fait, tout n'est cependant qu'enfantillage ; mais voici le dénouement: Auguste qui craignait sans doute que je ne perde pas assez tôt la bonne opinion que sa mère avait de moi, me suivit comme je sortais de la maison et vint me dire que je ne croie pas en être quitte pour des excuses. Alors j'essayai inutilement de lui faire voir son erreur, et il s'en suivit encore quelques propos grossiers. Comme je n'étais pas d'humeur à coucher les pouces, il fallut s'en tenir à la promesse déjà faite pour le lendemain, c'est-à-dire qu'il fallut convenir de vider une querelle qui n'avait pas le sens commun.

Le lendemain, à la pointe du jour, sans avoir rien dit à personne de cette affaire, j'emmenai mon camarade de lit (Lacogrie) et me dirigeai vers le rendez-vous, enveloppé dans mon manteau, portant mon sabre dessous ; je ne tardai pas à voir Auguste sur le rempart et bientôt nous arrivâmes dans un bastion ; là, nous nous préparâmes tous deux sans beaucoup d'explications, nous nous mîmes en garde l'un contre l'autre, bien décidés, la ligousse en main ; nos deux témoins nous laissaient faire comme s'ils avaient prévu un moment décisif, lorsque tout à coup je vis paraître la mère Beaumont tournant le coin du bastion, un manche à balai à la main, laquelle arrivait à pas de loup derrière Auguste en faisant signe de l'autre main de ne pas le prévenir. Je compris de suite ce que cela voulait dire et me mis à courir vers mes effets qui étaient là sur le terrain. Auguste qui ne se méfiait pas de ce coup de temps, en voyant ma démarche, me dit : « Eh bien ! capon, tu te sauves ! » Je lui répondis : « Ce n'est pas toi qui me fais sauver ! » Tout en disant cela, voilà la mère Beaumont qui empoigne son garçon au moment où il y pensait le moins : « Attends, sacré polisson, je vais t'apprendre à te battre. » Et elle lui distribua une division de coups de trique la plus complète qu'il eût jamais reçue.

Ce que voyant, je laissai Auguste aux prises avec sa mère, et me sauvai un peu plus loin pour me rajuster, puis je rentrai à la chambre en riant avec les autres de cette belle farce, qui fut bientôt la nouvelle du jour dans tout le régiment, et qui donna lieu pendant plusieurs jours à des plaisanteries, car j'ai bien vu après que cette querelle avait été amenée à dessein par des chasseurs mal avisés auxquels Beaumont s'était confié et qui l'ont fait passer pour dupe.

Enfin je me conduis avec beaucoup de réserve à l'égard d'Adélaïde et je ne retourne plus chez la mère Beaumont.

DÉPART DE THIONVILLE. — VOYAGE. — ARRIVÉE EN HOLLANDE.

La Haye, le 10 octobre 1803 (an XII).

Mon cher ami, après deux années passées à Thionville, notre régiment en est parti dans le courant de juillet dernier pour se diriger dans le Nord. J'ai 17 ans passés, et je n'en suis pas plus raisonnable, car je suis toujours étourdi à mon ordinaire. Si, comme l'on dit, la raison ne vient qu'à 40 ans j'ai encore le temps de faire des folies, et sur cet article je crois que je ne serai pas en retard, car l'exemple m'entraîne. S'il y avait quelqu'un qui laissait des regrets à Thionville, moi j'en emportai une grande joie du plaisir que je me faisais de voyager.

Le régiment prit la direction de Luxembourg et je vis en passant cette fameuse ville qui se trouve fortifiée par la nature et par l'art d'une façon monstrueuse, si bien qu'il n'en existe pas de pareille en Europe ; cette ville de guerre fameuse est située dans le Forest à 8 lieues de Thionville. Ensuite le régiment se dirigea par Arloz, Habay, Bastogne, Saint-Hubert, traversant les Ardennes, contrée extrêmement pauvre où l'on ne voit que des bois, des terres stériles, et quelques pauvres récoltes. Je n'ai remarqué pour toute curiosité que l'église et l'abbaye de Saint-Hubert qui est un chef-d'œuvre de l'art au milieu de ce pays sauvage ; l'intérieur de l'église est bâti et orné tout en marbres de différentes couleurs ; la sculpture et la richesse en sont remarquables ; l'on y voit des reliques de toutes espèces. Le régiment fut obligé de se disperser dans les pauvres villages et les hameaux de ces pays afin de trouver des vivres.

Ensuite nous arrivâmes à Liège où le régiment fit séjour. Cette ville, quoique très grande, n'a rien de remarquable que le grand commerce de charbon de terre que l'on y fait par le moyen de l'Ourthe et de la Meuse qui se réunissent et forment plusieurs canaux. De là, le régiment marcha par Saint-Tron-Tirlimont et arriva loger à Louvain. Ayant eu l'occasion de m'y divertir avec des amis et n'ayant pas assez d'argent, j'ai vendu ma clarinette et je me suis régalé de bonne bière blanche qui est délicieuse en cet endroit. C'est là que nous apprîmes avec joie que le régiment allait en Hollande. Notre imagination nous présentait ce pays si beau, si bon sous tous les rapports, que c'était une fête pour nous. En partant de Louvain, nous marchâmes par Malines, Liers, Thurnout, et nous arrivâmes loger à Breda. Je ne vois partout que modes et habitudes nouvelles ; voilà où je trouve du plaisir, car j'aime la nouveauté ; du reste, je ne m'occupe en route que de mon cheval et de mon service.

Breda est une grande et belle ville très bien fortifiée, c'est ce qu'on appelle une clef de la Hollande. C'est là où je remarquai pour la première fois les superbes moulins à vent. Ce sont des hautes tours bâties en briques à plus de 100 pieds d'élévation ; on ne peut rien voir de plus beau et de plus élégant en ce genre que ces édifices dont la Hollande offre un grand nombre, et ce qui compose toutes sortes de fabriques et d'usines.

De Breda, le régiment arriva à la hauteur d'un bourg nommé Heusden ; là, il fallut près de trois jours au régiment pour passer une grosse rivière qu'on nomme le Waal ; ce n'est rien moins qu'une espèce de golfe formé par l'embouchure de la Meuse et du Rhin où la mer a son flux et son reflux et qui a au moins un quart de lieue de large à cet endroit.

Ce ne fut pas très commode à embarquer et à débarquer les chevaux dans trois vaisseaux qui n'en transportaient que 25 à 30 à la fois. Après cette traversée, le régiment se réunit à Gorkum et vint encore passer deux autres rivières plus aisées. Je te dirai, mon ami, que la Hollande est traversée et coupée par une infinité de rivières et de canaux où il y a très peu de ponts, ce qui est cause que l'on est obligé souvent de faire des grands détours afin d'arriver à destination, ce qui embarrasse beaucoup la cavalerie.

Le régiment arriva ainsi loger à Rotterdam, ville riche et commerçante ; ensuite à Delft, gros bourg remarquable par l'élégance et la belle construction de ses maisons et la richesse des habitants. Enfin nous arrivâmes à **La Haye** dans le courant du mois d'août dernier. Deux escadrons se détachèrent pour aller à Leyden à 5 lieues plus loin, et je demeurai à La Haye comme faisant partie des deux autres escadrons. Nous sommes logés dans une vilaine caserne, ce qui nous mécontente assez ; nous avons du très mauvais pain de munition qu'il faut aller chercher à une lieue loin dans la ville, ainsi que les autres vivres et les fourrages des chevaux. Cependant nous sommes un peu dédommagés en ce que nous avons les vivres de campagne et que la paye est plus forte qu'en France car l'argent n'a pas la même valeur. La Hollande me semble un très beau pays, très riche et très commerçant ; en un mot, c'est la facilité qu'ont les Hollandais d'étendre leur commerce qui rend leur pays très florissant.

Les maisons des richards sont autant de palais ; la distinction et l'élégance de leur construction est admirable, l'on n'y voit qu'ornements d'or, d'argent, de bronze, de cuivre et de fer poli, de marbre gris, etc. Jusqu'aux parquets de leurs salons qui sont composés de plaques et de lames d'argent. Je te rappelle ces beautés parce que j'ai eu l'occasion de les voir à La Haye. Les paysans des campagnes ne sont pas moins riches dans leur situation, car outre le luxe et la propreté qui existent chez eux, ils n'ont pas un seul bouton sur leurs habits de fêtes qui ne soit d'argent massif ; les femmes surtout se distinguent et portent des parures d'or et d'argent, particulièrement à leur coiffure. Voilà, mon ami, un aperçu de ce qu'il y a de beau dans ce pays. Je ne te parlerai pas de ce qu'il y a de vilain, tu peux bien penser qu'il y a des malheureux partout, et ceux-ci habitent des quartiers séparés des riches ; c'est ce que les soldats appellent les musikos et les rues des poux volants...

Mon séjour a La Haye.

La Haye, le 11 décembre 1803 (an XII).

Mon cher ami, je me plais très bien à La Haye ; l'on ne peut pas trouver un séjour plus agréable ; nous sommes ici une garnison d'environ 4000 hommes de troupes française et hollandaise.

Cette ville est de toute beauté, elle peut passer pour la capitale de la Hollande, elle réunit tous les agréments, les curiosités, les coups d'œil les plus variés. C'est avant l'hiver qu'il faut voir tout cela ! Les belles allées d'arbres qui servent de promenade dans l'intérieur de la ville, ainsi que celles du Champ de Mars à l'extérieur, tout est magnifique ; la beauté des maisons, leur extrème propreté, les belles rues enfin, tout est remarquable. Il n'y a qu'une petite lieue pour aller voir la mer et se promener sur son rivage ; l'on va à la chasse dans les dunes qui sont des montagnes de sable bordant la mer ; ou bien l'on se perd dans les bois, les genèts et les bruyères pour courir après les lapins qui y sont en abondance ; je commence aussi à m'exercer à ce fatigant plaisir qui me plaît beaucoup.

Je te dirai aussi, mon ami, que je commence à me perfectionner dans la langue hollandaise, ce qui fit que je rendis un service important à une jeune fille de La Haye. Un soir qu'elle allait en commission, elle se trouva arrêtée par trois tambours de la garnison (c'était des Hollandais) qui voulaient la forcer d'aller avec eux, et lui faisaient des insultes. Comme il m'avait pris idée de faire un long tour pour me promener seul, en attendant l'heure de venir sonner la retraite sur la place, je me trouvais dans une rue assez écartée, lorsque j'entendis la voix de cette petite qui demandait en se débattant qu'on la laissât aller ; je m'aperçus de suite que ces tambours voulaient lui faire quelque violence. Aussitôt et sans autre intention que de me rendre utile à cette fille et protéger sa faiblesse, je m'avançai sur les tambours d'un ton menaçant, tenant mon sabre d'une main et les repoussant de l'autre, en leur disant en hollandais qu'ils aient à laisser cette jeune fille tranquille, et je les provoquai à se battre avec moi s'ils n'étaient pas contents ; si bien que je leur en imposai à tous les trois, je leur fis rendre un panier dont l'un d'eux s'était emparé ; alors la jeune fille, me voyant si déterminé à la soutenir, vint avec moi sans hésiter et je l'accompagnai jusqu'à la maison où elle demeurait, en dépit des trois gamins de tambour qui se contentèrent de me suivre un instant, puis je les perdis de vue.

Elle m'eut de la reconnaissance, et comme elle sert dans une bonne auberge, elle mit de côté pour moi quelques morceaux de rôti et de pâté, ainsi que quelques bouteilles de vin qui est très cher dans ce pays.

Adieu, mon ami ; je me perfectionne toujours dans mes exercices, et tu peux croire que depuis que je suis à La Haye je ne suis pas demeuré un instant dans l'inaction, d'ailleurs je suis content de ma situation.

A cette époque la guerre venait de commencer entre la France et l'Angleterre, ce qui donna lieu au rassemblement de cette belle armée qui forma les camps de Boulogne, ainsi qu'à ces fameuses dispositions de plusieurs escadres d'embarquement dans les ports de France, ainsi qu'au rassemblement d'une armée en Batavie également disposée. Le projet de Napoléon était de faire une descente en Angleterre. Si bien que tous ces grands préparatifs qui avaient lieu pendant les 8 premiers mois de l'an 1804 (l'an XI et l'an XII de la République) faisaient trembler l'Angleterre.

L'Ile maudite. — Un aigle en cage. — Prise d'un navire
anglais. — Butin.

Midelbourg, le 28 janvier 1804 (an XII).

Mon cher père, quoique éloigné de vous et qu'il y a longtemps que je vous ai écrit, croyez que je suis toujours digne d'être votre fils. Vous n'ignorez pas sans doute que j'ai écrit à mon ami ; il a dû vous communiquer mes nouvelles.

Me voilà maintenant exilé dans la Zélande ; il me semble que je suis dans une colonie lointaine, vu la tristesse qui nous environne ; c'est ce qui fait que je vais vous rapporter quelques détails sur ma situation dans cette ile.

Depuis que notre régiment est en garnison à La Haye et à Leyden, il fournit tour à tour un escadron dans l'ile Valcheren en Zélande ; l'on va s'y relever de mois en mois pour y faire un service actif contre les Anglais qui viennent rôder ici afin de surprendre une occasion favorable pour débarquer et venir voler des bestiaux ainsi que toutes autres choses qui peuvent leur convenir.

Le tour du 4ᵉ escadron dont je fais partie arriva donc. Il fallut se disposer pour aller dans l'île maudite ; nous la nommons ainsi vu que ceux qui y vont en reviennent presque tous malades des fièvres que l'on y gagne à cause de l'air malsain qui domine dans cette saison. C'est le 1ᵉʳ janvier, pour nos étrennes, que notre escadron partit de La Haye pour ce triste séjour. Nous vinmes repasser le Wale, près Gorkum, et loger dans les environs de Vercum, de là à Gertrudemberg, ensuite à Breda puis à Berg-op-Zom ; nous eûmes du bon temps dans ce voyage, logés chez le paysan dans les riches métairies où nous trouvions tout en abondance, Potteram onn Kass, genever, thé, café, toctu-bak, provisions de viande et de légumes, nous nous trou-vions bien plus heureux qu'à La Haye, aussi je me régalai, car j'ai bon appétit. Nous fûmes obligés d'attendre dans les environs de Berg-op-Zom pendant quatre jours à cause du mauvais temps, vu que la mer était furieuse et que les vaisseaux de transport n'arrivaient pas.

Le quatrième jour, il fallut enfin mettre le pied dans le sabot ; vous ne pouvez assez vous figurer quel embarras que d'embarquer la cavalerie : il fallut au moyen de ma-chines faites pour cela, enlever les chevaux du port et les descendre au fond des vaisseaux qui pouvaient en contenir 40 à 50, chacun avec les hommes, les équipages, etc.

L'on côtoya l'île de Goes, le vent était favorable, et nous arrivâmes le même jour après 8 à 10 lieues de traversée, débarquer à Terre-Neer, petit village de l'île Valcheren. Le lendemain, nous arrivâmes à Midelbourg occuper la caserne où était l'escadron que nous venions relever et qui partit aussitôt avec ses fièvreux et alla se rembarquer dans le même transport qui nous avait amenés. Midelbourg est une petite ville assez jolie et assez riche dans une île de la Zélande, dont le terrain marécageux produit peu de grains et beaucoup de légumes ; l'on y élève une grande quantité de bestiaux, vu l'abondance des bons pâturages ; mais dans la saison où j'y suis, je n'y remarque par toute l'île qu'un cloaque ; un air malsain, que l'on y respire, fait que les maladies y sont fréquentes, malgré les grands soins que prend tout le monde pour éviter la contagion ; les habi-tants mêmes ont de la peine à se conserver en bonne santé, ils sont presque tous attaqués du scorbut ; ce qui est causé par la mauvaise eau dont on est obligé de se servir, et il n'y en a pas d'autre que de l'eau de citerne qui est croupie.

Ce que je remarquai de particulier ici, c'est un aigle vivant que l'on soigne dans une grande cage de fer au milieu de la place de Midelbourg. Ce roi des oiseaux est aussi rare que curieux, les habitants en sont idolâtres, ils croient de bonne foi que si le mauvais air des maladies est pour se faire sentir, ou quelqu'autre malheur, leur aigle les en avertit par ses cris aigus ; alors les précautions redoublent.

La caserne où tout l'escadron est logé est belle et bien tenue ; nous avons les vivres en abondance ; le service est un peu rude, tous les jours il nous faut faire plusieurs patrouilles autour de l'ile, et communiquer avec un régiment d'infanterie qui est à Flessingue, petite ville sur le bord de la mer, à trois lieues de Midelbourg. Il faut vous dire que je ne néglige rien pour ma santé ; et, afin d'atténuer le mauvais air, je chique du tabac, je fume, je prise ; tous les jours je fais usage d'ail et de shenique poivré ; il y en a parmi nous qui ne peuvent pas supporter cette habitude dégoûtante et ils tombent malades.

Je viens de participer à une prise que le hasard nous a procurée et où j'ai employé aussi mon action et mon savoir faire, c'est-à-dire que j'ai profité comme les autres du malheur de l'ennemi. Le 24 de ce mois, il faisait une grande tempète sur mer, je revenais de Flessingue avec un détachement de notre escadron, lorsque nous nous aperçûmes qu'un bâtiment venait d'échouer sur le sable, après avoir été poussé par la tempête sur la côte de l'ile : alors nous nous joignîmes à un poste d'infanterie situé sur cette côte, et nous nous approchâmes le plus près possible du vaisseau qui était demeuré à sec à cent pas du rivage, penché sur le côté, le pont incliné vers nous ; l'on reconnut aussitôt que c'était un navire marchand anglais qui pouvait avoir à son bord 30 à 40 hommes d'équipage ; alors la marée étant basse, nous étions sûrs qu'il ne pouvait plus nous échapper ; bientôt arrivèrent une foule d'habitants de l'ile, qui se dépêchèrent de nous amener leurs barques, l'on s'empara de ce vaisseau sans opposition, et l'on se disposa à le décharger de suite, vu qu'il était chargé de morue salée en tonneaux, de cuirs de buffles et d'autres ballots de marchandises, le tout devait être confisqué au profit de la garnison de l'île. Je voyais bien que c'était les plus habiles qui auraient la meilleure part, et j'étais curieux de voir aussi ce qu'il y avait dans ce navire. Voici comment je m'y pris : l'officier, M. Faigard, qui commandait notre détachement voulait aller à bord, après avoir donné ordre aux chasseurs de ne pas s'écarter et de veiller à ce que les marchandises que l'on déchargeait ne fussent pillées par les paysans. Alors, trouvant bon que le trompette suivît son officier, je mis pied à terre, un camarade garda mon cheval et je montai avec mon lieutenant dans une barque, avec des paysans et des militaires d'infanterie, et je me trouvai bientôt à bord du navire anglais ; mais au lieu de descendre dans l'intérieur avec les autres, j'allai droit au tillac : là j'aperçus une malle qui se trouvait sur le bout du pont près le gouvernail ; comme j'allais essayer de l'ouvrir, une espèce de marin anglais vint à moi et me repoussa brutalement en jurant des godem yorès frencks dag ; je voyais bien que ce butor-là ne me disait pas de compliments ; en disant, il saisissait la malle comme pour vouloir la jeter à la mer ; alors je voulus l'en empêcher et retenir la malle, le marin me repoussa encore avec colère ; comme je ne me sentais pas d'humeur à me laisser maîtriser par un Anglais, je reculai deux pas en tirant mon sabre du fourreau et sans hésiter je lui en allongeai un furieux coup sur l'oreille, ce qui lui fit lâcher la malle. C'est le premier coup de sabre dont j'ai eu l'occasion de gratifier un ennemi de la France, et j'espère que ça ne sera pas le dernier. J'allais redoubler, lorsque deux militaires de Flessingue qui avaient vu mon action, vinrent près de moi, et je leur dis : « Tenez, camarades, cet animal-là veut jeter cette malle à l'eau malgré moi, tandis qu'elle nous appartient par le droit de la guerre. » Le marin en appuyant sa main sur sa balafre, avait l'air de dire que je l'avais frappé ; il nous faisait comprendre qu'il était le pilote du navire ; alors les deux militaires sans l'écouter davantage, l'empoignèrent vigoureusement et lui firent faire la culbute par-dessus le pont, en lui disant : « Va te laver, cochon, tu es sale, va piloter avec les marsouins. » Je ne m'attendais pas à une expédition aussi violente pour nous débarrasser de ce chien-là. Aussitôt la malle fut ouverte entre nous trois ; nous y trouvâmes des effets d'habillement, du linge, quatre pièces de nankin des Indes, six bouteilles de rhum, du sucre, du tabac, du biscuit, et d'autres objets, entre autres une petite boîte de cuivre dans laquelle il y avait encore 36 guinées en monnaie d'or et d'argent anglais et américain. Pendant que nous partagions tout cela en frères, d'autres militaires arrivèrent près de nous et nous nous mîmes en train de boire le rhum et de rire ensemble aux dépens de l'Anglais qui ne voulait pas que des Français profitassent de sa malle, de laquelle j'eus pour ma part huit guinées (environ 100 francs), une pièce de nankin, du sucre, et une bouteille de rhum que je portai à mes camarades.

Le commandant de l'île nous a fait distribuer hier, aux deux détachements qui étaient présents à la prise et à la garde du vaisseau, une gratification dont j'ai eu pour ma part 14 florins (environ 35 francs).

Je crois que nous n'aurons pas de bon temps avec les Anglais ; mais cela m'est égal, je me plais dans le remue-ménage et j'aime à voir un beau désordre.

UNE QUERELLE QUI SE TERMINE BIEN. — JE PARS EN DÉTACHEMENT.

Utrecht, le 18 février 1804 (an XII).

Mon ami, voilà ma deuxième campagne commencée, puisque, comme tu sais, nous sommes destinés à passer un de ces jours en Angleterre, où il nous faudra faire une guerre terrible ; mais, comme nous n'y sommes pas encore, parlons d'autres choses.

Le temps de notre séjour en Zélande étant expiré, notre escadron vint se rembarquer à Terre-Neer ; nous avions vingt hommes attaqués de la fièvre. Notre petit convoi eut un vent contraire, car au lieu de venir débarquer à Berg-op-

Zom, il s'enfila dans les bras de mer qui environnent les îles de Zélande et arriva, après 24 heures de navigation, débarquer à Dordrecht, puis je passai à Rotterdam avec notre escadron, et, le lendemain, j'arrivai à La Haye, bien content d'avoir échappé au mauvais climat de la Zélande.

Voilà six jours que notre régiment est parti de La Haye pour aller en garnison à Amersfort, afin d'être à la portée d'un camp qui va s'établir dans les environs.

Je vais te donner ici le détail d'un petit débat que j'ai eu dernièrement avec Hubert ; je ne peux jamais être en paix avec ces mâtins-là ; c'est un de ceux dont je t'ai parlé dans ma troisième lettre par rapport à l'affaire de Châlons à Verdun : le seul avec qui je n'avais pas encore eu querelle depuis. Ce n'est pas une grande conséquence que cette querelle, mais au moins ce qui m'en plait, c'est qu'elle n'a pas eu de mauvaises suites, puisqu'elle m'a valu un ami que je n'avais pas.

Faisant route de La Haye à Leyden, comme nous marchions tous les trompettes à la tête du régiment, j'eus un différend avec ce Hubert et, tout en nous obstinant, je fis tomber son chapeau à terre, qui se trouva foulé aux pieds des chevaux. Hubert ayant mis pied à terre pour le ramasser, puis étant remonté à cheval, vint me porter un coup de poing et je ripostai par un autre sur la figure, de manière que son chapeau tomba une seconde fois dans la boue. Ce que voyant, les officiers supérieurs qui étaient à la tête du régiment, envoyèrent vers nous un adjudant, lequel nous ordonna à tous les deux de mettre pied à terre et de marcher à pied. Je me trouvai tellement contrarié de ce contre-temps, que je menaçai Hubert qui en était la cause. Celui-ci n'en était pas plus content de son côté, si bien que nous étions très en colère l'un contre l'autre. Alors je lui dis : « Tiens, mâtin, c'est une vieille rancune qui nous tourmente, il faut nous contenter et nous battre à notre aise : en voici l'occasion. » Hubert était de mon avis ; pour cela il fallut ralentir un peu notre marche, afin de tâcher de nous dérober à la vue des chefs et gagner un bois qui était le long de la route. Ainsi convenu, nous avions déjà sauté dans le bois, cherchant une place propre à nous piocher ; comme nous nous mettions en garde le sabre à la main, deux maréchaux des logis, envoyés exprès après nous, vinrent nous arrêter avec ordre de nous mener auprès du colonel. Notre partie fut manquée ; il fallut obéir. Étant arrivés tous deux en présence du colonel Chalbos, des chefs d'escadron Charpentier et Hug, de mon capitaine et d'autres officiers, l'on nous fit à tous deux une réprimande sévère, nous demandant si nous avions oublié la défense qui nous avait été faite de ne plus nous battre. Je fis mes excuses de mon mieux, et nos chefs qui voyaient que nous étions plus étourdis que méchants, ne nous traitèrent pas à la rigueur. Le colonel décida que nous marcherions à pied jusqu'à Leyden, conduits en avant du régiment par un maréchal des logis. Comme c'est une grande punition quand l'on fait marcher des cavaliers à pied, les autres riaient et nous badinaient de nous voir ainsi tirer le jarret dans la boue et les mauvais chemins, l'espace de trois lieues, tandis que nous menions nos chevaux par la bride. Cette circonstance nous fit tourner notre colère en plaisanterie et nous reconnûmes tous les deux toute l'étendue de la bêtise que nous avions faite. Chemin faisant nous nous procurâmes une bouteille de genièvre avec quoi nous fîmes la paix. Hubert et moi nous devînmes amis.

Ainsi j'arrivai à Leyden qui est une ville assez considérable, ayant quelques belles rues. Le lendemain, l'on se dirigea sur Voerden, petite ville bien fortifiée, environnée de marécages arrosés par un bras du Rhin. C'est de cet endroit que l'on forma un détachement de trente hommes, tirés de chaque compagnie du régiment, avec un officier, un maréchal des logis, deux brigadiers, un trompette. Ce détachement devait venir demeurer à Utrecht pour servir d'escorte au général de division Boudet. C'est moi qui fus appelé à faire partie de ce détachement. Je fus demandé par le lieutenant Faigard, commandant le détachement, lequel m'a choisi de préférence, comme étant de la même compagnie. Je t'assure que je suis bien content de me trouver détaché du régiment qui va être tourmenté en garnison, vu le caractère tracassier et minutieux d'un nouveau gros major, nommé Montaulon, qui vient d'en prendre le commandement ; c'est un vieux radoteur que le ministre de la Guerre envoie, soi-disant pour refondre notre régiment ; il paraît que le colonel Chalbos a mal gouverné son administration puisqu'il est disgracié.

DESCRIPTION ET BEAUTÉ DU CAMP DE ZEST. — INCENDIE RISIBLE.

Du camp de Zest, le 5 juillet 1804 (an XII).

Mon cher père, me voilà, à l'âge de 18 ans, dans une des plus agréables situations où je me suis jamais vu : je ne crois pas qu'on puisse être plus heureux dans le métier militaire ; aussi je sais tirer bon parti de mon état.

Depuis le mois de mai dernier, toute l'armée de Hollande s'est réunie aux ordres du général en chef Marmont (depuis duc de Raguse) qui a établi et fait former un superbe camp de plaisance qu'on appelle le camp de Zest.

Ce camp est assis dans une belle grande plaine de bruyères entre Utrecht et Amersfort ; il se compose d'environ 40 mille hommes, non compris les dépôts et les troupes qui sont restées pour faire le service des places fortes, puisque l'armée française en Batavie se monte à plus de 60 000 hommes. Le détachement dont je fais partie a quitté Utrecht vers le 20 avril dernier avec le général Boudet ; nous sommes venus cantonner dans un village nommé Dorn, où nous sommes très bien logés chez les plus riches paysans.

A une portée de carabine de ce village, se trouve le château de Moesberg, où loge notre général ainsi que notre lieutenant. Ce dernier est un brave homme, un officier de mérite qui n'est pas trop fier, auquel je puis vous assurer être bien attaché parce qu'il m'aime bien, puisque je suis son favori et son confident. Tous les matins, je vais le voir pour boire la goutte, puis lui faire sa queue, vu qu'il n'y a pas de perruquier au détachement et que c'est moi qui suis le coiffeur de mon lieutenant. Souvent aussi il me fait déjeuner avec lui, après toutefois me l'avoir fait gagner : c'est-à-dire que M. Faigard est un amateur, il est musicien et bon tireur : il joue de la clarinette, et, comme j'ai toujours pratiqué cet instrument, je me trouve dans le

cas de le seconder ; nous répétons souvent ensemble des
duos et différents morceaux de musique de fantaisie. D'autres fois, comme je commence aussi à tirer proprement des
armes et que mon lieutenant possède une paire de fleurets
et de masques et qu'il aime cet exercice autant que moi,
nous poussons une botte ensemble, et, comme il est surtout beaucoup plus fort que moi, je me perfectionne avec
lui ; je puis dire avoir un appui et un bienfaiteur. Oh ! mon
cher père, que je suis heureux et content ! Je garderai toujours le souvenir de Moesberg.

Ayant déjà eu beaucoup d'occasions de parcourir le
camp, je profite du loisir que j'ai aujourd'hui, étant de service à la tente de notre général, pour vous en donner ici
une petite description.

D'abord, ce camp ressemble à peu près à une grande
ville fortifiée. Chaque division, chaque régiment occupe un
terrain parallèle, formé carrément et divisé par quartiers,
lesquels se trouvent limités et entourés de redoutes élevées en terre et gazons, si bien que toute l'artillerie s'y
trouve logée : dans l'enceinte de chaque quartier, les divers
régiments ont construit en bois de sapin et gazon des rangées de baraques parallèles, ce qui forme de longues rues,
larges et bien alignées ; derrière ces rues principales, il y
a une seconde ligne de rues formée de tentes de toile bien
disposées, également bien alignées ; dans les intervalles, de
place en place, l'on y voit quantité de baraques et tentes
plus élégantes les unes que les autres ; ce sont celles des
officiers, et puis des cafés, des cantines où l'on se procure
tout ce que l'on peut désirer.

Puis, à la droite de chaque régiment, se trouvent les
tentes plus élégantes des colonels ; et puis à la droite de
chaque division, l'on voit les tentes encore plus jolies des
généraux et de leurs états-majors ; ces dernières ressemblent
à des lieux enchantés, elles réunissent tout ce que l'art et
le bon goût peuvent avoir de plus agréable ; en général
tout se distingue par grades, par la richesse des ornements,
la beauté, la variété des couleurs, les tapis de verdure et
de fleurs, les ombrages, les guirlandes de feuillage, etc.:
enfin, derrière les tentes et les baraques sont établies les
cuisines à des distances convenables ; et les magasins de

vivres se trouvent disposés pour chaque division hors l'enceinte du camp. Il n'y a que trois régiments de cavalerie, le 6e hussards, le 8e chasseurs et le régiment de hussards hollandais. le tout se trouve cantonné à Amersfort à deux lieues du camp et dans les environs.

La saison est charmante, et je prends une part active aux agréments de cette campagne : tous les dimanches l'armée sort du camp et va se ranger dans la plaine, où le général en chef la passe en revue, et ensuite il fait exécuter des grandes manœuvres, des exercices à feu, ou la petite guerre, et, à la fin de chaque revue, toute l'armée, infanterie, cavalerie, artillerie, défile devant les généraux, au son d'une bruyante musique. Je suis tous ces mouvements avec plaisir, toujours accompagnant notre général : je n'avais jamais vu tant de troupes réunies : c'est un bonheur pour moi de considérer une armée en mouvement : voilà ce qui offre un des plus beaux coups d'œil que l'on puisse voir.

A propos de coup d'œil, j'en ai vu un dernièrement qui m'a paru curieux et bien risible. Voici comment : pendant que l'on faisait la petite guerre, des canonniers ont mis le feu en plusieurs endroits aux bruyères qui sont très épaisses et très étendues dans la plaine où l'on manœuvrait ; alors l'incendie se communiqua en peu de temps dans l'étendue d'environ une lieue carrée, si bien que les troupes se trouvèrent comme enveloppées, et sur le point d'être atteintes par les flammes, ce qui mit une espèce de confusion dans les rangs et empêcha d'entendre et de suivre le commandement. Puis l'épaisseur de la fumée, qui enveloppait les colonnes, empêchait de voir leurs mouvements, si bien que la plupart des régiments se désunirent et se retirèrent chacun pour leur compte les uns d'un côté, les autres de l'autre : l'armée se trouva bientôt pêle-mêle, afin de se tirer au plus vite de la plaine enflammée ; c'était un charivari et une déroute complète dans toute l'armée ; ce qui fit rire tous les généraux et leurs états-majors, ainsi que tous ceux qui se plaisent à voir un beau désordre. Ce qui était plus farce encore, c'était d'entendre les cris d'une foule d'habitants des environs, surtout des dames hollandaises qui était venues au camp par curiosité pour voir les manœuvres et qui se trouvaient perdues et confondues dans la foule des soldats. Enfin il n'arriva aucun accident fâcheux ; les régiments se rallièrent sur un autre terrain. Ainsi finit cette journée ; chacun rentra dans son logement.

Pour conserver la mémoire de ce camp, le général en chef y fait élever par l'armée une belle pyramide ; je vous en dirai quelque chose plus tard quand elle sera finie.

PITT ET PITTA. — AVENTURE DU MAGASIN. — EXTRAVAGANCES. — RIBOTTE. — LE CAVEAU. — JE SUIS ENFERMÉ AVEC LES MORTS.

Dorn, le 22 août 1804 (an XII).

Bonjour, mon ami ! Je suis toujours en campagne, ayant toujours de l'agrément et faisant des folies à ma mode.

Voici encore une aventure de ma façon : depuis quatre mois, j'étais avantageusement logé, seul, chez l'épicier de ce village, un vieux brave homme ayant pour toute famille sa nièce avec lui. C'est Mlle Pitta, très aimable blonde de 20 ans.

Avec mon caractère gai, je me familiarisai bientôt avec le bonhomme Pitt, c'était le nom de mon bourgeois (Boss en hollandais), que j'appelais aussi mon oncle, et avec sa nièce, que j'appelais ma cousine : et moi l'on m'appelle Jacob. Par tout le village, je suis connu sous ce nom.

Je ne fus pas longtemps sans mériter la confiance dans mon logement ; mon boss disait à ses voisins que j'étais un bon garçon. Sachant déjà parler hollandais, je passais des soirées agréables et je ne manquais de rien. Pitta, en maîtresse de maison, était prévenante. Un jour, au cours d'une promenade dans le jardin, je lui fis malicieusement le pari d'aller frapper à la porte de sa chambre à minuit. Tu comprends, mon ami, combien je la fis rire.

Je couchais dans un cabinet, en bas, à côté de la boutique ; ma cousine avait sa chambre au-dessus, à côté de celle de son oncle. Il fallait, pour s'y rendre, traverser une grande pièce servant de magasin et garnie de toutes sortes de marchandises. Vers minuit, je me levai donc, jetant mon manteau sur mes épaules et restant pieds nus afin de ne pas réveiller mon boss. Je montai l'escalier et me trouvai dans le magasin ; mais l'obscurité était profonde. Je pris une fausse direction et m'embarrassai dans toutes sortes de marchandises, paniers, tas de papiers, bouteilles, faïences et poteries. Avec mon manteau, je faisais tout tomber à tour de rôle : j'étais abasourdi et ne savais plus que faire. Le chien, qui était en bas dans la boutique, se mit à aboyer comme un possédé. Je perdis la carte et voulus redescendre, mais le pan de mon manteau renversa un tas de pelles en bois qui firent un tapage terrible.

Entendant ce bruit, le papa Pitt se leva, traversa le magasin sans me voir et se précipita dans l'escalier afin de descendre battre son briquet. J'allais donc me trouver pris. Sans perdre une minute, j'ouvris la fenêtre et me laissai glisser le long du mur. Je tombai dans le jardin sur une plate-forme garnie de fleurs qui furent saccagées.

Pendant ce temps, mon boss était arrivé au magasin, mais l'oiseau était envolé. Il s'adressa à sa nièce qui tâcha de lui faire croire qu'il s'était trompé. Alors il redescendit m'appeler : « Jacob ! Jacob !... ». Mais étant rentré bien vite me coucher, après avoir cassé un carreau, je faisais le dormeur.

Tout cela ne lui sembla pas clair ; et tu dois penser, mon ami, si le lendemain Pitt était furieux après moi ! car il s'était douté du coup, en disant que je m'entendais avec sa nièce.

Ce jour-là, je sortis, car j'avais besoin de dissipation. Je ne voulais pas rentrer de sitôt à mon logement afin de me distraire de cette aventure. Pour cela faire, j'emmenai avec moi un chasseur de mes bons amis, nommé Tiskome, et nous allâmes nous promener dans le camp où je trouvai bientôt mon ami Gillet, de Franconville, avec d'autres camarades ; ensuite nous nous réunîmes dans une cantine où nous nous divertîmes comme des amis pendant la demi-journée, si bien que quand nous sortîmes, nous étions passablement en ribotte, moi le premier. Après nous être séparés gaiment, je remontai à cheval et revins à Dorn grand train pour dîner chez mon boss qui me reçut très froide-

ment malgré l'esprit de gaîté que je faisais voir. — La première nouvelle que j'appris dans le voisinage, c'était que
mon vieux Pitt avait porté plainte contre moi au maréchal
des logis de notre détachement, et lui avait dit que je m'entendais avec sa nièce pour lui faire du tort et qu'il ne voulait plus que je loge chez lui.

Tu peux bien penser, mon ami, que ces nouvelles ne me
flattèrent pas : dans un autre moment, j'aurais cherché à me
réconcilier ou à me justifier avec mon hôte ; mais le fumet
du genièvre et des liqueurs, m'avait tellement monté à la
tête que mon peu de raison se tourna en folie et en extrava-
gance, à cause de la contrariété que j'éprouvais ; alors je
ne gardai plus de ménagement, je fis enrager mon vieux
Pitt en me rendant exigeant au delà des bornes, si bien
que l'on se disputa, car autant j'avais été bon chez lui,
autant je devins méchant et injuste ce jour-là. Mon boss,
n'y pouvant plus tenir, se mit dans une colère terrible ; je
m'en moquai : il appela des voisins qui vinrent se mêler
de ce qui ne les regardait pas ; alors ma folie redoubla ; je
ne voulus rien entendre de raisonnable, pas même Pitta
qui tâchait de me calmer. Je pris mon sabre et me mis à
faire des moulinets à quatre faces dans la boutique et dans
la cuisine ; si bien que je fis sauver tout le monde hors la
maison. Je cassai d'abord quelques ustensiles, et je menaçai de tout briser si on m'obstinait. Je maintins ainsi quelques minutes tous ces paysans dans la rue en leur défendant d'entrer dans la maison, où je faisais des gambades et
disais des bêtises qui faisaient rire tous les spectateurs à
mes dépens.

Cependant je vis bientôt mon boss qui arrivait avec le
maréchal des logis de notre détachement (M. Saur), lequel
me trouva bien le maître dans la maison. Je devais m'attendre à cette visite ; alors il fallut s'expliquer : je convins
que j'avais tort et que je méritais d'être puni. Alors
M. Saur m'invita à le suivre à la salle de discipline, pour
y venir, disait-il, dormir un sommeil qui me ferait grand
bien.

La salle de police était simplement une espèce de cellule ou cloison en planches, meublée de quelques bottes de
paille, et située dans un recoin de l'église du village.

Je me soumis sans résistance à ma punition, et pour faire voir que je n'avais pas de chagrin, je pris ma trompette avec moi et je suivis mon maréchal des logis en sonnant des fanfares. Presque tous les habitants du village s'étaient rassemblés et me suivaient comme un triomphe ; chacun me plaisantait sur mon aventure. Ensuite le maître d'école ouvrit les portes et l'on m'enferma dans ma cellule ; puis M. Saur me dit que, si je voulais être tranquille, il me ferait sortir le soir même ; mais je fus loin de suivre ce conseil, une foule de folles idées me passèrent par la tête. Toujours excité par la vertu du genièvre, je fis si bien mon compte, qu'en peu de temps je démontai plusieurs planches de ma cellule en me disant : est-ce que je suis fait pour être enfermé ici, à cause de ce vieux pékin de Pitt ? Alors je me trouvai en liberté, tout seul dans l'église, dont les portes étaient bien fermées, mais au moins j'en avais tout l'espace à parcourir. Cependant j'étais inspiré d'un certain respect pour cette solitude, je visitai tout sans rien profaner. Si ce n'est que je m'avisai de monter dans la balustrade, ou chaire des prédicateurs luthériens ; là je trouvai sur les pupitres des gros livres qui traitent des maximes et doctrines de la religion luthérienne : alors n'étant interrompu de personne, je me mis à chanter et à prêcher à plein gosier dans ces livres : si bien que la Kerke retentissait du bruit de mes folies. Ce n'était pas assez pour mon imagination exaltée, il me fallait toujours du nouveau : lorsque je trouvai la corde de la cloche à ma disposition, je me faisais une réjouissance de la sonner à toute volée ; quand tout à coup je fus interrompu dans mes actions ; la porte de l'église s'ouvrit, et je vis entrer MM. Faigard et Saur, le maître d'école et plusieurs autres qui me surprirent Alors mon lieutenant me demanda pourquoi je faisais tant d'extravagances : je lui répondis que dans la situation où je me trouvais, il me fallait des sujets de distraction, etc... Ensuite ils s'aperçurent que j'avais démantibulé la cellule : je ne devais pas en être quitte à ce prix, on résolut de mieux m'enfermer.

Imagine-toi que dans le même recoin où se trouvait ma cellule, on leva une longue pierre qui fermait l'entrée d'un caveau pratiqué en dessous de l'église. Mon lieutenant me

dit de descendre dans ce trou : d'abord je refusai d'obéir ;
l'on me menaça de m'y faire descendre par force, au lieu
que, si j'y allais de bonne volonté, l'on me promettait que
je n'y demeurerais pas longtemps. Je me décidai, me mé-
fiant bien de ce qu'il y avait dans la cave, car j'avais vu
une certaine épitaphe sur la pierre... Alors, regardant les
assistants, je demandai en plaisantant s'il y avait du vin et
du genièvre dans cette cave, où si l'on voulait m'enterrer
tout vif, que c'était dommage de me faire quitter le monde
sitôt. Mon lieutenant me récidiva d'obéir. « Va là dedans,
me dit-il, il faut te mettre à la raison, mon ami. » Quand
j'eus descendu une quinzaine de degrés, je vis que l'on remettait la pierre sur l'entrée ; alors je commençai à me
dégriser et à réfléchir sur ma situation ; ensuite je visitai
l'intérieur de ma prison au moyen d'un petit jour péné-
trant par un soupirail qui donnait dans le cimetière. Je
reconnus bientôt que j'étais avec des morts, en voyant huit
ou dix grands cercueils garnis de bandes de fer, fermés
avec des cadenas, élevés et supportés par des trépieds en
barres de fer et fixés tout autour de ce caveau.

Quand je me vis ainsi bloqué, je ne savais qu'en penser :
Diable ! dis-je alors, voilà du sérieux, on me fait là une
belle farce ; eh ! que veut-on que je fasse ici avec ces tombeaux ? Au moins si je pouvais ressusciter ceux qui sont
dedans, voyons il faut en essayer ! Tu peux bien penser,
mon ami, qu'on ne pouvait pas être plus fou ; je me com-
parais dans ce moment à l'ange de la résurrection, tout en
parlant à ces tombeaux ; puis sans me décourager, je pris
ma trompette que j'avais gardée, et je sonnai le réveil et
quelques fanfares. Ce qui me sembla si monotone que j'en
éprouvai une vive sensation à la suite des réflexions que je
faisais. Joins à cela une odeur cadavéreuse qui me suffo-
quait ; si bien que la tristesse s'empara de moi ; j'allai donc
tâcher de soulever avec mon dos la pierre qui fermait l'entrée de mon caveau : mes efforts furent inutiles. Après
avoir ainsi passé plus d'une heure dans de vains projets,
les folies de cette journée m'avaient tellement fatigué que
j'avais besoin de me reposer ; alors je pris le parti de me coucher sur une tombe et j'y fis un sommeil d'environ deux
heures. Quand la fraicheur du lieu m'éveilla, la fumée du

genièvre était tout à fait dissipée. Cependant la nuit était
survenue, j'avais de la peine à me rappeler où j'étais, et,
ne sachant à qui parler ni de qui me faire entendre, j'eus
recours à ma trompette ; alors je sonnai des appels de
toutes mes forces en dirigeant le son par le soupirail.

Enfin, mon ami, l'on arriva lever la pierre du caveau et
je revis la lumière avec plaisir. C'était M. Saur qui venait
me délivrer d'entre les morts ; je suis guéri de l'envie de
me mettre en ribotte pour longtemps ; à quelque chose
malheur est bon.

En sortant de la trappe, je croyais aller dans mon logement où j'avais l'intention de me réconcilier avec mon
vieux Pitt ; mais je reçus contre-ordre, mon chef me remit
à l'instant un billet de logement, tout neuf ; tous mes effets
étaient déjà transportés dans mon nouveau logement. Je
n'ai rien perdu des égards de mon lieutenant, je suis toujours son favori. Je m'occupe de mon petit service et de
mes parties de récréation. Je suis toujours en course, soit
à la chasse, soit à la pêche, ou ailleurs, quand je ne trouve
pas de gibier sauvage j'en trouve du privé, comme des
canards, des poules ou des pigeons, tout est bon ; et puis
je vais faire un tour de temps en temps dans le parc et les
jardins du château situé aux environs de mon logement,
où j'y trouve les plus beaux fruits ; il y a des étangs et des
canaux où je trouve des anguilles et des carpes ; je tire
parti de tout et je fais des bombances avec mes amis.

Telle est, mon ami, ma situation à Dorn ; ainsi juge si
je suis heureux, j'ai pour ainsi dire carte blanche. Voilà à
peu près tout ce que j'avais à te dire relativement à cette
belle campagne, la saison approche où l'armée va lever le
camp, je pense que je vais retourner à Utrecht avec le détachement.

Adieu, je t'embrasse et suis toujours, etc.

P. S. — Comme j'ai promis de donner un aperçu concernant la Pyramide du Camp de Zest, le voici : Le général en chef a voulu imiter en quelque sorte une des pyra-
mides d'Égypte. Les troupes ont terminé cette pyramide
en trois mois avec des terres et des gazons rapportés ; généraux, officiers et soldats, tous s'y sont employés, jusqu'au
général en chef qui portait des sacs de terre.

Cette masse de terre est élevée de 340 pieds et surmontée d'un obélisque en charpente, au haut duquel flotte le pavillon français. L'ensemble de la pyramide est carré. Elle a plus de 50 pieds de largeur à sa base, et s'élève en pointe ; des degrés recouverts en gazon existent sur sa surface, de manière qu'on peut se promener, monter et descendre à l'aise tout autour. Du faite on découvre, pour ainsi dire, toute la Hollande. Au bas de cette pyramide, à chaque façade, sont fixées de longues et larges pierres en marbre gris, portant des inscriptions et les noms de tous les régiments composant le camp ainsi que ceux de tous les officiers généraux qui ont travaillé à élever ce monument dont la solidité est éprouvée. Une partie de l'armée s'est déjà rangée en bataille, montée sur tous les gradins, ce qui faisait une pyramide de militaires et un coup d'œil charmant.

UTRECHT. — QUERELLES AVEC DES HOLLANDAIS.

Utrecht, le 6 février 1805 (an XIII).

Mon ami, notre armée décampa dans le courant d'octobre dernier, en sorte que chaque régiment retourna dans sa garnison. Je suis aussi rentré à Utrecht avec notre détachement et je passe mon quartier d'hiver assez bien dans cette ville qui est grande et remarquable par diverses curiosités ; la belle tour de la cathédrale est admirable, vu sa hauteur et le superbe carillon de l'horloge. Il y a ici un tribunal de justice criminelle de la province, dont les opérations sont très fréquentes, ce qui m'amuse beaucoup ; tous les samedis l'on va voir les grimaces des Hollandais qui se font fouetter, ou marquer, ou pendre. L'on y voit aussi beaucoup d'établissements de commerce, fonderies, fabriques et manufactures. La ville est simplement fortifiée d'une chemise, ou gros rempart qui l'entoure : un beau canal la traverse et la rend assez commerçante : elle est à sept lieues d'Amsterdam.

La compagnie d'élite du 8e régiment de chasseurs et celle du 6e régiment de hussards sont aussi détachées à

Utrecht pour faire la garde et le service auprès du général
en chef dont le quartier général est établi ici, ce qui m'a
déjà procuré les occasions de faire des farces avec les
trompettes de ces deux compagnies ; je vais t'en donner ici
un échantillon. Un jour entre autres, notre détachement
escorta le général Boudet jusqu'à Amsterdam, où nous
trouvâmes nos deux compagnies d'élite ; alors chacun s'as-
socia avec ses camarades et l'on chercha à se divertir aux
dépens de qui il appartiendrait, de manière qu'il s'éleva
une dispute avec le régiment de hussards hollandais qui est
en garnison dans cette ville. Ces derniers faisaient beaucoup d'embarras et prétendaient être les maîtres dans les
musikos et autres endroits publics où on les trouvait, ce
qui occasionna des querelles dans plusieurs endroits ; les
coups de sabre tombaient de tous côtés, les hussards
hollandais sautaient par les fenêtres, par les escaliers et
dans le canal, enfin une partie de la ville était en émeute.

Tu comprends, mon ami, que je pris part aussi dans cette
affaire. Je m'étais réuni avec deux chasseurs et les deux
trompettes de la compagnie de hussards qui sont des bambocheurs achevés : nous nous rendîmes tous les cinq dans
un musiko ou la farce arriva, c'est-à-dire que je me trouvais dans une de ces bagarres entre nous et huit hussards
hollandais qui nous provoquèrent assez malhonnêtement,
de manière qu'en nous débattant à qui seraient les maîtres
dans la maison, je m'étais entrepris avec un Hollandais
lequel me porta un coup de sabre sur le ventre, dont j'eus
mes habits coupés. Comme il se sauvait en même temps
qu'il me portait le coup, je fonçai sur lui, le sabre à la
main et le poursuivis jusque dans la rue, où il voulut se
remettre en garde contre moi ; mais je le serrai de si près
qu'il recula sans s'en apercevoir jusqu'au bord d'un canal
et qu'il se jeta dans l'eau pour éviter un coup de sabre.
Alors je le laissai barboter, pour aller rejoindre mes camarades qui faisaient la loi aux autres. Ainsi nous nous
rendîmes maîtres du musiko, où nous fûmes régalés à notre
tour par les hôtesses du logis, puis nous en sortîmes sans
autre accident ; nous retournâmes à nos postes, ensuite
nous revînmes à Utrecht en riant tous ensemble des aventures de cette journée.

La manière dont j'avais expédié mon hussard hollandais avait beaucoup plu à mes camarades, ce qui fait que je suis toujours le bienvenu dans toutes sortes d'occasions ; ils peuvent compter sur moi quand il s'agit de quelques parties de plaisirs, enfin d'un coup de main.

Il m'arriva encore plusieurs aventures pendant mon séjour à Utrecht, qui ne sont pas assez remarquables, mon ami, pour te les rapporter.

LE COLONEL CURTO. — CHANGEMENT DE COMPAGNIE ET DE CHEVAL. — FORMATION D'UNE MUSIQUE.

Amersfort, le 20 juin 1805.

Mon cher Père, dans le courant de mars dernier, notre détachement reçut l'ordre de rejoindre le régiment qui se trouvait en garnison à Deventer, où nous arrivâmes après deux jours de marche. Là chacun rentra dans sa compagnie. Je m'aperçus bien qu'il y avait un grand changement dans le 8e chasseurs qui avait reçu un nouveau colonel [1]. Justement le jour où j'arrivai, l'on faisait une nouvelle organisation dans le régiment, qui me fait passer trom-

1. C'est à Deventer, vers le commencement de l'année 1805, que le 8e régiment de chasseurs reçut pour son chef le colonel Curto. Ce digne homme arriva bien à propos pour refondre et réorganiser le régiment et son administration que le vieux major Montaulon avait gâtée à force de tracasseries et de théories, si bien qu'il existait une espèce de confusion sous son commandement, et le régiment n'en valait pas mieux. C'est pourquoi je me plais à faire ici l'éloge du colonel Curto et à rendre justice à ses talents militaires et à ses qualités personnelles puisqu'il est vrai que, sous son administration, le 8e régiment de chasseurs à cheval devint un des beaux et bons régiments, ayant été dressé et exercé dans tous les genres de manœuvres dont le colonel était l'inventeur. Partout où le régiment se trouvait, soit en garnison, soit en cantonnement, soit en route, le service était agréable dans les intervalles, vu que notre colonel donnait toujours lieu à des récréations, à des fêtes, à des prix d'adresse, à des récompenses aux plus habiles, tout ce qui pouvait être dans le goût des militaires. Enfin il était aimé de tout son régiment. Cet état de choses commença à Deventer.

pette dans la 2ᵉ compagnie. M. Periolat est maintenant mon capitaine, c'est un brave homme ; il aime la justice autant qu'il est curieux de sa compagnie.

Ce que je regrettai le plus dans ce changement, c'est mon bon cheval, mon beau cheval auquel j'étais tant attaché ; il fallut le laisser à la 4ᵉ compagnie et l'on m'en donna un autre qui est une rosse en comparaison ; c'est une jument grise que l'on nomme Bergère, à cause de sa douceur et de sa mollesse.

Cependant je tombai bientôt malade à Deventer : je fus attaqué de la fièvre, ce qui m'empêcha quelque temps de faire mon service. Cette maladie me déploya, et me fit grandir tout à coup.

Vers le mois de mai, le 8ᵉ régiment de chasseurs partit de Deventer pour revenir à Amersfort à la portée du camp de Zest, ou l'armée est déjà réunie pour la 2ᵉ campagne. La garnison d'Amersfort est assez agréable. C'est une petite ville champêtre ; l'on y voit des récoltes et des magasins considérables de tabac. Ce qu'il y a de curieux, c'est une manufacture de bouteilles et autres ustensiles de verrerie.

Notre colonel vient de créer une musique au régiment ; c'est-à-dire que jusqu'alors nous n'avions toujours été que des trompettes qui sonnions des fanfares comme une musique guerrière : maintenant nous allons être une musique d'harmonie organisée avec tous les instruments nécessaires. On a fait venir un chef de musique, on a choisi des trompettes et des chasseurs ayant quelque connaissance dans cette partie ; on s'est procuré quelques musiciens gagistes pour compléter autant que possible.

Je suis désigné pour faire ma partie comme seconde clarinette, ce que je pratique avec attention. C'est le capitaine Planzeaux, qui est un amateur, qui se charge de l'organisation de la musique ; il y met des soins et de l'activité, et les désirs du colonel sont déjà remplis. Nous sommes habillés tous à neuf d'un uniforme particulier (jaune serin, velours vert, bien galonné). Notre petite musique est déjà en état de figurer où il faut, à la tête du régiment, à pied comme à cheval, au camp comme en route ; enfin je suis content de mon nouvel état : cela ne m'empêche pas de faire mon service de trompette comme d'habitude. Il me semble que je deviens raisonnable. Voilà ma troisième campagne commencée et j'ai dix-neuf ans.

EMBARQUEMENT DE LA CAVALERIE POUR L'ANGLETERRE. — A BORD DES « TROIS-SOEURS ». — MAUVAISE FARCE QUE L'ON ME FAIT ÉPROUVER.

En rade du Texel, le 12 août 1805.
A bord des *Trois-Sœurs*.

Mon cher père, me voilà arrivé dans une de ces situations les plus extraordinaires et les plus remarquables où puisse se trouver de la cavalerie.

Le 20 juillet dernier, toutes les troupes françaises et bataves reçurent l'ordre de lever le camp de Zest pour se préparer à un embarquement général. Le 8ᵉ chasseurs partit aussi d'Amersfort, et se mit en marche, bien disposé, passant par Naarden, petite ville bien fortifiée, ensuite par Amsterdam.

De là notre régiment passa à Harlem, jolie petite ville très curieuse ; ensuite nous marchâmes par Alkamar ; puis, suivant la route qui longe la côte de la mer, nous arrivâmes au Helder, gros bourg maritime où se trouve un très beau port et la rade devant l'île Texel. L'on ne voyait de toutes parts que de l'embarras et des scènes risibles auxquelles les militaires donnaient lieu ; on ne s'y connaissait plus, tant la confusion était grande, à cause du mélange extraordinaire des troupes qui embarquaient à mesure qu'elles arrivaient sur le port.

Le 25 juillet, jour de notre arrivée, chaque compagnie monta à bord des vaisseaux désignés. C'étaient des bateaux de transport qui n'étaient pas armés, où l'on embarquait la cavalerie et une partie de l'infanterie qui ne pouvait pas tenir sur les vaisseaux de guerre. Quel charivari à ne pas s'y reconnaître ! Je n'avais jamais vu un si beau désordre. C'était quelque chose de curieux que l'ensemble de cet embarquement, à cause des mouvements infinis et de l'embarras qu'il y avait à terre, comme à bord des vaisseaux. La vue de la mer couverte de navires et ressemblant à une forêt par la confusion des mâts, cordages et voiles offrait un coup d'œil superbe. L'on dit qu'il y avait plus de 600 vaisseaux aux environs du Texel, compris les bâtiments rasés et non équipés qui se trouvent dans le bassin : je le crois bien parce que je suis à portée de juger et de voir moi-même.

Il y a à bord des vaisseaux de transport tout ce qui est nécessaire pour faire une expédition maritime, cavalerie, infanterie, artillerie, munitions, provisions, équipages, etc... Trois gros vaisseaux de guerre à trois ponts, huit frégates, autant de bricks et corvettes forment l'avant-garde de l'escadre d'expédition et se tiennent au large en avant de l'île Texel ; les autres bâtiments sont disposés et rangés en ordre dans la rade. L'on n'attend que le signal de mettre à la voile pour aller descendre en Angleterre. A l'époque où je vous écris cette lettre, vous devez savoir qu'il y a aussi de grands préparatifs sur divers points de la France, et principalement dans le département du Pas-de-Calais, où la grande armée du camp de Boulogne se dispose pour la même expédition.

Ainsi, jugez, mon père, si cette entreprise réussit, quel remue-ménage nous allons faire chez ces chiens d'Anglais qui sont nos plus grands ennemis ; aussi nous nous promettons bien de les exterminer.

J'embarquai, comme les autres, à bord d'un superbe bâtiment qu'on nomme « die Trie Zusters », ou les « Trois Sœurs ». Il se trouve occupé par l'état-major de notre régiment, c'est-à-dire le colonel, ses officiers et domestiques, une partie de la compagnie d'élite et la musique. Cette circonstance m'obligea ainsi que les autres musiciens à quitter nos compagnies pour nous réunir à l'état-major, car telle était la volonté du colonel qui voulait nous avoir près de lui. D'abord, il y eut pendant plusieurs jours une confusion et un embarras tel qu'il serait difficile de vous l'imaginer ; on nous distribua des hamacs, chacun accrocha le sien où il put, bien ou mal placé.

La description que je fais ici sur l'organisation du bâtiment où je suis, est à peu de chose près semblable à tous ceux qui sont en rade. Figurez-vous, mon père, 90 chevaux en deux rangées, 45 de chaque côté du vaisseau sur toute sa longueur, serrés les uns contre les autres à fond de cale, séparés par des barres de bois, de manière que ces pauvres animaux ne peuvent pas se coucher : ceux qui sont placés dans les bouts du vaisseau au fond des allées, n'aperçoivent aucune clarté, mon cheval est de ce nombre, le 5ᵉ avant-dernier. Comme il est défendu d'avoir de la lumière, il faut aller comme dans un souterrain obscur et trouver son cheval en comptant ou en faisant des remarques à tâtons ; il faut monter par-dessus leur croupe au moyen des barres qui les séparent ; l'on s'aide les uns aux autres pour leur donner à boire et à manger ; des auges et des râteliers sont fixés devant eux à la carcasse du navire ; tout ressemble assez bien à une écurie en ce qui concerne les chevaux qui se trouvent par leur position au-dessous du niveau de l'eau, vu que le bâtiment par sa charge mouille plus de douze pieds. Une travure ou espèce d'entre-plancher faite au-dessus des chevaux, dessous le second pont, sert de magasin, où sont tassés plus de 15 000 rations d'avoine et de foin ficelé ; nos harnachements et équipements sont placés sur cette travure, tout est pêle-mêle.

Au milieu du bâtiment, entre les deux rangs de chevaux, sont rangés l'un sur l'autre plus de 300 tonneaux, caisses et barils contenant l'avitaillement de l'équipage pour environ six mois, c'est à dire de l'eau douce qui est déjà croupie et qui sert à abreuver les chevaux, ainsi qu'à la cuisine, puis du biscuit, des viandes salées, poissons secs, riz, fèves et tabac, chenique, etc., plus trois pièces de canon, les affûts et les caissons démontés ; tout cet attirail est bien rangé et entassé dans le bâtiment dans le fond de cale jusqu'au plancher de l'entrepont, de manière qu'il ne reste de chaque côté qu'une étroite et longue allée pour communiquer aux chevaux. Pour comble d'embarras et de confusion, l'on nous a logé à notre bord environ 300 hommes d'infanterie hollandaise ; jugez si nous sommes heureux et d'accord, la cavalerie à fond de cale, l'infanterie occupe l'entrepont et nous sommes pêle-mêle sur le pont. Il n'y a qu'une seule chaudière pour faire la cuisine à tout l'équipage ; et cette cuisine est une espèce de baraque en fer construite en plaques de tôle sur le pont, entre le grand mât et celui d'artimon ; là, l'on voit faire la ratatouille tous les jours par les plus sales et les plus dégoûtants de tous les cuisiniers et souvent l'on trouve pour assaisonnement des parcelles de chiques de tabac, des chiffons, des bouts de cordes dont le goudron a fondu dans la chaudière, des morceaux de savate et autres saloperies. Chaque compagnie a son heure indiquée pour manger la soupe ; l'on ne fait qu'un repas par jour, du reste chacun croustille son biscuit avec son chenique à volonté ; il y a une autre cuisine ou cambuse pour les officiers.

Cependant une scène terrible faillit ensanglanter le vaisseau il y a quelques jours. Les soldats hollandais, se voyant supérieurs en nombre, prétendaient faire la loi aux chasseurs en nous gênant et voulant toujours avoir les meilleures places ; l'on se chamaillait souvent, si bien qu'un chasseur avait jeté un soldat hollandais à la mer et en avait battu un autre, ce qui fit élever une furieuse dispute et la révolte était sur le vaisseau. Tout l'équipage prit les armes, les deux partis se rangèrent chacun à un bout du navire, sur le pont et dans l'entrepont ; nous étions peut-être 80 chasseurs contre 200 Hollandais. Je vis le moment où l'on allait s'exterminer à coups de sabre et de baïonnette, lorsque le colonel Curto et les autres chefs vinrent à propos rétablir le bon ordre. Cet événement ramena la discipline et l'on demeura un peu plus tranquille.

Ainsi vous pouvez bien penser, cher père, que notre situation n'est pas très brillante, et qu'il faut se plaire dans le désordre pour se trouver à peu près heureux. Cependant je m'accoutume assez bien à ce genre marin, vu que j'aime la nouveauté ; mais il m'en souviendra longtemps d'avoir embarqué. La saison ne nous est pas favorable, et il fait, dans le vaisseau, des chaleurs à étouffer, malgré les soins que l'on a de tenir la pompe à air bien tendue.

Tout cela n'empêche pas notre petite musique de s'exercer tant qu'elle peut par des répétitions. Souvent nous descendons tous dans une chaloupe et l'on nous promène au large dans le bassin où sont tous les bâtiments occupés par notre régiment que nous régalons avec notre musique, ce qui amuse tout le monde. Il n'y a pas moyen d'aller à terre. J'occupe mes loisirs selon mon goût, je grimpe après les cordages, je monte avec ma trompette jusqu'à la cage de

la hune du grand mât, je me plais à contempler l'ensemble
de cet immense plaine d'eau couverte de vaisseaux ; alors
je sonne des fanfares qui s'entendent de toute la rade ; il
s'ensuit souvent, au coucher du soleil, que les trompettes
qui sont sur les autres bâtiments se font aussi entendre à
l'envi les uns des autres. Dans d'autres moments, à
l'exemple des bons nageurs qui sont parmi nous, nous faisons assaut à qui sera le plus hardi à faire des tours à
nous tuer ou à nous noyer ; je saute de dessus le pont et
de dessus le tillac et me plonge dans la mer, puis je me promène à la nage. D'autres fois, avec mes camarades, nous
nous jouons des farces réciproquement ; voici l'échantillon
d'une que l'on m'a jouée. Quand il fait de belles nuits, je
préfère les passer et me coucher sur le tillac ; là je me re-
pose sur la dure, enveloppé dans mon manteau, ce qui me
plait mieux que dans mon hamac où j'étouffe de chaleur.

Or un soir qu'il pleuvait, je fus obligé d'aller me coucher
dans mon hamac qui était suspendu dans l'entrepont. Je
montai et m'allongeai dedans sans me méfier de rien ; un
des nœuds par lequel il était attaché au plancher vint à se
rompre du côté de la tête, de manière que je n'eus pas le
temps de me retenir, je tombai la tête la première en bas
du maudit hamac qui resta pendu par le bout opposé, et
moi je passai par une ouverture du second pont, car l'on
avait levé plusieurs gabords pour donner de l'air au fond
du navire, si bien qu'ayant coulé dans cette ouverture, je
tombai la tête sur des tonneaux, en même temps que mes
reins frappaient sur une pièce de bois. Je ne savais plus où
j'en étais, lorsqu'en voulant faire un mouvement pour
m'accrocher, je déboulai dans le fond de la ruelle et me
trouvai dans les jambes des chevaux ; je fis cette culbute
précipitamment ; je me crus brisé en me relevant de dedans
la boue et le crottin. J'avais deux contusions à la tête, une
plaie où le sang coulait, et plusieurs meurtrissures au reste
du corps. Comme je me trouvais dans l'obscurité la plus
noire, je me dirigeai à tâtons du côté de l'écoutille : j'étais
dans une fureur au-delà de toute raison. Cependant je dissimulai ma rage afin de mieux me venger et je vins passer
une triste nuit sur le plancher de l'entrepont.

Le lendemain, au jour, je vis que l'on avait coupé la

presque totalité des ficelles qui fixaient mon hamac par les bouts au plancher, de manière que tout se rompit en même temps lorsque je montai dedans ; c'est ainsi que je tombai dans le panneau.

Cependant j'avais des soupçons sur quelqu'un des chasseurs de la compagnie d'élite qui était à notre bord, et je me promis bien de lui rendre la réciproque. J'en trouvai bientôt l'occasion ; du moins, je ne cherchai pas à le faire tuer en coupant les cordes de son hamac, mais je lui fis une farce dans un autre genre, dont le ridicule et la grossièreté ne me permettent pas de vous en faire le détail ; il suffit de vous dire que Lacogrie, ce chasseur, fut bien plaisanté sans qu'il sût de quelle part la farce lui venait ; s'il s'en douta, il n'en parla pas. Je faillis me tuer une autre fois, ayant bu un peu de genièvre. En descendant par l'écoutille, mes pieds glissèrent sur l'échelle mouillée et je dégringolai à fond de cale, me frappant la tête contre une pièce de canon : je fus à moitié assommé. Enfin, cher père, j'ai un mauvais pressentiment contre moi si je reste longtemps embarqué, car je n'ai pas assez d'espace à parcourir ; je suis tenu de trop court et je ne peux pas me tenir en repos. Enfin ma destinée est entre les mains de la Providence.

LA MUSIQUE DESCEND A TERRE. — AVENTURE DE LA PRAIRIE. — PASSAGE DU FOSSÉ. — LA MEULE DE FOIN. — L'ORAGE. — DÉLIVRANCE.

Du Helder (Huiss-Dunes), le 1ᵉʳ septembre 1805.

Mon ami, je suis demeuré 25 jours embarqué dans la rade du Texel. L'on ne parle encore ni de mettre à la voile pour l'Angleterre, ni de débarquer : l'on ne voit, pour tout mouvement, que le vaisseau amiral qui se promène de temps en temps pour se faire saluer à coups de canon tirés des bords de plusieurs vaisseaux et des batteries de la côte ; puis parfois aussi les vaisseaux de guerre manœuvrent à l'avant-garde, et vont à la découverte vers des bâtiments que l'on découvre également dans le lointain.

Cependant, comme notre musique n'était pas trop contente de sa situation à bord du « Trie Zusters », notamment le maître et les gagistes qui sont des messieurs assez
délicats et qui ne peuvent pas s'accoutumer au charivari
de l'équipage, notre colonel qui était bien disposé en leur
faveur, fit son possible pour améliorer notre situation, et
le 19 août, tout ce qui composait la musique fut transporté
à terre. Il fallut laisser nos chevaux à bord ; des chasseurs
se chargèrent d'en avoir soin moyennant un salaire durant
notre absence. Cette circonstance m'était pénible, car j'eusse
préféré rester à bord plutôt que d'abandonner mon cheval.
L'on nous renvoya donc dans le petit hameau nommé
Huiss-Dunes, situé sur le bord de la mer à une lieue et
demie du port et du Helder ; nous nous trouvâmes dans ce
hameau plus mal que bien, avec les ouvriers du régiment,
tous logés dans de pauvres cassines. Alors nous nous réunîmes plusieurs camarades ensemble et nous établîmes un
petit bivouac afin d'être plus à notre aise, où nous vivons
en partie de notre pêche et de notre chasse. Nous avons
soin de nous trouver à la rentrée des bateaux de pêcheurs,
sur le rivage du Helder où il se fait un gros marché de
marée, et nous avons du poisson à discrétion. Nous nous
trouvons mieux que sur le vaisseau, en ce que nous avons
la clef des champs. Nous n'avons qu'à nous promener et
nous divertir après nos exercices de musique. Me voici encore dans une de ces situations où j'ai pour ainsi dire carte
blanche ; tantôt je vais courir dans les dunes à la chasse
aux lapins dont il y a une grande quantité, tantôt je vais
à la pêche sur le rivage.

Je me plais beaucoup aussi à parcourir la côte, l'espace
d'environ une lieue, pour voir tous ces immenses préparatifs ; rien n'est si beau et si imposant à considérer que cet
armement, ces forts, ces redoutes, ces belles batteries ;
tout est garni d'une nombreuse artillerie qui défend aux
Anglais de s'approcher du Helder, du port et de la rade.

C'est ainsi que la musique passe son temps à Huiss-
Dunes. Or, voici l'aventure qui vient de m'arriver. Diman-
che dernier, j'étais allé au Helder à la distribution des vivres,
avec mon camarade Alexandre qui est comme moi trompette et clarinette faisant partie de la musique. La distri-

bution étant faite, nous laissâmes partir la voiture qui se
trouvait escortée par deux chasseurs ouvriers qui devaient
la ramener à Huiss-Dunes. Alexandre et moi, trouvant
l'occasion de nous amuser au Helder, nous passâmes la journée en bons amis. Il était 9 heures du soir et nous retour-
nions gaiement à notre cantonnement, en passant dans
des retranchements élevés à travers les champs, lorsque
nous entendîmes aux environs d'un bastion du bruit comme
une dispute : nous nous approchâmes de ce côté par curiosité et nous reconnûmes bientôt que c'étaient des Hollandais qui se querellaient et se battaient ensemble. Dans ce
moment, j'aperçus une femme qui fuyait rapidement derrière le bastion ; je m'intéressai à son sort en pensant que
ces Hollandais voulaient peut-être lui faire quelques vio-
lences et qu'elle cherchait à leur échapper. Aussitôt je me
dirigeai à sa rencontre : mon ami me suivait. L'ayant bientôt arrêtée, je lui dis en hollandais : « N'ayez pas peur, petite ! nous sommes de jeunes soldats français qui ne voulons pas vous faire de mal, au contraire si nous pouvons
vous être utiles, fiez-vous à nous et vous serez en sûreté.
Peut-on savoir, belle enfant, ce que vous avez ? » En disant,
je la voyais chanceler comme d'une faiblesse et je la tenais
déjà dans mes bras : dès qu'elle m'eut entendu parler elle
ne fit pas de résistance, elle appuya un bras sur l'épaule
de mon ami comme pour se soutenir, se mit à pleurer de
bon cœur, et nous dit avec émotion : « Bons Français, si
vous êtes envoyés de Dieu, sauvez-moi du pouvoir de ces
coquins de soldats hollandais. » Nous fûmes charmés de
l'aveu et de la confiance que cette petite Hollandaise nous
montrait en se livrant à nous ; alors je lui assurai notre
protection contre les soldats hollandais quand même il en
viendrait dix. — Néanmoins il était prudent de les éviter ;
sans perdre de temps en explications inutiles dans ce moment, nous résolûmes de nous dérober à leurs poursuites
en nous éloignant du chemin et du bastion. Nous marchâmes une centaine de pas du côté opposé à la dispute
que nous entendions toujours, tout en rassurant notre petite
protégée. Pendant cette première entrevue qui avait lieu à
la faveur d'une belle nuit d'été (la lune éclairait à travers
quelques nuages), nous reconnûmes les traits et le carac-

tère de cette paysanne pour laquelle nous voulions nous intéresser et nous vîmes que nous avions à faire à une jolie fille âgée de dix-huit ans au plus.

Nous arrivâmes bientôt au bord d'un grand fossé rempli d'eau, ayant au moins 12 pieds de large, qui séparait les retranchements d'avec les prairies : je persuadai Henriette (c'était son nom) qu'il nous fallait traverser ce fossé parce qu'il n'y aurait plus de danger étant de l'autre côté. « Il n'y a pas à tâtonner, dis-je à mon ami, il ne faut pas nous exposer à nous battre avec les Hollandais qui vont sans doute chercher après nous : évitons leur rencontre en passant ce fossé, ils perdront nos traces. — Eh bien, me dit Alexandre, marche, passons l'eau avec elle, vois si le fossé est profond ? — Cela me paraît facile, répondis-je, quand je devrais me mouiller jusqu'aux oreilles, il faut que je passe. » En disant, je jetai de l'autre côté mon sabre, mon shako, mon habit, et je descendis dans le fossé tel que j'étais : d'abord je n'avais de l'eau que jusqu'à la ceinture ; j'engageai donc et je pressai notre petite Henriette à venir sur mon dos, je lui faisais paraître le danger le plus grave si les soldats hollandais venaient à nous trouver ; au lieu qu'il n'y avait plus rien à craindre lorsqu'elle serait passée. Confiante en nos raisons, elle consentit à venir se cramponner sur mon dos. Étant ainsi chargé et passant le milieu du fossé, j'enfonçai dans la bourbe jusqu'aux genoux ayant de l'eau jusqu'à la poitrine et, étant embarrassé dans les herbes, je commençais à craindre de ne pas pouvoir m'en tirer avec Henriette qui craignait aussi que je ne la renversasse dans l'eau ; elle était déjà mouillée jusqu'aux reins, elle me serrait étroitement le col avec ses bras, elle tremblait et faisait des cris de saisissement à mesure que j'enfonçais ; je l'encourageai de mon mieux, tandis qu'Alexandre riait comme un fou en me voyant dans un tel équipage. Enfin après être demeuré peut-être 5 minutes pour faire 7 à 8 emjambées, j'arrivai déposer mon fardeau sur l'autre bord. Comme il ne m'en coûtait rien de plus, j'offris aussi de passer Alexandre sur mon dos — ce qu'il refusa en disant que je le mouillerais trop, et qu'il aimait mieux franchir le fossé d'un saut. « Hé bien ! essayez-en, lui dis-je, donne-moi seulement les effets qui t'embarrassent. » Alors je sortis sur la rive tandis qu'Alexandre cherchait une place pour prendre son élan et sauter. Je le regardais faire : mais il arriva la pointe des pieds trop courte sur le talus du fossé, tomba en arrière et disparut pour un instant dans l'eau. J'allai à son secours, mais il reparut bientôt en se débattant comme un chien mouillé ; aussitôt je l'aidai à remonter le fossé ; je ne pouvais me tenir de rire à mon tour après une aussi belle cabriole.

Nous nous rajustâmes tous les trois chacun de notre mieux ; Henriette voulait pleurer en disant qu'elle était la cause de tous ces événements. Il fallut bien la rassurer ; mon ami et moi, nous faisions des risées de tout afin de la mettre en belle humeur, et tout en lui donnant chacun un bras nous marchions gaiement à travers les grandes prairies qui se trouvent entre Helder et Huiss-Dunes.

Comme je parlais hollandais aussi facilement qu'Henriette, je lui fis plusieurs questions relatives à sa situation et à ce qui venait de lui arriver. Ce qu'elle me répondit peut se rapporter à peu près ainsi : « Mon père est pêcheur, nous demeurons au Helder ; ma sœur est marchande au camp des Hollandais (il y avait deux régiments de troupes bataves qui n'étaient pas embarqués et qui campaient dans les dunes à une lieue et demie du Helder). Ce matin, je fus comme de coutume lui porter des marchandises et des provisions ; je l'ai quittée un peu plus tard, l'ayant aidée à faire son ouvrage et, comme je m'en retournais chez nous, quatre soldats m'arrêtèrent en mon chemin, l'un me demanda où j'allais, un autre voulut me prendre mon panier, en disant que je désertais le camp et qu'il fallait que je retourne avec eux ; alors je m'expliquai et leur répondis hardiment. Lorsque je vis qu'ils voulaient agir avec insolence et m'emmener malgré moi, je me mis à crier au secours, tâchant de me débarrasser et de me sauver. Ils me retenaient à deux, un troisième allait me mettre un mouchoir sur la bouche pour m'empêcher de crier, et par bonheur, le quatrième (sans doute par un remords de conscience) se porta à ma défense en reprochant à ses camarades leur honteuse action et leur disant avec vivacité de me laisser libre. Alors il les repoussa brusquement à droite et à gauche, l'un tomba à terre et l'autre le prit au

collet ; la dispute s'éleva entre eux. En même temps, me
voyant débarrassée, je me sauvais au hasard quand vous
m'avez rencontrée ; vous m'avez offert votre appui ; je me
suis confiée à vous ; à présent, bons Français, si vous voulez me prouver votre générosité, vous pouvez me rendre un
grand service, c'est de me conduire au Helder, car mon père
m'attend. » Mais il nous parut difficile de la reconduire ce
soir-là, à cause du danger des marécages durant la nuit,
et en même temps peu convenable de l'abandonner. Enfin
nous lui fîmes comprendre que nous étions trop éloignés
du Helder, puis mouillés et dans un triste état pour continuer notre marche.

Voyant du danger à s'en aller seule, de peur de rencontrer les Hollandais, elle se rendit à nos raisons et préféra
attendre le jour suivant.

Maintenant il faut te dire, mon ami, que par ici l'on
fauche les foins plus tard que dans nos pays, vu qu'ils sont
encore à cette époque emmeulés dans les prairies ; de façon que nous autres musiciens préférons coucher, quand
les nuits sont belles, au pied des meules dans le foin, plutôt que dans nos pauvres cassines malpropres et pleines de
puces. Tu sauras donc qu'Alexandre et moi nous avions
aussi une meule attitrée dans la prairie, justement à peu
de distance du lieu où nous nous trouvions. Nous y arrivâmes tous trois bien d'accord.

Mais la soirée ne pouvait se terminer ainsi pour des soldats galants. Nous résolûmes de régaler notre petite Hollandaise et ce fut moi qui me chargeai d'aller dans le
voisinage chercher quelques provisions, du genièvre, de
la bière, etc... Je rejoignis bientôt le rendez-vous, ayant
évité toute rencontre. Alors tous trois assis sur le foin,
notre panier au milieu nous servant de table, nous fîmes
un repas excellent, assaisonné d'appétit et de gaieté de
cœur. Henriette avait pris son parti en brave et partageait
notre joie.

Lorsque nous eûmes terminé notre repas, la nuit était
devenue très sombre. Derrière de gros nuages noirs la lune
s'était couchée. La pluie commençait à tomber et Alexandre
dut retirer beaucoup de foin du pied de la meule et pratiquer un enfoncement assez large où nous nous fourrâmes

tous trois. Nous tournions notre aventure en risée, quand tout à coup s'éleva un orage poussé par un grand vent d'Ouest; les éclairs et le tonnerre se succédaient sans cesse; le vent soufflait du côté opposé à notre enfoncement, ce qui nous mettait à l'abri de l'orage. Mais la pluie tombant avec violence appesantit notre meule si bien qu'un coup de vent lui fit perdre son équilibre et la renversa sur son vide de manière que tous les trois nous nous trouvâmes ensevelis sous cet éboulement de foin; c'était là ce qui pouvait nous arriver de pis, car aussitôt nous criâmes miséricorde?... Imagine-toi, mon ami, que nous nous trouvions dans un embarras tel qu'il est difficile de te le dire; nous nous croyions perdus. Ainsi enveloppés et pressés sous le poids du foin depuis le cou jusqu'aux pieds, nous ne pouvions plus remuer que dans un petit vide qui nous restait depuis les épaules jusqu'à la tête, mais pas assez pour nous débarrasser. Je parvins cependant à fourrer mon bras au-dessus de ma tête, à un endroit où il me sembla que le foin était moins serré (c'était l'endroit où le faîte de la meule s'était séparé de son centre), alors je sentis de la fraîcheur et je faisais communiquer un peu d'air, mais c'était tout, il était impossible de nous en retirer que par un miracle. La chaleur que nous ressentions nous eût étouffés si je n'eus continué de faire mes efforts pour entretenir la communication du peu d'air qui nous restait, en fourrant toujours mon bras dans le trou et en dégageant sans cesse le foin.

Dans cette situation pénible, je pris encore le parti de rire; Henriette pleurait et gémissait sur son sort. Plusieurs heures se passèrent ainsi ensevelis. Il pouvait être six heures du matin: une petite clairière paraissait au-dessus de nous, nous entendîmes parler quelqu'un, nous nous mîmes à crier et à appeler et l'on nous entendit: c'était justement deux de nos camarades, Perigot et Degratoulet, qui aussitôt débarrassèrent le foin de dessus nous et nous découvrirent la tête. C'est dans ce moment, mon ami, qu'il fallait nous voir! Nous étions dans une situation dont il est impossible de te peindre la bizarrerie. Nous nous trouvions enfoncés au milieu du tas de foin, ne pouvant nous en retirer par nous-mêmes, vu que nous étions encore

pressés depuis les reins jusqu'aux pieds, et entremêlés
dans nos manteaux qui nous entortillaient si bien que nous
n'avions pas assez d'espace pour nous débarrasser. C'est
alors que nos deux camarades en appelèrent d'autres qui
accoururent successivement pour voir la farce ; ensuite ils
nous délivrèrent en nous tirant l'un après l'autre par les
bras. C'était surtout Henriette qui attirait la curiosité ; et
puis c'était de rire et de plaisanter à n'en pas finir : « Eh
bien ! nos gaillards, nous disait-on, en nous voyant respirer
et nous rajuster, nous nous sommes bien doutés qu'il vous
était arrivé quelque aventure, puisque l'on ne vous a pas
vus hier de la journée »... — Et c'était toujours de rire...
Alors, pour mettre fin à cette comédie, je proposai d'aller
boire le genièvre que nous avions bien gagné. Henriette
avait bien du chagrin de tout cela ; elle était honteuse de
se trouver en présence de tous ces militaires rieurs. Les
camarades l'admiraient, car l'espèce de confusion où elle
se trouvait la rendait encore plus intéressante. Tous, en
blaguant, l'engageaient à demeurer avec la musique à Huiss-
Dunes ; mais elle voulut à toute fin retourner de suite chez
elle ; ce fut Alexandre qu'elle choisit pour l'accompagner,
étant fâchée après moi de l'avoir plaisantée.

Ainsi finit l'aventure de la prairie, qui fut la nouvelle du
jour ; je te laisse, mon ami, juge de ma conduite dans cette
occasion ; tu dois penser que des jeunes militaires doivent
en être ravis.

DÉBARQUEMENT. — DÉSORDRE. — LES CHEVAUX MALADES.
DÉPART POUR L'ALLEMAGNE.

Nimègue, le 14 septembre 1805.

Mon cher père, 15 jours s'étaient écoulés à Huiss-Dunes
où la musique du régiment faisait ses farces, quant tout à
coup l'armée reçut l'ordre du débarquement. Il paraît que
nous allons nous transporter rapidement en Allemagne ;
les Autrichiens viennent encore de déclarer la guerre aux
Français, ils marchent déjà vers nos frontières. Voilà donc

nos projets sur les Anglais tombés dans l'eau. Ces fameux Anglais ont peur de nous, ils emploient toutes les intrigues de la malice, afin de faire une diversion et de se débarrasser de nos menaces ; ils fournissent des trésors aux autres nations pour nous attaquer ; et ce sont les Autrichiens qui vont mordre à la grappe ; les pauvres gens ! ils doivent bien savoir que les Français ne les craignent pas plus que d'autres et que nos armées sont trop bien organisées pour ne pas vaincre encore ; d'ailleurs l'Empereur des guerriers est avec nous.

C'était le 5 septembre, je me trouvais dans les dunes à quelque distance du hameau, ayant le sabre à la main occupé à vider une querelle avec un camarade (Denigot), lorsqu'on vint nous chercher pour le départ. Il fallut de suite ramasser nos paquets et aller rejoindre le régiment. En arrivant sur le port, je cherchai après le vaisseau « die Trie Zusters », que je trouvai abordé au port. L'on mettait à terre tous les chevaux et les équipages et chacun reprenait ce qui lui appartenait. C'était encore un remue-ménage à peu près semblable à celui de l'embarquement. Je retrouvai ma pauvre Bergère que depuis si longtemps je n'avais pas revue. Ce qui me fâcha, c'est que je ne retrouvai pas sa selle que l'on avait séparée du reste de mon équipement. L'on avait changé ma bonne selle contre une qui ne me convenait pas. Il fallait de suite évacuer le port ; cette circonstance me fit souvent disputer. Notre régiment se mit en marche le même jour du débarquement, revenant sur Alkamar, où l'on se trouva dispersé, logeant pêle-mêle à volonté et au plus tôt près. Le lendemain, 6, encore à la débandade aux environs d'Harlem, le 7, aux environs d'Amsterdam. L'on s'arrêta quelques jours à Papentreck, grand village situé à 3 lieues d'Amsterdam, le long d'une grande rivière (le Mœrdik) : c'est le plus beau village de toute la Hollande, il est remarquable par une grande quantité de cigognes. Sur la plupart des maisons il y a un nid de cette espèce d'oiseau dont les habitants sont idolâtres : c'est un honneur et un bonheur pour celui sur la maison duquel la cigogne a fait son nid.

Le 8e régiment de chasseurs partit de Papentreck un peu mieux en ordre qu'il n'y était arrivé, continua sa route

pour Vœrden-Rhenen-Arnheim et passa le Rhin qui prend
le nom de Wal à Nimègue, qui est la première ou la dernière ville de Hollande de ce côté ; elle est assez bien fortifiée comme une ville frontière.

Ainsi, mon père, voilà donc huit jours que nous sommes
en marche pour faire environ 40 lieues. Cependant la
situation de notre régiment n'était pas brillante, comme
vous allez en juger. Les pauvres chevaux qui avaient été
pendant 40 jours embarqués sans bouger de place, furent
forcés tout à coup par la marche, si bien que le régiment
se trouva tout désuni pendant plusieurs jours ; chacun
suivait comme il pouvait, marchant souvent à pied, trai-
nant les chevaux par la figure et faisant une queue de 12
à 15 lieues. Par bonheur, l'on ne manquait pas de ressources.
Beaucoup de chevaux se trouvèrent blessés plus ou moins,
sous la selle, sur le garrot, sous le porte-manteau, sous la
croupière, sous les sangles, ou boiteux. C'était une véritable infirmerie ambulante que notre régiment : jusqu'à
ce que les chevaux s'endurcissent peu à peu à la marche.
Si les Anglais nous eussent vus arriver chez eux dans cet
équipage, ils auraient eu bon marché de notre cavalerie.
Je vous dirai que j'ai le même embarras avec ma pauvre
Bergère, il lui survint un cor sur les côtes, qui fut causé
par la cheville d'une lame de la selle qui est sortie de son
joint pendant cette marche.

A présent que nous sommes à peu près rassemblés à
Nimègue, c'est là que finit le séjour de notre régiment en
Hollande, qui a duré deux ans et un mois : pendant lequel
temps j'ai parcouru ce pays dans presque toute son
étendue. Je m'y suis comporté de mon mieux comme vous
avez pu le voir dans mes lettres : je n'ai fait d'autres
exploits que de me fortifier et de m'instruire suivant les
occasions ; je n'ai pas encore fait la guerre, parce que l'on
ne nous a pas encore fait voir nos ennemis ; mais je suis
soldat et cavalier achevé ; je me trouve capable de me
mesurer avec mon ennemi aussi bien qu'un autre quand
l'occasion s'en présentera.

Adieu, mon père, je laisse la Hollande à sa place pour
aller en Allemagne...

GRAVE IMPRUDENCE EN TRAVERSANT LE RHIN. — PÉRIL. — MON DÉSESPOIR DE FAIRE COUPER MA QUEUE. — EN ROUTE POUR LA GLOIRE.

Mayence, 27 septembre 1805 (Vendémiaire an XIV).

Mon ami, après avoir marché environ 70 lieues depuis Nimègue, je suis arrivé à Mayence, cette ville de guerre si célèbre par ses belles fortifications ; le Rhin passe au pied de ses murailles et lui fait un beau rempart du côté du Nord.

Notre régiment suivit la rive gauche du Rhin, qui se prolonge jusqu'à Binguen en une superbe côte ou montagne qui s'élève par pentes douces, plantée et variée selon le terrain de toutes sortes de productions, dans cette saison d'automne où les fruits sont en abondance.

J'ai fait pendant cette marche mon service de musicien à la tête du régiment et ailleurs, puis mon service de trompette comme d'habitude à la compagnie ; c'est pour dire que je fus assez heureux, même au milieu de deux événements qui m'arrivèrent, l'un périlleux et l'autre extravagant, tels que je vais te les rapporter. Notre régiment en partant de Nimègue suivit sa route par Clèves, Calcar, Gueldres, Meuz, Creveld, Neuss, etc., qui sont toutes petites villes peu remarquables ; c'est aux environs de Neuss, située sur le bord du Rhin à la hauteur et vis-à-vis Dusseldorf, que m'arriva une aventure qui m'exposa dans un grand péril. La 2ᵉ compagnie dont je fais partie, se trouva détachée du régiment (comme cela arrive assez souvent), pour aller se loger dans un petit village proche la montagne ; lorsque l'après-midi, nous trouvant en récréation plusieurs camarades ensemble, il nous prit fantaisie de nous baigner dans le Rhin. Je suis devenu très hardi dans l'eau. Mon camarade de lit (nommé Billard) se trouvait avec moi. Il s'agissait de faire une bravoure ensemble, si bien qu'un défi fut proposé et accepté entre nous, avec un dédit de dix bouteilles de vin pour celui qui passerait et arriverait le premier sur l'autre rive du fleuve.

C'était positivement l'endroit où le Rhin est à la plus grande largeur de tout son cours, puisqu'il a dans ces environs plus de 200 toises de large.

Billard et moi, nous nous jetâmes à la nage. Si je mis de la hardiesse à entreprendre cette traversée, ce fut sans calculer l'imprudence que je faisais, et je continuai à nager jusqu'à l'autre rive où j'arrivai un peu fatigué.

Cependant Billard ne m'avait pas suivi ; il avait renoncé à moitié chemin et pris le parti prudent de s'en retourner, préférant perdre la gageure. Néanmoins, le courant de l'eau m'avait fait descendre plus de 200 pas de la direction d'où j'étais parti ; c'est alors que je me trouvai nu, isolé de l'autre côté du Rhin, sur un pays étranger (le duché de Berg). Je remontai le rivage autant comme je jugeais nécessaire pour retourner vers mes camarades ; j'apercevais bien quelques tourbillons, mais je ne crus pas qu'il y eût de danger à craindre puisque j'avais bien passé une fois ; ma mesure était prise ; je devais suivre ma direction, je croyais bien éviter les bouillons en remontant quelques pas de plus ; je me remis donc à la nage. Lorsque j'eus fait environ 50 brasses, le courant de l'eau m'emmena positivement dans ces tourbillons que j'avais jugé pouvoir éviter et que je ne croyais pas aussi dangereux, car c'était une cataracte dont le Rhin est fréquemment parsemé. Je me sentis tout à coup arrêté et frappé par le bouillonnement de l'eau ; pour un instant, je me voyais tourner et rester en place ; un autre instant, je me voyais debout enfoncé dans l'eau, n'ayant que la tête et les mains sur la surface. Pendant environ dix minutes, je fis des efforts inutiles. Je fus d'abord étonné de ces contretemps et je commençai à craindre de me noyer dans ces tourbillons. Lorsqu'en me soutenant un instant sur les bouillons, je reprenais haleine, un gros bouillonnement me tira d'embarras ; je fis un dernier effort qui devait me sauver ou me perdre, c'est-à-dire que je m'enlevai et m'élançai en plongeant si rapidement que je coupai le tournoiement de l'eau, et je m'aperçus de suite que je n'étais plus à la même place. Jusque-là mes forces ne m'avaient pas abandonné, mais il était temps. J'allai de suite rejoindre la rive que je venais de quitter et me reposai quelque temps sur l'herbe. Là, je réfléchissais et j'envisageais le danger auquel je venais d'échapper et dont je n'en étais pas encore quitte, car je n'étais pas encore de l'autre côté.

Deux paysans qui arrivèrent près de moi dans ce moment et qui m'avaient vu lutter contre la malignité de cette cataracte, me dirent en allemand que cet endroit était si dangereux que des petits bateaux n'osaient pas y passer, qu'ils en avaient vu à cette même place demeurer en tournoyant pendant une heure, malgré les efforts des rameurs ; que c'était un véritable miracle de m'être sauvé. Ces deux paysans étaient de Dusseldorf, ils m'enseignèrent un endroit où je pouvais passer plus sûrement, en partant au-dessous de la cataracte. C'est ce que j'aurais dû faire la première fois. Je suivis cet avis, je me remis à l'eau et traversai sans accident. Mes camarades qui m'avaient vu et observé de loin, me demandèrent ce qui m'était arrivé, et je leur fis part du péril où je m'étais trouvé. J'étais demeuré plus d'une heure dans ces transes ; j'avais bien gagné les dix bouteilles de vin. Le souvenir me restera d'avoir traversé le Rhin à la nage : voilà une leçon à l'école de l'expérience.

Le lendemain, le 8ᵉ chasseurs continua sa route par Véringen et Cologne, où je remarquai la splendide cathédrale. Ensuite, nous marchâmes par Bonn et Andernach. Je me trouvai logé aux environs de cette petite ville dans une fabrique considérable de papier, avec plusieurs chasseurs de la compagnie. Une particularité que je remarquai dans cet endroit, c'est une source précieuse d'excellente eau minérale qui sort d'un rocher ; cette eau est très salutaire, tous les habitants des environs viennent en chercher, on en fait des envois par cruchons.

Ensuite notre régiment vint loger dans des villages aux environs de Coblentz, séjour mémorable où je perdis au milieu d'une ribotte ce que j'avais de plus précieux. Je me plais à te rapporter cette circonstance qui me laisse un souvenir que je regretterai longtemps.

Il faut te dire, mon ami, que notre régiment portait tous les cheveux tressés et liés en queue ; ma parure avait consisté jusqu'alors dans la beauté de ma chevelure dont j'avais toujours pris un grand soin. Je puis dire que j'étais remarqué pour le troisième militaire, car dans le régiment c'étaient deux brigadiers et moi qui avions la plus forte chevelure et la plus belle queue. J'étais si curieux de la mienne que je ne me serais jamais décidé à la couper, quand même l'on m'aurait donné mille francs. Hé bien, mon ami, j'étais à la veille de tout perdre pour me conformer à l'uniforme comme les autres. Notre régiment reçut l'ordre de couper toutes les queues, c'est-à-dire de se tailler les cheveux à la Titus. Quand j'appris cette nouvelle, un coup de sabre ne m'eût pas fait plus de peine, je pleurai de désespoir. Je voyais plusieurs sous-officiers et soldats qui n'étaient pas plus contents que moi, je ne savais comment faire pour éviter de faire couper ma queue, j'avais envie de déserter de dépit. Je partis donc du village sans que l'on s'en aperçût et j'allai droit à Coblentz, où je rencontrai Florentz, trompette de la compagnie d'élite du régiment; il était aussi dépité que moi. Nous parcourûmes ensemble les rues de la ville, cherchant de la distraction à notre chagrin. Alors il me prit fantaisie d'entrer dans la boutique d'un perruquier pour me faire peigner fraîchement; là, je me fis faire et garnir ma queue dans le bon goût, il n'y eut rien d'épargné (puisque c'était pour la dernière fois); ensuite j'entrai avec mon camarade chez un marchand de vin où nous demeurâmes une partie de la journée. Nous noyâmes notre chagrin dans une dizaine de bouteilles de vin du Rhin, après quoi nous nous trouvâmes gris, marchant bras dessus bras dessous. Nous fûmes rencontrés dans la ville par M. René, adjudant au régiment, qui nous demanda ce que nous faisions là. Très résolument je lui répondis: « Ne nous cherchez pas chicane, M. René, nous voudrions trouver un régiment où l'on ne coupe pas les queues, pour aller nous y engager; c'est par dépit que vous nous voyez ainsi. » Et Florentz riait comme un grand benêt, sans rien dire. Tout en balbutiant d'autres raisons, nous ne pouvions presque plus nous soutenir, mais heureusement nous avions affaire à un bon adjudant qui n'était pas méchant et qui riait en nous voyant. — Il nous persuada de retourner au village vers nos compagnies où nous arrivâmes tant bien que mal en faisant des folies qui avaient rapport à notre situation. Nous attirâmes bientôt la présence de tous nos camarades; les uns riaient de ma résistance à faire couper une aussi belle queue, les autres me persuadaient que c'était un bon débarras et qu'il ne restait plus que moi à mettre à la Titus. Mais personne ne pouvait me faire entendre raison. Alors mon camarade de lit, Billard, que je rencontrai, m'emmena à notre logement où il me fit coucher et je m'endormis bientôt. Le croiras-tu, mon ami, que l'on ménagea ma sensibilité jusqu'à profiter de l'instant où je dormais pour m'expédier ma queue, puisque c'est en m'éveillant que je me trouvai tondu. Je fus bien surpris en voyant ma chevelure sur une table. Alors quoi faire ? quoi dire ?... Il fallut prendre mon parti comme les autres, il n'y avait plus de remède ; je me persuadai aussi que c'était bien plus commode pour entrer en campagne et je m'en consolai.

Notre régiment continua sa marche par Coblentz, grande ville au confluent de la Moselle dans le Rhin. L'on voit, près de là, ce fameux fort d'Herenbreistein qui domine la ville et les environs ; ce fort est situé de l'autre côté du Rhin, il était redoutable vu sa construction sur une montagne ; il a été pris et détruit par les Français.

J'eus l'occasion de remarquer aussi pendant cette marche plusieurs circonstances des guerres qui ont désolé ces contrées, lorsque nos armées en firent la conquête dans les premières années de la République française ; l'on y voit encore des redoutes détruites et des ruines multipliées tout le long du Rhin, sans oublier un beau monument funèbre, ou superbe pyramide de marbre noir gravé en lettres d'or, que les guerriers de ce temps ont élevée sur le champ de bataille, à la mémoire du général Hoche qui a péri dans le sein de la victoire.

Enfin, après avoir marché par Reinfelds, Bacharach, Binguen, Marienborn, notre régiment circula quelques jours dans les environs de Mayence. C'est demain, 28 septembre, que nous effectuons le passage du Rhin sur un superbe pont flottant, construit sur des bateaux devant Cassel, forteresse qui défend l'approche de Mayence de ce côté.

Jusqu'ici, mon ami, je ne t'ai toujours donné que des

détails relatifs à ma conduite suivant mes diverses situations; je ne t'ai pas encore parlé guerre, ni actions militaires, puisque je n'ai pas encore vu nos ennemis; mais j'espère qu'à la suite j'aurai occasion de t'en parler longuement, car c'est de bon cœur que je vais faire la guerre pour la première fois.

Adieu, mon ami, je t'embrasse et je marche pour la gloire.

DEUXIÈME PARTIE

DEPUIS MON PASSAGE DU RHIN A MAYENCE JUSQU'A MON ARRIVÉE EN ITALIE ET CE QUI S'EN SUIT JUSQU'A VICENCE.

En Allemagne. — Je commence ma quatrième campagne. — Pillage d'une ferme.

Du bivouac après Neubourg, le 9 octobre 1805
(18 Vendémiaire an XIV).

Mon cher ami, c'est après avoir déjà parcouru plus de 80 lieues de pays en Allemagne que je trouve le moment de te donner de mes nouvelles. Je te dirai d'abord qu'en passant le Rhin, notre musique est tombée dans l'eau, c'est-à-dire a été réformée ; les gagistes ainsi que le maître de musique, n'étant point des soldats pour faire la guerre, ne voulurent pas passer le Rhin avec nous ; les uns désertèrent et les autres demandèrent leur congé ; en conséquence, je reste, ainsi que mes collègues, attaché comme trompette à la 2ᵉ compagnie dont je fais partie.

Nous voilà bien sur le pied de guerre, chacun s'est débarrassé des effets inutiles ; nos armes sont en état, nous couchons au bivouac, nous montons les grand'gardes aux avant-postes. Je suis content d'être sur les pays étrangers, où l'on nous laisse prendre quelques libertés et où l'on fait du remue-ménage ; je suis assez bien l'exemple des vieux chasseurs, il ne faut pas être honteux ni paresseux. Depuis que j'ai quitté la France, je me suis accoutumé à jargonner avec les paysans des endroits que j'ai parcourus ; la langue allemande me devient assez familière à parler et à comprendre, je connais déjà les *coetchs,* les *noukdll* et les *tanfnoudll.* Mon plus grand désagrément, c'est que j'entre en campagne avec mon cheval blessé, comme je te l'ai déjà dit, d'un cor qui lui occasionne une plaie plus grande que la main sur les côtes : néanmoins ma pauvre Bergère va toujours son train, mais je la changerai lorsque j'en trouverai l'occasion.

Maintenant revenons à l'ordre de notre marche :

Notre régiment faisant partie du 2e corps de la Grande Armée, se dirigea de Cassel, par Hoffein, Hochseim, et Francfort, qui est une belle grande ville sur le Mayn, où il passa cette rivière et se porta à Saxenhausen, Hayn, pays fertiles, Bobenhausen, Hochst, les environs de Milterberg, Amorbach, les environs de Vertheim, Vurtzbourg, Bischotsheim, Mergentheim, Kirshberg, environs d'Inkelsbuhl, Oetting, Eichteitt. Pendant cette route qui ne fut qu'une course à cheval, que marches et contremarches sur la direction du Danube, nous ne vimes nullement l'ennemi, si ce n'est aux environs d'Eichteitt où notre division se prépara à le joindre, car vers les 6 heures du matin, je remarquai que notre régiment traversait un bois où l'on faisait observer le plus grand silence, et quand l'on déboucha du bois, l'on aperçut plusieurs vedettes ennemies qui annoncèrent notre présence par des coups de carabine. Alors le 6e régiment de hussards qui faisait division avec le nôtre, puis deux régiments d'infanterie et huit pièces de canon arrivèrent successivement se déployer et manœuvrer dans la plaine au débouché du bois. Le général Grouchy qui nous commandait, faisait ses dispositions comme si on allait se battre ; je n'avais jamais vu de bataille sérieuse, cela me sembla être beau à voir ; mais mon attente fut trompée ce jour-là, l'ennemi ne se présenta pas. Ensuite notre division alla déboucher dans la plaine d'Ingolstadt qui est une ville considérablement fortifiée sur le Danube. Ce jour-là, notre régiment se réunit avec tous les régiments composant le 2e corps, ou armée de Hollande, sous les ordres du général en chef Marmont, et tout se porta sur Neubourg. C'est dans les environs de cette ville, que notre corps d'armée fit sa jonction avec d'autres corps de la grande armée de Boulogne.

Je voyais alors pour la première fois, avec une joie mêlée d'étonnement. une armée française d'environ 150 000 hommes réunis; quel embarras, quel remue-ménage !

Je ne m'occuperai qu'à connaître la marche et les opérations qui concernent notre régiment.

Les Autrichiens que l'on a rencontrés à Nordlingen et à Donaverth sont déjà battus et en retraite : ils ont coupé le pont en pierre sur le Danube devant Neubourg, et les Français se hâtent de le rétablir.

Hier, notre régiment alla camper à volonté dans les environs de Neubourg, où il put trouver de la place. C'est pour te donner ici un aperçu de la situation des paysans en temps de guerre. Je fais comme les autres plus ou moins mal selon les occasions. Hier, dis-je, me trouvant réuni avec plusieurs chasseurs de notre compagnie, nous nous dirigeâmes au galop vers un hameau écarté qui nous sembla de bonne apparence ; alors sans perdre notre temps à chercher les chemins, nous marchâmes à travers champs et nous voulûmes traverser un terrain marécageux. quand tout à coup nos chevaux enfoncèrent dans le marais jusqu'au ventre ; nous voilà tous renversés à terre, embourbés avec nos chevaux, embarrassés à les tirer par la bride ; quand nous sortions d'une place nous enfoncions dans une autre. Notre situation était vraiment critique dans ce moment. Enfin nous parvînmes à nous débourber, puis nous continuâmes notre course, ayant soin de mieux sonder le terrain, et nous parvînmes à notre ferme non sans peine. Là, nous nous trouvions les premiers Français que les paysans voyaient venir, aussi fûmes-nous bien reçus ; la ferme était bonne et bien montée. elle se trouvait si isolée dans les vergers et les marais que les Autrichiens mêmes n'y avaient pas paru : le fermier ne paraissait pas embarrassé de n'avoir que 12 chasseurs à cheval chez lui ; nous nous imaginions et nous assurions même à ces bons paysans qu'il n'en viendrait pas d'autres. Lorsqu'après une heure nous commencions à respirer le bonheur de trouver tout ce que nous avions besoin pour nous et nos chevaux, nous nous disposions à bien vivre, nous fûmes tout à coup interrompus par l'arrivée de 20 autres chasseurs du régiment avec des sous-officiers qui vinrent aussi se faire place. Quelques moments après, l'infanterie, qui se trouvait bivouaquée dans ces environs, abonda par détachements dans la ferme, pour y chercher des vivres. Bientôt disparurent les pommes de terre, la choucroute, la boisson, la farine, la paille, les vaches, les cochons, les oies, les dindons, les pigeons, etc... L'on faisait main basse sur tout, jusqu'à tirer à coups de fusils sur les volailles effarouchées que l'on ne pouvait avoir assez tôt. Les vaches et les cochons étaient aussitôt mis en pièces et chaque soldat emportait sa provision, de manière qu'en peu de temps la ferme fut nettoyée. Le pauvre paysan n'était plus maitre de rien : mais au moins, nous le préservâmes du pillage dans l'intérieur des bâtiments que nous occupions, où nous avions réuni et gardé tout ce que nous avions pu sauver des mains de l'infanterie, si bien que nous nous trouvions encore suffisamment pourvus. Nous fîmes bombance tous les chasseurs ensemble, et chacun put encore garnir sa musette. Le lendemain, notre régiment se rassembla et passa le Danube à Neubourg, dont le pont était rétabli. Après avoir traversé cette ville, nous suivîmes notre route au milieu des lignes de bivouac que la Grande Armée venait de quitter. Notre régiment vint s'établir près d'un village où nous sommes depuis quelques heures tranquilles en attendant des ordres ; là nous nous occupons à faire enrager les malheureux pahours. Comme tu peux bien le penser, mon ami, je ne suis pas meilleur que les autres. C'est ici que je t'écris cette lettre pendant que notre fricot cuit.et que le canon se fait entendre dans le lointain.

Je vois l'Empereur. — Bataille d'Ulm.

En position devant Ulm, le 20 octobre 1805.

Vive la France ! mon cher père, il n'y a pas d'affront ! Depuis huit jours les événements militaires se succèdent avec une rapidité étonnante ; les troupes françaises sont toujours triomphantes et nous voilà arrivés à ce haut degré de gloire où le génie et la victoire puissent jamais conduire une armée ; nos ennemis sont confondus : vous apprendrez toutes ces nouvelles par la voie des bulletins qui vous donneront ces détails mieux que moi.

Je vais seulement vous en donner un aperçu et vous parler de ce qui est relatif à notre régiment et à moi. Depuis Neubourg, nous ne faisons que parcourir les champs et traverser les rivières, telles que le Danube, le Leek, l'Isser, etc... Nous nous portons de position en position, tandis que tous les jours nous entendons le canon des corps d'armée qui sont aux prises et qui ont déjà battu, pris ou mis en déroute différents corps de l'armée ennemie à Dilligen, Elchingen, Wertingen, Albeck, Guntzbourg, etc... Dans tous ces combats, notre régiment n'a fait qu'observer ses positions sans que nous ayons pris part à aucun engagement. En passant le Leck, à Aika, nous avons vu notre Empereur qui nous a passés en revue, qui nous a engagés à bien nous battre. Nous lui avons tous promis de bien nous en acquitter. Mais les circonstances ne nous ont pas encore procuré l'occasion de donner un coup de sabre. Nous nous portâmes ainsi jusqu'à Illersheim où nous prîmes position sur l'Iller. Nous n'avons pas de repos, et toujours du mauvais temps, et il faut qu'il y ait une divinité favorable aux soldats, pour résister avec tant de courage à toutes les fatigues que nous éprouvons.

Cependant toute la Grande Armée se concentrait dans les environs d'Ulm où l'armée ennemie se ralliait et se dispersait tour à tour. Deux ou trois jours se passèrent dans ces dispositions, ce qui donna lieu à plusieurs combats. Notre régiment se rapprocha aussi d'Ulm sur la rive, gauche du Danube. C'est le 15 de ce mois que je fus témoin d'une bataille fameuse par ses résultats, et qui eut lieu sous les murs d'Ulm même.

Notre régiment ne donna pas un coup de sabre dans cette affaire ; nous nous trouvions rangés en bataille (comme beaucoup d'autres) dans la plaine ; nous étions plantés positivement dans des terres labourées, dont le terrain couvert d'eau faisait que nos chevaux s'enfonçaient dans la boue jusqu'aux jarrets ; nous étions là en observation à une portée de canon de la côte qui s'appuie à la ville, sur laquelle côte se donnait le fort de la bataille : beaucoup de boulets et d'obus venaient tomber et s'enterrer devant notre régiment sans nous atteindre ; là il fallait prendre le temps comme il venait.

Les coups de fusils ne faisaient aucun effet à cause de la pluie ; l'on voyait différentes charges de cavalerie et surtout d'infanterie qui combattait à l'arme blanche ; nos Français montraient partout leur supériorité. Lorsque, vers les deux heures de l'après-midi, le feu cessa, l'armée ennemie était culbutée grâce à l'intrépidité des troupes soutenues par la présence et le génie de Napoléon. La plus grande partie de l'armée ennemie se trouva obligée de s'enfermer dans Ulm, où elle crut trouver son salut, en brûlant aussitôt le pont sur le Danube et se privant de ses communications avec le prince Ferdinand qui se retirait de l'autre côté avec quelques troupes. Du côté opposé, qu'on appelle la porte de Stuttgard, où se trouvait l'armée française, le pont qui traverse le grand fossé du rempart fut également détruit, la porte était barricadée et masquée par le pont-levis ; c'est dans cette porte qu'il fallait voir travailler les coups de canon !

Ulm est une grande ville de guerre bien fortifiée, bâtie sur la rive droite du Danube qui n'est pas très considérable ici, mais qui le devint à cette époque par le débordement des eaux. Ainsi, presque tous les débris de l'armée autrichienne s'étaient renfermés dans Ulm, n'ayant pas assez de vivres ni assez de munitions pour soutenir un siège, croyant cependant s'y maintenir en attendant l'armée russe, leur alliée, qui devait arriver à leur secours. Mais il était trop tard, tout était prévu : ils ne savent pas expédier une campagne comme les Français.

Siège d'Ulm. — Je tire le canon. — Capitulation. — L'armée autrichienne défile devant nous. — J'entre seul dans la ville. — Démarche hardie et périlleuse. — Réussite.

Au bivouac d'Oberkirchen, près Ulm, le 27 vendémiaire, octobre 1805.

Mon cher père, me voilà à peu près un guerrier éprouvé. Depuis que je suis militaire, c'est la première fois à la vérité que je me trouve présent à une bataille ; j'ai vu les pétards près de moi, ce qui était d'autant plus aisé à voir que notre régiment ne s'est pas battu. Mais moi, par exemple, je puis dire que je me suis employé comme un canonnier à faire voler sur l'ennemi des boulets et des obus. Depuis trois jours que nous étions au bivouac, pas très heureux, je cherchais toutes les occasions de me dissiper, surtout du côté du siège, car il me semblait curieux de voir et d'entendre sans cesse ronfler le canon ; je désirais aller voir cela de plus près, et ne savais comment faire, n'ayant pas de prétexte, lorsque j'en trouvai l'occasion, voici comment. C'était le deuxième jour du siège, je rencontrai dans notre village deux canonniers qui venaient chercher quelques provisions. Je pensai aussitôt, en voyant le numéro de leur uniforme, à une connaissance que j'avais dans ce corps. Je leur demandai de quelle compagnie ils étaient et s'ils connaissaient un nommé Jean-Louis Gillet. « Oui, me répondirent-ils, car nous sommes de la même compagnie. — Ah ! je suis bien aise, répondis-je, est-il par ici à l'armée ? je voudrais bien le voir, c'est un de mes pays et un de mes amis, je ne l'ai pas vu depuis la Hollande, au camp de Zest. — C'est aussi un de nos amis, me répondirent-ils gaiement ; il est là-bas dans une tranchée qui joue de la flûte à gros bec ; l'on voit notre batterie d'ici, nous allons y retourner ; venez avec nous, vous le verrez. » J'acceptai la proposition sans hésiter, j'emmenai les deux canonniers à notre bivouac où ils trouvèrent quelques provisions. Je pris aussi ma gourde que je fis emplir de schnaps par un cantinier, je fis part à mon collègue Leroy que j'allais voir un ami et qu'il eût soin de mes affaires. Je partis avec eux.

Tout en avançant, je voyais déjà des boulets courir et sauter dans les environs et quelques chevaux tués par-ci par-là. J'arrivai donc avec mes deux canonniers à la batterie formée de deux pièces de 12 et d'un obusier, placés au milieu de la plaine, dans un retranchement élevé en terre (les autres batteries à droite et à gauche étaient à peu près la même répétition). En arrivant, je cherchai mon ami Gillet que je reconnus bientôt parmi une douzaine de canonniers qui se trouvaient là en action ; il était à l'obusier. Ce fut une vraie joie de nous revoir ; j'entrai également en connaissance avec plusieurs canonniers que j'avais vus au camp de Zest. Aussitôt ma gourde fit la ronde avec tous ces vieux brise-murailles, et chacun reprenait son poste. C'est dans ce moment, cher père, que vous fûtes présent à ma pensée en me rappelant que je suis le fils d'un vieux canonnier. Comme je causais avec mon ami, je remarquais les pièces qui envoyaient de la visite aux assiégés, de même que ceux-ci en envoyaient aux Français ; dans ce moment, un boulet vint passer sur notre batterie, aussitôt les canonniers se disent : « Attention, mes amis ! En voilà encore un qui nous cherche. » Alors Gillet observa et dit : « Il va encore nous en arriver un de la même, regardons sa position ; je vais lui en envoyer un qui va compter. » Je fixai aussi ma vue du côté du rempart ; un instant après, je vis la fumée ; un boulet arrive frapper et s'enterrer devant la batterie au pied du retranchement. « Bon, bon, disent alors les canonniers, nous les voyons, pointons dessus ? » Et Gillet qui était le premier canonnier de la batterie, disait : « Oui, laissez-moi faire, vite décoiffez-moi un obus », et il pointait et dirigeait la portée de son obusier. Je voyais ce travail avec une espèce d'avidité qui me faisait plaisir. Je demandai aussitôt à mon ami de me laisser au moins mettre le feu. Ce disant, je m'étais déjà emparé de la mèche. Puis l'obusier étant préparé : « Allons feu ! me dit Gillet, et ne tremble pas ! Envoie leur celui-là, ils en sauront des nouvelles. » D'une main sûre je mis le feu sur la lumière, le coup part, l'obus siffle en l'air ; bientôt nous l'aperçûmes éclater en arrivant sur le rempart où il fit sans doute du fracas, car il n'arriva plus de boulets de cet endroit pendant un assez long intervalle de temps. Ensuite encouragé par ma résolution, je m'approchai des pièces de canon en disant aux canonniers : « Camarades, trouvez bon que je me rende utile avec vous. Laissez-moi seulement mettre le feu aux pièces. » — Gillet leur dit : « Laissez-le faire, il a la main sûre. » Et les canonniers se faisaient un plaisir de m'appeler pour mettre le feu aux trois pièces qui tiraient à volonté, en me disant : « Trompette, sonne la charge ! » Je fis cet exercice peut-être dix coups chaque pièce ; il semblait que c'était notre batterie qui avait le plus d'activité ; aussi plusieurs boulets et obus envoyés des remparts arrivèrent passer près de nous ; l'on n'y faisait attention. Mais un obus bien dirigé arriva tomber dans notre retranchement. positivement à la queue de l'affût de la pièce de 12 : on cria aussitôt : « Gare l'obus ! à terre ! » À l'instant, tous les canonniers, ainsi que moi, nous nous jetâmes par terre chacun à l'endroit où il se trouvait ; l'obus éclata presque aussitôt. la terre en trembla sous nous, je me sentis frappé de quelques parcelles et me relevai aussitôt que les canonniers : « Ce n'est rien que ça, disait-on ; trompette, sonne la charge ! » Aucun n'avait de mal, si ce n'est un canonnier qui était en train d'embarrer sa pièce quand l'obus tomba à ses pieds ; il se jeta à terre le long de l'affût : l'explosion du coup fit soulever la queue de l'affût qui lui retomba sur les reins : on le soulagea aussitôt : il n'était pas blessé et je lui donnai à téter dans ma gourde pour le rassurer.

Cependant il y avait plus d'une heure que j'étais là. je sentais la nécessité de m'en retourner à mon bivouac, lorsqu'un officier d'artillerie arriva me dire qu'il pourrait m'arriver quelque malheur, et que je ferais bien de retourner à mon poste. Alors moi et tous les camarades nous nous souhaitâmes réciproquement du bonheur, nous vidâmes ma gourde, et je me séparai de ces braves gens. J'étais content d'avoir fait cette démarche qui me valut une leçon à l'école de l'expérience.

Le lendemain, troisième jour du siège, le canon cessa de se faire entendre vers les midi ; le feu brûlait dans plusieurs endroits de la ville, et les Français se disposaient à monter à l'assaut, lorsque l'on apprit que le général Mack. qui commandait les Autrichiens. consentait à une capitulation qui fut convenue pour le lendemain.

En conséquence notre régiment fit un mouvement et nous marchâmes une partie de la journée, côtoyant la rive du Danube qui est débordé et qui inonde tous ces environs. Ce changement nous fit passer une nuit bien triste dans les champs, sans abri et sans feu. Aujourd'hui. jour de la capitulation, notre régiment vint prendre position dans la plaine sur le terrain qui environne la porte de Stuttgard. notre droite appuyée au bastion avancé de la ville. et se trouva rangé en bataille, faisant front à la grande route par où la garnison autrichienne devait défiler.

C'est dans cette situation, cher père, que je me plais à vous donner un aperçu d'un grand tableau militaire qui s'offrit en ce jour à la vue de toute l'armée. L'on ne peut jamais rien voir d'aussi martial et d'aussi imposant que cet appareil militaire. L'armée française était pour ainsi dire toute réunie et comptait environ 215 000 hommes. Vers les dix heures du matin, la garnison autrichienne dont on faisait nombre de 30 000 hommes d'infanterie, 3 000 de cavalerie, 50 pièces de canon avec leur attirail, 40 à 50 drapeaux, etc., tout sortit de la ville en bon ordre et défila avec armes et bagages jusqu'au soir, à la vue de la Grande Armée française qui contemplait ce coup d'œil signalé de la victoire. Les malheureux Kaiserlites, consternés et désespérés, allaient déposer comme des trophées aux pieds de leurs vainqueurs, leurs armes, leurs drapeaux, leurs chevaux, leurs canons, leurs caissons.

L'on remarquait aussi leur général en chef, M. Mack, à cheval avec son état-major, suivant constamment notre Empereur qui le promenait, toujours allant et venant, à la vue des troupes. Cependant, je m'étais avancé à volonté au bord de la route, afin de remarquer et observer de plus près les Kaiserlites. J'aperçus alors deux chasseurs d'un autre régiment qui sortaient de la ville parmi les prisonniers, emmenant avec eux deux chevaux de main qu'ils avaient apparemment achetés auprès des cavaliers autrichiens. C'était un exemple pour moi qui étais dégoûté de ma pauvre Bergère blessée ; je résolus aussitôt de saisir cette occasion pour aller la changer dans la ville avant que la cavalerie en sortît.

Sans perdre de temps, j'allai exposer mes raisons à mon capitaine, afin qu'il me permît d'aller changer mon cheval, ce qu'il m'accorda. J'avais environ 40 goulden à ma disposition ; mon capitaine me remit en plus deux écus de 6 francs en cas de besoin, en me recommandant de bien choisir et de me dépêcher. Je partis aussitôt seul pour mon compte, monté pour la dernière fois sur ma malheureuse Bergère. Je parvins avec beaucoup de peine et d'embarras à me maintenir au milieu des rangs d'Autrichiens qui sortaient en foule et remplissaient tout l'espace du chemin de la ville. En m'avançant sur le pont qui traversait le grand fossé du rempart que l'on avait rétabli avec des madriers, j'avais soin de garder le milieu du chemin, vu que, si je m'en étais dérangé, les Autrichiens étaient disposés sans doute à me pousser et à me faire sauter en bas du pont qui n'avait pas de garde aux côtés, et m'auraient précipité dans le fossé sans pitié. Je les voyais de mauvaise humeur et les entendais jurer dans leur langage parce que je les obligeais à se déranger pour me laisser passer. Cependant il me vint dans l'idée d'agir de ruse dans ce moment d'embarras. J'avais entendu parler d'un général, prince de Lichteinstein, qui commandait dans Ulm : je m'avisai, étant parmi les Autrichiens, de leur dire avec assurance, en leur parlant allemand : « Camarades, ne pressez pas tant, laissez-moi avancer, je porte un ordre supérieur au général Lichteinstein qui est encore dans la ville. » Puis, je répétais la même chose, lorsque je me voyais barrer par la foule, de manière que ce prétendu ordre me servait de sauvegarde ; on se dérangeait pour me laisser passer. Ayant ainsi franchi le pont, ensuite la longue voûte qui traverse le corps du rempart, je parvins enfin à m'avancer dans la ville où je n'éprouvai plus tant de difficultés, quoique à travers un bouleversement sans pareil de troupes, d'équipages, de débris, au milieu des cloaques, etc. Je demandai d'abord à un habitant de quel côté était la cavalerie ; il me l'indiqua, et j'arrivai bientôt vers des escadrons de cuirassiers kaiserlites qui se trouvaient là faisant triste figure, les hommes et les chevaux. Comme je me trouvais seul de mon parti parmi tous ces mécontents, quelques uns d'entre eux vinrent me faire des questions auxquelles je répondais de mon mieux de manière à les flatter, et je m'avançais toujours avec assurance jusqu'à ce que j'eusse rencontré des trompettes auxquels je voulais avoir affaire. J'en trouvai en effet une douzaine de rassemblés ; m'en étant approché, je leur parlai loyalement comme à des collègues, je leur expliquai en allemand l'intention qui m'amenait auprès d'eux, je leur dis quelques détails à leur avantage sur ce qui se passait hors la ville : ainsi ma démarche reçut tout l'accueil que je pouvais en désirer.

Je fis l'offre de ce que je pouvais donner à celui qui voudrait changer son cheval pour le mien, pourvu qu'il fut bon et pas blessé ; alors je portai la vue sur sept à huit chevaux blancs qui étaient là, et je m'arrêtai à un grison qui me convenait le mieux. Le trompette à qui il appartenait me l'offrit et m'assura qu'il était bon et qu'il n'avait jamais été blessé. Aussitôt l'ayant visité, je le trouvai en assez bon état. Nous convînmes de l'échange moyennant firt Kronnen tallers, ou 30 francs de retour ; j'aurais donné davantage si j'eusse été plus riche, tant j'étais content de me débarrasser de ma Bergère. Alors nous nous dépêchâmes d'ajuster et de changer chacun nos effets d'équipement, la selle, la bride, etc... Notre petit commerce se fit en peu de temps : nous étions satisfaits tous les deux. Puis je me séparai amicalement des trompettes autrichiens ; je montai mon grison et évitai de repasser au milieu des cuirassiers, crainte d'être contrarié par quelqu'un de leurs officiers. Enfin je défilai plusieurs rues, j'arrivai me mettre avec de l'artillerie et des chariots qui se trouvaient en marche et je sortis de la ville avec eux plus facilement que je n'y étais entré. Après environ quatre heures d'absence, j'arrivai vers mon capitaine qui me croyait perdu, bien content de mon grison qui avait huit à neuf ans ; je n'avais rien perdu au change.

Lorsque vers le soir les Autrichiens eurent évacué la ville, notre régiment, qui s'en trouvait le plus rapproché, y entra aussitôt afin de parcourir toutes les rues et nous visitâmes tous les endroits où il pouvait y avoir des Kaiserlites réfugiés. C'est dans cette visite que je remarquai des débris et des fracas considérables, des hommes et des chevaux morts par-ci par-là, des maisons brûlées et bouleversées. Quel tableau de destruction qu'un siège !...

MA 5ᵉ CAMPAGNE. — CARRIÈRE DE SEL. — DÉCOUVERTE D'UNE CACHETTE. — BUTIN.

Steyer, le 6 novembre 1805.

Cher père, voici encore bien des fatigues surmontées pour la gloire de notre Patrie. Les troupes françaises sont

toujours victorieuses. Depuis Ulm, plusieurs affaires ont
encore eu lieu avec l'ennemi, à Memmingen, Langenau,
Neresheim, Lamback, Steyer, Amstetein, etc... Les Russes
sont arrivés pour se faire battre ; nous savons qu'ils ont
une armée de 100 000 hommes qui marchent [dans ce
pays, comme auxiliaires, pour soutenir la cause des
Autrichiens. Ces Russes que l'on dit si fameux soldats, ne
peuvent non plus résister au choc de nos phalanges
triomphantes, puisqu'ils battent déjà en retraite.

La rapidité de nos exploits a fait que le mois de vendémiaire, an XIV (octobre 1805), compte pour une campagne
à toute la Grande Armée, par un décret de l'Empereur. Ce
qui fait que voilà par rapport à moi ma cinquième campagne commencée. Après la capitulation d'Ulm, notre
régiment, se trouvant avec le 6e régiment de hussards
sous le commandement du vieux général Lacoste, vint
repasser le Danube à Ehingen, se dirigea sur Biberach et
vint passer l'Iller aux environs de Memmingen. Ensuite nous
nous portâmes à Mindelheim qui est une jolie petite ville,
puis, dans les environs d'Augsbourg : nous traversâmes
cette grande ville pendant la nuit ainsi que le Leck pour
aller prendre position sur la hauteur de Friedberg ; c'est
alors que je remarquai un grand nombre de chevaux
morts tout le long des routes, des caissons et des voitures
renversés dans les fossés ou abandonnés dans les mauvais
chemins. Voilà le tableau de la guerre ! Notre régiment se
dirigea vers Pruck et vint passer l'Iser, aux environs de
Mosbourg, puis s'enfonça dans les bois et arriva déboucher
dans la fameuse plaine de Munich, plaine aussi curieuse
que remarquable par sa vaste étendue. C'est un terrain
uni et inculte où l'on voit une grande quantité de gibiers,
surtout des lièvres. Ce jour-là, notre régiment vint prendre
position et établir ses bivouacs près d'un village de ces
environs.

Le lendemain, nous traversâmes la ville de Munich capitale du royaume de Bavière ; de là, nous nous dirigeâmes
par Pamkirch, Kilsbibourg, Neumarckt, éclairant les rives
de l'Inn que nous devions passer à Brannau ; mais nous
revinmes par Muhldorf passer cette rivière à Vasserbourg.
Dès cette époque, l'armée française avait parcouru toute la

Bavière et en avait chassé et balayé tous les Autrichiens ; alors il nous fallut les poursuivre sur leur territoire en suivant les différentes directions que chaque corps d'armée prenait.

Notre régiment se porta successivement des rives de l'Inn, par Trosbourg, Altenmark, traversant les montagnes et les bois immenses du duché de Salzbourg ; nous arrivâmes proche cette ville, aux environs de laquelle on remarque la fameuse montagne de Sel que l'on fouille comme des carrières, et d'où l'on tire du sel blanc comme du sucre.

L'on tire ce sel par pierres grosses ou petites à volonté, comme l'on tire, je suppose, les pierres de taille dans les carrières aux environs de Pontoise. De ces carrières de sel (Salz, en Allemand), la ville de Salzbourg et la rivière de Salzach tirent leur nom.

Les habitants de ces pays ne sont pas sociables ; nous en voyons peut-être la moitié qui ont confiance aux Français, l'autre moitié se sauve dans les bois, ils ont tort : car ceux qui demeurent et n'abandonnent pas leurs propriétés trouvent protection parmi nous, au lieu que, quand nous trouvons les habitations désertes, l'on fouille et l'on retourne tout sans ménagement, ce qui nous devient souvent avantageux, quand l'on se plait dans le désordre, comme, par exemple, dans la circonstance suivante : Il y a quelques jours, me trouvant bivouaqué avec notre compagnie dans un village de ces pays sauvages, au bord de la Salzach, où presque tous les habitants avaient pris la fuite, je m'occupais à miner partout où mon imagination me portait (miner est le terme en usage parmi nous autres chasseurs, pour dire marauder : c'est un talent de savoir miner, et je suis assez bon mineur). Je découvris une espèce de souterrain pratiqué dans des rochers que la Salzach arrose ; cet endroit était impénétrable, ce n'est que le hasard qui m'y conduisit ; il me sembla que de grosses pierres avaient été entassées là exprès et j'eus l'idée qu'il y avait une cachette. J'allai en faire part aux camarades que j'amenai avec moi ; notre espoir se réalisa. Après plus de deux heures de travail pour déranger les pierres, nous vîmes une porte extrêmement forte ; il nous fallut la briser avec une hache et d'autres outils, et nous ouvrîmes après beaucoup d'efforts un souterrain assez vaste que nous trouvâmes rempli de toutes sortes d'effets, meubles, provisions. Chacun s'empressa de chercher le magot et nous trouvâmes en effet plusieurs boites qui contenaient de quoi nous contenter. Alors nous réunimes tout ce qui était valeur intrinsèque, nous en fimes trois lots à peu près égaux, et nous partageâmes en frères; j'eus pour ma part environ 80 goulden en argent, puis une chaîne d'or de trois pieds de long avec une croix à l'usage de femme, deux couverts d'argent, une paire de boucles, quelques beaux mouchoirs de soie et d'autres effets qui me devenaient utiles; si bien que je n'aurais pas donné ma part pour 200 goulden. Plusieurs de nos amis, ayant appris notre découverte, y allèrent successivement, et ils trouvèrent encore beaucoup d'objets qui nous avaient échappé.

Vous penserez peut-être que nous sommes des voleurs non! quand l'on fait la guerre sur le pays ennemi, l'on prend ce que l'on trouve, quand personne ne s'y oppose et c'est toujours le plus malin qui attrape l'autre. D'ailleurs nous appelons cela le droit de guerre ou le droit du plus fort, comme vous voudrez. L'appât du gain anime le soldat; il se bat pour conquérir; et son alternative est d'être malheureux, pauvre ou riche, et de finir souvent par se faire tuer. Au résumé, notre compagnie n'avait pas encore rencontré un bivouac où il y eut tant d'abondance. Ce fut une nuit de fête et c'est le cas de dire qu'un peu de bon temps fait oublier toute la peine.

Le lendemain, notre régiment passa la Salzach au-dessus de Salzbourg, et se porta par Neumarck à Frankmark: puis à Lambach, où se trouvait alors le grand quartier général de l'Empereur. Là, notre régiment passa la Traun et se porta par Kremsmunster à Steyer, petite ville au confluent de la Teisch dans l'Enns. L'ennemi voulut encore défendre à nos troupes le passage de cette rivière, et il fut encore culbuté.

Ensuite notre régiment prit de nouvelles directions toutes différentes de celles de la Grande Armée, qui marche sur Vienne, et nous nous portâmes sur les rives de l'Enns. Ainsi, mon père, voilà encore une course d'environ 140 lieues de faite depuis Ulm. Dans ces pays, l'hiver com-

mence à se faire sentir ; cependant je fais comme les
autres, je prends le temps comme il vient, je suis content,
vu que je me porte bien et qu'il ne me manque rien.

MARCHE DANS LES MONTAGNES DU TYROL. — LES ALPES. — NOS
PEINES. — UN DE MES TOURS D'ESCAMOTEUR.

De Lientz, le 23 novembre 1805.

Mon ami, c'est au milieu des frimas et dans les forêts,
dans les montagnes du Tyrol enfin, vers les rives de l'Inn,
que je trouve l'occasion favorable de te donner quelques
détails relatifs à ma situation dans ces pays extraordinaires, car je ne me serais jamais imaginé qu'il y en eût de
cette sorte sur la surface de la terre. Quelle différence, en
comparaison de notre belle patrie ! Tu as dû apprendre par
mes précédentes comment j'ai débuté dans cette campagne
jusqu'à mon arrivée à Steyer. Maintenant, depuis que nous
sommes séparés de la Grande Armée, nous suivons (toujours sous le commandement du général Marmont) une
nouvelle direction ; nous observons le Tyrol, la Styrie et
la Carinthie, afin de nous mettre en mesure de faire jonction avec l'armée d'Italie qui marche aussi de son côté en
Autriche et combine ses mouvements avec les nôtres, pour
empêcher les divers corps ennemis dispersés dans ces contrées de se rallier et de nous opposer des obstacles qui
pourraient gâter les opérations ultérieures.

Dans ces circonstances, voici à peu près la marche de
notre régiment. Depuis Steyer nous nous portâmes successivement à Weyer, Altenmarck, Mautern, Rottenman,
éclairant toujours les environs de la rivière l'Enns ; ensuite nous nous dirigeâmes par Halstadt, Gossach, Werfen ;
alors nous nous trouvâmes encore sur les rives de la Salzach, mais sur un autre point du pays de Salzbourg. Puis
nous pénétrâmes dans ce redoutable Tyrol par Saint-Bar-
tholomé, Waydering, et les environs de Kuffstein, petite
ville fortifiée sur l'Inn qui se trouve occupée par de l'infanterie française qui observe ses positions jusqu'à Inspruk,
capitale du Tyrol. Je t'assure, mon ami, que nous éprou-

vons de bien tristes situations pour de la cavalerie ; il n'y aurait pas de quoi briller s'il fallait nous battre dans ces pays sauvages et nous ne pouvons guère nous imaginer de quelle utilité nous sommes parmi ces rochers. Néanmoins, de Kuffstein, nous nous portâmes à Rattenberg, puis à Hopsgarten, à Kizbuhl et nous repassâmes la Salzach à Saint-Veit ; ensuite nous nous dirigeâmes par Wagram, Gastein et Tientz, trois petites villes dans des gorges escarpées et environnées de hautes montagnes par où nous arrivâmes sur la grande route de Carinthie après plus de quinze jours de marches consécutives depuis Steyer.

Chaque jour offrait de nombreux tableaux où mon imagination se perdait en voyant pour la première fois ces immenses chaines de montagnes, suite des Alpes, imposant chef-d'œuvre de la nature, dont les sommets couverts de neiges perpétuelles élèvent leurs cimes blanches à perte de vue dans les airs, et semblent placés dans ces contrées pour soutenir le ciel. A l'appui de ces hautes montagnes, on en voit d'autres moins élevées qui se prolongent de tous côtés en d'autres chaines qui se séparent par des gorges et des vallons et sont couvertes de forêts de sapins. On y voit des précipices effrayants et des torrents qui se précipitent à grand bruit à travers les rochers et forment des rivières, des masses de glace, etc.

Le séjour de notre régiment dans ces montagnes est très ennuyeux ; nous ne sommes pas heureux tous les jours et nous ne savons pas quand nous en sortirons. Cependant nous faisons diversion à notre ennui, lorsque nous arrivons dans quelques bourgades ou villages situés dans des endroits où les montagnes s'écartent les unes des autres et laissent de beaux vallons que les habitants cultivent avec soin, ce qui nous parait un autre monde ; mais nous n'avons pas sitôt fait une lieue ou une demi-lieue, que nous nous retrouvons dans les rochers et les bois, où tout parait sombre et monotone et où l'on ne voit que quelques habitations de charbonniers et de bûcherons par-ci par-là, quelques bestiaux épars, etc... On rencontre aussi diverses espèces de bêtes sauvages, telles que des ours, des loups, des renards, des écureuils, etc.

Maintenant, mon ami, je vais te faire un autre tableau.

Nous sommes environnés de corps ennemis dispersés dans les montagnes, ce qui nous oblige à nous tenir sérieusement sur nos gardes ; ils nous opposent des obstacles naturels ; des ponts rompus, des arbres abattus en travers des chemins, des rochers éclatés et renversés. Tous ces inconvénients sont autant d'obstacles à surmonter. Aux environs de Kirbuhl, notre régiment fut extrèmement fatigué ; l'ennemi avait miné et fait sauter des parties de rochers d'une montagne très élevée dont les masses énormes de pierres étaient déboulées et couvraient la route qui passe au pied. Ce coup d'œil était effrayant, il n'y avait pas moyen de nous maintenir sur la route avec nos chevaux ; nous fûmes obligés de nous pratiquer un passage dans une rivière ou plutôt un torrent qui se prolonge dans cette gorge à côté de la route ; il fallait surmonter la rapidité du courant, nos chevaux avaient de l'eau jusqu'au ventre ; une grande quantité de glaçons roulaient avec l'eau, le fond n'était qu'un abîme de cailloux et de grosses pierres de rochers où nos chevaux ne pouvaient poser les pieds en sûreté ; plusieurs chasseurs culbutaient ; d'autres marchaient à pied dans cette glacière, traînant leurs chevaux après eux : ce maudit passage dura plus d'une heure, sans sortir de l'eau. Quant à moi, il ne m'arriva aucun accident grâce à mon cheval qui est solide ; quoiqu'en faisant plusieurs faux pas, il a franchi toutes ces difficultés. Jamais la situation de notre régiment n'avait été si pénible. Quoique je me plaise dans le désordre, je ne riais pas dans celui-là. Pour comble de misère, nous arrivâmes ce jour-là au soir prendre position dans un verger sur un plateau où se trouvait un hameau de cinq ou six maisons : là, nous établîmes nos bivouacs pour passer la nuit par un temps de neige. Cependant, moi comme la plupart du régiment, nous étions obligés de nous serrer le ventre, n'ayant pas de vivres, si ce n'est quelques pruneaux et une poignée de choucroute crue que je m'étais procurée faute de mieux.

Comme il m'était difficile de rester dans l'inaction, je cherchai à miner pour me restaurer. J'arrivai aux environs de la maison où était notre colonel avec son état-major ; là, je remarquai des chasseurs domestiques qui faisaient la cuisine dans une espèce de fournil et la broche

du bivouac tournait pour eux. C'était simplement deux
quartiers de chevreuil suspendus à chaque ficelle, tournant
devant un bon feu. J'étais, comme le renard de la fable,
alléché par l'odeur ; je me tenais caché le long d'un mur
et je voyais ce qui se passait à la cuisine par une petite
fenêtre qui donnait dans le verger et qui n'était bouchée
qu'avec quelques branches de sapin ; j'étais résolu d'attendre un moment favorable pour escamoter quelque chose ;
car, en réfléchissant que je n'avais pas soupé et que je
n'avais rien pour déjeuner le lendemain, je ne me faisais
pas de scrupule d'en prendre où il y en avait. Alors il faisait nuit ; je pris si bien mes précautions pour que personne
ne me remarquât, qu'enfin je saisis un instant où les domestiques venaient de sortir et avaient fermé la porte sur
eux afin d'aller sans doute s'occuper de leurs chevaux. Il
ne restait dans le fournil que deux chasseurs d'ordonnance
qui étaient étalés sur la paille et qui me paraissaient dormir de bon cœur. Aussitôt, sans perdre de temps, je passai
lestement par la fenêtre que je gardais depuis plus d'une
heure. Je ne fis que paraître et disparaître dans le fournil.
Prendre une bouteille de rosalio qui était sur la cheminée,
couper la ficelle qui suspendait le gigot devant le feu, l'escamoter tout chaud et me sauver par la fenêtre du verger,
fut l'affaire d'une minute. Alors je cachai ma proie sous
mon manteau et j'allai la déposer dans un tas de pierres,
évitant avec soin d'être vu par nos chasseurs qui rôdaient
aux environs des bivouacs. Toujours favorisé par l'obscurité de la nuit, j'allai aussitôt avertir mon camarade Jupin
qui était resté au bivouac près de nos chevaux, où il se
brossait le ventre, n'ayant rien à manger ; je le conduisis
mystérieusement à mon tas de pierres ; là, nous fîmes ensemble un délicieux repas du quartier de chevreuil rôti. Il
ne nous manquait que du pain pour améliorer notre souper clandestin. Tout fut avalé entre mon camarade et moi ;
la bouteille de rosalio y passa aussi et nous nous trouvâmes le lendemain au jour bien rassasiés, en dépit sans doute
de ceux qui devaient bien bisquer dans le fournil.

   Juge, mon ami, de quoi je suis capable quand j'ai faim,
car escamoter le déjeuner de son colonel n'est pas une
faible résolution. C'est pour que tu saches aussi que nous

avons des jours de peines dans ces pays. Le froid s'y fait sentir rudement, tout est glacé et couvert de neige depuis quinze jours, heureusement que je suis jeune et robuste !

EXPÉDITION DANS LA GORGE DE DOLACH. — PRISE DU VILLAGE ET DE 400 AUTRICHIENS.

Sachsembourg, le **26** novembre.

Comme tu vois, mon ami, mon silence n'a pas été long. J'ai un journal à te communiquer, qui pourra te donner une idée de la guerre de partisans.

Notre régiment ayant sans doute rempli le but de sa course dans les montagnes du Tyrol, arriva à Lientz, en Carinthie, pour de là se diriger de suite sur Leoben, en Styrie, où se trouvait alors le quartier général du 2e corps d'armée.

Ce jour-là, 24 novembre, la 2e compagnie de notre régiment se trouvait de service ; nous reçûmes l'ordre de nous porter à la poursuite et d'atteindre un petit corps d'infanterie ennemi isolé qui se retirait dans ces environs. Alors, notre compagnie, commandée par le capitaine Périolat, se détacha du régiment et partit pour son compte. Nous nous enfilâmes dans une gorge étroite, détournée de la grande route, entre deux chaines de montagnes, sur un sol couvert de neige. Le chemin était glacé et les chevaux marchaient difficilement.

Je me trouvais alors seul trompette à notre compagnie, vu que mon collègue Leroy était resté aux équipages du régiment, ayant son cheval boiteux. Notre capitaine disposa donc sa compagnie comme cela se pratique pour un petit détachement de cavalerie comme pour un grand : c'est-à-dire que deux chasseurs marchaient en avant en éclaireurs la carabine au poing, ensuite une avant-garde de huit chasseurs commandée par le brigadier Lang, puis notre compagnie qui suivait à une distance convenable, une portée de carabine.

Quant à moi, je marchais seul à mon rang de trompette, 40 à 50 pas en avant de notre compagnie. Ainsi disposés, nous avancions au trot dans ce défilé sauvage, couvert de bois à droite et à gauche. Nous marchâmes plus de deux heures, sans rencontrer personne, pas même d'habitation. Cependant je trouvais le chemin ennuyeux, mon intention était de me joindre à l'avant-garde afin de communiquer avec mes camarades, mais je craignais que mon capitaine ne me rappelât à ma place. Néanmoins je tentai de m'avancer, puis lorsque par un détour du chemin je ne fus plus en vue de mon capitaine, je pressai mon cheval et j'arrivai bientôt vers l'avant-garde qui arrêtait dans ce moment deux soldats kaiserlites qui faisaient les trainards et qui étaient bien surpris de voir des cavaliers français à leurs trousses ; ils se rendirent sans résistance, nous leur fimes briser leurs fusils et jeter leur armement dans la neige sur les côtés de la route. Nous les interrogeâmes ; leurs réponses étaient assez favorables pour nous. Aussitôt je me chargeai de les conduire au capitaine qui les interrogea aussi ; il en résulta que ces deux soldats nous apprirent ce que l'on voulait savoir. Il y avait apparence que nous allions bientôt atteindre leur corps, qui n'était qu'un bataillon de 3 à 400 hommes qui devait s'arrêter à Dolach, village situé dans cette gorge. Alors je retournai de suite à l'avant-poste, puis j'allai joindre les deux éclaireurs, parce que j'étais bien aise d'être un des premiers à la découverte. Quand je fus joint à Jupin et à Veber, nous aperçûmes un autre Kaiserlite. Nous courûmes dessus et l'arrêtâmes. Comme je parlais allemand beaucoup mieux que mes camarades, je pris aussitôt la parole en sommant le Kaiserlite de se rendre, ou bien il était mort. Il n'hésita pas à jeter son fusil et sa giberne dans la neige en demandant « Pardonn Fransouss ! » Il nous apprit que son bataillon pouvait avoir encore une heure d'avance. Nous continuâmes notre route ; lorsque j'aperçus devant nous une maison seule. Je résolus aussitôt d'avancer au galop, afin d'y miner quelque chose, s'il y avait moyen, avant que les camarades y arrivassent. Qui fut dit fut fait ; je vis que c'était une espèce d'auberge, où, ayant mis pied à terre, j'entrai et trouvai le paysan et sa femme. Alors je m'annonçai militairement en allemand.

Le paysan et sa femme ne pouvaient revenir de leur surprise après ce discours où je leur disais qu'ils n'eussent pas peur, que je voulais des vivres, qu'il me fallait du pain blanc, de l'eau-de-vie et de l'argent, que c'était l'ordre de la guerre et que nous venions 500 hommes, chasseurs à cheval, etc... Ils ne pouvaient pas croire que je fusse un Français et que nous fussions si proche. Ces pauvres gens ne savaient que devenir, ils voulurent se sauver, je les retins et les rassurai avec quelques explications, si bien que je ne pus m'empêcher de rire en voyant la bonne foi et l'empressement que ces habitants mettaient à m'offrir ce qu'ils avaient. Jamais ils n'avaient vu de Français dans leurs montagnes. Le paysan m'apporta une bouteille de schnaps, il n'y avait pas d'autres vivres, les Autrichiens qui venaient de passer avaient tout consommé. J'allai aussitôt retrouver Jupin et Veber qui m'attendaient à la porte et nous vidâmes la bouteille de schnaps en continuant notre marche.

Cependant nous nous attendions à bientôt rencontrer l'ennemi ; il fallait nous disposer à le surprendre de manière à ne pas lui donner le temps de se reconnaître ; cela allait dépendre comment nous allions arriver sur leur arrière-poste. Alors j'observai à mes deux camarades qu'en cas d'événement, il ne fallait pas nous compromettre les premiers, qu'il serait plus convenable de nous réunir à notre avant-garde ; que le brigadier Lang était un vieux soldat qui connaissait son affaire, ferait son devoir et que nous n'aurions qu'à le seconder. En effet, nous attendîmes l'avant-garde pour lui faire part de ma réflexion. Alors le brigadier prit ses mesures en conséquence. Après une demi-heure de marche, nous aperçûmes une sentinelle sur le milieu du chemin ; nous marchâmes dessus tranquillement, tous les douze que nous étions, sans faire aucune démonstration bruyante ; la sentinelle nous voyant approcher, nous cria son verdaw ! Alors nous fîmes halte ; le brigadier Lang qui était Allemand s'avança quatre pas et répondit au Kaiserlite : « Ne tire pas ! camarades hussards autrichiens, reste tranquille ! » Cette ruse nous réussit au gré de nos désirs, vu que la sentinelle prit si bien le change qu'elle laissa approcher le brigadier jusque sur elle sans se douter que nous étions des Français qui venions les chercher dans ces parages glacés. Ce ne fut que lorsqu'elle vit qu'on lui prenait son fusil et qu'on lui imposait silence au péril de sa vie, qu'elle s'aperçut de sa méprise. Au reste, c'était un pauvre soldat demi-mort de froid et de fatigue qui nous fit pitié : nous ne lui fîmes aucun mal, vu qu'il avait été bon enfant. Aussitôt le brigadier nous fit signe de le suivre et nous arrivâmes bientôt, toute l'avant-garde au trot et au galop, sabre en main, sur le poste ennemi que nous trouvâmes logé dans le creux d'un rocher qui formait une espèce de caverne où était établi leur petit bivouac ; là, nous trouvâmes huit soldats qui se chauffaient et qui furent bien étonnés de se voir ainsi surpris. Tout en arrivant sur eux, le brigadier Lang leur dit en leur langage : « Vous êtes prisonniers de guerre, ne faites point de résistance ou vous êtes morts, car tout votre bataillon est pris comme vous. » — En disant, plusieurs chasseurs avaient déjà mis pied à terre et s'emparaient d'un faisceau de douze fusils qui se trouvaient à l'entrée de la caverne ; voilà comme nous nous sommes rendus maîtres de ce petit poste qui ne fit aucune résistance. L'on garda les soldats sans leur faire aucun mal, excepté le sergent kaiserlite qui voulait nous battre ; il s'arrachait les cheveux de colère ; il tâcha de se sauver d'entre nos mains, il était comme un possédé ; l'on fut obligé de le sabrer afin de le réduire au silence.

Dans le même instant que nous nous occupions à réduire ce poste à l'inaction, notre capitaine arrivait grand train avec sa compagnie, charmé que nous eussions si heureusement débuté, car c'était là la clef de notre entreprise.

Leur bataillon était arrivé à Dolach, qui se trouvait encore éloigné de deux portées de fusil ; alors, sans perdre de temps, notre brave capitaine disposa sa compagnie marchant par quatre de front ; le brigadier Lang avec ses huit chasseurs en avant, la carabine haute, le sabre au poignet ; les officiers et sous-officiers à leur poste. On ne devait point faire de bruit, qu'en entrant dans le village, afin de surprendre l'ennemi au dépourvu ; il n'y avait pas à reculer dans cette occasion, il fallait se battre s'il faisait résistance. Ainsi nous avançâmes au trot. Je marchais dans ce moment à environ vingt pas en avant de notre compagnie et me préparais à sonner la charge en entrant dans le village. L'on apercevait déjà la fumée du bivouac ennemi, à travers les sapins qui en masquaient encore l'entrée, sur une petite colline au bas de laquelle le chemin faisait un détour. Il nous fallut traverser un obstacle, c'est-à-dire passer sur un petit pont de bois construit sur deux rochers, entre lesquels roulait avec grand bruit un torrent qui se brisait parmi les glaçons ; c'était un véritable casse-cou que cet endroit, vu qu'il fallait monter un ravin assez roide pour passer le pont et descendre de même sur un chemin couvert de neige glacée, ce qui offrait quelques difficultés pour les chevaux qui n'étaient pas bien ferrés, dont plusieurs s'abattirent avec leurs cavaliers ; le mien fut de ce nombre ; malgré cela, il n'arriva pas de malheur, chacun se relevait et reprenait son rang. Notre capitaine se dépitait de ce maudit contretemps qui donnait du retard et lui faisait craindre d'être prévenu par l'ennemi et de manquer le coup. Enfin toute notre compagnie n'avait pas encore franchi le pont, qu'impatient d'arriver à son but, notre brave capitaine partit en avant avec ceux qui se trouvaient rassemblés auprès de lui (j'étais de ce nombre) et nous arrivâmes bientôt à l'entrée de ce village qui n'était d'abord qu'un rang de maisons appuyées à une montagne au Nord, laissant à découvert une place assez vaste et aux environs une grande étendue de terrain dont l'enceinte, un peu éloignée des montagnes vers le Midi, laisse subsister des vergers et quelques habitations. Nous aperçûmes, en arrivant sur cette place, des feux allumés, des faisceaux d'armes, des tas de bagages et les soldats éparpillés allant et venant. A cette vue, notre capitaine devint joyeux et dit : « Voilà une bonne affaire, ils ne sont pas à leur poste, nous les tenons ! » Puis commandant avec sa voix de tonnerre : « Garde à vos ! division en avant au galop, chargeons, ramassons tous ces bougres-là ! » A l'instant, je sonnai la charge ou plutôt l'épouvante, car je ne pouvais mieux faire, tant j'avais froid à la figure ; alors toute notre compagnie arriva successivement en fourrageurs, le sabre à la main, criant, faisant vacarme, comme si nous eussions été tout le régiment. Bientôt nous fûmes dispersés chacun pour notre compte dans l'intérieur du village, les uns s'emparant des faisceaux d'armes et des bagages, les autres arrêtant et frappant à coups de plat de sabre tous les Kaiserlites que nous trouvions et qui, la plupart, sortaient précipitamment des maisons. Notre capitaine courait partout en disant : « Chasseurs, ne donnez pas de coups de sabre, ne les blessez pas, ces malheureux ! ils sont à nous ; faites-les prisonniers et qu'on s'assure bien des fusils, il faut tous les casser !... » Qui fut dit fut fait. Nous surprimes tous ces Autrichiens et pas un seul coup de fusil ne fut tiré de leur part.

C'est ainsi, mon ami, que 75 chasseurs réussirent à se rendre maîtres du village de Dolach et d'un bataillon de 400 Autrichiens.

Suite de la précédente. — Le jeune officier et sa montre. — Les 10 sergents. — Le paysan de Dolach. — Butin. — Départ avec nos prisonniers.

De Sachsembourg, le 27 novembre.

Mon ami, je continue ma lettre d'hier pour te relater ma conduite particulière pendant l'action de Dolach, où j'arrivai comme trompette à la tête de notre compagnie en sonnant la charge ou plutôt l'épouvante pour l'ennemi. Aussitôt je pris part comme tous nos chasseurs à l'action. Je débutai d'abord par me lancer au galop sur trois ou quatre Kaiserlites que j'aperçus jetant des brassées de bois qu'ils apportaient à leur bivouac, pour courir à leurs fusils qu'ils allaient prendre à un gros faisceau où j'arrivai aussitôt qu'eux ; je fonçai dessus à coups de sabre et les bousculai avec mon cheval ; j'en renversai deux à terre dans le milieu du faisceau d'armes qui se renversa sur eux, je les menaçai de les tuer s'ils ne se rendaient aussitôt prisonniers. Alors je ne pus m'empêcher de rire de ma colère, en voyant ces pauvres diables se débarrasser parmi ce monceau d'armes et de sacs, puis ôter leurs shakos et leur giberne en demandant : « Pardonn Fransouss ! » Je les écartai de leurs armes en leur défendant d'en approcher. Puis, j'allai à la rencontre de deux autres que je réduisis également. Étant bien actionné après ces Kaiserlites, je leur disais en allemand : « Rendez-vous, soldats ! sinon vous allez être tous hachés ; point de résistance, nous sommes l'avant-garde de mille chasseurs à cheval qui arrivent par ici !...» Dans ce moment, je me trouvais auprès de mon capitaine qui cherchait le commandant de cette troupe, lequel parut bientôt sortant d'une maison avec plusieurs officiers, le bourgmestre et quelques paysans. Ils se présentèrent devant notre capitaine qui se trouva bientôt accompagné du lieutenant Chenavard, du sous-lieutenant Naudet, de plusieurs chasseurs et de moi qui nous étions réunis et formions un cercle autour des Autrichiens. Alors leur commandant s'annonça le premier, en allemand, d'un ton fier, dont voici à peu près l'explication de ce que j'ai pu comprendre. « Quoi ! messieurs les Français, vous allez bien vite ! que venez-vous faire par ici ? que nous voulez-vous ? » — Cette question nous fit bien rire. Notre capitaine répondit sur le même ton, parlant aussi allemand : « Messieurs, nous vous faisons la guerre, voilà ce que nous voulons ; ce sont les plus malins qui attrapent les autres, et vous êtes tous nos prisonniers ; rendez-nous vos armes et il ne vous sera fait aucun mal ; nous sommes l'avant-garde d'une colonne de cavalerie et d'infanterie française qui arrive par ici. D'ailleurs toute résistance de votre part serait inutile. »

Alors les officiers demandèrent quelques conditions pour une capitulation honorable, à quoi notre capitaine répondit : « Je n'accepte aucune condition, j'ai l'ordre de vous désarmer et de vous emmener à mon général. C'est de lui que vous aurez des conditions ; mes ordres sont tels. Vous allez rassembler vos soldats et marcher avec nous. » Tous les officiers autrichiens se concertèrent entre eux, et, voyant tous leurs soldats pris sans résistance, ils remirent leurs sabres et leurs épées à notre capitaine et au lieutenant qui les faisaient prendre par des sous-officiers qui étaient là. Je pris aussi à deux de ces officiers un sabre et une épée. Ensuite notre capitaine alla s'occuper d'autre chose, tandis que nous gardions le corps d'officiers. Puis chacun de nous se disposait à rançonner ces Kaiserlites, lorsque je m'occupai aussi à parler allemand à un jeune officier qui n'était pas plus âgé que moi ; je lui disais hardiment : « A présent, M. l'officier, donnez-moi votre argent ; tout ce que vous avez est à moi par le droit de la

guerre. » Mais cet officier avait l'air de rechigner, préten-
dant qu'il n'avait rien à me donner ; et il fixait le lieutenant
Chenavard qui m'observait dans ce moment, lequel sembla
m'autoriser en faisant un signe de la tête et disant: « Quand
les Français tombent dans vos mains, vous savez bien
aussi les mettre à sec. » Le jeune officier, voyant que je le
pressais de nouveau, tira d'une poche de côté sous son habit,
un portefeuille très propre en maroquin que je lui pris aussitôt des mains ; il me réclama au moins quelques papiers qui
étaient dedans ; alors je developpai le portefeuille dans
lequel je trouvai une provision de banco-dzelds et deux
pièces d'or. Je rendis tous les papiers écrits et je gardai le
reste pour ma part. En même temps, mon lieutenant me
fit un signe que je devinai ; je m'aperçus que cet officier
avait une montre dans son gousset et je la lui demandai :
il refusa de me la donner en jurant en son langage et
disant que le droit de la guerre était un droit de voleurs.
« J'en suis fâché pour vous, lui répondis-je. il faut que vous
appreniez le métier à vos dépens ; vous me paraissez être
d'une bonne famille, vous écrirez votre disgrâce à vos parents et vous leur direz que c'est un trompette français qui
vous a exploité. » Ainsi, malgré sa mauvaise humeur, je
l'aidai à déménager sa montre qui était en or et qui me
convenait beaucoup, et je le laissai aller se dépiter avec
ses confrères. Ensuite je tournai mes *arisions (sic)* d'un
autre côté afin de ne pas perdre de temps.

L'on mit une douzaine de paysans en réquisition pour
aider à casser les fusils ; cette action me plaisait, à moi qui
aime la destruction ; aussitôt j'allai aider mes camarades.
Quand j'eus brisé une vingtaine de fusils pour ma part et
que j'en vis ainsi le nombre diminuer par l'activité des
autres briseurs, je tournai mon action d'un autre côté afin
de voir ce qui se passait. Je trouvai bientôt les huit caisses des tambours du bataillon, rangées les unes sur les
autres sous une espèce de hangar. A cette vue, je passai
mon sabre à travers toutes les peaux que je crevai en présence d'un tambour kaiserlite qui me regardait faire : je
lui dis en allemand : «Camarade Tromm, tu diras à tes
collègues qu'en qualité de musicien du haut bruit, c'est le
trompette qui a détruit vos instruments. » A l'instant, je

rencontrai mon ami Tiscôme : « Je te trouve à propos, lui dis-je, viens avec moi, cherchons notre vie, j'ai assez bien travaillé ; à présent, allons aussi miner quelque chose pour notre compte, la nuit va venir et nous n'avons pas de vivres. »

Nous nous éloignâmes tous les deux, allant au hasard jusqu'à l'extrémité du village ; nous arrivâmes à une maison de bonne apparence où, après avoir attaché nos chevaux à la porte, nous entrâmes tous deux. Là, nous trouvâmes dans une salle une société de huit à dix Kaiserlites en train de faire bombance autour d'une table assez bien servie ; de la volaille, du rôti, du pain blanc, du vin. C'étaient des onters-offiztzirs, ou sous-officiers, qui vivaient sans souci pour le moment, car, comme ils me l'ont dit après, ils ne trouvèrent pas à propos de perdre leur diner ; voyant qu'ils étaient pris et que leur présence devenait inutile, ils préférèrent attendre l'événement. Étrange indifférence ! qui fait voir quels soldats c'étaient ! Ils se levèrent en nous voyant entrer, Tiscome et moi ; ils étaient apparemment disposés à nous recevoir en frères d'armes ; l'un d'eux prit une bouteille et un verre pour nous offrir du vin, mais ce n'était pas le moment d'établir notre confiance. D'ailleurs notre démarche n'avait rien de commun avec la leur. « C'est très bien, dis-je à mon ami, j'aime quand on ne se gêne pas. Allons, il nous faut chasser ces bougres-là hors d'ici et nous verrons après ! » A l'instant, je tirai mon sabre ; mon ami en fit autant et frappant plusieurs coups sur la table, brisant quelques ustensiles, je pris un ton déterminé en faisant les plus gros jurons de l'Allemagne : « Qu'est-ce que vous faites ici, tas de lâches, sortez vite. Vous êtes nos prisonniers ! » A quoi ils ne firent aucune réplique ; et, sans m'en demander davantage, tous ces sergents se pressèrent vers la porte à qui sortirait le plus tôt et mon camarade leur faisait la conduite dans le corridor. Comme ils allaient sortir, d'autres chasseurs arrivaient à la porte où ils arrêtèrent mes sergents et les bloquèrent dans l'allée de la maison : là, ils furent fouillés et dévalisés. Les voyant ainsi entrepris par 5 ou 6 chasseurs, je ne m'inquiétai plus des sergents ; je pensais à autre chose. Je rentrai aussitôt dans la salle où je trouvai le paysan et sa femme qui étaient comme pétrifiés d'étonnement après *l'affarouchis* que je venais de faire. Je commençai sans façon à prendre quelques vivres sur la table, et, tout en me rafraîchissant, je faisais plusieurs questions au paysan : je lui demandai une contribution de hundert goulden, et vite et presto, sinon il allait voir arriver du monde qui retournerait tout dans sa maison, tandis que s'il me donnait les hundert goulden, je le garantissais qu'il ne serait rien dérangé chez lui. Alors le Virtz et sa femme voulurent pleurer en me disant qu'ils n'avaient point d'argent. Le moment était décisif, je ne devais point m'en rapporter à eux, et je les pressai davantage, afin de les persuader de mon mieux. « Allons, paysan, dépêche-toi de me donner ce que je te demande, ta bonne volonté te coûtera moins que si tu te laisses prendre par force ; comme tu n'as jamais vu les Français ici, c'est un honneur pour toi de nous y voir, et tu dois nous contenter les premiers ; c'est le droit de la guerre que nous exigons ici comme ailleurs : allons dépêchons-nous ! cent goulden ou tu seras battu. » Alors le Virtz envoya sa femme quelque part où elle ne demeura pas deux minutes et elle revint m'apporter dans son tablier une quantité de banco-dzelds, des pièces d'argent et de cuivre, monnaies d'Autriche, en disant que c'était tout ce qu'elle possédait. Je pris tout sans compter. Au moment où les chasseurs qui étaient restés dans l'allée avec les sergents, entraient dans la salle, je leur dis que je faisais mon beurre et ils me dirent qu'ils avaient fait aussi le leur. Puis je leur parlai en faveur du paysan qui me priait de faire ce que je lui avais promis ; je le tranquillisai et mes camarades ne le forcèrent en rien. Je pris aussi quelques provisions et je retournai à la compagnie, content de mon *avision*. Je rencontrai bientôt sur la place le lieutenant Chenavard, je lui offris avec plaisir une bouteille de vin et deux putters vecks. « Eh bien ! mon guerrier, me dit-il, fais-tu une bonne journée ? — Ah ! oui, mon lieutenant, je pense que je ne suis pas le plus mal partagé ! Le capitaine n'a-t-il pas dit que c'était le plus malin qui attrapait l'autre ? » En disant, je pris ma gourde qui était pleine et je bus à leur santé.

Il y avait environ une heure que notre compagnie était

arrivée dans ce village. Nous nous occupâmes à maintenir nos prisonniers qui se trouvaient réunis au nombre d'environ 400 hommes, tous soldats croates et illyriens, dont un colonel-major, 18 à 20 officiers, 3 chevaux de monture, des bagages. etc... C'étaient les débris d'un régiment. C'est alors que l'on remarqua la tristesse et le dépit de ces pauvres Kaiserlites, quand ils se virent tous désarmés et désorganisés, quand on se disposa à partir du village, quand le capitaine Périolat rendit les officiers autrichiens responsables sur leur vie de tous leurs soldats, quand ils se virent ainsi emmenés et conduits par une compagnie de 75 hommes à cheval qui leur faisaient la loi. Quels regrets se faisaient remarquer parmi eux de s'être ainsi laissé réduire dans une position aussi avantageuse pour eux que dangereuse pour nous ! Chemin faisant, la plupart d'entre eux devenaient moribonds, accablés de fatigue et de froid. Nous allions être surpris par la nuit dans la gorge stérile par où nous étions venus ; mais par bonheur, quand nous eûmes marché environ une heure, nous prîmes une autre direction en nous enfilant dans une autre gorge à droite, où. après encore une heure de marche, nous arrivâmes de nuit auprès de plusieurs maisons sur cette route, qui nous fournirent quelques ressources : là, nous trouvâmes un enclos où nous logeâmes nos prisonniers, et nous y établîmes aussi nos bivouacs pour y passer la nuit dans la neige jusqu'à mi-jambes. Dans cette situation, nous fîmes des feux d'enfer, où nous nous chauffions pêle-mêle avec nos prisonniers auxquels nous procurions tous les soins qui étaient en notre pouvoir. et ces pauvres diables nous en témoignaient encore leur contentement.

C'est à ce bivouac que je récapitulai toute ma petite fortune : je me trouvais possesseur d'environ 300 goulden, la plupart en banco-dzelds (assignats qui avaient cours en Autriche) et le reste en numéraire pièces d'or et d'argent ; plus. ma montre d'or, mes autres bijoux et effets précieux pouvaient être estimés à la même valeur.

Je distribuai alors à plusieurs prisonniers plus de 20 goulden en pièces de 6 Kreutzer et autres monnaies de cuivre qui me devenaient pesantes et embarrassantes. Ainsi. mon ami, tu vois par là si j'avais ma ceinture, mon portefeuille et mon porte-manteau fournis ; jamais je ne m'étais vu si riche.

Le lendemain, à la pointe du jour, nous nous remîmes en route avec nos prisonniers ; nous en avions perdu huit qui se laissèrent mourir de froid et de fatigue dans la neige. Bientôt après avoir quitté notre bivouac, nous trouvâmes un village nommé Vinkler, où nous fîmes halte pour déjeuner, c'est-à-dire que personne ne quitta son rang ; notre capitaine nous fit apporter des vivres par les habitants, si bien que nous et nos prisonniers en avions de reste. Ensuite nous continuâmes notre marche et nous arrivâmes sur la grande route de Klagenfurt, et, vers les onze heures du matin, nous nous trouvâmes à Sachsembourg, petite ville de la Carinthie, où se trouvait alors le quartier général de notre division. Là, nous déposâmes nos prisonniers que l'on réunit avec d'autres qui s'y trouvaient déjà ; puis notre capitaine ayant rendu compte de sa mission au général Boudet, en reçut des louanges honorables pour lui et sa compagnie.

Adieu, cher ami, je t'embrasse. — Nous avons perdu notre régiment de vue et nous ne savons pas de quel côté il dirige sa marche, ni quand nous le retrouverons.

LE CHATEAU D'ABONDANCE. — LA FARCE DU DINDON. — ÉPOQUE DE LA BATAILLE D'AUSTERLITZ. — TERRIBLE INCENDIE.

Kindberg, le 6 décembre 1805.

Mon ami, le jour où notre compagnie arriva à Sachsembourg, notre régiment en était parti le matin pour se porter sur Judenbourg, par la vallée de Neumarck. Notre compagnie se mit en marche comme pour suivre la même route, mais arrivée à la petite ville de Spital, nous y trouvâmes une compagnie du 6ᵉ hussards qui avait aussi été détachée de son régiment et qui l'avait aussi perdu de vue ; alors les deux compagnies se réunirent et formèrent un escadron pour marcher en partisans, suivant les ordres du général Vignolles, chef de l'état-major général, qui nous indiqua les nouvelles directions que nous devions suivre. Ainsi nous parcourûmes plusieurs vallées de la Styrie, par

Gmund, Longau, Rammstein, Murau, Obervolz, Untz Markt, etc., tous pays environnés de montagnes, mais où nous ne manquions de rien. Cependant nous nous attendions chaque jour à rencontrer des partis ennemis, il fallait nous tenir sur nos gardes ; mais l'ennemi ne parut pas. Dans chaque endroit où notre escadron arrivait pour rafraîchir ou pour reposer, l'on faisait bombance chez les paysans et l'on s'amusait suivant que l'occasion le permettait. Il fallait que je sois sage, car je devais toujours être auprès de mon capitaine (en cas d'alerte ou d'ordre dans un détachement, le trompette ne doit pas quitter le chef), et je ne m'en trouvais pas plus mal.

Cette marche dura huit jours ; les deux compagnies se séparèrent à Judenbourg, belle petite ville sur la grande route de Vienne. Là, nous retrouvâmes notre régiment après dix jours d'absence ; ensuite nous nous portâmes à Leoben, où le quartier général de notre corps d'armée demeurait depuis environ un mois.

De Leoben, notre régiment se porta dans les environs de Burck et vint occuper un grand village, à l'écart de la grande route, très bien situé au pied d'une longue côte couverte d'une belle forêt de sapins, ce qui offre un beau coup d'œil dans ces environs. Ce jour-là, notre capitaine s'empara avec sa compagnie d'un château assez considérable avec la ferme qui en dépendait : les maîtres s'en étaient sans doute absentés pour faire place aux nouveaux venus. Nous nous trouvâmes absolument les maîtres de ce château où chacun occupa la place qui lui convenait. Il y avait des ressources pour toute notre compagnie, surtout du vin en abondance ; ce fut un remue-ménage assez divertissant où chacun profitait de quelque chose.

Dans cette situation agréable, l'on me fit une farce dont je me souviendrai longtemps. Ce n'est qu'une plaisanterie sans conséquence, puisque le sujet est un dindon rôti ; mais c'est pour te donner un aperçu des tours qui se font parmi nous. Comme trompette, je n'avais pas perdu l'occasion d'aller me camper dans l'intérieur du château avec mon capitaine qui s'y trouvait à son aise avec les officiers et les sous-officiers de la compagnie et leurs chasseurs, sans compter les allants et les venants. Chacun ayant fait ses provisions, la cuisine était bonne ; rien ne manquait, tel que moutons, volailles, surtout des œufs à discrétion et puis des fruits et d'autres friandises ; mais le bon vin de Hongrie en bouteilles était le principal. J'avais mis en réserve un gros dindon qui pesait plus de douze livres, dans le dessein de l'accommoder pour ma provision du lendemain ; la nuit étant venue, chacun étant rassasié allait se reposer, lorsque je pris place à la cuisine du château avec mon camarade Tiscôme qui était le chasseur du lieutenant Chenavard, et qui devait aussi faire cuire une paire de canards. Il était onze heures du soir : j'avais préparé et embroché mon dindon. Le maréchal des logis chef Menard et les maréchaux des logis Coursotte et Rosin m'ayant vu si bien actionné, m'avaient demandé à acheter ma pièce de rôti, mais je ne l'eusse pas donnée pour 50 francs, tant j'en prenais soin et m'en réjouissais.

Tandis que tout allait son train, mon camarade et moi, nous faisions honneur au vin de Hongrie ; jusqu'après minuit, tout alla à merveille. Tiscôme ayant fini sa cuisine, l'envie de dormir le prit et il me laissa seul à mon occupation ; bientôt l'envie de dormir me prit à mon tour et il me fallait encore au moins une heure pour que mon dindon fût en état d'être retiré du feu ; j'essayais tous les moyens de me distraire, mais je ne pouvais plus résister. Il y avait là le jardinier de la maison : nous lui avions fait bon accueil et l'avions fait boire et manger avec nous, mais ce n'était pas une raison pour me fier à lui : cependant je n'avais pas d'autre moyen et je cédai. J'engageai donc cet homme à prendre soin de mon dindon et à m'éveiller dans une heure ; je lui donnai deux goulden et lui en promis autant s'il faisait ma commission ; il m'assura de tout avec serment. Alors ne pouvant plus me soutenir tant le sommeil m'accablait (la vertu du vin de Hongrie l'augmentait encore), je me jetai sur un matelas que Tiscome avait apporté là, et je dormis deux heures de bon cœur, pendant que l'on me faisait le poil. Juge, mon ami, quel fut mon dépit en m'éveillant, de trouver le feu éteint, mon dindon escamoté et un vieux balai embroché à la place ! « Ah ! maudit sort, fatalité ! m'écriai-je, fallait-il se donner tant de peine pour un trognon de balai ! » Aussitôt j'allumai ma bougie et je me mis à chercher après le maudit jardinier, mais inutilement. C'est ainsi que je fus dupé. Je pris mon parti en brave, pensant que l'on m'avait fait ce que j'étais moi-même capable de faire. Dès que le jour fut venu, je fis de nouvelles recherches et je me procurai des renseignements : je connus bientôt les escamoteurs de mon dindon par les plaisanteries que l'on m'adressa. Le maréchal des logis Coursotte eut pourtant la conscience de m'en donner une part, et il en fit avec ses amis le partage que j'aurais désiré faire avec les miens ; l'ont m'eut au moins de l'obligation, car le dindon était bon et l'on m'en fit compliment.

Enfin notre compagnie quitta le Château d'abondance ; notre régiment se porta sur Bruk, ville assez considérable où nous nous trouvâmes environ 25 000 hommes du 2e corps d'armée réunis. Ensuite notre régiment se porta avec d'autres sur la route de Vienne. C'est justement ce jour-là que l'on apprit par des courriers la nouvelle de la bataille d'Austerlitz, en Moravie, dont nous nous trouvions encore éloignés d'environ 50 lieues.

Car tel est l'ordre et la direction des divers corps d'armée ; le nôtre est destiné à remplir une autre tâche, de manière que toutes les opérations se rattachent au même but.

C'est dans cette journée à jamais mémorable dans l'histoire et célèbre dans les annales militaires de la nation, qu'une partie de la Grande Armée française, commandée et dirigée par le génie du grand Napoléon et de nos braves généraux, se couvrit d'une gloire immortelle en exterminant les armées russe et autrichienne. Notre régiment éprouvait un certain dépit de ne pas s'être trouvé à cette grande bataille dont l'on apprendra bientôt les détails en France, où l'on doit se glorifier d'une telle victoire.

Notre régiment arriva, hier 5 décembre, prendre position à un bourg nommé Kindberg, où nous fîmes des réjouissances à l'honneur et à la gloire de nos frères d'armes d'Austerlitz.

Voici le détail d'un événement auquel j'ai donné le premier signal au régiment. Dans la nuit du 5 au 6 décembre, chaque compagnie était paisiblement à son bivouac ; je

me trouvais justement à l'état-major comme trompette de
service ; nous avions établi notre petit bivouac dans un
coin de la maison où étaient logés notre colonel et sa suite :
c'était une hôtellerie assez considérable. Lorsque vers les
deux heures après minuit, un incendie terrible se mani-
festa dans la grange et les écuries attenant au corps de bàtiment principal. Comme notre petit poste n'en était pas
éloigné, je fus un des premiers qui aperçurent le danger, en
entendant un bruit sourd et le pétillement des flammes.
Bientôt des chasseurs sortirent de la grange criant : « Au secours, mes amis ! » A l'instant, je montai à cheval de mon
propre mouvement et je sonnai la générale. Cet événement
se communiqua rapidement dans tous les bivouacs de
notre régiment qui fut éveillé en sursaut, et en cinq minutes, tout fut en confusion pour porter des secours qui
devinrent inutiles, vu que la grange et les écuries s'étaient
enflammées avec une telle violence qu'on ne pouvait plus
en approcher.

Mais le corps de bàtiment où logeait notre colonel fut
sauvé car il était bàti en pierres ; le feu se communiqua à
plusieurs maisons voisines qui étaient, comme la grange
et les écuries, construites en bois de sapin, et en moins
d'une heure, tout fut embrasé. Il y eut 20 chevaux brûlés,
ceux du colonel, du major, des chefs d'escadron, de l'adjudant-major, du chirurgien-major, des deux adjudants et
des chasseurs domestiques ; les selles, les effets d'équipement et d'armement, tout fut brûlé, tout est perdu sans ressources. On ne sait pas encore comment cet événement est
arrivé ; celui qui en est cause ne s'en vante pas ; heureusement encore que personne n'a péri. Les chasseurs qui
furent surpris au milieu de l'incendie, eurent à peine le
temps de se sauver à travers la flamme et la fumée. Le
reste de la nuit se passa dans une confusion et un charivari inexplicables dans cet endroit ; ceux qui étaient indif-
férents et qui se plaisaient dans le désordre riaient du dommage des autres ; on disait : « C'est le feu de joie pour
conserver la mémoire de la bataille d'Austerlitz. »

Je voyais cette scène avec une espèce de curiosité, comme
l'on voit une belle horreur. Au milieu d'une nuit obscure,
l'on était éclairé par des flammes dévorantes. Notre colonel

donnait quelques ordres, sans paraître affecté de la perte qu'il éprouvait ; il plaisantait encore les officiers supérieurs qui restaient comme lui dépourvus de tout. Lorsque le jour fut venu, ils furent obligés d'emprunter des chevaux afin de ne pas marcher à pied.

Ainsi, mon ami, va le monde ; une moitié bouleverse l'autre ; malheur au peuple qui éprouve le fléau de la guerre ! Si ce malheur devait un jour peser sur notre belle France, il vaudrait mieux que tous les Français prissent les armes et quittassent leurs foyers pour combattre et repousser les ennemis ; tel est mon sentiment, tout sacrifier pour l'honneur et la défense de sa Patrie.

QUERELLE AVEC CLOÈS. — DUEL A CHEVAL.
AVENTURE DE LA CARABINE MAUDITE. — SUSPENSION DES HOSTILITÉS.

De Neykerk, le 11 décembre 1805.

Mon cher ami, avant de te parler de Neykerk, il faut que tu apprennes jour par jour après quels événements j'y suis arrivé : car, si je participe à quelques moments d'agréments, j'éprouve aussi de grandes contrariétés ; tu vas le voir par les détails des circonstances qui m'ont amené à de fâcheux résultats, à cause de mes imprudences et de mes étourderies.

En partant de Kindberg, notre régiment se porta à Veitsch.

Le lendemain, 7 décembre, nous vînmes descendre une fameuse montagne, appelée le Sommering, dont le chemin tortueux et couvert de glaces nous mettait dans une situation assez critique, vu que les chevaux, les pièces de canon et les caissons descendaient avec nous, pêle-mêle, plutôt en glissant qu'en marchant, et que c'était avec grandes peines que l'on évitait les dangers et les précipices. Enfin après cette descente qui dura plus d'une heure, nous arrivâmes à Schodwienn, bourg situé dans un défilé étroit dominé par plusieurs forts d'où l'ennemi était déjà délogé par nos troupes qui avaient passé avant nous.

C'est en arrivant dans cet endroit que j'eus encore une

querelle à soutenir avec un nommé Cloès, trompette au régiment. Depuis quatre ans, il existait à la vérité entre nous deux une rancune qui s'était alimentée et qui devait éclater tôt ou tard ; nous nous entreprimes donc pour cette fois. Il s'agissait de nous brosser à coups de sabre, et pour cela, nous nous rendîmes accompagnés de trois témoins, dans un ravin écarté, où nous étions si peu disposés à nous ménager, que nous nous menacions d'un combat à mort : alors nous nous attaquâmes avec fureur. Les premiers coups s'évitèrent de part et d'autre ; puis, j'eus bientôt l'avantage sur mon adversaire, que je pressais si fort et avec tant de vigueur, que je ne lui laissais plus le temps de se reconnaître, c'est-à-dire qu'il se trouva forcé de rompre à mesure que je marchais. Puis se trouvant embarrassé par l'inégalité du terrain parmi des cailloux et des bancs de neige amoncelée, Cloès tout dérouté et ne pouvant plus se remettre en garde, prit sa course et se sauva à travers les bancs de neige en disant : « Viens, cherchons une autre place. » Je le poursuivais toujours : « Prends ton cheval pour mieux courir, ou demande quartier si tu ne veux plus défendre ta carcasse de chien. » En disant, je le vis tomber et s'engloutir dans un gouffre de neige ; presqu'au même instant, emporté par l'action que j'avais à le poursuivre, moi-même je fis un faux pas dans les pierres et me culbutai aussi dans la neige. Ce contretemps était des plus risibles pour nos témoins qui nous suivaient et nous aidaient à nous relever ; je m'étais fait mal au genou et au bras ; l'animosité était à son comble entre nous deux. Nous eussions continué notre combat si les chasseurs ne s'y fussent opposés fortement ; ils tâchèrent même de nous réconcilier ; ils voulurent prendre fait et cause contre celui de nous deux qui ne voudrait pas céder : enfin nous nous séparâmes, mais la paix n'était pas faite.

Maintenant, mon ami, tu vas voir le plus beau de l'aventure et à quoi s'exposent deux mauvaises têtes. Le lendemain 8, nous nous retrouvâmes à cheval à la tête du régiment ; les camarades qui avaient été instruits de notre affaire de la veille, nous firent quelques plaisanteries, si bien que la querelle recommença et nous nous provoquâmes de nouveau. Cloès qui se trouvait le plus offensé,

était devenu l'agresseur par les nouvelles menaces qu'il me
faisait. Je le connaissais pour un traître et je devais me
méfier de ses desseins ; effectivement, ce que je pensais
arriva : Cloès tira son sabre et vint vers moi pour m'en
frapper ; à l'instant, et sans perdre de temps, j'empoignai
également mon sabre en lui disant : « C'est donc la rage
qui possède ton cœur de chien ! Allons, il en arrivera ce
qui pourra ! » Je tournai mon cheval vers le sien et nous
nous trouvâmes en mesure de nous allonger des coups de
sabre. Ce fut lui qui me porta le premier, mais je me trouvai à la parade, grâce à un mouvement que mon cheval fit
à propos, et je lui en ripostai vivement un autre qui lui
arriva à travers la figure ; par bonheur pour lui, ce coup de
revers qui devait le défigurer si le taillant de mon arme
eût porté, ne fut qu'un coup de plat de sabre qui lui brida
tellement la figure qu'il en fut marqué sans être blessé.
Ce coup, loin de le calmer, augmenta sa rage ; il menaçait de me tuer. Voyant qu'il n'y avait ni paix ni trève avec
cette mauvaise tête-là, malgré l'opposition de nos camarades et la vue des chefs qui étaient derrière nous à la tête
du régiment, je lui dis : « Va, animal sauvage que tu es,
je me moque de toi et de tes menaces ; quand tu voudras,
je te servirai mieux, suis-moi à 40 pas en avant, nous
allons nous travailler le cuir. » Alors je me portai en
avant au galop, afin de l'attirer hors de la gène où nous
nous trouvions avec nos collègues, et Cloès me suivit
comme s'il me chargeait. Je pressai vivement mon cheval
afin de gagner du terrain, d'avoir le temps de faire demi-
tour et de faire face à mon adversaire. Pendant que j'exécu-
tais ce mouvement, je vis que l'affaire prenait la tournure
que je devais prévoir : l'adjudant-major Planzeaux et l'adjudant Roger accouraient à la vue de notre querelle ; ils
avaient d'abord atteint Cloès, lui faisaient mettre pied à
terre et lui donnaient une distribution de coups de plat de
sabre. Comme je me trouvais à peut-être 30 pas en avant,
je pensai que mon tour allait aussi venir d'être rossé si je
me laissais attraper. Fallait-il me rendre ou me sauver de
cette aventure ? D'ailleurs la partie n'était pas égale : résister à des officiers eût été une mauvaise affaire. Je résolus donc aussitôt de leur échapper, et, sans perdre de

temps, je sautai en bas de mon cheval et l'abandonnai sur la route, les rênes sur le col, en disant en moi-même : le conduira qui voudra. Puis, quittant la route, je me sauvai à travers champs au moment où je voyais l'adjudant-major accourir sur moi le sabre à la main en criant : « Arrête, gredin, ou, si je t'attrappe, je te coupe en deux. » Mais j'étais sourd à cette voix ; il fallait jouer des jambes, j'avais un peu d'avance, je gagnai lestement un petit bois de sapins et me trouvai sur une petite colline, marchant péniblement dans la neige au milieu des rochers. Je voyais l'adjudant-major, qui m'avait suivi de près, prendre le parti de s'en retourner, en disant qu'il me joindrait plus tard. Pour lors, je respirai sur ma petite colline, pas très éloignée de la route, à la vue de notre régiment qui filait son chemin.

J'étais encore assez content de moi dans cette situation pénible ; je bravais la circonstance, j'aimais encore mieux avoir couru une poste que d'avoir reçu une distribution comme Cloès. Je vins rejoindre la queue du régiment, que je suivis à pied jusqu'à son arrivée à Glognitz, petite ville où nous vinmes nous établir : là, je retrouvai mon cheval, que mon collègue Leroy avait amené à la compagnie.

Je m'aperçus bientôt que mon capitaine était mécontent de moi par la mauvaise mine qu'il me faisait, et je pouvais bien m'attendre à en ressentir quelques effets à la première occasion. Si j'eusse été sage, je me serais ménagé avec lui ; mais je fis le contraire, car je suivais en tout, pour ainsi dire, les mouvements de mon tempérament fougueux, et, dès le lendemain, je désobligeais mon capitaine, ce qui fut la première cause des désagréments que j'ai éprouvés dans la suite ; il abusa à la vérité de son autorité envers moi et, pour la première fois, il devint peut-être injuste.

En partant de Glognitz, le 9 au matin, mon capitaine me chargea de porter une belle carabine à deux coups qu'il avait trouvée je ne sais où ; cette arme était rare dans sa façon et elle plaisait au capitaine. Je m'en chargeai donc malgré moi, résolu de m'en débarrasser à la première occasion, vu que mon capitaine le faisait exprès, car il aurait bien pu m'éviter cette corvée en mettant sa carabine sur quelque voiture d'équipage ; n'importe. J'allai me réunir avec les autres trompettes à la tête du régiment, la carabine en bandoulière sur le dos. Je devais m'observer par rapport à l'assaut de la veille : mais tout semblait calme, et je fis la route assez gaiment avec les autres qui me plaisantaient, il fallait bien rire aux dépens de quelqu'un. Cependant j'étais bien embarrassé de cette carabine, à cause de ma trompette qui se brisait contre : puis il faisait un mauvais temps et je ne pouvais pas me couvrir de mon manteau. Alors j'éprouvai un certain dépit, que mes camarades augmentaient encore par leurs raisons sur l'article de la maudite carabine ; j'aurais voulu payer 50 francs pour en être débarrassé. Enfin je me trouvai tellement contrarié, que je jetai la carabine dans un fossé plein de neige, sans m'inquiéter de ce qu'il en résulterait. Un instant après, le maréchal des logis chef de la compagnie vint m'apporter une autre carabine avec son fourniment qu'un chasseur de la compagnie avait laissée au bivouac ; l'on ignorait ce qu'il était devenu. C'était précisément à moi que cela s'adressait, encore de la part du capitaine ; par conséquent, j'étais sensé avoir deux carabines à porter ; je ne pus m'empêcher de dire au maréchal des logis chef : si c'était que le capitaine le faisait exprès et s'il prenait mon dos pour un arsenal ; que mon service ne m'obligeait pas à porter une carabine. L'on me répondit que telle était la volonté du capitaine et que je devais lui en rendre compte. Voilà, mon ami, comme l'on provoque des mauvaises têtes. Je ne voulus pas que mon capitaine eût raison avec moi et je me débarrassai encore de cette carabine en arrivant à Neyekerk qui est une petite ville assez jolie, située au débouché des montagnes, à 12 lieues de Vienne. C'est alors que nous vîmes la fin des chaines de montagnes que nous étions ennuyés de parcourir depuis plus d'un mois.

Le lendemain 10, notre régiment se porta dans la plaine de Neustadt, où nous nous trouvâmes réunis, tout le 2ᵉ corps d'armée, qui faisait sa jonction, ce jour-là, avec un un autre corps d'armée venant d'Italie. Bientôt la nouvelle circula dans nos rangs qu'on allait livrer une furieuse bataille à une armée autrichienne qui s'était rassemblée et couvrait Vienne de notre côté : pour lors, notre armée manœuvrait en conséquence et montrait toutes les dispositions nécessaires pour une bataille prochaine, joint à cela une certaine joie que l'on éprouvait d'avoir fait jonction avec l'armée d'Italie; celle-ci éprouvait le même sentiment par rapport à l'armée de Hollande, ce qui semblait être un jour de fête qui présageait déjà la victoire.

Ainsi nous avancions vers les murs de Neustadt, lorsque vers les dix heures du matin, le bruit du canon se fit entendre et toute l'armée française apprit bientôt la nouvelle d'une suspension d'armes.

Ce même jour, les Français prirent leurs positions et notre armée cantonna dans les environs de Neustadt jusqu'à nouvel ordre. Le 8e régiment de chasseurs revint occuper Neykerk le 11 décembre.

Je te dirai que j'évite autant qu'il m'est possible la présence de mon capitaine, que je redoute de rencontrer; je suis averti qu'il veut me chagriner; je me passerais bien de lui, et je m'étourdis là-dessus.

SUITE DE LA PRÉCÉDENTE. — L'HOTEL DES TROMPETTES. — RENCONTRE AVEC LE CAPITAINE. — SAUVE-QUI-PEUT. — ENTREVUE AVEC LE COLONEL CURTO.

De Neykerk, le 17 décembre 1805.

La voilà donc arrivée cette scène que je redoutais! C'est là le cas de dire : on ne peut fuir son malheur. Mais ne précipitons rien, prenons d'abord les choses en douceur et puis nous verrons comme tout cela s'est passé; réfléchissons un peu, car je ne sais pas ce que tout cela veut dire : et que deviendrai-je si je continue?

Notre régiment est toujours à Neykerk, occupant cette petite ville qui est riche; nous nous tenons logés chez les habitants, à discrétion. Que ce séjour nous semble bon!... Depuis que nous avons passé le Rhin, nous avons toujours bivouaqué à l'injure du temps; je puis dire ne m'être déshabillé que momentanément pour me nettoyer; je n'ai pas couché une seule fois dans un lit. Juge si nous sommes heureux à présent que nous en avons des bons et qu'il ne nous manque rien. Notre colonel nous a fait loger, tous les trompettes ensemble, dans une Gutt-Virtz-hauss ou bonne hôtellerie qui se trouve à côté de son logement, afin d'être à portée de nous avoir à sa disposition pour le service. Là, nous nous trouvons réunis quinze trompettes, et, sans exagérer, l'on ne peut trouver dans le régiment de plus grands espiègles ni de plus fameux farceurs. Nous avons mis notre enseigne à « l'Hôtel des Trompettes », que nous avons substituée à « l'Hôtel du Paon d'Or ». C'est pour te dire que, hors notre service, nous faisons bombance du matin au soir, nous nous faisons servir dans le bon genre ; notre hôtel offre toutes sortes de ressources, surtout en bon vin de Hongrie ; nous donnons bal tous les jours et, le plus souvent, nous passons les nuits à nous divertir. Nous nous trouvons pour ainsi dire noyés dans nos folles extravagances ; notre hôte et ses gens perdent la tête avec nous ; il préférerait, nous dit-il, avoir trente autres militaires que les quinze diables de trompettes. Qu'a-t-il à se plaindre ? nous rions toujours, nous nous amusons, nous ne lui faisons pas de mal et nous lui payons le superflu.

C'est au milieu de notre joie que je fus troublé par mon capitaine qui arriva bien mal à propos me faire une scène terrible, et qui fit pour un moment diversion à mon bonheur. C'était le troisième jour de mon heureuse situation, j'avais bien pris mes précautions afin d'éviter sa présence, parce que je savais qu'il voulait me faire passer un mauvais quart d'heure, et j'espérais que le temps calmerait son animosité à mon égard : mais je m'abusais. Ce jour-là, je me trouvais dans la rue à la porte de notre hôtel, quand, au moment où j'y pensais le moins, arriva passer près de moi mon capitaine qui allait sans doute chez le colonel. Surpris, je le saluai modestement, puis il s'arrêta devant moi en me disant d'un ton imposant : « Ah ! te voilà, drôle ! je suis content de te trouver là : qu'as-tu fait de la carabine à deux coups dont je t'avais chargé l'autre jour ? » Je lui répondis avec une douceur mêlée de fermeté : « Ah ! mon capitaine, vous me prenez par mon faible et je prévois que mon aveu va vous fâcher ! — Réponds-moi, qu'en as-tu fait, que tu ne me l'as pas rapportée ? — Capitaine, que vouliez-vous que j'en fisse. je n'en avais pas besoin, elle m'embarrassait au point qu'elle eût brisé ma trompette ; enfin, je l'ai jetée. — Ah! tu l'as jetée! et l'autre carabine et le fourniment que Médard t'a remis, qu'en as-tu fait? — Capitaine, je l'ai remis au chasseur Saur, qui est venu me la réclamer en arrivant à Neykerk : vous savez sans doute tout cela mieux que moi. » Tout en disant, je remarquais quelque chose de farouche dans les regards de mon capitaine, je vis de suite qu'il avait son caprice de mauvaise humeur à passer, et qu'il fallait m'en méfier. En effet, il avança sur moi : « Mauvais sujet, tête incorrigible, c'est ainsi que tu te moques de moi et que tu te joues de ma volonté, ah! tu ne veux pas que ton dos soit un arsenal!... » En disant, il devenait rouge de colère; et moi je battais en retraite dans la cour de mon logement, en me tenant à une distance suffisante pour ne pas me laisser atteindre, et je lui disais : « Je vous en prie, capitaine, calmez-vous, à quoi bon vous mettre en colère contre moi, cette passion ne convient pas à votre caractère, si je vous ai manqué, je vous demande excuse. — Il te convient bien, Jean-F....., de réprimer mes actions! attends, je vais t'excuser! » Puis il tira son sabre hors du fourreau et courut sur moi. Je me sauvai lestement afin d'éviter une distribution et je jouai des jambes autour de la cour qui était assez grande. Je courus une fameuse poste. Lorsque je passais près de mes camarades qui se trouvaient là et qui m'encourageaient, je leur disais : « Eh! mes amis, nous faisons un tour de manège! » Mon capitaine outré de ce que je le bravais, me poursuivait sans relâche, en disant : « Gredin, si je t'attrape, je te coupe en morceaux. » A quoi je répondis : « C'est inutile de vous donner tant de peine, vous ne m'attraperez pas! » Ses menaces me donnaient des jambes; en effet, comme je courais mieux que lui, j'avais assez d'avance dans l'étendue de la cour pour ne pas le craindre à la course. Alors je me crus obligé de m'enfiler dans une petite ruelle étroite qui se trouvait au fond de la cour, et qui avait une porte de sortie dans les champs: puis mon capitaine continuant à me poursuivre dans cette ruelle, pensait déjà m'y tenir bloqué, lorsqu'il me dit : « Ah! t'y voilà donc! tu ne m'échapperas plus! » Mais j'étais guidé par un bon génie que j'invoquais à mon secours, puisque, par le plus grand bonheur, la porte de sortie n'était pas fermée à clef; je tirai vivement le verrou et la porte s'ouvrit: il était temps, je n'avais plus dix pas d'avance lorsque je franchis cette porte.

Ah! mon ami, je ne puis t'exprimer le soulagement que j'éprouvai en me voyant ainsi sauvé et en plaine. Mais il fallut encore jouer des jambes, car l'animosité de mon capitaine augmenta en me voyant lui échapper de la ruelle; il me poursuivit encore une portée de fusil dans la terre labourée, que le dégel rendait molle et difficile à parcourir pour lui qui était plus lourd que moi, ce qui me rendit bientôt l'avance sur lui. J'éprouvais donc une sorte de joie en moi-même, d'être échappé à une poursuite aussi extraordinaire. Bientôt je vis mon capitaine tout essoufflé, obligé de renoncer à me donner la chasse. Il finit par me dire : « Arrive ici, coquin, je te l'ordonne. » Alors je me rapprochai de lui, mais j'avais soin de me tenir à une distance raisonnable pour ne pas me laisser empoigner, en lui disant : « Mon capitaine, je connais la différence qu'il y a de vous à moi, je ne puis m'approcher davantage, croyez bien que je n'irai pas de bon cœur me faire rosser quand il m'est interdit de me revancher; je vous prie de m'excuser si je vous ai fait mettre en colère : allons, mon capitaine, soyez généreux : vous devez me pardonner en faveur de l'adresse que j'ai eue de vous échapper. — Comment, mâtin, dit-il en avançant encore sur moi, voilà que tu me donnes des conseils à présent! Arrive ici, te dis-je. — Mon capitaine, lui répondis-je avec fermeté, ce n'est pas le moment de vous obéir pour cette affaire, mais si vous voulez vous calmer, je vous promets de mériter ma grâce par une bonne conduite. » Tandis que je parlais ainsi, plusieurs de mes collègues étaient accourus de notre logement pour être témoins de la chasse, lorsque mon capitaine prit le parti de s'en retourner, mécontent sans doute d'avoir manqué son coup : il me dit seulement : « Drôle, tu n'en es pas quitte de celle-là. Je t'en promets une autre. » Ainsi finit cette scène : et je retournai au logement avec mes camarades, en réfléchissant sur cette singulière aventure, ne pouvant bien concevoir d'où provenait cette fureur de mon capitaine à vouloir me battre, dans un moment où je n'avais pas affaire à lui, où je n'avais rien négligé dans mon service. Prétendait-il que j'avais éludé sa volonté à l'occasion des carabines? J'avais raison et c'était un caprice de sa part ; je suis trompette, et mon service ne m'oblige pas à être porteur des carabines malgré moi ; si c'était pour mes extravagances, elles étaient confondues avec celles de mes camarades, et puis j'avais soin de ne pas me faire remarquer des chefs plus particulièrement que les autres. Néanmoins, je sentis que cette scène devait me maintenir longtemps dans la crainte de mon capitaine et que je devais éviter, autant qu'il me serait possible, sa présence.

Le lendemain de la scène de mon capitaine, je me trouvais de service chez le colonel, lequel me fit dire de venir lui parler. Je pensais que c'était pour me punir, ou du moins pour me faire une sévère réprimande relativement à ma conduite. Je m'y présentai avec assurance ; c'était la première fois que j'avais une entrevue avec lui ; je m'aperçus que mon abord ne lui déplaisait pas, par l'accueil qu'il me fit ; il me donna une leçon que j'écoutai avec soumission ; puis voyant qu'il n'était pas trop sévère à mon égard, je me hasardai de lui répondre conformément aux dispositions que j'avais ; c'est-à-dire que je ne voulais pas le tromper. « Je vous remercie bien, mon colonel, lui dis-je, de vos attentions. Mon capitaine est mécontent de moi, mais je tâcherai de me corriger à l'avenir ; cependant vous devez bien savoir ce que c'est qu'un jeune homme de 19 ans, livré à toute la fougue d'une jeunesse ardente ! Sans doute, mon colonel, que je ferai encore des sottises, et je vous prie de me les pardonner d'avance ; je vous promets qu'à mesure que l'expérience surmontera mes erreurs, je deviendrai un bon sujet et un des bons soldats de votre régiment, je vous en donne ma parole d'honneur. » Alors mon colonel parut satisfait de ma hardiesse, puisqu'il finit par me dire que ma franchise lui était agréable, mais qu'il ne me ferait pas grâce de mes sottises et que si j'avais les dispositions que j'annonçais, je devais éviter de me faire punir, etc...

Chose extraordinaire ! mon ami, depuis que le colonel Curto commandait notre régiment, je n'avais jamais occupé son attention. C'est donc de l'époque de cette lettre que ma conduite et mes actions vont être remarquées par lui.

Mon séjour a Gratz. — Une grand'garde aux environs. — Le
feu au poste.

De Gratz, le 12 janvier 1806.

Mon ami, voilà donc encore une fois la paix faite entre
la France et l'Autriche. Comme tu as pu le remarquer dans
mes lettres précédentes, je n'ai pas couru de grands périls
pendant cette guerre, malgré la bonne disposition que nous
avions de nous mesurer avec l'ennemi ; l'on n'a pas eu besoin de nos bras, puisque notre présence a suffi pour leur
faire peur ; on en fait peu de campagnes comme celle-là !...

Depuis ma dernière lettre, notre régiment est parti de
Neykerk pour changer de direction ; de retour par Kirch-
berg, Kriegla sur Bruck, toujours côtoyant les rives de la
Muehr, nous nous portâmes par Forley, Reittlstein, Pegau,
et nous arrivâmes à Gratz, en Styrie, capitale de cette province.

Notre régiment se trouva d'abord seul pour occuper cette
grande ville, il se dispersa dans les divers quartiers chez
les plus riches habitants, où nous nous trouvâmes aussi
heureux qu'on peut l'être quand on a tout ce que l'on
peut désirer. Les six premiers jours se passèrent ainsi dans
l'abondance, lorsque l'on découvrit un complot des habitants de la ville dont le but était de massacrer et d'anéantir notre régiment ; alors on prit des mesures de sûreté et
notre régiment se resserra davantage, c'est-à-dire que nous
nous trouvons logés par 10, 12, 15 et jusqu'à 20 hommes ensemble dans les maisons les plus considérables, où nous
nous faisons également bien servir. Un régiment d'infanterie, un quartier général, des équipages etc., arrivent
aussi occuper la ville.

L'on ne peut faire un séjour plus gai, ni plus varié que
celui que je fais à Gratz depuis plus de 15 jours. Ce sont
sans cesse de nouvelles parties de plaisir en société avec
mes amis ; l'argent ne nous manque pas et nous donne tous
les moyens de nous divertir toujours en de nouvelles aventures, toujours parcourant les différents quartiers de la

ville ; dernièrement j'ai abîmé ma montre d'or, après l'avoir
trempée dans le vin. J'ai acheté en place une belle et bonne
clarinette, avec quoi je m'amuse davantage et puis je di-
vertis mes camarades. Je vais te donner un échantillon de
notre service afin d'arriver au détail de plusieurs aventures qui me sont survenues.

Je te dirai que notre régiment fournissait alternativement une grand'garde de 100 hommes, qui allait s'établir
à un poste à environ trois lieues de distance de la ville,
sur la route de Hongrie. Là, j'y ai monté pour mon tour
trois grand'gardes avec notre compagnie ; notre poste
était tout simplement établi sur la grande route, non loin
d'une maison seule, nos vedettes placées en conséquence,
et l'on faisait des patrouilles fréquentes durant la nuit. A
la pointe du jour, tout le poste partait à la découverte jusqu'à un bourg appelé Wildonn, où les hussards hongrois
poussaient également leur reconnaissance, de manière que
nous occupions ce bourg tour à tour ; le plus souvent, nous
poussions notre découverte jusqu'à ce qu'on rencontrât la
reconnaissance des hussards hongrois, ce qui occasionna
plusieurs fois des petits engagements partiels et des coups
de sabre.

Il y a quelques jours, c'était la dernière garde que je
montais à ce poste ; je me fis assez remarquer par ma conduite pour donner prise à mon capitaine et me faire mettre
en prison, car c'est de là où je suis maintenant, que je
t'écris. Voici, mon ami, comment tout cela est arrivé.

J'étais de grand'garde au poste en question avec notre
compagnie, par une de ces nuits d'hiver où il gelait si fort,
que l'on pouvait à peine y résister ; l'on se rangeait autour
d'un grand feu, où l'on rôtissait d'un côté et l'on gelait de
l'autre ; les uns essayaient inutilement de se reposer, et
les autres tâchaient de se dissiper. Par bonheur, le vin et
l'eau-de-vie ne nous manquaient pas : chacun apportait sa
provision et l'on buvait chaud, ce qui étourdissait la rigueur du froid ; mais nos pauvres chevaux souffraient beaucoup à rester en place. Cependant, vers les deux heures
du matin, je m'offris pour aller en patrouille, afin de dé-
gourdir mon cheval : alors nous partîmes à quatre hommes
et un brigadier.

Suivant la direction qui nous était donnée (d'ailleurs nous connaissions bien le terrain de ces environs), notre patrouille arriva, après une heure de marche à travers champs, sur un poste de paysans que nous trouvâmes autour d'un bon feu, au coin d'un bois, dans lequel ces pauvres gens se sauvèrent aussitôt qu'ils nous reconnurent. Nous parvînmes à en arrêter un, que nous emmenâmes avec nous un bout de chemin, et que nous renvoyâmes après qu'il nous eût informé qu'il y avait des hussards hongrois dans leur village, qui les obligeaient ainsi à monter la garde, afin de les prévenir si les Français venaient de ce côté. **Le** but de notre patrouille étant rempli, nous revînmes vers notre poste, ayant le visage et les pieds gelés ; jamais je n'avais eu plus froid. Nous trouvâmes nos camarades fatigués, couchés sur la paille autour du feu, essayant de prendre un peu de repos. A ce moment, nous nous aperçûmes d'une aventure qui allait survenir. Comme nous nous plaisons dans le désordre, nous nous disions tout bas : « Laissons venir les choses naturellement, nous allons rire tout à l'heure. Ceux qui dorment là vont avoir un réveil comme il n'y a pas de trompette pour en sonner un pareil. » Puis un autre dit : « Allons autour de nos chevaux, il ne paraîtra pas que nous nous sommes aperçus de ce qui doit arriver. » Qui fut dit fut fait, tout ce qui était prévu arriva. Plus de 50 hommes de notre compagnie se trouvaient là couchés sur la paille, entortillés chacun dans son manteau ; la paille qui était brisée et jonchée sous leurs pieds s'éparpillait jusqu'au feu, si bien que nous avions vu des brins s'allumer successivement, lorsque nous étions convenus de laisser venir les choses naturellement. Bientôt la paille s'alluma aussi vivement que de la poudre ; les chasseurs qui se sentirent le feu aux pieds, se levèrent précipitamment en s'écriant : « Gare ! gare ! mes amis, le feu est à la paille. » Aussitôt, moi et les autres mal avisés, nous nous trouvâmes là pour voir l'effet de cette bagarre et aider les camarades à éteindre le feu, mais il fut impossible d'y réussir : c'était une confusion ; tout remuait et se précipitait en sursaut, chacun pensait plutôt à secouer les brimborions de paille ou flammèches d'après ses bottes, son pantalon ou son manteau, et à sauver quelques effets.

Dans cette espèce d'alerte, quand on dérangeait la paille
d'un côté, l'on jetait le feu de l'autre. Les chevaux qui se
trouvaient attachés après les haies qui entouraient le bivouac, s'effrayaient ; plusieurs étaient lâchés et l'on criait :
« A qui les chevaux qui se sauvent ! » et chacun courait au
sien. Si bien que l'on renonça à éteindre le feu, et l'on se
mit à rire.

Cependant, au point du jour, la compagnie, qui devait
venir nous relever, arriva. Comme c'était la coutume, la
grand'garde se relevait tous les matins, et le poste qui
était relevé partait aussitôt à la découverte. Alors je partis
en avant de notre compagnie avec les éclaireurs, et nous
arrivâmes bientôt à Wildonn, où nous fîmes préparer le déjeuner pour la compagnie...

Ensuite nous poussâmes notre reconnaissance plus avant ;
bientôt notre avant-garde rencontra celle des hussards autrichiens du régiment de Blankenstein : la reconnaissance
se fit amicalement ; les hussards nous annoncèrent les premiers la nouvelle de la paix entre les deux nations, qui
devait être publiée positivement ce jour-là. Ils nous annoncèrent aussi qu'ils amenaient avec eux un capitaine et un
trompette de dragons français qui avaient été faits prisonniers dans le cours de cette campagne, et qu'ils venaient
nous les rendre. Alors l'on se disposa à faire cette réception en conséquence : les chasseurs et les hussards revinrent ensemble à Wildonn comme amis, et l'on se fit réciproquement des honnêtetés ; chacun dans son grade fit son
choix.

J'invitai donc le trompette de dragons et celui des hussards autrichiens ; plusieurs chasseurs et hussards se
réunirent à nous, l'on se traita avec égard de part et d'autre, les bouteilles de vin et d'eau-de-vie faisaient la ronde
successivement, si bien que nous nous trouvâmes bientôt
tous la tête échauffée et en ribotte, et entre cavaliers, chacun se faisait valoir suivant sa bravoure. Cette entrevue
durait depuis une heure, lorsque nos chefs nous rappe-
lèrent pour partir chacun de notre côté, et les deux
troupes se séparèrent amicalement.

Mon capitaine me rattrape. — Encore une de mes espiègleries.
Un moment de conversion. — La prison de Gratz.

> De Gratz, le 16 janvier 1806.

Il m'était difficile, mon ami, d'échapper à la clairvoyance
de mon capitaine ; il fallait que tôt ou tard je sentisse l'effet de son autorité, puisqu'il voulait me tenir dans ses
filets. Il s'était sans doute ménagé cette occasion à la fin
de la campagne, lorsqu'il pourrait me tenir à son aise.
Enfin il m'a fallu succomber et voici l'aventure : Lorsque
de retour de Wildonn avec notre compagnie, j'avais la tête
échauffée de la ribotte que je venais de faire avec les
Autrichiens et que, chemin faisant, je disais et je faisais des
petites folies, mais gaiment avec mes camarades, mon
capitaine voulut s'apercevoir que je tourmentais mon
cheval ; il prit cela pour prétexte, en me faisant dire que je
fisse attention à moi, qu'il n'aimait pas me voir en ribotte,
et qu'à la descente de la garde, il aurait soin de moi. Je fis
seulement réponse que je ne faisais pas pis que mes camarades ; puis je m'observai tranquillement le reste du chemin. Cela n'empêcha pas mon capitaine de tenir sa promesse, car aussitôt notre retour à Gratz, je n'eus pas sitôt
mis mon cheval à l'écurie, que, sans me donner le temps
de prendre mon porte-manteau et mes autres effets pour
les porter à mon logement, un maréchal des logis (Elminger) vint à moi, de la part du capitaine, me signifier l'ordre
de le suivre en prison. C'était là le moment d'être soumis
et obéissant, j'aurais désarmé mon capitaine par ma rési-
gnation ; mais me figurant que je ne devais pas être
l'esclave des caprices d'un capitaine, je m'opposai d'abord
à cette signification précipitée ; je voulais savoir pourquoi
j'étais désigné plutôt que mes camarades, puisque je n'avais
pas plus qu'eux mérité d'être puni : je voulais qu'Elminger
me laissât au moins le temps de porter mes effets à mon
logement, et je voulais aller parler au capitaine pour le
remercier de sa préférence.

Elminger, qui était aussi ardent que zélé à suivre les
ordres du capitaine, ne voulut pas comprendre mes raisons,

il prétendait me faire marcher malgré moi ; alors je m'entêtai et lui aussi, de manière qu'il tira son sabre hors du fourreau et se crut par son humeur autorisé à me rudoyer. Ce qui me fit mettre en colère contre lui ; je pris aussi mon sabre en main ; dans cette situation, je défendais à qui que ce fût de m'approcher et je transportai malgré lui mes effets à mon logement. Lorsque M. Naudet, sous-lieutenant à la compagnie, arriva pour voir cette scène, il s'approcha de moi et me persuada avec douceur. Comme j'aimais cet officier, je lui obéis avec confiance et lui remis mon sabre ; alors je vis bien que je ne pouvais plus manquer d'aller en prison après cette incartade. Je fus conduit par quatre chasseurs de garde et le maréchal des logis Elminger, marchant ainsi à travers la ville. J'avais déjà passé le pont couvert, quand je m'aperçus que l'on me conduisait à la prison de la ville ; je trouvais cette pilule un peu dure à avaler. Alors il me vint dans l'idée de faire encore une farce à Elminger, c'est-à-dire de lui échapper, ou du moins de lui faire courir une poste : aussitôt pensé, aussitôt décidé ; alors mes conducteurs me voyant aller assez tranquillement, ne se méfiaient pas de moi, quand je leur dis tout résolument : « Allons donc, dépêchons-nous d'arriver, marchons plus vite !... » Tout en disant, je brusquai le mouvement et me mis à courir de toutes mes jambes. Elminger et deux chasseurs voulurent aussitôt me suivre, en criant : « Arrête, arrête ! » mais j'étais le plus leste et je les laissai bien derrière moi. Je parcourus ainsi au hasard les détours de plusieurs rues et mon escorte me perdit bientôt de vue. Cependant Elminger, surpris de me voir ainsi lui échapper, suivit mes traces avec ses quatre hommes, puis renonçant à me trouver, ils s'en retournèrent rendre compte au capitaine de mon évasion.

Tandis qu'Elminger me poursuivait, je trouvai bon de quitter le quartier de la ville où je l'avais laissé ; alors je revins passer la rivière dans un batelet très éloigné du pont, et j'allai me réfugier à l'extrémité d'un faubourg, où j'étais sûr qu'on ne viendrait pas me chercher ; puis j'entrai dans une auberge, afin de m'y reposer, et où je me fis traiter en conséquence. C'est là que, me trouvant vis-à-vis de moi-même, j'avais le loisir de réfléchir sur tout ce qui se passait à mon égard ; je prévoyais bien que pour une cause légère, ma mauvaise tête en préparait une grave, parce que mon capitaine voulait me mener durement. Alors je trouvai bon de faire ma profession de foi, espérant par là me réconcilier dans l'esprit de mes supérieurs ; aussitôt je me procurai de quoi écrire et je rédigeai une pétition tout naïvement, suivant mon style, que j'adressai à mon capitaine et aux officiers de la 2ᵉ compagnie, tendant à calmer leur sévérité à mon égard, les priant d'excuser ma jeunesse qui m'entraînait malgré moi dans des défauts de conduite. Il est inutile, mon ami, de t'en dire plus long là dessus ; tu peux bien penser que je me trouvais dans une situation assez critique pour tâcher de m'en tirer. Je me sentais très raisonnable dans cette auberge, je m'applaudissais de mes idées, tant j'étais content de moi, et j'aurais désiré être toujours de même ; je me figurais que ma pétition allait faire tout oublier ; au moins j'espérais obtenir quelque adoucissement, car il est toujours bon d'avoir un peu de présomption.

Cependant, vers les dix heures du soir, je quittai ma retraite et je revins tranquillement à l'auberge où étaient logés les chevaux de notre compagnie ; là, je trouvai des chasseurs de garde d'écurie, et notamment Veber, un de mes amis, auquel je remis ma pétition, en lui recommandant de la remettre au sous-lieutenant Naudet qui la remettrait au capitaine Périolat. Comme il était tard, je ne jugeai pas nécessaire d'aller à mon logement déranger personne, et je passai la nuit au poste.

Le lendemain matin, j'allai mettre mes effets en ordre et j'attendis la décision de mon sort. Après le pansage des chevaux, M. Elminger vint me dire : « Allons, M. le fuyard, on dit que vous avez écrit une lettre au capitaine pour demander votre grâce, mais vous n'avez fait que différer d'entrer en cage ; suivez-moi, nous allons voir si vous m'échapperez encore aujourd'hui. » A quoi je répondis que s'il n'avait pas été un brutal à mon égard, je lui aurais obéi, mais qu'hier et aujourd'hui n'étaient pas les mêmes jours et que j'allais me rendre de bonne volonté. Aussitôt nous partîmes tous deux et nous arrivâmes à cette fameuse prison, que je redoutais tant la veille. Ainsi j'entrai dans ce vaste bâtiment sans savoir quand j'en sortirais. J'étais mécontent à mon tour contre mon capitaine qui ajoutait la dureté à la rigueur, car la punition qu'il me faisait subir là ne pouvait guère me servir d'exemple de sagesse, vu que je suis dans une maison de force destinée à renfermer tous les condamnés, les malfaiteurs et toutes sortes de mauvais sujets de la ville et de la province.

Je fus donc introduit dans une grande chambre qui avait pour tous meubles un grand lit de camp et un banc, ce qui ressemblait assez à un corps de garde ; là, je me trouvai en bonne et joyeuse compagnie, avec environ 30 militaires de la garnison de Gratz, dont sept chasseurs de notre régiment ; c'étaient tous bambocheurs finis, qui me reçurent parmi eux avec les cérémonies d'usage, l'on me présenta un verre et je payai ma bienvenue. Tu vois, mon ami, que si les salles de discipline sont faites pour corriger les militaires qui se mettent dans le cas d'être punis, l'on y oublie aussi bientôt la privation momentanée de sa liberté, en se livrant tous ensemble à divers genres de récréation qui conviennent aux militaires. Ainsi je vis toujours sans souci et je prends le temps comme il vient ; je m'amuse aussi bien dans ma prison comme en ville, je me suis fait ami du geôlier en lui donnant quelques rétributions ; il ne gêne pas beaucoup les Français qui sont sous sa surveillance, c'est dire qu'il nous donne quelques libertés dans la maison, mais pas au-delà, et le profit lui revient : — ce qui m'a déjà procuré les occasions de dépenser plus de 40 goulden depuis huit jours à faire des folies.

Enfin, mon ami, il est question que notre régiment doit partir de Gratz sous peu ; ce qui sera, je l'espère, la cause de ma mise en liberté... Je finis en t'embrassant de bon cœur, etc...

HEUREUX SÉJOUR A KLAGENFURT. — COUP D'ŒIL SUR LES
ALLEMANDES.

De Klagenfurt, le 22 février 1806.

Vive la joie et le bonheur ! mon ami, je ne connais plus la misère, cette vieille bête qui est si familière avec le

soldat. Quand par mes étourderies j'éprouve des contrariétés, je les oublie bientôt en faveur des bons moments
que je me procure. Imagine-toi que j'ai une bonne amie
qui croit bientôt se marier avec moi! Mais n'allons pas si
vite! Je dois, avant de te parler de cette affaire, te faire
connaître la suite de mon journal.

Notre régiment est parti de Gratz après avoir demeuré
près d'un mois dans cette ville, dont le souvenir me sera
une époque remarquable à cause des folies que j'y ai faites.
Nous nous portâmes par Wichau, Feilbach, Straden, dans
de nouveaux cantonnements à douze ou quinze lieues de
Gratz, c'est-à-dire dans des villages aux environs de Rad-
kersbourg, frontière de Hongrie. La compagnie dont je fais
partie vint occuper un assez bon village, où nous fûmes
logés chez les paysans, à discrétion ; là, je passai des jours
heureux en parties de plaisir, non de ces parties comme
j'en faisais à la ville, mais des plaisirs simples à la mode
de la campagne.

Après être demeuré plus de huit jours dans ce paradis
champêtre, notre régiment se rassembla pour changer de
direction. (A la suite de la paix de Presbourg, les troupes
françaises devaient évacuer la basse Autriche.) Nous nous
remîmes en marche vers notre nouvelle destination. — Ce
fut alors que nous apprîmes la nouvelle que nous allions
aller en Italie. Notre régiment rentra donc encore dans les
montagnes et les sapins ; nous marchâmes par Voitzberg,
Saint-Léonard, Neumark, Saint-Weit et nous arrivâmes à
Klagenfurt, où nous sommes logés depuis les premiers
jours de ce mois ; cette ville est assez belle, les rues sont
régulières et les maisons bien bâties, elle est fortifiée d'un
beau rempart qui l'enveloppe, et entourée d'un fossé large
et profond. L'on y entre par quatre portes différentes.
Cette capitale de la Carinthie est riche et bien située ; l'on
y remarque deux belles places publiques décorées par une
belle statue équestre de Marie-Thérèse et par la Fontaine
du Dragon de la fable, qui est un colosse dans ce genre.

Depuis notre arrivée dans cette ville, tout le régiment y
fait un séjour agréable ; les habitants chez lesquels nous
sommes logés sont très affables. Quant à moi, mon ami,
je me trouve dans une situation charmante ; je suis très

bien logé chez *un beker mann Virtz hauss* (boulanger-aubergiste); je me comporte comme un galant militaire dans cette maison où je suis bien vu et où j'ai déjà su me faire aimer de la fille de mon hôte en lui disant des gentillesses qu'elle n'est pas habituée d'entendre avec les garçons de la ville, ce qui la flatte assez pour que je m'aperçoive qu'elle prend de l'inclination pour moi et qu'elle se plait à m'écouter, puisqu'elle me dit qu'elle préfère aimer un Français comme moi, que tous les Allemands de la ville.

Sophie (c'est son nom) est une bonne grosse brune, âgée comme moi de 19 à 20 ans ; ce n'est pas une beauté piquante, mais c'est un bon cœur, c'est sensible et trop crédule. Elle en est arrivée à croire que je me marierai avec elle.

Aussi, juge, mon ami, si je redoute d'avance le jour où il me faudra partir et abandonner ma chère Sophie au désespoir. Je t'assure que notre séparation sera pénible, car elle m'aime assez pour me faire craindre qu'elle ne veuille me suivre en Italie... Mais j'arrangerai tout cela, et je promettrai de revenir... Hélas ! je crains bien qu'elle ne s'aperçoive que je l'ai trompée ! Dans ce cas, elle ne sera pas la seule ; un militaire peut aimer sans gêne et quitter l'objet sans peine.

Maintenant, mon ami, que je suis sur le point de quitter l'Allemagne, je pourrais te donner quelques détails relatifs aux mœurs et coutumes des différentes provinces que je viens de parcourir, mais cela me mènerait à des descriptions trop longues. D'ailleurs, je ne me suis pas donné grand soin à étudier les Allemands : comme l'on dit : chaque pays, chaque mode ! Je n'ai vu tout cela que superficiellement. Cependant j'ai remarqué que parmi les femmes, il y en a de belles et de laides, de farouches et de privées, en Allemagne comme en France, mais elles sont peut-être moins rusées et moins civilisées (exception faite de celles qui sont d'un rang distingué). L'habitude qu'elles ont de vivre avec leurs bourrus de paysans qui savent mal raisonner et agissent brutalement, fait qu'elles aiment mieux les Français qui ont des manières dégagées et un langage plus doux, toujours portés à la galanterie, ce qui fait que les Allemandes n'hésitent pas à nous donner la préférence ; joint à cela l'autorité que nous prenons, le peu de résistance que nous trouvons, nous font faire des conquêtes assez facilement.

Arrivée en Italie. — On me vole mon butin. — Mauvaise situation.

Venzonn, le 16 mars 1806.

Quelle différence, mon ami, de ma situation actuelle à celle où je me suis trouvé en Autriche ! Maudit changement de pays, fallait-il le désirer ? Après m'être flatté d'être heureux je me trouve dans la misère : telle est la condition d'un soldat, dix jours de mal pour un de bien.

Je vais te donner le détail de ce qui m'est arrivé depuis notre départ de Klagenfurt jusqu'à ce jour. Après environ un mois de séjour dans cette ville, notre régiment se remit en route par Vilach, jolie petite ville de Carinthie, sur la Drave, ensuite Tarwis, et Ponteba, petit bourg qui fait la limite de l'Autriche avec l'Italie, séparé par un pont sur un torrent, si bien que les habitants d'un côté parlent allemand, et ceux de l'autre parlent italien. Ainsi voilà donc notre régiment établi, depuis le 1er mars, sur la frontière de cette fameuse Italie, dans une province qu'on nomme le Frioul, où nous avons pris des cantonnements provisoires, heureux comme le poisson sur la paille. Chaque compagnie occupe de pauvres villages situés sur ces collines : nous nous trouvons encore au milieu des rochers et des montagnes qu'on nomme les Alpes Juliennes, dont la cime est toujours couverte de neige, et les vallées florissantes et cultivées. Notre 2e compagnie n'est pas la mieux partagée ; nous sommes logés dans un bourg nommé Venzonn, situé dans une gorge où passent la rivière le Tagliamento et une route de communication d'Italie en Allemagne. Notre situation ne nous offre aucune ressource dans la saison où nous sommes ; d'abord ce ne sont plus les mêmes mœurs, les mêmes habitudes, le même langage ; tout diffère absolument de l'Allemagne ; personne ne se comprend, je ne m'y connais plus moi-même, sauf à faire un nouvel apprentissage. Nous sommes obligés d'avoir affaire tous les jours avec des paysans ou contadini brutaux et méchants, chez lesquels je me trouve logé avec six chasseurs. Or, c'est dans ce logement que je viens d'éprouver une perte qui me sera longtemps sensible.

Il n'y avait que quatre jours que nous étions arrivés à Venzonn, lorsqu'un chasseur du même logement, nommé Mougnard, Famand de nation, profita d'un moment où tous ses camarades étaient absents pour nous voler à son aise. Il fouilla aussi dans mon porte-manteau et y prit tout ce que je possédais de meilleur en butin, c'est-à-dire qu'il m'enleva une chaîne et une croix en or, deux paires de boucles d'argent, une douzaine de gros boutons d'argent, deux cuillères d'argent, trois beaux mouchoirs de soie noire et couleurs mêlées, deux paires de bas de soie blanche, le tout pouvant être estimé à 200 francs, seul reste du butin de ma campagne que j'avais pu ménager. Eh bien ! mon ami, tout est perdu pour moi !

Ce coquin de Mougnard, après nous avoir volés complètement, tandis que nous étions au pansement de nos chevaux, se rendit à l'écurie après le pansement, lorsque tous les chasseurs en étaient sortis; là, il sella et équipa le cheval du chasseur Veber, l'un des meilleurs chevaux de la compagnie ; on le vit partir avec armes et bagages, l'on crut qu'il allait en ordonnance dans un cantonnement, et il se sauva vers la frontière. Dès qu'on se fut aperçu de ce tour, des sous-officiers et des chasseurs bien montés se dirigèrent sur les traces du déserteur jusqu'à Ponteba, où ils apprirent que Mougnard avait passé le torrent et qu'il se rendait sous la protection des Autrichiens, de manière que des cavaliers de cette nation, qui se trouvaient déjà à Ponteba, empêchèrent nos chasseurs de pénétrer plus avant sur leur territoire. Ainsi, mon ami, telle peine que j'éprouve, il faut me résigner à cette perte. Je te dirai aussi que nous ne sommes pas heureux à ce maudit Venzonn, et je ne sais si ce triste séjour durera longtemps. L'administration de notre régiment n'est pas encore organisée, nous ne recevons ni rations, ni paye ; nous vivons d'emprunt ; nous sommes mal nourris chez les paysans contadini auxquels nous disputons un peu de polenta. Nos chevaux sont

encore plus mal, on ne leur distribue qu'un peu de fourrage
ou herbes sèches que les paysans recueillent sur les montagnes, et, au lieu d'avoine, on leur donne du maïs ou blé
de Turquie que la plupart ne mangent pas. Ils dépérissent
à vue d'œil : plusieurs sont déjà crevés, et je crois que le
mien sera bientôt de ce nombre ; je m'en moque, car ce
n'est plus qu'une rosse.

JE VENDS LA PEAU DE MON CHEVAL. — MÉDARD VIENT INTERROMPRE
NOTRE JOIE. — LE CACHOT. — MA SOUMISSION. — MA GRACE. —
BIJOU.

Venzonn, le 27 avril 1806.

Si je suis destiné, mon ami, à éprouver toute la rigueur
du sort militaire pour avoir de l'expérience et parvenir à
être raisonnable, il est temps que je commence à y faire
attention, car depuis que je t'écris, je ne me souviens pas
de t'avoir rendu compte d'aucune bonne action de ma
part, mais bien toujours de folie, des sottises et d'étourderies. En y réfléchissant, je ne vois partout dans ma
conduite que de très mauvais exemples ; la fatalité m'en-
traine toujours : en voici encore une preuve que je vais
te rapporter, tant il est vrai que j'ai éprouvé à Venzonn le
plus rude exemple de l'adversité que mon cœur ait jamais
senti, et qui doit contribuer, je l'espère, à me corriger.
Mais ce qui me console encore, au milieu de tous ces
contretemps, c'est que je ne fais jamais de bassesses, ni
rien qui puisse me déshonorer, et je trouve toujours dans
mes bonnes ou mauvaises *avisions* (sic) les moyens de me
tirer d'embarras. L'aventure qui m'arriva vers le 20 mars
dernier, eut des suites terribles pour moi, mais un résultat
satisfaisant.

Un matin, mon cheval fut trouvé mort dans l'écurie,
n'importe comment : j'avais peut-être contribué à l'expédier, afin de ne pas le laisser souffrir longtemps, et puis
j'étais bien aise d'en être débarrassé, car un cavalier qui
est dégoûté de son cheval n'a aucun plaisir à servir, ce qui
fit que je voulus en boire un bocal de joie, qui me coûta
cher. Dans la même matinée, sans consulter personne,

aidé seulement des conseils de quelques camarades, je voulus profiter moi-même de la dépouille de mon cheval ; j'allai aussitôt chez un cordonnier, nommé Morino, qui achetait les peaux de chevaux ; je lui vendis de suite la dépouille du mien, et j'en reçus le prix convenu, 22 lire (ou 11 francs). Je m'associai aussitôt avec quatre chasseurs qui se trouvaient aussi démontés et nous allâmes à l'hosteria pour boire la peau du cheval, car nous étions très affamés de vin qui est très bon en Italie et qui n'est pas cher, six soldi le bocal. Nous étions bien aises de trouver le moyen de nous en régaler. Nous n'ignorions pas que notre démarche était repréhensible et mal calculée, mais elle était volontaire, parce que nous savions que Médard, maréchal des logis chef de la compagnie, mauvais Gascon, très intéressé, avait l'habitude de vendre lui-même à son profit les dépouilles des chevaux qui mouraient à Venzonn ; il donnait seulement une pièce de 30 sols au chasseur démonté, et lui se procurait du bon vin et des bons repas avec ce qu'il retenait. Comme je trouvais cela injuste, je fus résolus à vouloir profiter de toute la somme que je venais d'obtenir de mon cheval ; je ne voulais pas, disais-je, que Médard me fît la queue.

Pendant que Morino enlevait le cheval de l'écurie, Médard vint faire l'appel de la compagnie pour le pansement des chevaux ; alors les gardes d'écurie lui firent le rapport de ce qui se passait, et Médard, voyant que je manquais à l'appel, alla de suite en prévenir le capitaine, auquel il rapporta tout au pis, si bien que le capitaine devint furieux contre moi et promit d'en faire un exemple sévère. Il y avait déjà plus d'une heure que nous étions, mes quatre camarades et moi, dans une hosteria éloignée, en train de déjeuner de salame et de persute, lorsque nous vîmes arriver Médard avec quatre chasseurs de garde : « Ah ! les voilà, mes gaillards, dit-il en entrant ; bien ! courage ! est-ce ici que vous venez à l'appel ? le capitaine va avoir soin de vous. » Puis s'adressant à moi : « Qui vous a permis, monsieur, de vendre votre cheval, vous allez me remettre cet argent. » — A quoi je répondis : « Mon chef, vous n'attendez pas après cela pour vivre ; vous savez que nous ne sommes pas heureux dans ce pays, ne trouvez pas mal que nous ayons un moment de récréation. » En disant, je versais du vin et j'en offrais aux chasseurs qui accompagnaient Médard, ce qui paraissait le vexer. Je fis encore apporter quatre bocaux de vin : « Il paraît, dis-je, qu'on nous prépare un vilain dessert ; notre chef nous donnera bien le temps de finir notre écot. » Et je versais aux chasseurs : « Allons, mes amis, de la résolution ! c'est moi qui paye tout. » Alors je pris le temps de faire le compte et de payer la dépense, en dépit de Médard qui nous pressait toujours de sortir.

Enfin il fallut céder à la circonstance, et nous fûmes conduits tous les cinq dans un vieux bâtiment délabré qu'on appelle la chambre commune, située sur la place de la fontaine, où nous savions bien qu'il y avait une chambre qui servait de salle de police ; mais c'eût été trop doux pour nous. L'on avait trouvé un cachot affreux pratiqué dans les fondations de ce bâtiment, où l'on nous fit descendre tous les cinq : là, nous fûmes dupes de notre bonne foi, et nous nous consolâmes ensemble dans notre mauvaise fortune en nous faisant donner par nos camarades ce qui nous était à peu près nécessaire. Je me fis aussi apporter ma clarinette, afin de passer quelques instants à me désennuyer.

Là, après avoir réfléchi sur toute l'horreur de notre situation, nous nous trouvâmes dans un vieux cachot qui avait servi autrefois à renfermer des malheureux condamnés aux fers, à en juger par les murailles où se trouvaient encore scellés des anneaux, des barres, des chaînes, aux bouts desquelles étaient attachés des carcans pour mettre les fers au cou et aux pieds. Nous ne voyions le jour que faiblement, au travers d'un soupirail pratiqué dans l'épaisseur de quatre pieds de mur, barricadé par un double grillage en fer, la porte aussi toute plaquée en fer, fermait avec deux gros verrous et deux serrures. Ainsi, juge, mon ami, si nous étions bien serrés. Notre plus grand mal encore, c'est que nous étions tourmentés par une multitude de rats, de souris et de scorpions, ce qui nous empêchait de dormir, car il fallait sans cesse nous occuper à faire la chasse à cette vermine. Cette punition n'était pas supportable, nous ne pouvions jamais nous trouver pis. Cepen-

dant nos plaintes parvinrent à notre capitaine, qui donna
la consigne au corps de garde de nous laisser sortir deux
heures par jour, quand on apportait nos repas, afin de
prendre l'air dans une espèce de basse-cour sur les escaliers de notre cachot ; ensuite l'on nous renfermait. Quelquefois nos camarades nous faisaient passer du vin, ce qui
soulageait nos peines et étourdissait nos chagrins. Nous
trouvâmes même un expédient qui nous profita : comme
nous avions horreur des fers qui nous environnaient, nous
devions nous débarrasser de ces instruments de la tyran-
nie. A cet effet, nous fîmes venir le maréchal ferrant de
notre compagnie, nommé Jolibois, auquel nous propo-
sâmes de livrer secrètement toute la ferraille qui se trouvait dans le cachot. Jolibois s'en accommoda pour son usage
et nous procura des outils afin de couper les scellements.
D'accord avec quelques chasseurs de garde, nous livrâmes
au maréchal plus de 100 livres de fer ; nous n'en devions
aucun compte, personne n'avait fait la visite de notre cachot, et nous n'étions pas responsables du fer.

Sept jours s'étaient déjà écoulés dans cette triste situation, sans aucune nouvelle sur notre sort ; lorsque, le hui-
tième, le colonel faisant une tournée dans les cantonnements de son régiment pour voir ce qui se passait, arriva
à Venzonn. Alors un rapport lui fut fait par notre capitaine, où je ne fus sans doute pas ménagé, car, le même
jour, j'appris que j'étais condamné à un mois de cachot, et
mes compagnons à quinze jours, ce qui fut lu à l'ordre de
la compagnie, comme pour servir d'exemple.

Cette nouvelle fit sur moi l'effet d'un coup de foudre ;
j'eusse préféré être fusillé que de rester encore un mois au
cachot. Aussitôt je tirai un plan dans ma tête, sans rien
communiquer de mes idées : j'étais résolu à faire un mauvais coup si je ne réussissais pas. Vers les midi, à la garde
montante, je donnai au brigadier de garde, nommé Lang,
un prétexte pour qu'il me laissât sortir un instant : je l'assurai que je n'abuserais pas de la liberté qu'il me donnait
et que j'en devais faire un bon usage. Ce qu'un autre
n'aurait pas osé prendre sur lui, ce brave homme le prit.
Lorsque je fus hors de la portée de la prison, je me sauvai
de mon mieux afin de ne pas être rencontré et j'arrivai à

mon logement où je m'habillai de suite proprement dans
mon uniforme, déterminé à aller parler directement au
colonel qui devait diner avec son état-major et les officiers
de notre compagnie à l'hôtellerie de Venzonn. Je jugeai
qu'il fallait attendre après le diner de ces messieurs, le
moment du départ du colonel. J'allai en conséquence me
camper dans un recoin d'une maison déboulée, qui se
trouvait positivement vis-à-vis de l'écurie où étaient les
chevaux du colonel. C'est là, dans les décombres de cette
masure, que je demeurai blotti, pendant plus de deux heures,
à faire mille réflexions et à étudier ce que je devais dire à
mon colonel. Je vis passer et repasser la garde avec Médard
qui me cherchait pour me ramener à l'abbaye de Sot-
bougre [1] : mais j'avais soin de ne pas me montrer, afin de
ne pas manquer mon plan. Enfin je vis arriver à l'écurie le
chasseur du colonel, nommé Dubois, qui était un de mes
amis. Alors je sortis de derrière mon tas de pierre et j'allai
le trouver et lui faire part de ma position, en lui disant
qu'il pouvait bien me favoriser dans mon intention, ce
qu'il fit de bon cœur. Il me donna le cheval du colonel à
conduire, ce qui devait me servir de sauvegarde ; j'emmenai donc le cheval jusqu'à l'hôtellerie, où j'aperçus le colonel au balcon avec les officiers qui me voyaient venir.
Je rencontrai l'adjudant Roger, auquel je demandai si le
colonel était disposé à m'entendre, car j'allais lui demander
ma grâce. Il me répondit que c'était ce que je pouvais faire
de mieux.

Lorsque le colonel vint pour monter à cheval, je me
présentai devant lui, et lui dis : « Mon colonel, vous voyez
devant vous le plus malheureux et le plus repentant de
tous vos sujets vous demander grâce de la punition qu'il
a méritée. Je vous prie de me pardonner ma faute et
d'oublier tout ce qui s'est passé, je vous proteste que c'est
la dernière sottise que je ferai ; jamais je n'oublierai la leçon que vous me donnez aujourd'hui ; croyez bien que je
ne donnerai plus à mes supérieurs aucun sujet de se
plaindre de moi, ni de me punir. Colonel, je me recommande à votre clémence ; ma reconnaissance et ma

1. La prison.

bonne conduite justifieront vos bontés ? » Après que j'eus parlé sans avoir été interrompu, mon colonel qui voyait mon chagrin et mon repentir, me fit quelques observations pour mon bien ; puis, se tournant vers mon capitaine et les officiers qui étaient là : « Vous avez entendu, capitaine Périolat, ce qu'il vient de me dire ; eh bien ! je suis d'avis de tout lui pardonner, à condition qu'il tiendra ses promesses ; je vous le recommande et ne l'épargnez pas s'il fait encore des sottises... » Puis s'adressant à moi : « Que cette leçon te serve d'exemple ! je ne veux pas de mauvais sujets dans mon régiment. » Comme je me trouvais assez bien rassuré, je pensai aussi à demander la grâce de mes camarades. Lorsque le colonel fut monté à cheval, je lui dis : « Mon colonel, mettez le comble à vos bienfaits en accordant la grâce des quatre chasseurs qui sont encore dans un affreux cachot. » Alors je m'aperçus qu'il faisait signe à mon capitaine et lui disait tout bas : « Vous les mettrez en liberté. Ayez soin de ces mâtins-là... » Enfin je me retirai en remerciant mon colonel. J'éprouvai alors un sentiment de joie qu'il est difficile de t'exprimer, mon ami. Je courus au cachot annoncer le résultat de ma démarche à mes compagnons, et nous nous livrâmes ensemble à la joie d'être délivrés du précipice où nous étions tombés pour avoir voulu braver les circonstances.

Comme tu peux bien le penser, mon ami, cette aventure fut bien sensible à mon cœur ; et, toute désagréable qu'elle fût, elle me devint salutaire ; je sentis la nécessité de modérer mes passions et de me tracer un nouveau plan de conduite afin de tenir mes promesses. Je ne suis plus bambocheur, je m'amuse raisonnablement, et fais toujours attention de ne pas me faire punir ; c'est-à-dire que l'honneur est mon guide ; l'obéissance et l'exactitude dans le service, mon devoir ; la franchise et la loyauté, mes principes. Toujours bien vu et estimé de mes camarades, mes supérieurs m'estiment aussi. Enfin, je commence à mériter la bienveillance de mon capitaine, vu que j'éprouve ses bienfaits autant que j'ai éprouvé ses rigueurs.

Je te dirai que je ne suis pas resté longtemps démonté ; mon capitaine trouva bientôt l'occasion, près d'un bourgeois de Venzonn, de m'acheter un beau cheval blanc élevé dans ce pays et qu'il me donna à soigner : je me trouve dans un autre monde, tant je suis content ; je n'ai jamais vu un aussi joli cheval de mon goût, je l'ai nommé Bijou à cause de sa beauté, de sa bonté et de sa finesse ; il a six ans ; il n'a servi qu'à mener une sedia, petit cabriolet léger, dont les bourgeois italiens se servent pour aller en route.

Depuis près d'un mois que j'ai ce cheval à ma disposition, je le dresse au manège sous le harnais d'uniforme et je l'instruis par principe sous son cavalier, à quoi je réussis très bien, je me fais admirer avec, je me trouve le mieux monté de la compagnie et je ne changerais pas mon Bijou pour le meilleur cheval du régiment.

SÉJOUR A RANA ET A GÉMONA. — JE M'APPELLE MAINTENANT
LUCAS.

De Gémona, le 27 octobre 1806.

Depuis six mois, mon ami, que je ne t'ai pas écrit, il ne m'est rien survenu d'extraordinaire ; notre situation s'est beaucoup améliorée par les petits changements qui se sont opérés dans notre régiment.

Après deux mois de séjour à ce maudit Venzonn, notre compagnie en sortit le 1er mai pour venir demeurer à Rana, village situé dans une campagne assez fertile à 5 milles d'Udine, où nous avons passé la plus agréable saison que l'on puisse voir, dans cette Italie que l'on nomme justement le jardin de l'Europe.

Je fus logé chez un des bons paysans du village (nommé Carlo Ponti), avec le brigadier Lang, qui est devenu mon camarade de lit. Nous sommes depuis longtemps bons amis et bien d'accord ensemble : aussi nous participons aux plaisirs que nous savons nous procurer par les variétés de nos amusements.

C'est ici que j'ai changé mon nom de famille qui ne pouvait être bien prononcé par les Italiens, à cause de la difficulté de la lettre H. Je ne suis plus connu par eux que sous le nom de *Lucas*. Ainsi, mon ami, tu sauras que l'on m'appelle à présent signor Lucas ; ce nom me devient familier et avantageux, et tu me verras souvent à l'avenir figurer dans mes espiègleries sous ce nom que je conserverai chez les Italiens.

Je me liai d'amitié avec le fils de mon patron, jeune homme de 26 ans, nommé Dom Carlo, dont le caractère sympathisait avec le mien. Il avait du goût pour apprendre à parler français, j'en avais pour apprendre l'italien : tous deux d'intelligence, nous nous instruisions réciproquement à écrire et à traduire des phrases dans les deux langues.

Je te dirai aussi que depuis que notre régiment est assez paisible dans ces cantonnements, notre colonel a décidé de réorganiser la musique, ce qui me regarde, et je suis obligé d'aller souvent à l'état-major, à Tricesimo, où nous nous réunissons les trompettes, et les chasseurs qui sont comme moi désignés pour faire partie de la musique. Là, nous faisons des répétitions sous la direction du capitaine Planzeaux qui est chargé de cette affaire, en attendant qu'il nous arrive un maître de musique. Je pratique toujours ma clarinette.

Cependant, quoique nous soyons en paix avec nos voisins les Autrichiens, c'est une espèce de calme qui précède la tempête, et nous n'en sommes pas moins censés en campagne, puisque voilà encore la guerre allumée entre la France, la Prusse et la Russie, grâce à ces fameux Anglais qui ont les moyens, avec leurs trésors et leur politique, d'entraîner successivement les nations de l'Europe à faire la guerre à la France : c'est-à-dire que tour à tour les nations seront dupes de la perfide influence de ces éternels ennemis. Mais à quelque chose malheur est bon, car les armées françaises toujours victorieuses ne connaissent que le chemin de l'honneur et de la gloire. En dépit de nos ennemis, nous immortaliserons nos victoires à force de lauriers cueillis dans les champs de bataille, tant que nous serons dirigés par le génie de l'intrépide Napoléon.

Notre armée française d'Italie borde et observe les frontières de l'Autriche, ce qui fait que nous nous trouvons un peu serrés dans ce pays ; nous serions beaucoup plus heureux d'aller partager les travaux de nos frères d'armes en Prusse : quoi qu'il en soit, nous sommes destinés à garder l'Italie jusqu'à nouvel ordre.

Vers le commencement de ce mois, notre régiment a

quitté ses cantonnements des environs de Tricesimo, où l'infanterie nous a remplacés, et ainsi j'ai quitté mon heureux séjour de Rana. Comme je fais partie de la musique, qui s'organise maintenant sous la direction d'un bon maître (le brave père Nicolas Felstiker) que notre colonel a fait venir au régiment, j'ai été obligé d'abandonner mon service à la compagnie, afin d'être réuni avec les musiciens à l'état-major, qui occupe Gemona, qui est maintenant le point central des nouveaux cantonnements de notre régiment ; c'est un bourg mal bâti, situé en amphithéâtre sur la pente d'une montagne, où nous ne sommes pas très heureux, ce qui me fait regretter Rana et mes camarades de la 2ᵉ compagnie.

Du reste, mon séjour à Gemona n'a rien d'intéressant ; je m'occupe de mes exercices, de mon service et de la chasse.

La tante Pasquetta. — La grêle. — Une querelle. — Bijou et Rondeau.

De San-Vito, le 30 juillet 1807.

Mon ami, tu me fais une espèce de réprimande de ce que je ne t'ai pas écrit depuis neuf mois. Cependant tu n'as pas dû ignorer ma situation, puisque j'ai écrit plusieurs fois à mon père. Mais aujourd'hui, je vais te dédommager.

Dans le courant de novembre dernier, notre régiment quitta ses mauvais cantonnements pour en prendre de meilleurs de l'autre côté du Tagliamento, passant par Udine, Campo-Formio, village célèbre par la paix de ce nom ; ensuite, traversant le Tagliamento, l'état-major vint se loger à San-Vito, petite ville assez agréablement située, environnée de villages riches par la fertilité du terroir, surtout en bon vin. Chaque compagnie occupe un de ces villages ; la 2ᵉ dont je fais toujours partie, quoique j'en sois détaché, occupe un joli bourg appelé Cordo Vato, où j'ai souvent occasion d'aller pour affaire de service ou autrement : alors je revois avec plaisir mes camarades d'habitude.

Je me suis associé avec un trompette, nommé Duflot,

qui fait aussi partie de la musique ; le bon accord qui nous
guide dans nos habitudes (tous deux ayant les mêmes principes et les mêmes caractères), fait que nous sommes deux
amis inséparables. D'abord nous nous trouvâmes logés
chez un teinturier (Luigi Franki), dont la maison est gouvernée par la tante Pasquetta, vieille fille très religieuse
et bigote, n'importe ; nous nous trouvâmes supérieurement bien, mon ami et moi, vu les bontés et les égards
que l'on avait pour nous ; aussi savions-nous bien nous en
rendre dignes par notre bonne conduite, le caractère de
nos divertissements et de notre gaîté ; tout plaisait à la bonne
signora Pasquetta et nous faisait aimer d'elle, de son neveu, des autres parents et des voisins. Mais deux bamboches survenues par la suite, brouillèrent notre ménage ;
la signora Pasquetta se trouva contrariée, en disant que
nous avions scandalisé sa maison. Alors, après environ cinq
mois de logement in casa del signor Luigi Franki, nous
fûmes obligés d'en déloger ; c'est un maréchal des logis
chef et un fourrier qui ont pris notre place.

Cependant la garnison de San-Vito se trouvant composée
du colonel, de tous les officiers, des sous-officiers attachés à l'état-major, de toute la compagnie d'élite, de la
musique, des ouvriers, des magasins, etc., il arriva que
les habitants et les militaires se trouvèrent trop foulés ; il
fallut un peu dégarnir, ce qui obligea les musiciens, ainsi
que des chasseurs attachés au dépôt, d'aller loger à Savorgnano, village situé à un mille de San-Vito. C'est là que je
demeure depuis quatre mois, logé avec mon ami Duflot
chez un bon contadino, où nous faisons ce que nous voulons, vu que nous ne sommes sous la vue et conduite
d'aucun chef ; toutefois nous sommes obligés de venir faire
le service à San-Vito. Mes récréations particulières sont la
pêche aux écrevisses dont il y a une grande abondance,
puis la chasse, et puis mes exercices, courses et promenades à cheval à volonté, assauts d'armes, etc..., tout ce
qui me convient et qui peut donner de l'activité à un jeune
homme.

Entre tous les événements remarquables, en voici un
dont le souvenir est encore terrible : le 19 mai dernier, un
orage épouvantable éclata sur le territoire et le village de

Savorgnano ; une grêle effrayante tomba ; des glaçons pesaient jusqu'à six livres, ce qui détruisit toutes les récoltes, extermina la plupart des animaux qui se trouvaient dehors dans les pâturages, jusqu'à des personnes. En un mot, c'était une destruction et une désolation générale ; jamais je n'avais vu un pareil désastre. Ce que j'ai trouvé d'extraordinaire après cet événement, c'est que l'on allait ramasser de tous côtés les moutons, les volailles, le gibier, tout ce qui était bon à manger, et que les paysans ne voulaient ni toucher, ni tirer parti de rien, disant qu'ils ne devaient pas manger des animaux qui avaient péri par la main de Dieu. Nous autres militaires, qui ne sommes pas si scrupuleux, nous fîmes de bonnes provisions de ce que nous trouvions de meilleur en gibier, dindons, oies, canards, poulets, etc...

Ce n'est pas tout, mon ami, si je te rapporte tout ce que j'ai d'agréable dans mes occupations, je ne suis pas sans éprouver quelques désagréments. Je viens encore d'avoir une querelle au moment où je m'y attendais le moins.

Un jour du mois de juin dernier, j'étais trompette de service à San-Vito, je sonnais l'appel du pansement de l'aprèsmidi, lorsqu'un nommé Lacogrie, chasseur à la compagnie d'élite, espèce de grand brutal qui se fie à sa force et à ce qu'il est assez habile à tirer des armes, vint vers moi. Il a été mon premier camarade de lit au régiment ; je lui ai même rendu des services, entre autres, dernièrement encore, dans une affaire où il s'est fait mettre au cachot après avoir tué un chasseur à Savorgnano. Pour me récompenser, ce diable de Lacogrie, qui se trouvait en ribotte, me chercha dispute impudemment, parce que je le faisais sortir du cabaret en sonnant l'appel. Je me moquai de lui et de sa bêtise ; puis des mauvais propos de part et d'autre nous échauffant les oreilles, il vint pour me frapper. Pour le coup, je mordis à la grappe sans perdre de temps : tenant l'embouchure de ma trompette dans ma main, je lui en lançai vivement deux coups dans la figure, si bien que mon embouchure fit deux trous comme un emporte-pièce : il se trouva tellement surpris de se voir la figure entamée, que sa colère augmenta ; je le vis chercher à ramasser une pierre ; aussitôt je me lançai sur lui afin de l'en empècher. Je le saisis vivement, je le renversai à terre, et je le piochai à coups de poing sur sa figure ensanglantée, sans lui donner le temps de se reconnaitre. J'allais le trainer dans un canal près duquel nous nous trouvions, lorsque des chasseurs qui nous regardaient faire sans s'être mêlés de notre partie, finirent par nous séparer et emmenèrent Lacogrie bien rossé et confondu en moins de trois minutes. Alors je continuai ma tournée de sonner l'appel ; durant le pansage, cette aventure fut connue de toute la garnison. Chacun me faisait compliment de la raclée que je venais de donner à Lacogrie qui est un vilain coco grêlé, et de ce que je venais de lui percer le visage et de lui pocher le nez et les yeux, ce qui augmentait encore sa laideur et le faisait être un sujet de plaisanterie. Après le pansement, il vint me trouver et me montrer comme je l'avais arrangé. Je me doutais bien qu'il faudrait vider cette querelle le sabre à la main, puisqu'il m'avait menacé en me disant : « Dans une heure, tu ne mangeras plus de pain. » C'est-à-dire qu'il se promettait de me tuer. Cette menace ne m'empècha pas d'accepter le rendez-vous. Je ne craignais pas mon adversaire sous le rapport du courage et du savoir-faire, nous nous étions souvent éprouvés ensemble dans les salles d'armes et dans plusieurs assauts ; les mêmes maitres nous avaient montré. Je parlai donc à deux braves garçons de mes amis de la compagnie d'élite, Chany et Champion, nous nous rendimes ensemble sur le terrain ; Lacogrie y arriva bientôt avec un autre chasseur, il n'y avait aucune explication à faire, il fallait nous battre ; alors Chany, qui détestait Lacogrie, voulut prendre ma partie, mais je lui refusai, en disant : « Laisse-moi faire, mon ami, je ne crains pas cet animal-là ; je dois lui travailler le cuir, il n'a pas affaire à ce pauvre bougre qu'il a tué, parce qu'il ne savait pas se défendre... » Ces mots firent impression sur Lacogrie qui me dit : « Allons, dépèchons-nous, en garde ! » Voilà, mon ami, de ces moments de fureur auxquels on ne fait pas de réflexions, où il faut braver le danger et montrer du courage, lorsque deux hommes se trouvent ainsi animés du désir de se vaincre. Nous nous trouvions derrière une haie, le sabre en main, nous commencions à nous tàter par principes, sans connaitre encore quelle eût été l'issue de notre combat, lorsque les témoins vinrent nous séparer en nous prévenant que l'adjudant arrivait avec quatre hommes de garde, et à l'instant, j'entendis la voix de M. Antoine qui disait : « Ah ! les voilà, mes drôles ! Je vais vous apprendre à vous battre. » Aussitôt nous nous trouvâmes entrepris par les hommes de garde qui nous emmenèrent. Alors Chany et moi expliquâmes notre affaire à M. Antoine qui la connaissait déjà. J'avais affaire à un bon soldat, enfant du régiment, qui pensa bien que Lacogrie était l'agresseur et, comme il n'était pas bien prévenu en sa faveur, il le fit conduire au cachot et me promit que j'irais aussi après mon service fait. Mais à la descente de ma garde, je me sauvai à mon logement : on ne pensa plus à moi et j'en fus quitte à bon marché. Quoi qu'il en soit, je crois que nous sommes loin de nous réconcilier, Lacogrie et moi ; à la première occasion, nous nous empoignerons encore.

Je te dirai aussi, mon ami, que j'ai éprouvé dernièrement une peine qui m'a été bien sensible ; tu te rappelles que je t'ai parlé d'un joli cheval que mon capitaine m'avait donné à Venzonn, en avril 1806. Eh bien, mon ami, on me l'a pris. Voici comment : Dans les premiers jours de ce mois, il arriva au régiment une remonte de chevaux venant de Chambéry, ce qui a donné lieu à un tiercement général, comme cela se pratique dans la cavalerie. Un maréchal des logis, par son rang d'ancienneté, avait droit de me prendre mon cheval qui lui convenait ; jamais je n'éprouvai une aussi grande contrariété. Figure-toi un homme qui perd sa femme qu'il aimait bien, qui le rendait heureux et content et à laquelle il était très attaché : je fais la même comparaison quant à moi et à mon Bijou chéri, que j'ai si bien soigné et instruit. Je fus obligé d'en prendre un autre dans la remonte : j'ai choisi un petit cheval gris-pommelé, âgé de quatre ans, bien fait, bien portant, que j'ai nommé Rondeau. en terme de musique, je le dresse et l'instruis de nouveau. Je pense qu'il sera bon. mais ce ne sera jamais mon Bijou : je ne vois pas le maréchal des logis Debrenne d'un bon œil de m'avoir fait ce mauvais tour.

Enfin je te dirai que je m'ennuie un peu à présent ; j'ai

comme la maladie de mon pays depuis que je suis en correspondance active avec mon père qui fait des démarches
auprès de ses supérieurs pour tâcher de me faire entrer
dans la gendarmerie, si bien que je languis dans cette espérance, car cela me ferait plaisir de me rapprocher de ma
famille ainsi que de toi, mon ami, pour vous faire voir
combien je suis changé et combien j'ai profité depuis six
ans d'absence. Mais je crois que ce sont des peines perdues ;
tant que la France aura des guerres à soutenir, il me faudra demeurer et faire mon chemin au 8e régiment de chasseurs à cheval ; par la suite, je tâcherai d'entrer dans la
Garde Impériale.

SÉJOUR A SAN-VITO. — LA MUSIQUE. — VOYAGE A VENISE. — LA SAINT-
    JEAN DE 1808. — BEAUMONT. — QUERELLE VIGOUREUSE. — DÉTAILS
    D'UN DUEL.

De San-Vito, le **21** août 1808.

Depuis plus d'une année je ne t'ai pas écrit, mon ami ;
j'ai beaucoup de choses à te dire relativement à ma situation qui est toujours assez agréable. Si j'ai tardé si longtemps, c'est que la nature de mes occupations ne me laissait pas un moment de loisir.

Dans les premiers jours d'août de l'année passée, la
musique revint loger à San-Vito, et depuis ce temps, je
suis toujours avec mon ami Duflot, logé chez un menui-
sier-tonnelier nommé Pietro Bertoli. Nous sommes aussi
bien venus chez ces bonnes gens qu'auparavant chez la
Signora Pasquetta. Toutefois, j'ai beaucoup gagné au
change, en ce que je me suis occupé jusqu'à présent d'une
liaison sérieuse avec la fille de mon patron. Le père et la
mère Bertoli ont quatre grands enfants ; entre autres Antonio, qui est un fort garçon de 20 ans et est un de nos
amis, pour nous amuser, lui, Duflot et moi, dans les parties
de plaisir : et Élisa, ma chère Élisa, qui est une jolie brune
de 19 ans, qui s'occupe dans la maison et aide sa mère
dans les soins du ménage.

Dès que je vis Élisa, je la trouvai de mon goût et je devins épris d'elle. Je me fis bien venir du patron, en mon-

trant le désir d'apprendre à travailler avec lui. Cela se trouve facile, car tous les jours, quand mon service et mes occupations militaires sont finis, je vais employer mes moments de loisir dans son atelier ; là, je m'occupe à scier, hacher, dresser et parer le bois et à divers petits détails utiles à ce métier ; je demande des avis au patron ainsi qu'à Antonio qui voient que je leur suis déjà utile et se font un plaisir de me montrer à travailler et me préparent de l'ouvrage. Voilà, mon ami, comme je vais devenir ouvrier, tout cela pour l'amour d'Élisa dont les charmes faisaient l'objet de mes plus tendres affections. Au milieu de toutes mes occupations, je ne négligeai rien pour lui plaire : aussi j'entrepris de sonder son cœur novice dans son aimable simplicité, je lui inspirai bientôt des sentiments qui se rapportaient aux miens, soit en lui parlant, soit en lui écrivant des billets : la langue italienne offre tant de charmes aux amants par sa douceur et la finesse de ses expressions ! Finalement, nos cœurs se lièrent par une inclination réciproque qui est fondée maintenant par l'attachement et l'amour le plus pur. La mère Bertoli n'ignore pas cette liaison, le père parait indifférent là-dessus, il ne s'occupe pas de sa fille ; la mère pense tout bonnement que c'est une liaison d'enfantillage que les circonstances ont fait naître. Aussi m'aime-t-elle comme son fils, elle m'appelle son ragazzo, son gros Lucas, et elle a pleine confiance en moi. Sur la demande que je lui fais, elle nous donne souvent la permission, à Élisa et à moi, d'aller à la promenade et au bal, afin d'avoir un peu de récréation ensemble, elle nous dit seulement : « Mes enfants, soyez sages et prenez garde à vous !... » Nous fûmes sages, quoique j'aie 22 ans et mon Élisa 19. Je t'en reparlerai par la suite. Entre temps, je vais te parler d'autres actions et des agréments que j'ai dans la musique.

Depuis près de deux ans que l'état-major de notre régiment est établi à San-Vito, le service dans le cantonnement est assez doux pour moi, notre musique fait des progrès rapides par les soins du bon père Nicolas Felstiker, duquel j'ai su me faire bien aimer par mon intelligence et les attentions que je prends à me rendre utile à ce bon maître, puisque je puis dire être son favori ; j'ai profité à merveille de ses leçons, si bien que me voilà devenu *Première clarinette* avec mon collègue Alexandre ; je lis passablement la musique, je l'écris encore mieux : je fais ma partie solidement et je suis assez fort sur mon instrument pour faire ma profession de musicien partout ailleurs.

La musique de notre régiment n'est pas nombreuse comme les musiques de l'infanterie, il suffit qu'elle se trouve complétée avec 16 à 17 sujets choisis dans le régiment, parmi les trompettes et les chasseurs ; chacun reçoit une gratification ou haute paye, en sus de sa paye ordinaire, suivant la force et le talent qu'il possède : j'ai le maximum d'un franc par jour, en sus de ma paye de trompette qui est de 14 sous par jour, nous sommes bien habillés, bien équipés et nous avons les vivres de campagne ; nous n'avons ici qu'une suite variée d'exercices et de récréations, auxquels la musique prend toujours une part active, et il nous revient souvent des profits.

Le colonel Curto aime les divertissements en tous genres ; avec lui, la gaité brille dans son régiment. Souvent l'on joue la comédie à San-Vito et les acteurs sont choisis parmi nous ; ou bien ce sont de grands bals de société chez le colonel et ailleurs, où les personnes les plus distinguées des environs se trouvent invitées, et où rien n'est épargné pour l'agrément et le bon goût de la galanterie ; souvent aussi, ce sont de grands repas qui réunissent une nombreuse société avec tous les plaisirs et les délices de l'Italie. Il en est de même quand notre colonel est réciproquement invité aux différentes fêtes dans les châteaux des illustrissimi comtes et barons des environs, à la chasse et aux combats des taureaux à San-Vito et à Porto-Gruaro. Notre musique va partout avec notre colonel, afin de relever l'éclat de ces divertissements, où nous nous trouvons toujours bien reçus et récompensés de notre zèle. Souvent aussi, ce sont des récréations pour les chasseurs, tel que le temps du carnaval, qui est très bruyant en Italie, ce qui occasionne de belles cavalcades et mascarades dans notre régiment, et puis la Saint-Jean, fête de notre colonel, grandes réjouissances à l'état-major, la Saint-Martin, fête des soldats, où l'on donne toujours des jeux et des prix d'adresse, enfin des récompenses aux plus habiles.

Toutes ces circonstances, mon ami, sont remarquables et agréables pour moi, en ce que je réussis dans ce qui est à ma portée : j'ai gagné deux prix pour mon compte, le premier à la Saint-Martin dernière : c'était une somme de 20 francs et une oie, ce qui a suffi pour nous régaler. Le second, c'était une belle paire de bottes et 6 francs, que le colonel me fit donner, pour avoir été remarqué un des plus habiles à monter à cheval à la volée, avec armes et bagages, au trot et au galop. Je suis un cavalier des plus lestes du régiment.

Je vais aussi te parler d'un voyage à Venise que j'ai eu l'occasion de faire, au mois de mars, avec M. Felstiker, mon maître de musique. J'allai avec lui afin de lui être utile et de lui servir d'interprète, comme sachant bien parler italien. Venise n'est éloignée de San-Vito que d'environ 12 lieues ou 36 milles. Passant par Cordorato, Porto-Gruaro, Lamotta, nous traversâmes plusieurs rivières de ce pays marécageux et nous arrivâmes coucher à Mestre, bourg où nous laissâmes nos chevaux, et nous nous embarquâmes pour entrer dans le golfe de Venise. Nous fîmes une traversée de 3 lieues sur la mer Adriatique et nous entrâmes dans Venise. Je ne fus jamais si étonné qu'en voyant cette ville immense plantée dans l'eau et qui semble nager sur la surface de la mer.

Toutes les maisons ou bâtiments sont construits et élevés sur pilotis dans l'eau, à 6 ou 8 milles de distance du rivage de la mer. Des forteresses construites de même à des distances avancées de la ville pour en protéger le port, se trouvent bien armées et occupées par des troupes, afin d'en défendre l'approche aux vaisseaux ennemis.

L'on ne voit ni chevaux ni voitures dans les rues de Venise, lesquelles sont très larges, alignées et bien distribuées ; au lieu de chaussées en pavés, c'est toujours l'eau qui forme comme des canaux. L'on communique partout au moyen de barques ou gondoles plus ou moins belles et commodes, dont les canaux sont couverts, qui vont et viennent sans cesse, dirigées par des marins habitués à cette navigation.

Il y a des trottoirs de trois à quatre pieds de largeur établis en dalles de marbre ou autres pierres de sciage, qui

se prolongent de chaque côté des canaux avec des rampes
en fer de chaque côté des maisons, dont la plupart sont
des boutiques et de riches magasins de toutes sortes de
marchandises. L'on ne peut communiquer d'une rue à
l'autre sans s'embarquer en payant. De place en place, des
petits ponts construits délicatement en fer et en bois, formant des demi-cercles, permettent de passer d'un côté à
l'autre de la rue.

En flottant ainsi par l'intérieur de cette ville, il y a des
endroits où le fond demeure à sec sous les bâtiments, suivant comme la marée est basse, et l'on voit à jour les
pilotis et charpentes, dont la plus grande partie est en bois
de cèdre ; et l'on peut aller à la pêche sous les maisons.

Nous arrivâmes, M. Felstiker et moi, débarquer aux environs de la place Saint-Marc, et nous eûmes le temps, pendant deux jours, de vaquer à nos petites affaires, de nous
promener et de visiter plusieurs quartiers, édifices, et curiosités de Venise. Les rues sont très bien éclairées pendant la nuit, ce qui offre un coup d'œil agréable par le
reflet de la lumière et de l'eau.

Nous nous promenâmes par toute la place Saint-Marc
qui est demi-circulaire et très étendue, la seule place qui
existe à Venise, autour de laquelle on remarque des arcades, des boutiques, des cafés élégants, des spectacles,
etc... L'église Saint-Marc est un chef-d'œuvre de beauté,
de richesse et d'architecture.

Non loin de là, nous arrivâmes voir le Pont-Royal, qui
est un monument curieux et formidable, construit d'une
seule arcade en marbre gris ; c'est ce qu'on peut dire un
pont sur la mer, sur lequel on jouit d'une superbe vue,
principalement du côté du port et du fort Saint-Maurice.
Sur ce pont, l'on voit des marchands et des jeux de hasard,
des trésors étalés pour tenter les joueurs et faire des dupes.
Enfin le troisième jour au matin, M. Felstiker et moi ayant
terminé nos petites affaires, nous sortîmes de Venise par
le même chemin que nous y étions venus et nous revînmes
à San-Vito. Telle fut, mon ami, l'occasion qui me procura le
plaisir d'aller voir cette ville extraordinaire.

Maintenant voici le détail d'une aventure assez tragique
qui m'est arrivée dernièrement ; cela te fera voir, mon

ami, combien l'on se ménage peu entre camarades, quand les différentes passions s'entre-choquent, et à quelles extrémités nous portent la colère et la méchanceté, quand on ne veut pas être raisonnable. J'ai la fureur de me battre plutôt que de me laisser humilier. Cette scène fut encore plus sérieuse que toutes celles que j'ai eues jusqu'à présent.

Le 24 juin dernier, veille de la Saint-Jean, l'état-major donnait le bouquet de la fête de notre colonel. Notre musique s'y trouvait engagée, lorsqu'à la fin des cérémonies, l'on nous fit souper à une bonne table chez le colonel. Parmi nous autres musiciens, il y avait ce même Beaumont, trompette au régiment, dont je t'ai déjà parlé dans une aventure. Il se faisait remarquer pendant ce repas par une gourmandise excessive et il s'enivra jusqu'à perdre la raison. Plusieurs d'entre nous en avaient honte pour lui. Cependant nous en faisions des risées et des plaisanteries. Nous sortîmes de chez le colonel ; il était près de minuit. Apparemment que Beaumont, dont la tête était exaltée par le vin, trouva son petit amour-propre choqué de tout ce qu'on lui avait dit. Comme je ne l'avais point ménagé, il s'en prit à moi plutôt qu'aux autres. Alors il commença à m'insulter à toute outrance, mais je ne lui répondis rien de méchant ; au contraire, je tournais toutes ces sottises en ridicule et en plaisanteries, ce qui le taquinait encore plus. Cependant j'étais vexé d'être insulté et maltraité en présence de tous mes camarades ; mon amour-propre s'en trouva choqué, mais je le laissai pour le moment, car il était ivre. Le lendemain, 25 juin, à la pointe du jour, j'allai avec mon ami Roger voir Beaumont à son logement ; je le trouvai couché tout habillé : « Eh bien ! lui dis-je, es-tu plus raisonnable aujourd'hui, où es-tu encore aussi méchant qu'hier ? je viens voir si tu veux te réconcilier en ami ou si tu veux soutenir, le sabre à la main, toutes les insolences que tu m'as faites hier. » Beaumont répondit qu'il les soutiendrait et il recommença à m'insulter. Oubliant ma modération, je lui appliquai aussitôt sur la figure le plus beau moule de gant qu'il eût jamais reçu. Furieux, Beaumont saisit un pot à eau et me le brisa sur la tête. Je demeurai comme assommé de ce coup, et je ne savais plus où j'en étais, lorsqu'il sauta sur son sabre et m'aurait tué en traître dans sa chambre, si Roger ne se fût jeté sur lui pour le retenir à son tour. J'avais deux entailles sur la tête et une sur le nez ; mon sang coulait en abondance ; je me retirai n'étant plus à même de me venger.

J'étais à peu près dans le même état où j'avais mis ce Lacogrie dont je t'ai déjà parlé. J'allai donc me débarbouiller la figure à un puits dans la cour, où je vis Degratoulet, le camarade de lit de Beaumont, qui sortait de l'écurie soigner les chevaux ; je lui rendis compte en peu de mots de ce qui s'était passé, et je le chargeai de dire à Beaumont qu'il ne s'attendît pas à en être quitte à ce prix. Ensuite j'allai à mon logement chez Bertoli, où l'on fut bien surpris de me voir en cet état. Alors Duflot, aidé de la mère Bertoli, me coupa les cheveux, nettoya mes blessures et me les banda ; puis je me jetai sur mon lit avec un grand mal de tête. Ma chère Elisa vint aussi me voir pour me plaindre et m'encourager ; je demandai un bocal de vin chaud sucré et je pensai à me tranquilliser.

Il n'y avait pas une heure que je me reposais, quand Beaumont et Degratoulet vinrent me trouver à mon logement. Le premier entra dans ma chambre en me disant : « Ah ! te voilà ! tu n'es pas encore mort ? Allons, debout ! prends ton sabre et allons finir cette affaire de suite. »

A cette nouvelle provocation, je sentis renaître toutes mes forces, j'oubliai mon mal de tête et sautai au bas de mon lit en disant à Beaumont : « Va, je suis ton homme ! Tu crois sans doute tirer avantage de ma situation et tu crois me faire caponner, mais nous allons voir cela. » Et je partis avec lui. Duflot et Degratoulet nous accompagnèrent comme témoins. Nous arrivâmes bientôt dans une petite ruelle étroite, entre deux haies ; la pluie tombait avec violence. Nous nous apprêtâmes à nous battre sans ménagement. En garde, nos fers croisés, nous nous tâtons, nous nous mesurons ; déjà plusieurs coups sont portés et parés. Je marchais sur mon adversaire en déterminé et je lui faisais perdre du terrain, lorsque par une feinte seconde et un dégagement, j'arrivai d'un coup droit sur lui, lequel, au lieu de parer tierce, abaissa mon fer en quarte devant lui ; il évita néanmoins de l'avoir au travers du corps ; mais mon coup de pointe vivement lancé arriva lui traverser le gros de la cuisse. Prompt comme l'éclair, je sautai en arrière pour me retrouver en garde. Alors je vis Beaumont pâlir et s'asseoir à terre en disant : « C'est bien fait, je l'ai mérité !... » C'est ainsi que ma querelle avec Beaumont se trouva décidée. Mais Degratoulet, me voyant triompher au moment où il croyait que je devais succomber dans la position où je me trouvais, voulut prendre la revanche de son camarade : aussitôt il s'arma de son sabre, en me disant : « A présent, c'est à moi que tu vas avoir affaire. » Quoique je ne craignisse pas Degratoulet qui avait plus de force que d'adresse, j'éprouvais une sorte de répugnance à recommencer à combattre. Je lui dis alors : « Pourquoi d'un malheur veux-tu en faire deux ? pourquoi nous battre, puisque nous sommes des amis ? Mon affaire avec Beaumont ne te regarde pas. — C'est égal, me répondit-il, je veux soutenir sa cause, défends-toi ! » Et il marcha sur moi. Ce qui m'obligea à me mettre en garde contre lui : « Eh bien ! lui dis-je, puisque tu le veux, tu vas voir que je n'ai pas peur de toi ! » Alors un nouveau courage s'empara de moi, je commençai par ménager mes moyens de défense contre mon adversaire, qui agissait vigoureusement, par de grands coups de sabre, que je savais éviter et contre-passer sans m'écarter, au lieu que lui s'écartait beaucoup : je lui dis même : « Tu t'y prends maladroitement et je vais te piper. » Aussitôt, comme il redoublait de maladresse, je le serrai d'un pas au moment où il s'allongeait pour me porter un coup, que je contre-passai en faisant une retraite de corps, puis je saisis ce coup de temps pour foncer sur mon adversaire qui se trouva à découvert, ayant son fer hors de portée ; je m'engageai vivement à la riposte : mais un sentiment de générosité me fit retenir un coup sûr que je pouvais lui plonger dans le corps : « A quoi tient ta vie ! » lui dis-je d'une voix animée en lui frappant fortement le bras avec la poignée de mon sabre, à l'instant où il pensait se redresser pour revenir en garde. Alors il glissa d'un pied, perdit l'équilibre et tomba de tout son long dans la boue, par l'effet du choc de ma poignée de sabre. J'exécutai cet habile coup de temps avec une promptitude sans pareille et je me tins en garde en laissant à mon adversaire la liberté de se relever. Alors Duflot, qui se trouvait là bien embarrassé, pensa que Degratoulet était blessé ; il courut vers lui pour l'aider : il lui dit qu'il fallait cesser cette querelle, qu'il n'y avait pas de bon sens de se battre avec tant d'acharnement pour rien, que Beaumont avait besoin de secours. Enfin Degratoulet céda, et la partie fut remise à un plus beau temps. Je retournai à mon logement pour me rajuster. Les deux témoins emportèrent Beaumont à l'infirmerie ; ensuite il se guérit de sa blessure, nous redevînmes amis et tout se calma.

Cet événement fit du bruit dans San-Vito ; je fus mis en prison, mais j'en sortis le même jour, sur la demande que fit en ma faveur notre maitre de musique. Enfin le colonel me voyant le soir à la réunion de la musique, m'appela pour me donner une fameuse chasse à laquelle je me soumis volontiers. J'étais content dans mon intérieur d'avoir réussi à abaisser l'audace de mes adversaires, je n'avais rien à me reprocher, selon ma façon de penser. J'espère, mon ami, que tu trouveras cette lettre assez longue et que je te dédommage bien du temps que j'ai mis à l'écrire. Je crois que notre long séjour à San-Vito tire à sa fin.

REVUE DE L'EMPEREUR A UDINE. — DÉPART DE SAN-VITO. — LE BON RELIGIEUX DE PORDENONE.

De Pordenone, le 29 octobre 1808.

Patience, mon ami ! voici du changement. Notre régiment est parti de San-Vito, voilà près d'un mois à la suite d'une grande revue de l'Empereur. Dans le courant du mois d'août dernier, notre souverain arriva à Udine pour y passer la revue de l'armée réunie ; il était accompagné du prince Eugène, vice-roi, du prince Murat, roi de Naples, du général en chef Macdonald et des autres généraux de l'armée. Après la revue, les troupes exécutèrent devant leur souverain, des grandes manœuvres et exercices à feu : cette journée fut remarquable et agréable sans doute à toute l'armée, qui se trouvait composée de tous bons régiments bien organisés, au complet et bien instruits. Notamment le 8ᵉ régiment de chasseurs à cheval, qui est de mille hommes montés et bien équipés, se fit remarquer dans cette grande revue par sa bonne tenue et la précision de ses manœuvres. Là, je voyais et considérais de bon cœur notre Empereur, ce grand, cet incomparable capitaine dont le génie et la renommée sont si étendus : les Prussiens et les Russes venaient d'en faire l'épreuve, ainsi que toutes les autres nations qui se trouvaient déjà sous le joug de la France.

A la fin de cette journée, notre régiment vint à Palmanova passer la nuit au bivouac, serré pêle-mêle avec les autres troupes. Enfin nous nous débarrassâmes de cette confusion extrême, nous revînmes par Udine, où nous vîmes tous les préparatifs occasionnés par la présence de Napoléon le Grand ; puis nous rentrâmes dans nos cantonnements.

Maintenant, mon ami, voici ma situation : Lorsque dans les premiers jours de septembre, il fut question de notre départ de San-Vito, ce fut un moment bien critique pour moi et pour ma chère Élisa. Quelle peine de penser à nous séparer ! Le père et la mère Bertoli se désespéraient, car, disaient-ils, leur maison allait se trouver sans appui. En effet, cette année, l'on a fait une levée de jeunes gens dans la province, c'est-à-dire que l'on a tiré une conscription, et leur fils Antonio est tombé au sort : il est parti soldat dans la garde italienne.

Je partis donc avec le régiment, passant par Valvasone, Cordenone, et nous arrivâmes à Pordenone, petite ville à 18 milles de San-Vito, où notre régiment fut obligé de se serrer dans les environs : l'état-major et le premier escadron se trouvent logés dans Pordenone, tant bien que mal, partie chez les habitants, partie en caserne. Nous sommes là provisoirement, afin d'être rapprochés avec le 6ᵉ régiment de hussards, pour faire les grandes manœuvres. Maintenant je puis dire adieu au bon temps de San-Vito ; tout est changé pour moi, je suis devenu une espèce de misanthrope, je n'aime que la solitude, je n'ai jamais été aussi sage qu'à Pordenone : quand mon service est fini, je vais seul me promener à l'écart, et je ne fais que penser à la maison Bertoli.

J'ai fait la connaissance d'un bon religieux, près duquel je vais presque tous les jours passer des moments de loisir. Cette circonstance n'est pas la moins intéressante, tant par elle-même que par l'originalité de mon caractère : car que vas-tu penser de moi, d'après les sottises et les étourderies que j'ai faites, de me savoir aujourd'hui cherchant de la distraction à mon ennui dans la morale de la religion? Voilà bien le cas de dire : c'est le diable qui se fait ermite.

Voilà comment tout cela est arrivé. Il y a à Pordenone une communauté de religieux ou moines de la Charité, qui sont très bien considérés dans ce pays : je m'introduisis honnêtement dans cette maison (qui est ouverte à tout venant), sous divers prétextes de curiosité : je m'occupais à remarquer les reliques, les tableaux, les portraits des saints, des martyrs, etc... En visitant ainsi l'intérieur de ce couvent, j'y rencontrai, entre autres religieux, un vieillard qui fixa mon attention dans une cellule où je le trouvai occupé : il m'adressa le premier la parole d'un ton qui désignait sa bonté, je ne me fis pas prier pour lui répondre et entrer en conversation sur divers sujets. Alors ce religieux, voyant un jeune militaire qui entreprenait de raisonner avec lui en parlant assez bien l'italien et qui lui témoignait de la curiosité, me dit plusieurs détails relatifs à cette maison, au caractère et à la situation de ceux qui l'habitaient. Tout en l'écoutant avec attention, je lui trouvai un abord prévenant et confiant qui me plut : et lui aussi m'invita à le venir voir autant que je le voudrais, ce que je lui promis avec plaisir.

Il Reverendissimo Padre Lucas est le nom de cet honnête homme auquel je vais rendre visite : il est âgé de 63 ans : je me fis connaître à lui aussi sous le nom de Lucas qui m'est devenu familier : je le nommai bientôt par respect « mon père » et il m'appela son fils.

Je me plais à sa société, il paraît même éprouver, en me voyant, les sentiments d'un père, tant il est content de me voir arriver chez lui, il me reçoit dans sa cellule, et puis nous allons nous promener quelquefois dans un grand et beau jardin.

Cependant, comme j'ai l'esprit tourmenté, je cherche

auprès du père Lucas des consolations et des conseils : je me livre à lui sans réserve, il m'endoctrine et me donne des connaissances morales que je goûte avec attention, mais que je ne promets pas toujours de suivre quand elles sont trop rigoureuses. Le caractère sévère et réfléchi du père Lucas est très différent du mien, qui est léger et peu expérimenté et, en moi-même, je vois trop de difficultés à surmonter pour devenir homme de bien selon lui ; il faudrait pour cela ne pas vivre avec des militaires.

Comme je m'attachai de plus en plus au père Lucas, un jour, je lui confiai ingénument ma liaison avec Elisa, de San-Vito, et je lui demandai si je pouvais compter sur ses bontés, en cas que je voulusse faire un coup de ma tête, pour avoir une retraite momentanée auprès de lui. Là-dessus, le père Lucas, qui n'entendait pas le badinage, me trouva bien coupable, il me fit tant de réflexions et d'observations sur ma conduite, qu'il me pétrifia : il me troubla si fort, que je renonçai à mon projet de quitter peut-être le régiment, et je m'excusai de mon mieux sur mon inconséquence.

Cela ne m'empêcha pas de retourner près de ce sage mentor, et nous nous occupons de choses différentes, notamment de géographie, suivant ses livres et ses cartes, religions des différents peuples, etc..., puis il me prêche ses leçons de morale, il me fait de justes comparaisons, enfin il m'offre à me guider de ses conseils, disant que je pourrai toujours compter sur lui, pourvu que je sois sage.

Voilà, mon ami, tout ce que je me plais à te dire relativement à ce bon père Lucas ; je t'assure que j'ai l'esprit plus dégagé et plus libre, je suis devenu un autre moi-même, depuis que je fréquente ce brave homme.

Je terminerai ma lettre à cet endroit, n'ayant rien autre chose d'extraordinaire à te communiquer ; l'on parle beaucoup que notre régiment va aller en Espagne : si cela est, nous verrons encore du nouveau et je t'en ferai part.

SAN-SALVATOR. — SÉJOUR A VICENCE. — IL SIGNOR ALBANTINI. — J'ENTRE A LA COMPAGNIE D'ÉLITE.

De l'hôpital militaire de Vicence.
Le 6 mars 1809.

Mon cher ami, je m'étais mis dans l'idée que mon séjour à Pordenone m'aurait fait changer de conduite, c'est-à-dire que je me croyais dans le cas d'être plus prudent et plus réfléchi dans mes actions, j'avais assez bien commencé. Je croyais pouvoir résister au torrent du vice et du mauvais exemple que l'on rencontre trop souvent dans les grandes villes; je n'en ai rien fait ! La fatalité m'a encore entraîné. Vicence est une ville qui offre trop d'appas aux étourdis. Pour peu que l'on ait de l'inclination à faire des folies, l'on trouve assez de partisans, et c'est à qui se distinguera à faire de belles sottises.

Après deux mois de séjour à Pordenone, notre régiment se mit en marche pour venir prendre son quartier d'hiver à Vicence. Nous passâmes par Sacile, Conegliano, San-Salvator, Treviso, Castel-Franco, Bassano, qui sont toutes petites villes où je n'ai rien vu de remarquable ni d'extra-ordinaire, si ce n'est à San-Salvator. Là, je me trouvai logé avec notre musique dans les dépendances d'un château des plus riches et des plus considérables qu'il y ait en Italie, tant à cause de son antiquité que de sa belle situation sur une montagne. Ce fut dans ce château que notre colonel se logea avec son état-major, ce qui donna occasion à une espèce de fête par la belle réception que nous firent monseigneur l'évêque et ses parents, les hôtes du château.

De là notre régiment vint passer la Piave, ensuite la Brenta.

Dans les premiers jours du mois de novembre 1808, notre régiment arriva à Vicence qui est une des plus belles et grandes villes d'Italie, située dans un bon territoire, très fertile, surtout en bon vin ; elle est riche et bien peuplée. En arrivant, notre régiment fut logé plusieurs jours chez les habitants, en attendant que les casernes fussent préparées ; j'eus mon billet de logement, toujours avec mon ami

Duflot, in casa del Signor Albantini, où nous fûmes bien reçus et où nous nous comportâmes en conséquence.

Cette circonstance est assez agréable pour moi pour que j'en conserve un durable souvenir. Il Signor Albantini est un ancien militaire très gai, rempli de connaissances, et aimant les bons soldats ; il a fait sa petite fortune au service de la marine vénitienne, ayant occupé un poste avantageux dans son temps ; son épouse, la Signora Albantini, est la plus aimable des femmes, ainsi que leur demoiselle, nommée Angella, âgée de 18 ans, qui réunit toutes les vertus, les talents et les charmes de son sexe.

Comme je réunis aussi quelques agréments, je ne tardai pas à me distinguer et à mériter des égards dans cette maison ; et, quand je fus obligé de quitter ce bon logement pour entrer avec les autres dans de mauvaises casernes, mon patron m'engagea à venir le revoir chez lui. Je n'oubliai pas cette honnête invitation, et j'y allai souvent passer les moments les plus charmants. Il Signor Albantini est aussi musicien très amateur, sachant bien jouer du violon et de la clarinette ; il possède une collection de bonne musique des meilleurs maitres italiens ; moi je possède aussi un recueil de musique de fantaisie, tous morceaux que j'ai choisis pour être très amusants sur la clarinette. Alors mon patron et moi, nous nous divertissions à répéter ensemble, ce qui devenait pour nous des récréations très agréables, toujours assaisonnées par la gaité que nous donnaient encore les bonnes bouteilles de vin du Bachiglione que nous vidions, si bien qu'en quittant mon hôte *avèva sempre la testa calda*, quelquefois j'étais *in briago*.

Mlle Angella touche assez bien le forte-piano, elle sait bien le dessin ; ces talents font son occupation la plupart du temps. Comme je connais aussi un peu la partie du dessin, je passais quelquefois des heures à m'occuper avec elle sur des sujets innocents, et si je me permettais quelques malices et quelques plaisanteries, c'était toujours assez finement, de manière à ne pas offenser sa modestie, si bien que ma présence et mes façons lui plaisaient, mais je ne tâchais nullement d'éveiller en elle des sentiments qui eussent provoqué son jeune cœur.

Jusque-là, j'avais une conduite régulière, vu que j'allais

passer mes moments de loisir en la société de ces honnêtes gens. Mais je me trouvai bientôt comme isolé de mes camarades et des bruyantes bamboches qui se faisaient en ville ; je voulus donc varier mes amusements ; je n'allai plus si assidûment chez il Signor Albantini, et je courus chercher, tant bien que mal, d'autres aventures au travers la ville...

Sur ces entrefaites, je passai trompette à la compagnie d'élite, non par mon rang d'ancienneté, vu qu'il y a au régiment de plus anciens trompettes que moi, mais par la volonté et l'appui de mon capitaine. En effet, au mois de janvier dernier, il s'est fait quelques changements dans notre régiment, c'est-à-dire que les officiers ont pris leur rang d'ancienneté : le capitaine Périolat et le lieutenant Chenavard passèrent à la compagnie d'élite et y firent passer plusieurs chasseurs de la 2ᵉ compagnie. Je leur dois donc cette faveur, car ils veulent toujours m'avoir sous leurs ordres. J'en suis on ne peut plus content ; c'est un honneur parmi nous d'être admis à la compagnie d'élite, où l'on y distingue les plus beaux hommes, les plus propres et les meilleurs soldats.

Le 9ᵉ régiment d'infanterie de ligne arriva aussi en garnison à Vicence quelque temps après notre régiment ; il y eut d'abord quelques difficultés entre ce régiment et le nôtre, ce qui occasionna plusieurs querelles et plusieurs duels de part et d'autre, où je me trouvai plusieurs fois engagé. L'un de ces duels eut lieu avec un nommé Courville, trompette d'harmonie ; nous avions été élèves ensemble à l'École de Versailles et nous étions amis. Il fallait avoir perdu la raison, car nous n'avions eu qu'une contestation peu sérieuse. Mais la jalousie s'en mêla. Il fallut aller sur le terrain et mettre l'épée à la main ; nous convenions bien que nous étions deux amis, mais l'esprit du corps voulait que nous nous battions. Nous combattîmes supérieurement, sans haine et sans colère, comme deux bons tireurs ; mon adversaire se défendait aussi bien que moi. Je voulus saisir un coup de temps pour lui serrer un brisement de fer et, par un volté sur le côté, lui lancer un coupé plongé ; ce coup qui devait être un coup de maître, tourna contre moi ; mon adversaire se retrouva habilement en ligne, et j'eus la maladresse de m'enfiler moi-même le bras dans la pointe de son épée, qui me perça le gras de l'avant-bras, peut-être 6 pouces dans la chair ; aussitôt je dis à Courville : « C'est moi qui la gobe, en voilà assez, je suis un maladroit. » Ensuite j'allai me faire panser. Cette blessure ne fut pas la plus dangereuse, car, trois jours après, je me sentis blessé d'une autre manière, tellement que je me trouvai forcé d'entrer à l'hôpital militaire, le 12 février dernier, affecté de trois genres de maladies... suites de mes courses aventureuses dans Vicence...

Je commence à me rétablir et j'espère que mes blessures n'auront pas de mauvaises suites. Je t'assure bien que le séjour que je fais à cet hôpital servira beaucoup à me corriger, en voyant tous les jours les exemples frappants qu'éprouvent les malheureux soldats gâtés plus ou moins ; je vois ici beaucoup souffrir ! Plusieurs de mes camarades, notamment le pauvre Beaumont, viennent de mourir à côté de moi. Les infortunés ! Voilà donc ce qui arrive nécessairement aux étourdis ! Si cette leçon m'était réservée pour me donner de l'expérience, elle me servira longtemps d'exemple.

TROISIÈME PARTIE

DEPUIS LE COMMENCEMENT DE LA GUERRE DE 1809, EN ITALIE, JUSQU'AUPRÈS DE VIENNE, AU MOMENT D'ENTRER EN HONGRIE.

Ma 8ᵉ Campagne. — Une farce dans une Hosteria. — Mes dispositions militaires.

De San-Vito, le 5 avril 1809.

Oh ! pour cette fois, mon cher ami, voici des nouvelles. La guerre va recommencer entre la France et l'Autriche. Je ne saurais te dire quelles prétentions peut avoir cette nation ennemie, il paraît qu'elle est rancuneuse envers la France ; je ne connais rien à tous ces démêlés. Je connais seulement ces fameux Autrichiens, que nous avons si bien rossés les campagnes précédentes ; ils croient qu'ils vont reprendre leur revanche cette année, du moins ils font des dispositions en conséquence. Mais ce qu'il y a de bon, c'est que les Français se préparent à leur tenir tête très solidement, et nous avons cette confiance que nous les frotterons encore cette fois. Notre père Napoléon a encore de bons soldats ; il va nous faire expédier cette campagne aussi rondement qu'en 1805 et messieurs les Kaiserlites recevront encore une leçon de leurs maîtres.

Tout est en mouvement dans ce pays : artillerie, infanterie, cavalerie, tout se prépare, tout marche vers la frontière d'une ardeur martiale : ce qu'il y a de désagréable, c'est que nous allons commencer cette guerre dans une mauvaise saison et dans de mauvais pays.

J'étais encore à l'hôpital de Vicence, lorsque le maréchal des logis chef de la compagnie vint m'apprendre la nouvelle du départ de notre régiment et me demander si j'étais en état de faire mon service, car nous allions entrer en campagne. Quoiqu'il m'eût fallu encore au moins huit jours de repos, je n'hésitai pas à lui répondre que j'étais passablement rétabli, et que je pourrais faire mon service, car il y avait plus de gloire à marcher avec le régiment, qu'à se consumer dans ce maudit hôpital. Je demandai ma sortie le même jour, je rentrai à la compagnie, je mis ordre à mes affaires, et je partis de Vicence le 14 mars avec notre régiment qui devait se rapprocher de la frontière d'Italie.

Ainsi j'ai quitté Vicence après un séjour de cinq mois. Nous arrivâmes loger à San-Cassano, et le lendemain à Treviso, qui est une ville assez considérable de la province de ce nom (Trevisan). Le 84ᵉ régiment d'infanterie occupait déjà cette ville. Alors les musiciens de notre régiment avec ceux du 84ᵉ se réunirent ensemble, en reconnaissance du brave père Nicolas Felstiker, qui avait élevé la musique de ce régiment, et en était parti pour venir élever la nôtre. Nous nous trouvâmes donc réunis très amicalement trente-six à quarante musiciens à l'Hosteria des Trois-Visages; là, nous nous fîmes servir en conséquence et nous nous mîmes en train de faire nos farces et de nous divertir à qui mieux mieux, si bien que la nuit se passa à faire des folies sans nous inquiéter qui payerait l'écot. Aussi le plus beau de la farce, c'est quand il fut question du compte. Chacun boursilla suivant son pouvoir; mais toute la fortune des musiciens réunie ne suffisait pas pour payer tant de dépenses. Ne voulant pas rester en affront, nous combinâmes un plan pour faire un pouf complet. L'un d'entre nous joua le rôle de mort-ivre: et les autres, par farce, voulurent le porter comme en triomphe dans la rue. Comme nous avions nos instruments, nous l'accompagnâmes en jouant des airs de musique dans la rue, à la pointe du jour, à la lueur des flambeaux. Nous paraissions tous tellement occupés de notre cérémonie, que nous étions sourds aux demandes du patron de l'Hosteria qui nous suivait et qui craignait avec raison de ne pas être payé. Déjà la trompette sonnait le boute-charge, il fallait se disposer à monter à cheval, et nous arrivâmes ainsi, avec le prétendu mort, jusqu'à l'écurie où se trouvaient tous nos chevaux qu'il fallait de suite équiper. Cependant le patron de l'Hosteria avait tout justement rencontré le major de notre régiment, auquel il avait conté toute sa disgrâce, et il l'amena avec lui jusqu'à notre écurie. Lorsque nous vîmes arriver le major qui est un intrépide soldat et un fameux farceur lui-même, nous eûmes bon augure pour notre cause. Il demanda ce que l'on devait à cet homme ; plusieurs musiciens du 84e des plus hardis, assurèrent au major que nous avions payé notre écot à peu de chose près et que le patron nous avait compté tout moitié trop cher. Alors tous assurèrent que c'était la vérité, et le major congédia le patron qui voulait dire le contraire ; mais nous étions trente contre lui ; il lui fallut bien abandonner ses prétentions. Voilà une bamboche qui réussit bien ; mais on ne trouve pas toujours un soutien comme le major Cabanel. Notre régiment partit de Treviso pour Castel-Franco, ensuite pour Sacile ; nous demeurâmes six jours logés dans cette petite ville. De là, nous revînmes nous serrer à San-Vito, où nous sommes jusqu'à nouvel ordre et où je fus heureux de revoir la famille Bertoli...

Maintenant, mon ami, nous allons bientôt commencer la guerre !

Je puis t'assurer d'avance que je suis au comble de mes désirs de faire cette campagne. A l'âge de 23 ans et ayant neuf ans de service, on n'est plus novice ; j'ai suffisamment fait mon apprentissage de l'état militaire, j'ai de la force et du courage, je participerai, j'espère, à toutes les actions où notre régiment se trouvera engagé ; je marcherai à l'ennemi avec hardiesse, je saurai braver les dangers, je ferai des actions distinguées où bien peut-être je me ferai tuer. Chacun a sa destinée dans ce monde, et si la mienne m'est heureuse et favorable, tant mieux ! Je ne demande à Dieu qu'une bonne santé.

COMMENCEMENT DE LA GUERRE DE 1809 EN ITALIE. — MA PREMIÈRE GRAND'GARDE. — RETRAITE DE L'ARMÉE D'ITALIE. — CHUTE RARE ET PLAISANTE.

En position devant Pordenone, le 14 avril 1809.

Mon ami, l'armée française d'Italie faisait ses préparatifs de défense vers la frontière. L'on avait publié une proclamation par laquelle le prince Eugène, plein de confiance dans l'armée, lui rappelait ses devoirs et lui disait que les hostilités avec l'Autriche devaient commencer le 15 avril. Mais les Autrichiens, dans la vue de nous tromper et de nous surprendre, violèrent le mot d'ordre et attaquèrent vivement nos avant-postes dès le 9 avril ; ils y trouvèrent sans doute de l'avantage, vu que nos troupes, qui comptaient encore sur 5 à 6 jours pour se préparer à l'attaque, n'étaient pas suffisamment en force dans les défilés des montagnes.

A minuit, une ordonnance pressée arriva à l'état-major de notre régiment, à San-Vito, et l'on donna l'alerte. Aussitôt Duflot, qui se trouvait trompette de garde, sonna la générale à cheval. Alors les adjudants cherchèrent les trompettes pour les envoyer sonner dans les cantonnements voisins.

M. Antoine arriva bientôt à mon logement où j'étais encore au lit ; il ne me donna pas le temps de m'habiller, ni de seller mon cheval, tant il fallut me dépêcher, le régiment devant être rassemblé et parti à une heure après minuit.

Passer mon pantalon et mes bottes, prendre ma trompette, courir en chemise prendre mon cheval en filet et lui sauter sur le dos à poil, en deux minutes, j'étais parti au grand galop en présence de l'adjudant. J'avais un bon mille à parcourir pour arriver à Savorgnano, où se trouvait le capitaine Fillon avec un escadron. J'arrivai en cinq minutes sonner à cheval rapidement et bouleverser le cantonnement ; quand tout fut sur pied et en alerte, je revins à mon logement pour me rajuster, moi et mon cheval, je fis mes adieux à Elisa, au père et à la mère Bertoli, je surmontai l'émotion que j'éprouvais, et je me trouvai encore assez à temps au rassemblement de notre compagnie.

Nous partîmes de San-Vito au milieu de la nuit la plus obscure, et tout le régiment se trouva rassemblé dans la plaine de Casa-Bianca. Nous nous portâmes vers le Tagliamento qui était devenu un fleuve à cause de la crue des eaux ; le pont en était rompu, l'on était occupé à le rétablir ; nous passâmes cette rivière avec assez de difficultés

dans de mauvaises barques ; notre régiment fit de suite
une vingtaine de milles avant déjeuner. Dès la pointe du
jour, 10 avril, l'on entendait le canon des positions de
Gradisca et Goritzia. Arrivés aux environs d'Udine, l'on
nous distribua des cartouches. Dans le courant de cette
journée, l'on nous fit faire quelques manœuvres avec le
6e régiment de hussards, tandis que notre infanterie avait
chaud aux oreilles dans les gorges : l'on apprit bientôt que
l'ennemi avait forcé les passages et que nos avant-postes
battaient en retraite.

Vers le soir, notre régiment vint occuper un mauvais
village, près Codroypo, où il passa la nuit par un temps
de pluie abominable. Alors notre 1er escadron, dont je
fais partie, fut commandé pour monter la grand'garde en
avant de ce village.

Le 11 au matin, notre 1er escadron se joignit au 1er escadron du 6e hussards qui se trouvait aussi de grand'garde,
et nous partîmes en avant à la découverte et en éclaireurs
dans les broussailles de la plaine de Codroypo. Ce jour-là,
nous vîmes arriver le prince Eugène, vice-roi d'Italie, qui
venait prendre le commandement de son armée, ce qui
faisait plaisir aux soldats en voyant leur prince avec son
quartier général à leur tête.

Nous apprîmes aussi que l'armée autrichienne qui venait
agir sur l'Italie, était au nombre de plus de cent mille
hommes, dont vingt mille de cavalerie, que tous nos
avant-postes étaient repoussés, que l'ennemi allait inonder
l'Italie sur plusieurs colonnes, par les routes de Trieste,
Laybach, Villach et le Tyrol. Il y avait bien cette apparence que l'ennemi arrivait en force, puisque nos troupes
battaient déjà en retraite ; la fusillade roulait vers les montagnes, et, pour les premiers jours, ça commençait à chauf-
fer. Vers midi, nos éclaireurs aperçurent des cavaliers
dans les environs ; c'étaient des hussards hongrois qui
arrivaient faire leurs caracoles ; bientôt nos deux escadrons se trouvèrent en leur présence ; puis l'on nous
envoya quatre compagnies de voltigeurs qui vinrent se
mettre en embuscades dans des fossés et dans des broussailles derrière nous, ce qui me fit penser que nous
allions faire du tapage à notre tour. Aussitôt plusieurs

chasseurs et hussards se détachèrent de l'escadron pour
aller à la rencontre des hussards hongrois, qui n'étaient
plus très éloignés de nous : alors l'on s'attaqua par quelques coups de carabine, et l'on s'agaça les uns les autres ;
il était recommandé de ne pas nous engager les premiers,
c'est-à-dire d'attendre la décision de l'ennemi. Comme je
voulus aussi voir ces hussards de plus près, j'allai en avant
vers nos tirailleurs et je m'occupai à brûler quelques cartouches avec mes pistolets.

Bientôt nous vîmes paraître tous ces hussards, marchant
en échelons par pelotons, s'avançant le sabre en main vers
nos deux escadrons ; mais ils n'étaient pas plus nombreux
que nous, car c'était aussi leur grand'garde à la découverte : alors nos deux escadrons, s'étant réunis, firent par
pelotons à droite et nous marchâmes obliquement du côté
où se trouvaient nos voltigeurs embusqués; les hussards hongrois mordirent à l'hameçon : ils suivaient notre direction
sans se douter du piège qu'on leur tendait ; ainsi ils arrivèrent à la portée de nos voltigeurs, lesquels se démas-
quèrent et se firent connaître en faisant sur eux une
roulée de coups de fusils, ce qui en culbuta plusieurs, les
déconcerta, et leur fit faire halte. Aussitôt nous fîmes un
mouvement habile sur le dernier peloton de chaque escadron, à gauche en bataille. Alors mon capitaine me dit de
sonner la charge, les autres trompettes en faisaient autant
chacun à sa compagnie, et nos deux escadrons, chasseurs
et hussards, se lancèrent au galop, sabre en main. Nous
joignîmes bientôt ces fameux hussards hongrois qui sont
des gars qui paraissent effrontés au premier abord ; ils
nous reçurent gaiement, comme des gens qui voulaient
combattre ; on se mêla un instant, et pour la première
rencontre, ils furent les mieux étrillés de coups de sabre,
car ils avaient affaire à l'élite de la cavalerie française.
Pendant cette escarmouche, je ne quittai pas mon capitaine, je voyais faire les autres, et je n'étrennai pas encore
mon sabre. Les hussards hongrois plièrent bientôt et se
sauvèrent en désordre. Nos voltigeurs leur firent la conduite à coups de fusils. Alors je sonnai le ralliement de
nos deux escadrons : nous avions une dizaine d'hommes
blessés sur environ 300 que nous étions : mais les hussards

hongrois, à en juger par le désordre de leur retraite, eurent dans cette rencontre au moins 50 hommes hors de combat ; 12 restèrent sur le champ et 5 furent pris blessés ; nous leur prîmes aussi 7 chevaux. Nous eussions pu les poursuivre encore, mais les coups de fusil de nos voltigeurs nous en empêchèrent. Je puis donc dire que j'aie été l'un des trompettes de l'armée d'Italie qui, de cette campagne, monta la première grand'garde et sonna la première charge sur l'ennemi.

Bientôt après cette rencontre de grand'gardes, on voyait leurs escadrons et les nôtres se présenter de part et d'autre dans la plaine de Codroypo. Mais il ne s'y passa plus rien de sérieux : nos voltigeurs marchèrent constamment avec nous, afin d'observer l'ennemi qui n'avança plus, et tout paraissait se calmer dans notre direction pour le reste de la journée. Vers le soir, nous nous retirâmes près du Tagliamento, où nous rentrâmes à notre régiment.

Il y a apparence que les Français ne sont pas de poids et qu'il n'y a pas moyen d'opposer une forte résistance aux Autrichiens, puisqu'il nous faut battre en retraite. Dès le 12 au matin, nos troupes avaient évacué leurs positions et passé le Tagliamento et le pont fut coupé. Ainsi, en moins de trois jours, l'ennemi occupe déjà cette partie du Frioul, excepté les places fortes d'Osopo et Palmanova, dont les garnisons sont obligées de se garder et de se défendre elles-mêmes. Cependant l'ennemi ne s'y arrête pas, espérant sans doute avoir ces places à discrétion quand il aura vaincu et chassé les Français de l'Italie.

Après le passage du Tagliamento, nous vinmes passer la nuit au bivouac près d'un village peu éloigné de cette rivière, où nous demeurâmes toute la journée du 12. Ce village était déjà tout ravagé : nous nous procurâmes des vivres difficilement, le vin était perdu et répandu dans les celliers. Ensuite notre régiment vint s'établir à Cordenone ; là, nous apprîmes que l'ennemi rétablissait le pont et commençait à passer le Tagliamento. Le 14 au matin, notre régiment devait prendre position aux environs de Pordenone pour y attendre l'ennemi.

Ici, mon ami, je vais te rapporter un petit événement des plus plaisants. Notre régiment filait son chemin entre

Cordenone et Pordenone, la matinée était fraîche, chacun était enveloppé dans son manteau. Depuis 5 jours et 5 nuits, comme je n'avais pour ainsi dire pas pris de repos, je commençais, comme beaucoup d'autres, à me fatiguer. Alors l'envie de dormir me prit sur mon cheval que je laissai aller à volonté ; il suivait un petit sentier du côté gauche de la route bordée de chaque côté par des fossés pleins d'eau. Le sommeil m'accablait si fort, que je négligeais de prévoir ce qui allait m'arriver. Ma tête penchait à droite..., à gauche..., en avant..., quand tout à coup, je penchai si bien à gauche, que je perdis tout à fait l'équilibre de dessus mon cheval et je tombai à la renverse sans avoir le temps de me retenir ; je plongeai justement dans l'eau la tête la première. Ainsi, juge, mon ami, de mon réveil ! Tout de mon long dans un fossé où il y avait quatre pieds d'eau ! Je me relevai de suite en barbotant et cherchant à remonter le talus du fossé, mais je glissais toujours dans l'eau, tant j'étais pesant à cause de mon habillement, de mon équipement et surtout de mon manteau, tout étant imbibé. Je marchais péniblement dans ce fossé, afin de trouver un endroit où je pusse grimper et en sortir plus aisément. Cependant le régiment filait son chemin et me voyait dans cet équipage, en sorte que j'étais l'objet des risées et des plaisanteries des camarades. Enfin deux chasseurs ayant mis pied à terre, me tendirent les bras et m'enlevèrent du fossé. Jamais je n'avais été si bien trempé. Je me déshabillai là, au bel air dans un champ de bruyères, j'exprimai l'eau de mes effets, je me changeai et me rajustai de mon mieux, après quoi, je rejoignis mon rang, toujours plaisanté sur le goût du bain que je venais de prendre. Cela me fera perdre, j'espère, l'envie de dormir à cheval.

Notre régiment arriva déjeuner à Pordenone, où nous vîmes une partie de l'armée rassemblée dans les environs.

Nous nous attendons à voir l'ennemi demain...

BELLE CONTENANCE DU 8ᵉ CHASSEURS DEVANT L'ENNEMI A PORDENONE.
— JE SAUVE LE NEVEU DE MON CAPITAINE. — MONERET ET LE
COLONEL AUTRICHIEN. — DÉMARCHE HARDIE. — CHUTE PÉRILLEUSE.

En position à Fontana-Freda, le 15 avril.

Mon ami, nous venons d'avoir aujourd'hui un assaut qui peut compter. Le 14 au soir, notre régiment prit position dans les champs à deux ou trois milles au-dessus de Pordenone, où nous fûmes disposés en échelons par compagnie; il nous fallut demeurer à cheval toute la nuit, dans le plus grand silence, afin d'éviter de nous laisser surprendre.

Le lendemain 15, à la pointe du jour, l'escadron de notre régiment qui se trouvait de grand'garde, partit à la découverte. Vers les six heures, nous entendîmes tirailler; c'était notre grand'garde qui avait rencontré celle de l'ennemi; de suite notre régiment se rassembla et se porta en avant. Nous aperçûmes bientôt plusieurs escadrons de cavalerie ennemie qui poursuivaient vivement nos chasseurs; aussitôt notre colonel fit dire à la grand'garde de se réunir au régiment lequel fit halte et se forma en ordre de bataille sur-le-champ. Les escadrons ennemis avançaient toujours. Nous étions, là, serrés comme un mur; chacun devait tenir ferme à son rang; le premier rang avait la carabine haute et le sabre pendu au poignet par la dragonne, et le second se tenait prêt à sabrer.

J'étais aussi là, solide à mon poste, au premier rang à côté du lieutenant Chenavard, et, comme tous ceux qui ne portent pas de carabine, je tenais mon pistolet à la main.

Ainsi disposés, nous attendions de pied ferme la colonne des hussards hongrois. C'était le régiment de Seiklers qui s'avançait au petit galop, assez mal en ordre, ayant le sabre en main, et faisant des moulinets et des démonstrations comme pour nous intimider. Nous entendions déjà leurs criaillements. Même plusieurs nous attaquaient à coups de carabine. C'était alors une chose bien remarquable que l'ordre et le silence qu'observait notre régiment; l'on n'entendait que nos chefs qui nous disaient : « Ne bougeons

pas, laissons-les toujours approcher. » Immobiles comme
une muraille, nous voyions venir ces fameux hussards avec
sang-froid ; chacun choisissait déjà celui sur lequel il allait
ajuster son coup. Nous laissâmes approcher cette colonne
à 10 pas de distance de notre front. Lorsqu'ils nous virent
les mettre en joue, ils eurent sans doute regret de s'être
tant avancés, ils firent un petit temps d'arrêt. Nous saisimes
ce coup de temps pour faire feu sur eux. Les voilà donc
salués par une décharge de coups de carabines et de pistolets. Pour mon compte, j'ajustai aussi mon coup de pistolet sur un vieux hussard qui avait de grosses moustaches
grises, lequel arrivait justement devant moi ; je l'ai bien
remarqué, je l'ai même condamné, et je crois que je ne l'ai
pas manqué, car je le vis aussitôt chanceler, et je le perdis
de vue dans la foule de leurs rangs.

Après cette décharge, nous vimes une espèce de désordre
parmi les Hongrois : mais ils ne lâchèrent pas prise, ils se
ranimèrent entre eux et les plus hardis foncèrent sur nos
rangs pour nous entamer. Ils y furent reçus à la pointe du
sabre. Nos chefs commandaient : « Restez à vos rangs,
chasseurs ! il ne faut que repousser l'ennemi sans se désunir ! » Mais notre escadron de gauche s'était déjà engagé
(c'était l'escadron de grand'garde qui avait reçu une
poussée). On ne put retenir l'ardeur des autres ; tout fonça
à grands coups de pointe et à grands coups de sabre sur les
Hongrois qui furent hachés et bouleversés en cinq minutes
de combat. Ils se sauvèrent tous à la débandade ; nous ne
les poursuivimes pas longtemps ; les trompettes sonnèrent
aussitôt le ralliement.

Le peu de temps que je me trouvai dans cette mêlée fut
employé au salut d'un de mes amis ; je me lançai sur un
hussard au moment où il allait abattre un furieux coup de
sabre sur le maréchal des logis Périolat, le neveu de mon
capitaine ; prompt comme l'éclair, je lui allongeai un coup
de pointe dans le flanc gauche, en sorte que son coup de
sabre s'amortit et ne fit aucun mal à Périolat ; et mon
hussard disparut avec son décompte. Alors, entendant
sonner le ralliement, je me retirai de la mêlée pour le
sonner à mon tour.

Notre régiment se trouva bientôt rallié ; nous devions

éviter de nous livrer à trop d'ardeur dans l'état d'isolement où nous nous trouvions, crainte de nous faire frotter par l'ennemi qui pouvait revenir en force. Toute cette action s'exécuta en un quart d'heure à peu près, depuis l'instant où notre escadron de grand'garde était venu se réunir au régiment.

Les fameux hussards Seiklers, qui étaient venus se faire frotter, se retirèrent en désordre vers d'autres cavaliers de chez eux que l'on apercevait de loin ; ils laissaient sur le champ un certain nombre d'hommes tués ou dangereusement blessés ; je ne les ai pas comptés, mais il y en avait plus de 50 d'étalés, non compris ceux qu'ils emmenaient ; leurs chevaux qui se trouvaient démontés de leurs hussards les suivirent, excepté plusieurs qui restèrent à notre régiment. Nous avions aussi plusieurs chasseurs blessés, le brigadier Hertzok tué. Le capitaine Verdier qui commandait la grand'garde, fut pris avec un chasseur, le matin, à la découverte, à cause de leurs chevaux qui s'étaient abattus. Mais le maréchal des logis Moneret, l'un des plus vaillants soldats du régiment, vengea cet échec ; il se rencontra avec le colonel major des hussards ; ils combattirent tête à tête. L'intrépide Moneret blessa le colonel-major de plusieurs coups de sabre, l'obligea de se rendre, et l'emmena prisonnier à la vue de notre régiment : puis il conduisit cet officier supérieur au prince Eugène, lequel nomma Moneret lieutenant sur-le-champ, d'après l'éloge qu'en fit le major autrichien à notre prince.

Il y eut de suite des propositions faites pour échanger le major des hussards contre le capitaine Verdier : mais le prince Eugène s'y refusa, en disant que chacun devait garder ses prisonniers jusqu'à la paix. Voilà, mon ami, un trait de bravoure qui me plaît et comme je désirerais pouvoir en faire un. Quand un ennemi fait l'éloge de la bravoure de son vainqueur et contribue à son avancement, vraiment la conduite du vainqueur et du vaincu sont dignes d'admiration.

Cependant notre régiment changea de position : il quitta la plaine où nous venions d'avoir affaire avec les hussards, et nous nous portâmes sur la grande route de Pordenone, où nous perdîmes bientôt de vue l'ennemi qui prenait une autre direction.

Comme nous arrivions nous ranger en bataille sur cette route, afin d'y attendre des ordres, plusieurs coups de canon, ainsi qu'une fusillade, se firent entendre du côté de Pordenone, ce qui nous fit penser qu'il y avait du déchet de ce côté. Bientôt après, nous vimes arriver en désordre un grand nombre de nos hussards du 6e régiment qui se sauvaient couverts de sang, avec des coups de sabre sur la figure, sur les bras, etc... Ils nous priaient en passant d'aller au secours de leur régiment qui était perdu : cette scène était pitoyable à voir pour nos chasseurs qui ne pouvaient plus aller au secours de leurs frères d'armes ; nous ne pouvions agir sans ordres.

Nous apprimes bientôt ce qui était arrivé ; la cavalerie et l'infanterie ennemies étaient venues en masse autour de Pordenone et s'étaient emparées de cette ville après en avoir forcé tous les postes. Puis les hussards ennemis surprirent le 6e régiment de hussards dans sa position, où il avait sans doute négligé de se garder. Nos hussards furent pour ainsi dire enveloppés sans moyen de défense, à cause de la situation du terrain, tellement que les hussards autrichiens les chargèrent si brusquement, qu'ils en sabrèrent et en prirent une partie, et dispersèrent le reste de ce malheureux régiment. L'ennemi prit aussi sous les murs de Pordenone deux bataillons du 35e régiment d'infanterie, deux pièces de canon, des caissons, etc. Notre régiment eût peut-être éprouvé le même sort si l'ennemi ne nous eût pas trouvés fermes dans notre position du matin et la retraite de nos troupes eût été compromise. Quoique nous ayons bien fait notre devoir, notre division, chargée de soutenir le poste de Pordenone, n'en est pas moins censée avoir été battue. Cet événement est bien fâcheux, en ce qu'il pourra aussi faire tort à la réputation de notre régiment.

Tel est le résultat de l'affaire de Pordenone, qui ne fut pas avantageuse pour nous. Le temps est toujours pluvieux. Les mauvais chemins, l'irrégularité du terrain, les champs coupés par des torrents, des fossés, des arbres et des vignes, tous ces obstacles mettent l'armée française hors d'état de manœuvrer en ordre et de se battre solidement, ce qui fait que l'on ne peut agir que partiellement,

tandis que les Autrichiens sont partout et garnissent toute
leur ligne; nos troupes obligées de les observer, sont toujours divisées par des obstacles.

Voici maintenant quelques détails me concernant: Vers
les dix heures du matin, comme nous nous retirions par un
chemin de traverse, j'allai rejoindre mon rang de trompette
à la tète du régiment, lorsqu'en passant à côté du colonel qui
causait dans ce moment avec mon capitaine et d'autres officiers, je les saluai en passant. Le colonel, m'ayant remarqué,
m'appela près de lui pour me dire qu'il était content de moi,
qu'il aimait les bons soldats et qu'il aurait soin d'eux ; enfin
plusieurs raisons agréables qui me flattèrent et que mon
capitaine appuyait aussi, à quoi je répondis que je n'avais
rien fait que mon devoir. « Eh bien ! me dit le colonel, tu
vas me faire une commission d'importance ; va-t-en bien
vite à tel endroit (en me désignant une avenue de peupliers
près d'un petit bois), là, tu trouveras le capitaine Fillon qui
est de ce côté avec sa compagnie, tu lui diras qu'il revienne
de suite se joindre à la grand'garde qui est sur la route de
ce côté-ci du pont. — Oui, mon colonel, vous pouvez
compter sur ma vigilance. » Aussitôt je fis demi-tour et
partis au galop à travers les champs: en moins d'une demi-
heure, je trouvai le capitaine Fillon auquel je fis part de
l'ordre du colonel. Je revins avec cette compagnie; tout
en causant avec le trompette Nicolas, qui est un bon
garçon décidé, nous examinions le terrain et nous remar-
quions que nous n'étions pas très éloignés de l'endroit où
notre régiment venait de donner une pile aux hussards
Seiklers. Alors nous nous mimes dans l'idée d'aller faire
un tour jusqu'à cet endroit, et que nous pourrions en rapporter du profit. Nicolas fit seulement part à son capitaine
qu'il allait avec moi à deux portées de fusil, voir les hussards que nous avions tués pour chercher une paire de
bottes, et qu'il rejoindrait bientôt la compagnie. Aussitôt
nous partîmes, comme deux intrépides, du côté opposé à
la direction de la compagnie. Quatre chasseurs qui s'aperçurent de notre dessein nous suivirent. Nous arrivâmes
bientôt tous les six sur notre petit champ de bataille, où
nous trouvâmes tous nos hussards morts; nous en comp-
tâmes au premier abord 47 étalés sur l'espace de terrain

que nous avions occupé : là, après avoir tout bien observé, nous mîmes pied à terre et examinâmes ces infortunés hongreich. Dans le nombre, j'aperçus un officier frappé d'une balle au-dessous de l'œil ; je trouvai sur son casaquin une montre en or, une petite ceinture de cuir garnie d'argent, une belle bague et une bonne paire de bottes qui faisaient mon affaire ; je lui pris tout, ainsi qu'un bon gilet de drap vert et sa ceinture à la hussarde en tresses vertes, nœuds jaunes en poils de chèvre. Mes compagnons de leur côté exploitaient les autres, chacun pour son compte, au plus habile. Un quart d'heure après, nous montâmes à cheval et nous nous éloignâmes de cette scène sanglante au grand galop.

Il était temps que nous nous retirions du champ de nos exploits : des détachements de cavalerie ennemie rôdaient dans les environs, ils établissaient sans doute leurs postes. Après une heure de course, nous arrivâmes tous les six vers notre grand'garde, mes compagnons restèrent à leur compagnie qui faisait partie de ce poste, et je continuai seul mon chemin pour aller rejoindre le régiment.

J'allais au grand trot et au galop, content de moi dans cette journée où il y avait eu tant de malheureux, lorsque arrivant au détour d'un chemin creux qui faisait le coude, je me rencontrai brusquement nez à nez avec un chasseur qui allait aussi au galop. Nous nous surprîmes tellement au détour de ce chemin creux, que, ni lui ni moi, n'eûmes le temps de retenir ou de détourner nos chevaux qui se choquèrent l'un à l'autre, poitrail contre poitrail ; mon cheval fléchit le premier et fut renversé avec moi dessous, en même temps, le cheval du chasseur s'abattit sur le mien et fit la culbute par-dessus avec son cavalier qui resta aussi dessous. Ce fâcheux accident arriva au milieu d'une mare ou cloaque de boue abominable ; puis nos deux chevaux se relevèrent, moi et le chasseur aussi, tant bien que mal, couverts de boue. Nous étions méconnaissables, dans une situation pitoyable et risible en même temps ; nous nous tâtions et nous demandions celui qui avait le plus de mal. Par un grand bonheur, nous n'avions aucune blessure (à des écorchures et des contusions près) ; le chasseur s'était fait plus de mal que moi, car sa chute avait été beaucoup plus précipitée. « Mon pauvre ami, lui dis-je, nous avons joué au cheval fondu d'une rude manière, nous sommes frais ! » Les couleurs de nos chevaux, de nos habillements et de nos équipements n'étaient plus reconnaissables, tant nous étions couverts de cette boue liquide ; ma trompette était brisée, impossible de m'en servir davantage. Enfin il fallut nous consoler dans nos misères ; le chasseur remonta à cheval et continua sa route, il était porteur d'une ordonnance pour la grand'garde. Étant moins pressé, j'allai me laver et me débarbouiller à l'aise dans l'eau d'un fossé et je rejoignis le régiment planté dans une prairie au-dessus d'un village nommé Fontana-Freda. Là, nous demeurâmes jusqu'au soir, recevant des orages de pluie à discrétion. Cependant nous voyions nos troupes prendre des positions dans ces environs ; il parait qu'il nous arrive du renfort ; nous verrons comment se passera la journée de demain.

COMBAT DE POURCIA. — ACTIONS DE LA GRAND'GARDE DES CHASSEURS.

Au bivouac, près La Motta, le 16 avril.

Mon cher ami, voici encore un fameux assaut de passé où j'en ai vu de dures. Nos affaires militaires vont de pire en pire, cependant notre armée emploie tout son courage et se donne des peines incroyables.

Le 15 au soir, c'était au tour de notre 1er escadron à fournir la grand'garde ; l'on détacha un poste de 60 hommes pris dans les deux compagnies, pour aller aux avant-postes, le reste prit une autre direction. M. Chenavard, mon lieutenant, étant désigné pour commander ce poste, m'appela près de lui.

Comme ma trompette était brisée, je me procurai celle d'un jeune trompette qui ne faisait pas encore de service (le petit Pair) et je partis à la tête de notre détachement. Nous allâmes nous poster avec des bataillons d'infanterie sur une colline, formant la ligne la plus rapprochée de l'ennemi, aux environs du village de Pourcia, situé à 5 ou 6 milles de Pordenone ; nous plaçâmes nos vedettes et la nuit se passa en silence ; chacun veillait à son poste.

Le prince Eugène avait résolu de livrer combat le lendemain, afin d'arrêter la marche de l'ennemi. La journée du 16 s'annonça de bon matin par des coups de fusil et le canon d'alerte tiré sur la droite de notre position. Alors notre poste partit à la découverte, 6 chasseurs en éclaireurs, afin d'éviter les embuscades ; après un quart d'heure de marche, nous découvrîmes la ligne des vedettes de l'infanterie ennemie qui se firent connaître en nous tirant plusieurs coups de fusil, puis, nous aperçûmes aussi leurs colonnes d'infanterie et de cavalerie à quelque distance. Après un moment d'observation, nous revînmes sur la ligne de nos avant-postes : c'est alors que l'on remarquait de tous côtés nos bataillons qui s'avançaient en bonnes dispositions ; bientôt les Autrichiens parurent sur le plateau de l'autre côté de la longue colline où nous étions allés à la découverte. Ensuite nos bataillons de grand'garde se dispersèrent et s'embusquèrent dans les broussailles et à côté des arbres ; d'autres bataillons s'approchaient et prenaient successivement des positions pour soutenir la ligne qui se trouvait engagée, et vers les 7 à 8 heures du matin, l'on s'était attaqué sur toute la ligne, d'un côté à l'autre de la colline : un profond ravin nous séparait.

Des roulements de coups de fusil se faisaient entendre ; quelques pelotons de cavalerie voltigeaient aux environs des tirailleurs. La position que notre garde occupait n'était pas la moins engagée ; ce n'était plus une bataille rangée, mais un combat à volonté, où il s'agissait pour les Français de soutenir la ligne et de maintenir l'ennemi de l'autre côté du ravin. Cependant le lieutenant Chenavard nous faisait voltiger par-ci par-là pour encourager les tirailleurs ; plusieurs de nos chasseurs s'occupaient aussi à brûler des cartouches avec leurs carabines. Je trouvai aussi l'occasion d'exercer mon savoir-faire ; ayant aperçu un soldat blessé, je mis pied à terre pour lui parler. Il me procura son fusil et un paquet de cartouches et j'allai m'embusquer avec trois de nos chasseurs derrière un tas de bûches et de souches d'arbres, auprès d'une chaumière isolée qui servait déjà de retranchement à un groupe de soldats. Là, j'attachai mon cheval à un arbre et je m'actionnai avec les autres à tirer une douzaine de coups de fusil sur l'ennemi que l'on distinguait à 2 ou 300 pas en avant. Tandis que j'étais si bien actionné, je vis notre garde qui s'éloignait de cet endroit ; aussitôt je remontai à cheval avec les trois chasseurs et nous partîmes au galop rejoindre notre poste, bravant une grêle de balles qui nous sifflaient aux oreilles.

Tout à coup, mon cheval lancé au galop, s'arrêta tout court en renâclant et faisant un saut sous lui ; je fus tellement surpris par cette rude secousse, que j'en perdis l'aplomb et je me trouvai enlevé par-dessus le devant de ma selle. Je fis la cabriole et me retrouvai assis par terre devant le nez de mon cheval ; j'ai fait ce joli tour de force en moins d'une seconde, ne sachant que m'imaginer d'un pareil coup de temps. Je me relevai vivement, et. sans perdre la carte, je rempoignai les rènes de mon cheval ; alors je m'aperçus qu'une balle lui avait passé si près du nez, qu'elle lui avait écorché la peau de la lèvre supérieure, ce qui l'avait fait s'arrêter tout court. Aussitôt je lui sautai dessus à la volée et je repris ma course. Dans la minute que j'arrivais vers mon lieutenant, le maréchal des logis Rosin, qui faisait partie de notre poste, fut atteint d'une balle dans la tète et tomba à mon côté ; je mis pied à terre pour lui porter secours, mais il était frappé à mort ; ce fut ce brave homme qui succomba le premier de notre grand'garde.

Dans ce moment, nous arrivions pour nous employer utilement à l'extrème droite de notre ligne ; il fallait soutenir quelques compagnies d'infanterie italienne qui se trouvaient disposées sur ce point et se laissaient repousser par les Autrichiens qui descendaient déjà dans le fond du ravin à cet endroit, ce qui allait forcer et désunir la ligne de nos tirailleurs. Notre lieutenant, voulant leur faire reprendre le terrain déjà perdu, les invita à nous suivre de près ; il jugea que le nombre des ennemis qui étaient au fond du ravin n'était pas assez considérable pour nous empêcher de leur faire la chasse. Je sonnai la charge et notre garde se lança au galop en fourrageurs, chacun pour son compte : nous joignîmes bientôt les tirailleurs ennemis sur la colline, puis nous nous actionnâmes à les sabrer et à les poursuivre, tout en bravant les coups de fusil et de baïonnette, si bien qu'en moins de dix minutes, nous leur fîmes remonter la côte là où nos Italiens qui nous suivaient les fusillaient à la course.

Voilà pour ce qui est de cette action en général. Maintenant, mon ami, tu vas voir comment je me suis comporté en mon particulier, car dans ces sortes d'actions, il y a de l'ouvrage pour tous.

Dans le moment où j'arrivais avec nos chasseurs dans le fond du ravin, je trouvai aussitôt l'occasion de combattre pour mon compte ; je poursuivis de suite un soldat kaiserlite qui venait de me tirer un coup de fusil à moins de 50 pas de distance, dont la balle passa si près de moi que j'en sentis le vent. Ce soldat, voyant qu'il m'avait manqué et que j'arrivais sur lui prêt à le sabrer, eut la malice de se jeter à terre sur le ventre, ce qui fit que je le dépassai sans pouvoir l'atteindre. Mais je ne le tins pas quitte à si bon marché ; il avait voulu ma mort, je m'acharnai à lui rendre le même service. Je le voyais là à ma disposition, couché sur le ventre, sans faire aucun mouvement ; alors je manœuvrai mon cheval de manière à m'approcher de ce mauvais soldat ; comme il ne me présentait que le dos couvert de son sac et de sa giberne, il fallait que j'adressasse bien mon coup ; au premier que je lui portai sur le chignon du col, la pointe de mon sabre rebroussa. Pensant ne lui avoir fait aucun mal, je retournai encore mon cheval et lui lançai un second coup de pointe dans les reins, qui fut bien appliqué à côté de sa giberne, car je l'entendis faire un cri avec un accent de douleur.

Après m'être ainsi vengé de ce soldat, je me portai du côté où je voyais mon lieutenant avec ses chasseurs qui combattaient comme des lions. Alors j'observai aux environs si je voyais encore quelque chose à faire : j'aperçus aussitôt un autre soldat kaiserlite qui se retirait seul contre un arbre et je le chargeai pour mon compte. Mais ce n'était plus un soldat comme l'autre, j'y trouvai de la différence ; celui-ci voulait me donner du fil à retordre. Lorsqu'il me vit arriver sur lui, il m'attendit de pied ferme à côté de son arbre, en tenant son fusil dans la position en joue ; comme j'arrivais assez près de lui, tête baissée, et qu'il ne faisait pas feu sur moi, je pensai de suite que son fusil

n'était pas chargé. Me voyant tête à tête avec lui, je lui dis
en allemand : « Fehmeiss teinn Skevir ! ieg tu prisonnir
mach ; ieh nitt mach tu, veh ! » A quoi il me répondit avec
insolence : « Lech meinn arche, ieg hab fur einn Werfluk
fransouss keinn pang nitt Comm ass tu will ? » En disant,
il me croisa sa baïonnette et se tint ferme sur ses gardes,
en regardant d'un air farouche qui m'en imposa un instant. Je voyais pour la première fois que j'avais affaire à
un bon soldat ; je l'attaquai, j'essayai de le surprendre en
le tournant avec mon cheval, je me tenais en mesure
d'éviter ses coups de baïonnette et de les parer avec mon
sabre. Cet intrépide soldat m'opposa une telle résistance,
que je désespérais de l'atteindre ; il fut même assez audacieux pour me dire en allemand qu'il allait me prendre
prisonnier avec mon cheval. Mais j'étais aussi résolu que
lui, et je lui répétais que, s'il ne se rendait pas, il était
mort. « Tu es un brave homme, lui dis-je, mais je ne te
céderai rien. » A l'instant, je saisis le moment où il tournait la tête pour voir deux chasseurs qui accouraient sans
doute me donner un coup de main, et, poussant mon cheval sur mon adversaire, je donnai un furieux coup de sabre
sur le canon de son fusil afin de l'écarter de sa ligne. Mais
la lame de mon sabre se cassa en deux et mon cheval fut
légèrement atteint au col d'un coup de baïonnette. J'allais
rester à court et être peut-être obligé de reculer, lorsque
dans cet instant, les deux chasseurs arrivèrent près de moi en
disant : « Courage, trompette, nous le tenons ! — Vous ar-
rivez bien, mes amis, j'ai affaire au plus crâne soldat de
l'armée autrichienne, vraiment il y a du mérite à vaincre
un pareil homme. — Nous t'avons bien vu combattre avec
lui, me dit l'un d'eux, et nous venons t'aider à t'en débarrasser. » Nous attaquâmes ce vieux guerrier kaiserlite,
lequel, adossé à son arbre, voulut encore se défendre plutôt
que de se rendre, il piqua même un cheval au nez d'un
coup de baïonnette ; alors sans perdre de temps, j'empoignai un de mes pistolets et je fis feu sur cet intrépide
soldat, lequel, se sentant frappé, tomba assis auprès de
son arbre, s'appuyant encore sur son fusil en disant :
« Meinn gott, ieg binn dautt ! » Enfin nous l'abandonnâmes
à son sort.

Cette action m'avait occupé plus de cinq minutes. Ensuite je me dirigeai, avec le tronçon de mon sabre à la main, vers notre lieutenant qui ralliait ses chasseurs. Pendant peut-être un quart d'heure que notre garde fut engagée avec les tirailleurs, nous avions battu et repoussé environ 300 Autrichiens, et nos Italiens avaient repris leur ligne. Alors notre garde se retira du ravin au milieu de la fusillade. Aussitôt je courus trouver l'infortuné Rosin qui venait d'être tué et je lui pris son sabre en place du mien que j'avais cassé.

Au bivouac, près Sacile, le 17 avril.

Mon cher ami, après m'être remonté du sabre de M. Rosin, je m'en allais rejoindre nos chasseurs, lorsque j'aperçus à vingt pas de moi trois soldats qui portaient un officier paraissant être dangereusement blessé. Je m'en approchai par un simple motif de curiosité ; à cet instant, un des trois soldats fut atteint d'une balle à l'épaule, en sorte que son secours devint nul et les deux autres demeurèrent embarrassés. L'un d'eux accourut près de moi et me pria de prêter mon cheval pour sauver du danger son brave capitaine qui était blessé d'un coup de balle dans le bas-ventre : je ne me fis pas répéter cette demande ; je me fis gloire de trouver l'occasion de faire une bonne action en emportant cet officier hors du champ de bataille. A l'instant, je mis pied à terre près de ce brave capitaine des voltigeurs du 84e régiment d'infanterie ; je le voyais souffrir avec le courage d'un vieux guerrier, et il ne se plaignait pas. Le temps était cher, les balles nous chatouillaient de près ; je fis tenir mon cheval par un voltigeur, puis, aidé de l'autre, j'y montai et plaçai leur capitaine malgré sa douleur. Je dis à ces deux voltigeurs : « A présent, mes camarades, je n'ai plus besoin de vous, je me charge de conduire votre capitaine et de le mettre en sûreté. — Oui, mes enfants, leur dit aussitôt leur capitaine, vous pouvez retourner à votre poste; allez rejoindre mes soldats et vengez-moi en combattant; la Providence fera le reste. » Alors les deux voltigeurs s'en retournèrent sur la ligne. Celui qui venait d'être blessé à l'épaule accompagna son capitaine avec moi; je le conduisis avec soin en bravant une grêle de balles qui nous sifflaient sans cesse aux oreilles, et nous sortîmes heureusement du danger. Après une demi-heure de marche, j'arrivai vers un fourgon d'ambulance que je trouvai sur la route, où je déposai le capitaine qui reçut aussitôt des soulagements des chirurgiens. Ce brave homme voulut récompenser mon zèle et me fit accepter malgré moi deux écus de 6 francs qu'un officier de notre régiment qui se trouvait avec lui, vint m'apporter de sa part; j'en donnai de suite un au voltigeur blessé qui m'avait suivi.

Cette occasion m'ayant éloigné de mon poste, j'en profitai pour chercher à me procurer quelques rafraîchissements dont j'avais besoin ainsi que mon cheval. Je trouvai un cantinier italien près duquel je fis des provisions. J'en payai pour près de 12 francs; ensuite je retournai vers le champ de bataille où je retrouvai nos chasseurs postés derrière deux pièces de canon dans l'intervalle de deux régiments d'infanterie. Alors je donnai à mon lieutenant ainsi qu'à mes amis de quoi se rafraîchir, et toutes mes provisions furent aussitôt partagées, ce qui fit grand plaisir à ceux qui en eurent leur part et qui étaient encore à jeun; ils me nommèrent dans ce moment « Le Génie du bon secours. »

Vers les onze heures du matin, l'affaire s'échauffait de plus en plus; jusque-là, l'ennemi s'était tenu masqué par des haies; mais, voyant les Français conserver toujours leur ligne, il commença à se montrer en plus grand nombre et à se préparer à faire une charge générale. Nous nous disions les uns aux autres en voyant leurs dispositions de loin : « Gare la débâcle ! nous allons avoir chaud ! » En effet, l'on aperçut de toute part l'armée autrichienne sortir comme des troupeaux à travers les jardins et les vergers de Pourcia, puis s'avancer en masse pour passer le ravin en faisant un feu terrible sur nos tirailleurs qui se replièrent sur leurs bataillons. Alors le combat changea de forme : notre infanterie riposta sur l'ennemi par des feux de bataillon et de deux rangs bien soutenus. Si je puis parler d'une furieuse fusillade, je crois que l'on n'en peut pas voir une plus forte dans aucune bataille. Ce que je trouvais d'extraordinaire, c'est que les deux pièces de canon qui étaient devant nous en batterie et en belle position à portée de tirer à mitraille sur l'ennemi, ne fissent pas feu : il ne se tira pas un coup de canon dans cette occasion, tant d'une part que d'autre. Cependant les Autrichiens ralentirent un peu leur marche, mais ils soutenaient vivement leur feu ; jamais je n'avais vu une fusillade aussi terrible ; depuis les huit heures du matin, ça chauffait de plus fort en plus fort : attrape qu'attrape.

Quoique je sois déjà accoutumé à tout le tapage de la guerre, néanmoins cette fois-là, je commençai à me lasser d'entendre tant de pétarades et tant de balles me siffler aux oreilles ; deux chasseurs furent blessés à côté de moi, et je l'échappai belle aussi, grâce à mon manteau qui para le coup : une balle vint me frapper sur le ventre, justement sur mon manteau que j'avais roulé autour de moi en sautoir, elle fit plusieurs trous et demeura dans les plis du drap. J'en fus quitte pour sentir le contre-coup qui ne m'empêcha pas de demeurer à mon rang, où je me trouvai encore heureux qu'il ne m'en survint pas d'autres, tant les balles tombaient comme la grêle sur la hauteur où notre lieutenant nous faisait tenir inutilement en présence de l'ennemi.

Il était une heure après midi ; il y avait apparence que les troupes françaises n'opposaient plus autant de résistance aux Autrichiens qui se trouvaient supérieurs en nombre et que nous allions être obligés de leur céder le terrain. Alors l'on commença par battre en retraite, ce qui se fit d'abord assez en bon ordre par échelons. Nos troupes soutenaient leur retraite par des feux de peloton et de bataillon : notre lieutenant nous fit aussi retirer, et nous allâmes rejoindre notre régiment, que nous trouvâmes réuni sur la route de la Motta.

D'après toutes les apparences et les rapports, si les Français éprouvèrent du déchet, les ennemis en éprouvèrent beaucoup plus, car ils furent supérieurement fusillés sur tous les points, et principalement leur cavalerie qui fut à moitié détruite par notre infanterie, dans un défilé sur la gauche de notre armée, entre les villages de Fontana-Freda et de San-Martino, où notre régiment fut aussi engagé dans une affaire avec les 6e hussards. 6e chasseurs, 25e chasseurs ; ce dernier régiment fut le plus malheureux, car il fut battu et défait. Enfin, malgré la belle défense des troupes françaises dans cette journée, la division qui opérait sa retraite sur la direction de la Motta, perdit sa contenance à cause des obstacles du terrain, dans de mauvais chemins de traverse, dans des champs coupés par des ruisseaux et des fossés pleins d'eau, ce qui obligeait les soldats de s'écarter les uns des autres ; puis ils les traversaient dans l'eau et dans la boue jusqu'au ventre pour rejoindre leurs rangs. Tout devint bientôt une espèce de confusion dans ces chemins abominables, où les pièces de canon, les caissons et les autres chariots étaient venus se précipiter et étaient la plupart embourbés, si bien que la principale route était encombrée de tout ce bagage qui retardait la marche des troupes. Infanterie, cavalerie, artillerie, tout allait pêle-mêle ; les uns culbutaient les autres pour tâcher de suivre leur rang : si l'ennemi nous eût vus dans cette situation, il aurait dit que les Français étaient dans une déroute complète, ce qui dura le reste de la journée et une partie de la nuit.

Cependant notre régiment se démêla de cette bagarre et garda la queue de la colonne avec quatre pièces de canon, afin de couvrir cette retraite mal organisée. Par bonheur, l'ennemi ne nous forçait pas sur cette direction ; s'il eût pu le faire, il aurait beaucoup augmenté notre embarras.

A la fin du jour, notre régiment vint établir son bivouac devant la petite ville de la Motta, nos quatre pièces de canon placées à la tête du pont sur la Meduna, par où l'ennemi pouvait venir nous couper la retraite ; mais cette nuit se passa tranquillement.

Aujourd'hui 17, notre régiment arriva sans gêne s'établir aux environs de Sacile. Alors il me prit envie d'aller faire un tour en ville, sans autre motif que celui d'aller trouver mon ancien hôte, chez lequel j'avais logé plusieurs jours lors de notre passage du mois de mars. Je me plais à te dire que j'arrivai bien à propos pour préserver mon pauvre patron d'avoir sa maison dévastée par 7 à 8 soldats d'infanterie.

Ce même jour, je me procurai dans Sacile une bonne trompette auprès d'un soldat du 6ᵉ hussard qui l'avait prise à un trompette kaiserlite.

Il faut te dire aussi, mon ami, que notre musique est fondue ; nous sommes rentrés faire notre service chacun dans nos compagnies, sauf quelques-uns qui restent aux équipages du régiment avec notre maître de musique et les instruments les plus embarrassants. Je conserve toujours ma clarinette que je porte avec moi ; et, si quelquefois, en route ou au bivouac, il me prend fantaisie de jouer des airs de musique pour égayer mes camarades, je suis là.

Adieu.

L'ALERTE. — EMBARRAS EXTRÊME PENDANT LA NUIT. — ATTAQUE D'UN VILLAGE. — UN CHEVAL PRIS A L'ENNEMI.

Près de Casa-Nova, le 20 avril

Mon cher ami, c'est toujours de plus fort en plus fort, toujours nouveaux incidents ; nous n'avons pour ainsi dire pas le temps de respirer. Le 18, notre régiment, après avoir parcouru et éclairé tout le pays aux environs de Conégliano, vint vers l'après-midi passer le Piave avec le reste de l'armée.

L'ennemi nous suivant de près, l'on coupa aussitôt le pont de la Piave, et nos troupes s'établirent avec de l'artillerie, le long de la rive droite. Par ce moyen, nous pensions être en sûreté ; notre régiment vint établir son bivouac dans des champs peu éloignés de la rivière, où nous nous attendions à passer la nuit. Alors chacun fit ses dispositions en conséquence : les chasseurs allèrent aux fourrages et aux vivres dans quelques fermes des environs, et bientôt des provisions de toutes espèces furent apportées au bivouac pour préparer la cuisine. Mais cette sécurité ne dura pas longtemps : la fatalité, qui nous poursuit, voulut que rien ne nous profitât. Tout à coup, une grosse pluie vint abimer nos bivouacs ; puis, la nuit étant survenue, plusieurs coups de canon tirés sur la Piave, nous mirent en alerte; l'ennemi passait la rivière. Aussitôt nous montâmes à cheval; il nous fallut laisser à d'autres notre bivouac tout fourni, où la soupe, la fricassée, le rôti étaient en train de cuire. Nous prîmes notre direction au travers des champs devenus autant de marécages à cause de la grande pluie qui venait de tomber; des fossés pleins d'eau nous obligeaient à faire des détours à dérouter tout le monde. Bientôt la nuit devint tellement obscure, qu'on ne pouvait plus distinguer un homme à cheval à quatre pas devant soi, si bien que nous nous trouvions comme égarés dans ces champs, nous ignorions qui nous conduisait ainsi : on s'appelait les uns les autres. Beaucoup de chasseurs culbutaient avec leurs chevaux dans des fossés. C'était une vraie misère.

Notre régiment arriva ainsi, vers minuit, à un pauvre petit hameau composé d'une dizaine de chaumières, aux environs duquel l'on établit notre grand'garde. Chacun chercha de son mieux à se mettre à l'abri et personne ne fut à son aise, étant dehors dans la boue, sans feu, sans abri. Je me trouvais, comme les autres, tout mouillé, tout crotté, de l'eau plein mes bottes. J'avais placé mon cheval de mon mieux sous un hangar ou espèce de charreterie, avec plus de 40 autres qui se trouvaient là, serrés comme des moutons dans un bercail; nous trouvâmes du fourrage sur la travure de ce hangar. Le 19, au matin, notre régiment se retrouva à cheval, après avoir passé une nuit des plus tristes et des plus pénibles qu'on ait jamais vues.

Il y avait apparence que l'ennemi passait la Piave en quelque endroit. Alors notre régiment se dirigea vers Citadella et Albarenda, où nous prîmes quelques rafraîchissements; ensuite nous parcourûmes les environs de Tréviso jusqu'après midi, lorsque l'on désigna 50 hommes dans notre compagnie, avec le lieutenant Chenavard, pour faire le service d'avant-poste. Je demandai à être aussi de service avec mon lieutenant, vu que je suis content d'aller partout avec lui, parce qu'il me laisse la liberté de mes actions, c'est-à-dire qu'il me donne carte blanche. Ainsi je me trouvai du nombre de ce détachement, qui forma deux pelotons d'arrière-garde sur la route que notre régiment tenait. Comme nous demeurions quelques heures en obser- vation sur cette route à environ un mille du village de Casa-Nova que nous venions de quitter, je me hasardai à faire quelques coups de ma tête, pour me rendre utile plu- tôt que de rester dans l'inaction. J'allai donc avec deux chasseurs à la découverte vers un village que nous voyions à l'écart du côté de la montagne, dans le dessein de faire apporter quelques vivres pour les hommes et pour les che- vaux. Après une bonne demi-heure de marche, j'arrivai avec les deux chasseurs à la première maison du village, que nous trouvâmes fermée. Nous fîmes tapage à la porte, un paysan nous parla par sa fenêtre et nous dit : « Signor Francesi, voi da aviso che se molti tudeski in quale vil- lago. » Effectivement nous aperçumes à l'instant des sol- dats kaiserlites qui passaient d'une maison à l'autre ; comme il n'était pas nécessaire d'aller nous y frotter pour nous faire gober là, les deux chasseurs et moi, nous re- primes aussitôt notre meilleur chemin.

Alors nous aperçûmes un contadino écarté dans les champs. J'allai aussitôt lui parler italien en lui demandant de quel endroit il était ; il me répondit qu'il demeurait à Casa-Nova : « Sais-tu, lui demandai-je, si les Kaiserlites sont arrivés dans le village ? — Oui, me répondit-il, j'en ai vu 7 à 8 de cavalerie qui montent la garde au bout du vil- lage, je n'en ai pas vu d'autres depuis le matin. » J'allai aussitôt faire part de cet avis à mon lieutenant, lequel m'envoya de suite auprès du brigadier Lang qui comman- dait le petit poste avancé de Casa-Nova ; je devais lui dire de prendre garde à lui, de placer deux vedettes ensemble le plus près possible du village, et d'attendre là que le poste ennemi vînt le reconnaître. Je partis donc ; mais j'avais déjà arrangé un plan dans ma tête pour faire le contraire. J'arrivai bientôt vers le poste du brigadier Lang, que je trou- vai à cheval sur la route. Après avoir dit ce dont j'étais chargé, j'ajoutai : « Mes amis, je veux vous faire part de mon plan, nous le suivrons si vous voulez, je n'y vois pas de danger. Puisqu'il n'y a qu'un poste de 8 hussards à la première maison de ce village, qui nous empêche d'aller les en chasser et nous mettre à leur place ? Notre lieute- nant a dit d'approcher du village, mais il n'a pas dit d'évi-

ter le poste ennemi ; n'attendons pas qu'il vienne nous reconnaître, allons-y nous-mêmes ; nous voilà huit bons
garçons bien montés, chargeons-les vivement, nous allons
les surprendre·et nous en attraperons quelques-uns ; marchons, je réponds de tout. » Le brigadier et les chasseurs
furent de mon avis. Nous nous portâmes en avant, tant sur
la route que sur le côté, ayant soin de nous tenir masqués
par des arbres. En arrivant à un endroit où le chemin fait
un détour, nous aperçûmes deux hussards en vedette à
moins de 50 pas devant nous, lesquels nous tirèrent dessus
chacun un coup de carabine et firent demi-tour aussitôt
pour se retirer sur le village. Au même instant, nous nous
lançâmes tous les huit au grand galop, nous suivîmes de
près les deux vedettes, en criant tous : « Escadrons en
avant ! en avant ! » Et je sonnais la charge tant que je pouvais. En moins d'une minute, nous arrivâmes le sabre en
main, tous les huit, sur le poste ennemi que nous vîmes se
sauver au plus vite. Notre coup était manqué, puisque les
hussards nous échappaient ; mais au moins nous étions
bien aises de les avoir épouvantés et de leur avoir donné
cette alerte. Nous les poursuivîmes jusque vers le milieu
du village. Dans ce moment, nous vîmes un hussard seul,
venant à nous au petit galop, d'un air décidé, le sabre à la
main, lequel apparemment s'était absenté de ses camarades et allait pour les rejoindre. Nous lui barrâmes aussitôt
le passage en disant: « Toi, tu ne passeras pas ! » Mais il
espérait nous braver tous les huit, lorsque nous le ser-
râmes contre une maison en lui criant : « Rends-toi, hussard,
où tu es mort ! » Il voulut passer outre en lançant son cheval
vivement, il porta même un coup de sabre à l'un de nous,
qui le para. Au même instant, sans lui donner le temps de
redoubler, nous lui fîmes une distribution de coups de
sabre. Je me trouvais justement à la portée de saisir les
rênes de son cheval, au moment où il tombait sous les
coups ; je dégageai le cheval et l'emmenai avec nous. En
nous retirant au bout du village, nous vîmes notre lieutenant avec ses deux pelotons de chasseurs qui accouraient
au-devant de nous : alors j'allai lui présenter notre cheval
de prise et lui rendre compte de notre petite expédition.
« Ah ! mes gaillards, nous dit-il, je ne vous avais pas dit de

les chasser, vous nous exposez à nous faire avoir aussi une poussée ; maintenant prenons garde à nous ! » Notre lieutenant décida qu'il fallait s'établir et se garder au même poste que nous venions d'enlever aux hussards ennemis. Alors nos chasseurs s'occupèrent de requérir chez les paysans des charrettes, des charrues, des herses, avec quoi nous leur fîmes faire une barricade sur la route, au milieu du village. Cependant les hussards reparurent bientôt, plusieurs vinrent nous attaquer à l'endroit où l'on faisait la barricade ; leurs coups de carabine ne nous épouvantèrent pas ; nos chasseurs leur répondirent sur le même ton ; nous étions plus malins qu'eux. Il y en eut un qui voulut nous voir de trop près, mais il paya sa curiosité ; un de nos chasseurs lui tua son cheval d'un coup de carabine.

Dans ces entrefaites, la nuit tomba ; un bataillon d'infanterie italienne, que nous attendions, arriva se poster avec nous ; ainsi nous gardions un bout du village, et l'ennemi gardait l'autre.

La nuit se passa tranquillement, sans alerte.

Aujourd'hui 20 avril au matin, notre grand'garde se retira du poste de Casa-Nova ; plusieurs bataillons d'infanterie arrivaient pour soutenir la retraite et former l'arrière-garde sur ce point.

Comme j'avais soigné moi-même le cheval de prise, qui se trouva être très bon, de race hongroise, je le montai pour m'en retourner avec notre grand'garde, emmenant mon Rondeau en main.

Vers les neuf heures du matin, notre détachement rentra au régiment où notre lieutenant rendit compte de son service. Alors j'arrivai en faisant caracoler mon hongrois devant mon capitaine qui le désigna aussitôt pour monter un chasseur de la compagnie qui en avait besoin. A propos de cela, il est bon de faire savoir qu'il a été dit à l'ordre du régiment, dès le commencement de cette campagne, que chaque cheval pris à l'ennemi serait payé 75 francs, à titre de gratification aux chasseurs qui l'amèneraient et que les chevaux de prise appartiendraient au régiment. Par conséquent, la gratification pour celui que je viens d'amener me sera payée et je partagerai cette somme avec mes sept camarades qui ont participé comme moi à cette prise.

Je vais en parlementaire a l'ennemi.
L'alerte de Ligismone et l'égout. — Passage de la Brenta.

Aux environs de Padoue, le 22 avril 1809.

Mon ami, le 20 avril, vers les dix heures du matin, le lieutenant Chenavard fut désigné par le colonel pour aller en parlementaire à l'ennemi. Comme il devait emmener un trompette avec lui, il vint m'appeler. Je n'avais jamais été en parlementaire et j'étais bien aise de voir quelle figure l'on y faisait, quoique pensant bien qu'il n'y avait rien de bon à espérer.

Nous partîmes donc, mon lieutenant et moi, du côté de l'ennemi, marchant comme des amis, causant ensemble familièrement sur ce qui nous concernait, puis raisonnant sur divers sujets de la guerre. Le but de notre commission était d'aller jusqu'au grand quartier général de l'armée ennemie, où nous étions envoyés de la part du prince Eugène, vice-roi d'Italie, commandant en chef de notre armée. Mon lieutenant était chargé de remettre deux paquets adressés à l'archiduc prince Jean d'Autriche, commandant en chef de l'armée autrichienne en Italie. Nous étions aussi chargés d'une somme de 200 ducats en or que le prince Eugène faisait passer au général Pagès qui avait été fait prisonnier à l'affaire de Pordenone ; tout cela devait être remis au quartier général autrichien.

Nous avancions vers la ligne où la fusillade se faisait entendre, lorsqu'après avoir trotté 5 à 6 milles, nous arrivâmes sur la ligne de nos avant-postes ; là, nous vîmes des bataillons d'infanterie français et italiens dispersés à gauche et à droite, tenant une grande ligne étendue parmi les vignes et les autres broussailles, et embusqués le long d'une digue où coule un torrent dans ces champs. Des bataillons autrichiens dispersés, formaient aussi leur ligne de l'autre côté du torrent et faisaient un feu bien soutenu sur toute l'étendue.

Cependant il fallait que nous franchissions cette ligne

malgré tout, et un obstacle s'y opposait encore ; nous étions arrivés à un endroit où un pont en bois, établi sur le torrent, se trouvait barricadé avec plusieurs arbres coupés et entrelacés. Mon lieutenant m'envoya prévenir quelques officiers qui commandaient dans ces environs, afin qu'ils nous fissent de suite ouvrir le passage. Bientôt des soldats vinrent s'occuper à déranger les arbres. Pendant cet intervalle, je sonnai la trompette, afin d'être entendu des Autrichiens qui n'étaient pas à plus de 200 pas. Mais ils paraissaient ne rien entendre ; au contraire, leur feu sembla pour un instant redoubler sur ce point ; une grêle de balles tombaient sur le pont dans les branches d'arbres et nous sifflaient aux oreilles. « Eh bien, mon lieutenant, dis-je alors, ces coquins-là n'ont pas envie de nous recevoir. » En disant, une balle vint frapper sur le devant de ma selle, elle perça une de mes fontes de pistolet dans laquelle elle demeura ; deux soldats furent blessés sur ce pont en travaillant, et mon lieutenant me disait : « Sonne la trompette ! » Ce que je faisais de toutes mes forces. Après environ dix minutes d'attente, nos soldats avaient un peu dérangé les arbres et nous avaient ouvert un petit passage que nos chevaux franchirent aussitôt. Nous nous avançâmes dans la ligne des Autrichiens au milieu d'un feu croisé, c'est-à-dire des coups de fusil tirés de toutes parts ; mon lieutenant agitait un mouchoir blanc au bout de son bras, et moi je sonnais le ban. Enfin nous fûmes entendus ; les Autrichiens, observant les lois de la guerre, cessèrent leur feu sur notre direction, comme nos soldats le cessèrent également. Alors nous vîmes un peloton de soldats autrichiens venir se former devant nous et nous arrêter, ayant leurs fusils dans la position d'apprêtez armes. Plusieurs officiers se présentèrent et demandèrent ce que nous voulions, à quoi mon lieutenant répondit en conséquence. Ainsi nous fûmes reconnus parlementaires. Mais ils ne voulurent nous laisser passer pour aller à leur quartier général, à moins que nous y fussions conduits les yeux bandés. Mon lieutenant s'y refusa en disant que cela était inutile, vu qu'il n'entrait pas dans un camp ni dans une ville de guerre. Nous fûmes obligés d'attendre le retour d'un exprès qu'ils envoyèrent à leur quartier général.

Nous demeurâmes là sur la route près d'une heure parmi ces soldats autrichiens dont nous étions entourés. Là, je voyais ces vilains soldats couverts de boue, de crasse, la plupart ayant la figure noircie par la poudre ; ils ressemblaient à des diables ; ils avaient pour officiers des jeunes gens ou cadets qui ne paraissaient pas bien malins au jeu de la guerre. Je parlai avec plusieurs d'entre eux sur les fatigues de la campagne, etc... Ensuite nous vîmes venir sur la route une dizaine d'hommes à cheval : c'étaient ceux que nous attendions. Je sonnai donc encore un ban pour nous annoncer à eux. Alors nous fûmes accueillis assez honnêtement par un vieux général chef d'état-major, suivi de quatre aides de camp et de quatre hussards. Enfin, lorsque mon lieutenant eut terminé son affaire, après s'être parlé loyalement, l'on se donna réciproquement des renseignements et des marques d'intérêt dans le cas où l'on viendrait à tomber entre les mains les uns des autres par suite des événements de la guerre, et nous nous séparâmes amicalement. Nous retournâmes au galop vers notre ligne, et après que nous eûmes passé le pont du torrent, la fusillade recommença de part et d'autre. Ainsi se termina cette commission extraordinaire.

Nous vînmes retrouver notre régiment au passage d'un autre torrent surmonté d'une digue avantageuse, le long de laquelle nos troupes prenaient position. Mais l'ennemi vint encore nous en faire partir en nous lançant des obus : et nos troupes, battant toujours en retraite, défendaient toujours le terrain de poste en poste, toujours dispersées par des obstacles. Sur l'après-midi de cette journée, nous vînmes occuper le faubourg de Castel-Franco, où nous pensions pouvoir nous reposer quelques heures : mais à la nuit tombante, nous montâmes à cheval par un maudit temps de pluie, pour nous établir dans un grand village appelé Ligismone, à trois milles de Castel-Franco. J'étais avec une douzaine de chasseurs de notre compagnie, en train de nous restaurer dans une maison où nous avions du vin et quelque autre ressource, lorsque, vers minuit, il survint une alerte. Comme nos chevaux étaient tout prêts et qu'il n'y avait qu'à brider, je me trouvai un des premiers à cheval. Je rencontrai le chef d'escadron Hug qui jurait et tempêtait de ce qu'il ne trouvait pas, disait-il avec son accent allemand, un f... trompette. Il me dit de sonner à cheval par tout le village, ce dont je m'acquittai à l'instant. La nuit était très obscure et je ne voyais pas trop mon chemin. Comme j'allais m'enfiler dans une ruelle qui communiquait à une ferme où il y avait une compagnie logée, mon cheval vint à glisser des quatre pieds sur un petit tertre de gazon que je ne voyais pas et que je croyais être à plat. A l'instant, je le sentis s'abattre sur le côté droit, et, pour ne pas me trouver la jambe prise dessous, je sautai à terre du côté gauche, justement sur le bord d'un grand fossé ; je ne pus me retenir de tomber à la renverse dans une mare d'eau bourbeuse où je m'enfonçai de tout mon long. C'était l'égout des eaux du village. Je m'en retirai assez malproprement, comme tu peux te l'imaginer. Fatal sort ! Juge, mon ami, si j'étais beau garçon, à minuit, du 20 au 21 avril, embourbé de la tête aux pieds ! Mon cheval s'était relevé plus vite que moi et s'était sauvé pour son compte. La boue que j'avais dans les yeux m'avait empêché de voir de quel côté il avait tourné. Dans un pareil désordre, je bravai l'inconstance du sort qui me poursuivait, mon service devait se faire avant tout, je me dirigeai à pied vers la ferme et je sonnai encore à cheval. Le trompette de la compagnie m'ayant entendu, répéta. Je revins vers le village dans le plus grand embarras, mon cheval perdu, moi dans une situation pénible, que je bravais cependant en pensant que personne ne me voyait ainsi au milieu de la nuit. Je cherchai mon cheval dans l'intérieur du village parmi notre régiment qui se réunissait, je le retrouvai près d'un chasseur qui l'avait arrêté et emmené. Tout le régiment se trouva à cheval en peu de temps et se porta en avant du village, où un parti ennemi était venu rôder, croyant pouvoir y pénétrer.

Le 21 au matin, notre régiment se trouva seul d'arrière-garde ; toutes nos troupes se retiraient de l'autre côté de la Brenta, rivière alors dangereuse, par suite de la crue subite des eaux qui montaient à vue d'œil depuis la dernière nuit, à cause des grandes pluies et des neiges qui fondaient dans les montagnes. Cette rivière a cela de particulier qu'en 24 heures elle se remplit et déborde et que les eaux se retirent dans le même espace de temps. Nous passâmes la Brenta avec beaucoup de difficultés ; l'eau montait déjà jusque sur le pont qui éprouvait des secousses continuelles. Des sapeurs attendaient que nous fussions passés pour le couper. Il nous fallut traverser ensuite plusieurs autres torrents que cette rivière jetait hors de son lit, notamment un qui fut le plus dangereux et dont l'impétuosité était capable d'emporter des pelotons entiers si on se fût désuni ; il n'avait pourtant environ que quatre pieds d'eau et 7 à 8 toises de largeur ; nous le passâmes en rangs serrés par pelotons, tant au gué qu'à la nage. Plusieurs chasseurs furent culbutés dans l'eau avec leurs chevaux, jusqu'à notre colonel qui y culbuta, ainsi que plusieurs officiers ; mais on les releva tous. Il n'y eut qu'un chasseur (Perussel) qui fut entraîné par la rapidité du courant ; ce malheureux se noya, lui et son cheval, dans ce maudit torrent qui les entraîna sans qu'on pût les réchapper.

Les chemins et les champs des environs étant inondés par cet immense débordement, il nous fallut encore marcher dans l'eau plus d'une demi-heure. Enfin le pont de cette maudite Brenta est coupé, ce qui doit arrêter l'ennemi plusieurs jours, jusqu'à ce que les eaux soient écoulées.

Après le passage de la Brenta, notre régiment se dirigea par Casano dans la campagne de Padoue, où nous vînmes nous reposer dans un très bon village appelé Bagnarolles ; là, nous fîmes bonne cuisine et bonnes provisions, *galini e vino tante che volemo.*

Adieu, nous marchons pour Vicence, où je verrai, j'espère, mes anciennes connaissances.

De Vicence et de Montebello, le 26 avril.

Le 22 avril, nous arrivâmes à Vicence. Cette ville se trouvait tellement remplie de troupes de toutes armes, d'états-majors, d'équipages, etc.., que c'était une confusion. Notre régiment se plaça dans un des faubourgs, nos chevaux attachés aux piliers des maisons sous les arcades, c'est-à-dire que nous avions établi notre bivouac dans les rues : défense était faite d'entrer chez les habitants, à moins qu'ils ne nous reçussent de bonne volonté ; nous avions des vivres et chacun faisait de son mieux. Vicence était un vaste camp où les habitants mêmes étaient confondus avec les militaires. Pendant cinq jours que notre régiment demeura dans cette situation, nous fournissions alternativement un escadron de grand'garde hors de la ville.

Malgré cet embarras, je trouvai bien les occasions d'aller rendre visite à mes connaissances : je ne manquai pas d'aller chez il Signor Albantini, mon patron, chez lequel j'avais déjà été logé lors de mon premier séjour à Vicence. Je fus de nouveau bien reçu et vu avec plaisir dans cette maison par il Signor Albantini, son épouse et Mlle Angella ; je les embrassai tous avec joie et m'informai de leur situation. L'heure du dîner étant arrivée, je fus invité à me mettre à table, je pris place entre deux parentes de Mme Albantini. Il y avait longtemps que je n'avais dîné si copieusement. Enfin l'heure arriva où il me fallut prendre congé de cette honnête famille : je devais me rendre à mon poste pour monter à cheval le soir même avec notre premier escadron, qui allait monter la grand'garde. Mon patron m'engagea à rentrer chez lui après mon service fait ; il voulait mieux me régaler, disait-il, et puis nous devions faire un peu de musique ensemble, afin de distraire ces dames de la mélancolie que la guerre leur donnait.

Le 24 au soir, je montai à cheval pour aller, par la porte de Padoue, établir notre avant-poste à 5 milles de Vicence, auprès d'une auberge seule sur cette route. La nuit se passa assez bien, malgré la pluie et le grand vent. Le jour ramena le beau temps. Le 25, un autre escadron arriva nous relever, et le nôtre partit à la découverte ; nous n'apprimes rien de nouveau ce jour-là ; l'ennemi était encore de l'autre côté de la Brenta. Notre escadron revint à Vicence retrouver son bivouac.

Alors je me disposai à retourner chez mon patron. Après avoir mis ordre à mes affaires, je laissai mon cheval au soin d'un chasseur de mes amis, en lui disant que j'allais dîner en ville. Je pris ma clarinette et, sans demander permission crainte d'être refusé, je courus chez il Signor Albantini où l'on m'attendait. Tout était préparé dans la chambre de Mlle Angella, car nous devions faire de la musique avant dîner. L'aimable Angella commença par jouer une ouverture et un concerto sur son forte-piano ; nous l'accompagnâmes, son père et moi, puis nous nous mîmes en train de jouer plusieurs morceaux de musique arrangés pour deux clarinettes, tels que des duos, des variations, et puis des danses, des boltz, des monferini, etc.

Cependant l'heure arriva de nous mettre à table, où je fis encore honneur au dîner ; j'oubliais les fatigues que j'avais éprouvées depuis 15 jours, je mangeais, buvais et riais comme quatre, d'où il s'en suivit que je faisais et disais quelques folies avec mon patron qui disait les siennes. Alors les dames, voyant que nos têtes commençaient à s'échauffer par la vapeur du vin, quittèrent la table et nous laissèrent tous deux dans nos dispositions bachiques. Mon patron versait toujours du vin, il me disait : « Buvons, mon ami, je voudrais que nous puissions boire tout mon vin, plutôt que de le donner à ces vilains porchi di Tudeski qui vont venir. » Et je lui tenais tête à boire et à ragoter comme deux militaires ; c'était là ce qu'on appelle une ribotte complète ; à neuf heures du soir, nous n'avions pas encore pensé à quitter la table.

Après quoi, le sommeil s'empara de moi tellement, qu'il me fut impossible de le vaincre, et je fus obligé de demeurer chez mon bon patron qui m'offrit un lit : je préférai me jeter sans façon, tout habillé, sur un bon sopha qui se trouvait dans la salle où je dormis sans m'inquiéter ni du régiment, ni de mon service, ni de personne ; j'étais le plus heureux soldat de l'armée.

Vers les 4 heures du matin, je m'éveillai en sursaut, entendant un bruit confus : j'allai aussitôt regarder par la fenêtre qui donnait sur la rue et j'aperçus de la cavalerie et des équipages qui défilaient au trot ; je jugeai qu'il y avait du nouveau : je m'ajustai de suite en prenant mon sabre, ma giberne, ma trompette, mon colbak, que je retrouvai dispersés dans la salle, à la faveur d'une lampe que l'on avait eu la précaution de laisser allumée. Puis j'allai pour sortir, mais la porte de ma chambre était fermée en dehors. Alors j'appelai, je frappai, personne ne répondait. Je m'avisai de sonner le réveil avec ma trompette ; bientôt mon patron parut en me disant : « Aspetta un pocco, signor Lucas ! Est-ce que vous prenez ma maison pour une caserne, pour y faire tant de bruit ? Morbleu ! vous ne partirez pas si vite que nous n'ayons pas le temps de vous dire adieu ! Demeurez ici, je vais aller savoir ce qui se passe ; attendez-moi, sinon je ne vous connais plus... » Je me crus donc obligé de suivre la volonté de mon patron, qui revint au bout d'un quart d'heure et me dit : « Il y a du nouveau, signor Lucas ; tous les Français doivent avoir évacué la ville à 5 heures du matin, par convention avec les Autrichiens ; leur cavalerie d'avant-garde est déjà à la porte, prête à y entrer. — Mais il est 5 heures ! dis-je aussitôt : sono fresco me solo, questi maledetti tudeski me fave prisoniero di guero, seme chiapa, presto signor, voglio scampare via. » Alors il Signor Albantini riait de mon empressement et me disait : « Ne craignez rien, Lucas, je vous réponds que les Autrichiens ne vous prendront pas ici, vous demeurerez plutôt avec nous. » Mais je n'étais pas de cet avis. Dans ce moment je vis paraître l'aimable Angella qui s'approcha de son père d'un air triste et craintif. Alors je vins prendre sa main dans la mienne en disant : « Voyez, bonne Angella, comme souvent dans mon métier l'embarras succède au bonheur ! J'étais loin de penser cela hier. » Puis je m'exprimai avec plus de sensibilité ! Je l'embrassai de bon cœur. Je m'aperçus que cette estimable demoiselle était sensible à mon procédé et j'éprouvai le même sentiment. Je la chargeai de faire mes excuses à sa bonne mère et de lui faire mes adieux en l'embrassant pour moi. Alors mon bon patron me fit endosser un grand manteau brun à la mode d'Italie, et me mit un chapeau à bord large sur la tête. Ainsi déguisé, mon uniforme militaire était caché à la vue des Autrichiens qui auraient pu me rencontrer. Nous nous dirigeâmes, mon patron et moi, vers la porte de Vérone, la seule qui fût encore libre. Comme nous traversions une partie de la ville, en arrivant sur le quai du Bachiglione, nous aperçûmes de l'autre côté de cette rivière un peloton de hussards ennemis qui emme-

naient avec eux plusieurs militaires français ; je reconnus
même un chasseur de notre compagnie qui était conduit
par eux. Alors je ne jugeai pas nécessaire de passer le pont,
je préférai prendre les détours afin d'arriver à l'extrémité
de la ville ; nous vînmes passer par un souterrain et nous
nous trouvâmes dans le fossé du rempart. Il était six heures
du matin. Je devais prendre congé du brave Signor Albantini ; je le remerciai de ses bontés à mon égard, nous nous
embrassâmes comme des amis et nous nous séparâmes
avec l'espoir de nous revoir dans une occasion plus favorable.

Aussitôt je traversai le fossé qui était marécageux et je
montai sur une chaussée qui environne le Champ de Mars.
Après avoir traversé près de là une petite rivière sur la
charpente d'un moulin à eau, je me trouvai enfin hors
du danger d'être atteint par l'ennemi qui arrivait dans la
ville et occupait déjà les portes. C'est ainsi, mon ami, que
je fus obligé de me sauver de Vicence. J'allai de suite rejoindre notre régiment qui se trouvait à l'extrémité du
Champ de Mars sur la grande route.

La nouvelle que je rapportais concernant le chasseur que
j'avais vu au pouvoir de l'ennemi, fut reçue avec peine ;
c'était justement le nommé Maillard, maréchal ferrant de
notre compagnie.

Ainsi la ville de Vicence fut livrée le 26 au matin aux
Autrichiens qui y entrèrent sans tirer un coup de fusil.
Le prince Eugène ne trouvait pas à propos, sans doute, d'en
défendre l'entrée à l'ennemi, non plus qu'à Padoue, Trevise
et autres, afin de ne pas voir ces villes ravagées. Il nous
fallut donc encore battre en retraite ce jour-là. Notre armée
se dirigeait par Montebello, suivant la route de Vérone ; notre
régiment formait l'arrière-garde avec plusieurs bataillons
d'infanterie, deux pièces de canon et deux obusiers. Nous
vînmes passer un torrent à cinq milles de Vicence et prendre position avantageusement sur des hauteurs. Là, nous
attendîmes l'avant-garde ennemie pour lui disputer ce passage ; en effet, vers les dix heures, l'ennemi se présenta et
l'attaque commença de part et d'autre. D'abord les Kaiserlites furent arrêtés et repoussés militairement à coups de
canon et de fusil, mais ils revinrent bientôt en plus grand

nombre, de manière qu'il s'engagea un combat d'un côté à
l'autre du torrent, qui dura près de deux heures, pendant
lequel notre régiment demeura et observa tranquillement
sa position, d'où nous pouvions voir que l'avant-garde ennemie recevait sa pile, vu qu'ils renonçaient à venir nous
débusquer de notre position, que nous leur abandonnions
néanmoins vers les midi, notre arrière-garde trouvant plus
prudent de se retirer posément. Ensuite notre régiment
arriva à Montebello, où nous demeurâmes encore près de
deux heures en attendant que l'ennemi vint s'y présenter.
A l'approche de l'ennemi, notre régiment partit de Montebello et continua sa marche jusqu'à Saint-Bonifacio, village
situé sur la route à trois milles de Montebello, où nous
nous attendions à passer la nuit ; mais à neuf heures du
soir, l'ennemi y arriva aussi, il nous fallut décamper et
nous allâmes passer la nuit au bivouac dans une plaine à
un mille sur la droite de ce village.

Voilà, mon ami, tout ce qui peut faire le sujet de cette
lettre : je n'ai pas d'autres détails pour le moment ; on est
misérable en fait de nouvelles intéressantes quand on n'est
pas victorieux.

POSITIONS DE L'ARMÉE D'ITALIE. — MAUVAISE SITUATION AU BIVOUAC
DE CALDIERA.

Au bivouac dans les positions de Caldiera-
Caldina, le 2 mai 1809.

Ah ! pour cette fois, mon cher ami, je crois que voilà la
queue du diable arrachée ; car nous ne pouvons jamais
éprouver plus de fatigues ni être plus mal à notre aise que
nous le sommes depuis six jours que notre armée se trouve
concentrée dans les positions de Caldiera ; cependant chacun supporte avec courage cette pénible situation, vu que
nous avons l'espoir que c'est là le but de nos misères.

Le 27 avril, notre régiment manœuvra avec une partie
de l'armée dans la plaine où nous avions bivouaqué ; l'ennemi formait ses lignes à droite et à gauche de Saint-Bonifacio où il paraissait se retrancher le long d'un torrent qui

coule en avant de ce village ; comme les Autrichiens ne montraient pas l'intention de combattre ce jour-là, on demeura tranquille sur leur compte ; puis nous vînmes établir notre bivouac à la hauteur et sur la gauche de Caldiera, village situé sur la grande route, à dix milles de Vérone et trois de Saint-Bonifacio.

C'est dans ces environs que l'armée française prit des positions redoutables pour les Autrichiens ; notre première ligne occupe des hauteurs qui se prolongent sur notre gauche jusqu'aux montagnes qui ne sont pas très éloignées et dont les défilés sont occupés par nos troupes ; sur notre droite, nous nous trouvons appuyés par des marécages. Nous pouvons être environ 30 000 hommes campés dans nos positions de la 1re ligne, dont Caldiera est le point central. La grande route se trouve pratiquée entre deux hauteurs, garnies de 40 pièces d'artillerie en état de battre la petite plaine entre Saint-Bonifacio et nos positions.

Les autres divisions qui forment la 2e ligne, occupent les belles positions de l'Adige, dont Vérone est le centre ; elles se prolongent depuis Légnano sur la droite, jusqu'à Peschierra, Rivoli, etc. sur la gauche. Beaucoup de troupes arrivent des différentes places d'Italie ; des réserves se forment à Mantoue ; il parait que notre 2e ligne fait nombre de 80 000 hommes dans ces environs, en état d'agir contre l'ennemi.

Revenons à nos opérations de la 1re ligne, où je suis maintenant avec notre régiment.

Le service est très fatigant dans ces positions, surtout pour les grand'gardes aux avant-postes établis à la barbe de l'ennemi. Nos escadrons avec nos bataillons se divisent par détachements et marchent alternativement en reconnaissance le long de la ligne des Autrichiens qui ne paraissent presque pas et qui se tiennent comme cachés de l'autre côté du torrent qui nous sépare, mais ils nous saluent à coups de canon dès que nous les approchons de trop près ; ensuite nos régiments, cavalerie et infanterie, vont tour à tour manœuvrer dans la petite plaine à la vue des ennemis, afin de tâcher de les attirer dans nos positions. Journellement, on les attaque à coups de canon et ils nous répondent sur le même ton ; ils n'ont pas encore osé faire une sortie, c'est dommage, car nous serions contents de les voir en plaine. Cependant le 28 avril, ils tâchèrent de se faufiler pendant la nuit du côté des montagnes, avec l'intention de nous surprendre en attaquant le flanc de nos positions ; alors s'engagea une vive fusillade qui dura une partie de la nuit. Notre infanterie, qui occupait ces postes, repoussa les Autrichiens. Ainsi tout en nous exposant chaque jour, je remarquai, comme les autres, qu'il n'était pas facile non plus de débusquer l'ennemi de ces retranchements et que l'on perdait des braves gens inutilement. Notamment avant-hier 30 avril, deux divisions formant environ 20 000 hommes d'infanterie et 32 pièces d'artillerie, allèrent attaquer la ligne des Autrichiens ; une terrible canonnade s'engagea, tellement que la terre en tremblait, les boulets et les obus volaient de toute part, attrape qu'attrape. Les Autrichiens nous firent voir dans cette circonstance que nous n'étions pas encore assez forts pour venir les débusquer, puisque cette attaque n'eut d'autre résultat que de faire tuer une centaine de nos braves, dont un général d'infanterie. Il fallut donc encore nous retirer dans nos bivouacs. Notre régiment fut un peu chatouillé, nous ne perdîmes que quelques chevaux.

Notre situation est assez pénible dans ce maudit bivouac de Caldiera. Imagine-toi 30 000 hommes de troupes, infanterie, cavalerie, artillerie et équipages, campés depuis six jours dans l'espace d'environ deux lieues d'étendue. L'infanterie et l'artillerie, qui sont arrivées les premières, ont commencé par accaparer tout, ravager et déménager les châteaux et les habitations des environs ; on leur fait quelques distributions de vivres ; mais à la cavalerie, rien ! On nous a dit : « Il n'y a pas de vivres pour vous dans les magasins, faites comme vous pourrez ! » Voilà comment nous avons été autorisés dans notre régiment à aller chercher nos subsistances au hasard. Or, je t'assure qu'il ne faut pas être paresseux ! On va au plus habile, chacun pour son compte, à qui fera la meilleure recherche dans toutes les habitations indistinctement. Pendant les trois premiers jours, l'abondance arriva dans nos bivouacs ; le quatrième jour commença à devenir maigre, car on va à trois ou quatre lieues pour ne plus rien trouver. Les pauvres paysans sont ruinés et ils ont caché leurs provisions dans les montagnes. Voilà deux jours que notre régiment est à la diète, hommes et chevaux ; plus de vivres, plus de cuisine. Il pleut continuellement, ce qui met le comble à nos misères. Nos chevaux sont toujours sellés et chargés, attachés 4, 6, ou 8 ensemble après chaque arbre dans les terres trempées ou amollies par leur piétinement. Voilà deux jours et deux nuits que je suis mouillé, traversé jusqu'à la peau, couvert de boue, ayant de l'eau plein mes bottes, j'ai les pieds enflés. A l'exemple des camarades, je me suis fait une espèce de lit avec des branches d'arbres, afin que, si j'essaye de me reposer, je ne sois pas tout à fait dans l'eau. Blottis sur nos tas de branches, enveloppés dans nos manteaux, trempés comme des éponges, nous recevons la pluie sur le dos à discrétion, jusqu'à ce que la fraicheur de la terre et l'engourdissement de nos membres nous obligent à dénicher de nos places pour faire quelques exercices afin de nous réchauffer.

Mais nous espérons bientôt voir la fin de nos maux ; voilà ce maudit mois d'avril passé, le beau temps va revenir sans doute sur les ailes de la victoire ; notre armée sent la nécessité de changer de position, dussions-nous avoir encore du mal, pourvu qu'il y ait du changement.

Nous venons d'apprendre aujourd'hui avec joie que la Grande Armée dirigée par l'activité de notre Empereur et de ses braves généraux, fait des merveilles en Allemagne ; il paraît que les Français ont déjà remporté de grands avantages sur les Autrichiens aux batailles de Tann, Eckmulh, Abensberg, Ratisbonne, Landzhutt, etc..., où l'ennemi a été supérieurement frotté, et que nos intrépides Français marchent encore sur Vienne. Ces nouvelles nous rassurent beaucoup et remettent du baume dans le sang de toute notre armée d'Italie.

L'archiduc prince Jean d'Autriche doit bien bisquer avec son armée en apprenant ces nouvelles. Nous verrons par la suite comment ils s'en tireront et nous aussi.

LA RETRAITE CESSE. — MON ACTION DE GUERRE A MONTEBELLO. — PRISE D'UN PONT ET D'UN VILLAGE. — MON CHEVAL BLESSÉ.

De grand'garde à Baglione, le 3 mai.

Mon cher père, voilà nos vœux qui s'accomplissent. Avec du courage et du bon cœur, nous serons vainqueurs.

Le 3 mai à la pointe du jour, nous apprîmes par nos grand'gardes que les Autrichiens avaient évacué leurs retranchements de Saint-Bonifacio pendant la nuit. Ce jour-là, c'était au tour de notre premier escadron à monter la grand'garde aux avant-postes. Arrivés devant la ligne de Saint-Bonifacio, nous reçûmes l'ordre de marcher en avant sur la direction de Montebello. Alors nous composâmes une avant-garde avec une compagnie du 6ᵉ régiment de chasseurs qui se joignit à la nôtre, plus deux bataillons d'infanterie et deux obusiers (environ 1 600 hommes, dont 200 chasseurs à cheval). Nous entrâmes aussitôt dans les retranchements qui étaient totalement évacués par l'ennemi, où nous ne trouvâmes plus que des débris.

L'espérance nous fit renaître : « Plus de retraite ! disions-nous entre compagnons d'armes, nous voilà à l'avant-garde, c'est à notre tour à les pousser. » Nous nous disposons en petites colonnes d'attaque ; les tirailleurs marchent en avant à droite et à gauche de la route, soutenus par leurs pelotons de réserve, et nos deux compagnies de chasseurs, avec nos deux obusiers au centre de la ligne, suivant la route. Vers les huit heures du matin, nous arrivâmes à la hauteur de Montebello, où nous aperçûmes l'arrière-garde des Autrichiens qui paraissait vouloir s'embusquer dans les vieux retranchements. Alors l'attaque commença à coups de fusil, puis nos deux compagnies de chasseurs gagnèrent du terrain en avançant au trot par pelotons. Nous forçâmes bientôt la ligne de l'ennemi et nous entrâmes pêle-mêle avec eux dans Montebello, où nous parcourûmes les rues en sabrant et faisant prisonnier un grand nombre de ces Kaiserlites qui se trouvaient désunis ; moi seul, pour mon compte, je poursuivis et fis prisonnier un sergent que j'atteignis au fond d'une cour où il se sauvait pour se cacher. Lui tenant la pointe de mon sabre sur la gorge, je lui fis jeter ses armes et je l'emmenai se réunir à une trentaine d'autres qui se trouvaient également prisonniers. Ainsi nous nous trouvâmes bientôt maitres de Montebello ; notre infanterie, qui nous avait suivis de près, partagea l'enthousiasme des habitants qui nous voyaient revenir avec plaisir ; le séjour des Autrichiens les avait réduits à la misère, au point que ces bonnes gens nous montraient la peine qu'ils éprouvaient de ne pouvoir nous donner du vin pour nous régaler.

Après quoi, notre avant-garde se remit en marche dans les mêmes dispositions. Aussitôt sortis de la ville, nous nous retrouvâmes en présence de l'arrière-garde ennemie qui formait une ligne assez étendue. Notre infanterie se disposa en tirailleurs, la fusillade s'engagea encore de part et d'autre et se soutint assez bien ; les Autrichiens battant toujours en retraite, nous les suivions à la distance de 3 à 400 pas.

Nous arrivâmes ainsi jusqu'à la hauteur de Baglione, petit village situé sur la grande route à deux milles de Vicence. Là, une petite rivière assez dangereuse par sa profondeur et ses bords escarpés, coule en avant du village, où l'on ne pouvait arriver qu'en passant sur un pont solide, en pierres, qui en forme l'entrée. L'arrière-garde des ennemis prit position pour défendre ce pont avec fermeté, ce qui obligea notre avant-garde à s'arrêter et à combattre afin d'en chasser l'ennemi.

Une vive fusillade s'engagea ; l'ennemi se trouvait embusqué de l'autre côté de la rivière et était protégé en partie par une maison et un moulin près du pont. Il y avait près de deux heures que la fusillade se soutenait avec une égale vigueur sans que rien se décidât en faveur de nos deux bataillons qui commençaient à se fatiguer.

Cependant nos deux compagnies de chasseurs étaient postées dans une prairie couverte d'arbres, à la droite du pont. Nous étions ennuyés d'entendre siffler les balles qui tombaient dans les arbres à nos côtés. En demeurant ainsi dans l'inaction, chacun commençait à murmurer ; nous disions entre nous : « Est-ce que l'infanterie veut nous faire coucher ici ? » Et tous les chasseurs demandèrent à charger. Le capitaine Périolat prit sur son compte de forcer le passage du pont avec sa compagnie. Aussitôt il commanda par pelotons à gauche ; à l'instant, nous nous présentâmes sur la route, à 100 pas du pont. Ce mouvement fait vivement fut décisif ; l'infanterie, en nous voyant paraître, s'écria : « Bravo ! voilà les chasseurs ! » Puis sans perdre de temps, nous nous portâmes en avant au galop, sabre en main, pour charger. Je suivais mon lieutenant, M. Chenavard, à la tête du 2ᵉ peloton. Je n'eus pas le temps de sonner le premier couplet de la charge, car la foudre, la grêle et le vent, tout ensemble, n'eussent pas fait plus de tumulte pour figurer l'ardeur de nos chasseurs dans cette occasion.

Nous arrivâmes sur le pont et dans l'intérieur du village avec une telle impétuosité, que l'ennemi qui le défendait ne tira pas 20 coups de fusils et ne pensa qu'à la fuite. Nous eûmes bientôt fait de le culbuter et de le chasser à coups de sabre jusqu'à l'autre bout du village.

Alors je me trouvai mêlé parmi une douzaine de Kaiserlites désunis ; comme je portai un coup de sabre sur l'un d'eux, un autre allait me porter un coup de baïonnette ; mais par un mouvement de la foule, il me manqua, et c'est mon cheval qui reçut le coup sur la tête ; je lui ripostai par un maître coup de sabre que je lui allongeai à travers le visage, si bien que je le vis tomber à terre sur le coup. Ensuite je continuai à courir jusqu'au dehors du village où j'atteignis encore deux soldats autrichiens auxquels je fis jeter bas les armes et je les ramenai prisonniers de guerre.

Dans ce moment, je rencontrai mon capitaine qui me dit de sonner le ralliement. Nos deux compagnies de chasseurs se réunirent et se rangèrent en bataille, ainsi que nos deux bataillons d'infanterie. Nous demeurâmes ainsi quelque temps au bout du village, d'où l'on découvrait facilement la ville de Vicence ainsi que beaucoup de cavalerie ennemie. Aussitôt nos deux obusiers arrivèrent se mettre en batterie ; nos canonniers firent feu et lancèrent une dizaine d'obus à la volée, dont l'on pouvait bien remarquer l'effet ; chaque obus portait et éclatait au milieu de cette cavalerie qui disparut bientôt.

Dans cette journée, nous eûmes trois chasseurs tués, une dizaine blessés, ainsi que plusieurs chevaux : le mien est de ce nombre, il fut atteint d'un coup de baïonnette qui lui glissa au-dessous de l'œil droit et pénétra quatre pouces avant entre cuir et chair ; c'était le coup de ce furieux que j'ai sabré.

Enfin notre avant-garde établit ses postes auprès du village, où nous nous disposâmes à passer la nuit. Alors le capitaine Périolat fit réunir tous les blessés et les prisonniers kaiserlites dans des granges, où il les fit soigner et donner à tous des vivres.

Tel fut, mon père, le résultat de cette rencontre du 3 mai. Comme vous pouvez en juger, nous n'avons pas mal débuté à l'avant-garde, puisqu'un aide de camp du général Macdonald arriva nous visiter aux bivouacs, nous féliciter et nous combler d'éloges de la part du général en chef, sur notre conduite dans cette journée.

A ma suivante.

RENTRÉE A VICENCE. — ENTREVUE AVEC UN HUSSARD HONGROIS DANS UNE ILE DE LA BRENTA.

Au bivouac sur la Brenta. Campo-Secco,
le 4 mai   .

Mon père, la nuit se passa très bien au village de Baglione, je dis très bien, parce que des soldats sont toujours heureux quand ils sont vainqueurs.

Aujourd'hui 4 mai au matin, nous apprîmes que l'ennemi avait totalement évacué Vicence. Alors notre grand'garde se disposa à se remettre en marche en colonne par pelotons, nos deux compagnies de chasseurs en tête. A 6 heures du matin, nous entrâmes dans Vicence comme en triomphe, au son des trompettes et tambours ; une foule d'habitants accouraient sur notre passage et nous témoignaient leur joie de nous revoir. Ils nous offrirent en passant des pagnotti et des bouteilles de vin et d'eau-de-vie. Je reconnus avec plaisir mon patron Albantini, qui traversa la foule pour venir me serrer la main ; nous nous souhaitâmes réciproquement du bonheur, je ne devais pas quitter mon rang. Nous nous trouvions fiers de marcher ainsi les premiers de l'armée, à la suite de notre combat de la veille. Nous traversâmes la ville sans nous arrêter, et nous vînmes faire halte hors la porte de Trévise, où nous fûmes relevés par une autre avant-garde.

L'armée se dirigea de suite vers la Brenta. Notre régiment, marchant toujours un des premiers, se détacha par compagnies en éclaireurs, afin de reconnaître tous les environs. Avant midi, nous étions sur les rives de la Brenta, où nous remarquâmes que les Autrichiens étaient déjà de l'autre côté et qu'ils avaient mis le feu au pont qui brûlait encore ; nous vîmes aussi sur l'autre rive des hussards en vedette et d'autres qui voltigeaient aux environs.

Maintenant, mon père, je vais vous rapporter une de ces occasions extraordinaires qui se rencontrent rarement : c'est une entrevue que j'ai eue aujourd'hui avec un de nos adversaires, où, guidés par la même intelligence, nous avons fait preuve ensemble de franchise et de loyauté. La compagnie dont je fais partie parcourait le rivage vers l'endroit qui nous était indiqué, afin de reconnaître un terrain parsemé de petites îles et de bosquets épars ; alors je m'écartai avec un maréchal des logis de mes amis, nommé Frognier, nous aperçûmes deux hussards autrichiens isolés de l'autre côté de la rivière, à peu de distance de nous. L'un d'eux nous fit signe d'avancer, Frognier était d'avis d'aller à eux les armes à la main pour les attaquer ; mais moi, je pensais autrement, je n'avais pas envie d'attaquer le premier, j'étais bien aise de connaître l'intention de celui qui nous faisait signe. Nous étions séparés par l'espace d'environ 100 pas ; cet espace était divisé par deux bras de la rivière et une petite île ou banc de gravier dans l'intervalle. Un des deux hussards s'avança vers nous en agitant son bras et élevant sa voix ; je compris qu'il parlait italien et qu'il disait : « Bonjour, camarades chasseurs ! comprenez-vous l'italien ou l'allemand ?... »

Je lui répondis sur le même ton, en italien : « Oui, je le comprends ! eh ! bien bonjour ! mais je ne crois pas être camarade avec toi...

Lui : Si tu veux nous le serons, viens me voir, nous boirons l'eau-de-vie ensemble ?

Moi : Est-ce de l'eau-de-vie à coups de sabre? tu n'en as peut-être pas d'autre, mais moi j'ai du bon vin dans ma gourde, viens me voir, je t'en donnerai à boire.

Lui (en montrant aussi sa gourde, puis buvant à même) : C'est de la bonne eau-de-vie, à ta santé, camarade! viens me voir tu n'en seras pas fâché, ton camarade peut venir aussi. »

Je me sentais bien l'envie d'aller le trouver, vu qu'il me paraissait un bon diable. Frognier me dit aussi : « Il a l'air d'un bon bougre, vas-y si tu veux, et oblige-le à venir seul sur l'île, je resterai ici en observation. — Eh bien, d'accord, lui répondis-je, je suis bien aise d'examiner ce gars-là de près. » Alors j'appelai le hussard : « Hé! dis donc, camarade, si tu es un bon garçon, tu vas passer seul la rivière de ton côté et je vais aussi passer seul du mien ; approchons-nous avec confiance la gourde à la main, si tu es brave, je le suis aussi. »

Aussitôt le hussard poussa son cheval dans l'eau, j'y entrai aussi ; nos chevaux n'en avaient que jusqu'au ventre. En arrivant sur l'île dans l'intervalle des deux branches de la rivière, nous nous observions tous deux : là, je voyais de près un vieux hussard hongrois qui avait les moustaches plus longues que les miennes, lequel me dit d'un ton gai : « Nous ne venons pas ici pour nous battre, n'est-ce pas, camarade? »

Je lui répondis avec assurance : « C'est comme tu voudras, camarade! du moins je ne le crois pas, si tu ne touches pas à tes armes, je ne toucherai pas aux miennes.

Lui : il ne faut pas toujours se battre, allons buvons à la hussarde, vive les hussards!

Moi : Allons buvons militairement, vive les chasseurs! »

Alors nous bûmes chacun dans nos gourdes à la santé l'un de l'autre et nous nous offrîmes à boire réciproquement, moi du vin, et lui de l'eau-de-vie, à trois ou quatre reprises. C'est ainsi, mon père, qu'un trompette du 8e régiment de chasseurs à cheval, qui est votre fils, et un hussard du régiment Marie-Thérèse, qui se font une guerre à mort, nous semblions nous réconcilier et faire la paix en buvant ensemble avec une égale confiance. De la manière dont nous nous accueillîmes, l'on eût dit que nous nous connaissions et que nous étions amis plutôt qu'ennemis ; le hussard avait été en France et il conservait de l'estime pour les Français.

Cependant j'abordai la question militaire avec mon adversaire, et notre conversation avait toujours lieu en italien.

Moi : Eh bien ! hussard, qu'en penses-tu de la guerre ? Est-ce que ton régiment avec le mien ne se mesureront pas ensemble un de ces jours ?

Lui : Oh ! que oui ! Nous nous verrons à la Piave ces jours-ci... Voilà trois fois que je viens faire la guerre en Italie, et à la Piave, au Tagliamento, nous nous sommes toujours peignés à coups de sabre avec les Français.

Moi : Mais les chasseurs et les hussards français n'ont pas peur de vous, n'est-ce pas ?

Lui : Les hussards hongrois n'ont pas peur de vous non plus ; nous les avons brossés à Pordenone, vos hussards n° 6 ; ils se souviendront des hussards Marie-Thérèse.

Moi : Pardié, à Pordenone, j'y étais aussi. Si vous n'aviez pas surpris nos hussards, vous n'eussiez pas eu si beau jeu. Mais vos hussards Seiklers se souviendront aussi des chasseurs n° 8 ; tiens, vois cette ceinture à la hussarde que je porte, (en la lui montrant), je l'ai prise sur un officier des Seiklers ; si vous avez brossé nos hussards, eh bien, nous avons brossé les vôtres, c'est partie égale.

Lui : Hé bien, c'est une revanche qu'il faudra reprendre à la prochaine rencontre. »

Dans ce moment de notre entretien, nous entendîmes plusieurs coups de fusil tirés dans les environs, et mon ami Frognier me rappelait. Alors nous nous donnâmes une poignée de main avec le hussard :

Moi : Adieu, camarade hussard, porte-toi bien !

Lui : Adieu, camarade trompette, toi pareillement ! Si nous nous retrouvons un jour, par hasard, nous nous reconnaîtrons, n'est-ce pas ?

Moi : Oui certainement, j'aime les braves gens, adieu ! »

Ainsi se termina notre entrevue qui durait depuis un bon quart d'heure ; nous fîmes demi-tour pour repasser l'eau chacun de notre côté, contents l'un de l'autre. Frognier et moi, nous allâmes rejoindre notre compagnie.

Le soir, notre régiment vint s'établir à Campo-Secco,

village situé près la Brenta, où nous devons passer la nuit.

Le temps et la saison commencent à devenir agréables depuis quelques jours ; demain, nous poursuivrons nos succès.

Arrivée a Castel-Franco. — Affaire de cavalerie. — 2ᵉ cheval pris a l'ennemi.

Au bivouac du hameau en avant de Castel-Franco,
le 5 mai au soir.

Patience ! mon ami, du train que vont nos affaires militaires, je vois que ma correspondance avec toi va aussi recevoir une nouvelle activité.

Aujourd'hui 5 mai, notre régiment passa la Brenta un des premiers ; les autres régiments la passèrent successivement sur plusieurs directions ; des soldats d'infanterie montaient en croupe derrière les dragons et d'autres se suspendaient à la queue des chevaux.

Aussitôt passé, notre régiment reçut l'ordre de se porter rapidement sur Castel-Franco. Nous partîmes au grand trot, l'espace de 9 milles de chemin ; nous arrivâmes bientôt à Castel-Franco, où l'arrière-garde de l'ennemi se sauva à l'approche de notre avant-garde qui prit cinq hussards avec leurs chevaux et quelques bagages. Nous occupâmes cette petite ville quelques heures et y prîmes des rafraichissements. L'armée y arriva ensuite pour y établir sa ligne d'observation.

Puis notre régiment se porta encore à l'avant-garde, appuyé par d'autre cavalerie ; alors nous marchâmes en ordre de bataille dans une plaine assez étendue, notre 4ᵉ escadron étant en avant à la découverte, comme grand'-garde.

Vers les quatre heures après-midi, les tirailleurs se firent entendre. A sept heures, nous entendîmes des cris de bataille, notre 4ᵉ escadron était chargé et pliait devant deux escadrons de hussards ennemis qui nous ramenaient nos chasseurs en désordre. A ce moment, M. Cabanel, major du régiment, commanda à notre 1ᵉʳ escadron de le suivre : « Allons, chasseurs, il faut recevoir ces bougres-là avec la pointe de nos sabres ! » Aussitôt le 1er escadron s'avança au grand trot à deux portées de fusil et bientôt nous aperçûmes la bagarre ; c'étaient les hussards hongrois supérieurs en nombre qui sabraient et poursuivaient pêle-mêle notre grand'garde. Il était temps que nous arrivions au secours de nos camarades. Nous nous lançâmes tous au galop en fourrageurs et nous nous trouvâmes bientôt mêlés avec les hussards qui se trouvaient déjà éparpillés, désunis. A notre vue, le 4e escadron se ranima et revint à la charge avec nous. Et voilà les hussards entrepris à leur tour : l'on se charge de tous côtés, les coups de sabre tombent comme la grêle, l'acharnement devient fureur, la bravoure et le courage étant égaux dans les deux partis. Non, mon ami, je n'avais jamais vu une rencontre aussi furieuse ni un contraste plus frappant que cette mêlée à double reprise : c'était une confusion difficile à expliquer. Imagine-toi les différents chocs des combattants, le bruit des armes, les cris différents des vainqueurs et des vaincus : ce sont de ces moments terribles où l'âme enlevée hors d'elle-même ne connaît plus ni raison, ni sagesse, ni modération. Je me trouvais avec les autres trompettes réunis au centre de notre régiment, lorsque j'aperçus le 1er escadron qui se portait en avant. Je devais marcher avec lui : alors je partis prendre mon poste à la droite de notre escadron et je me lançai à la charge avec eux ; mon cheval et moi ne fûmes point paresseux ; j'attachai mon sabre à mon poignet par la dragonne et je découvris les fontes de mes pistolets. J'aperçus dans cet instant, à 100 pas vers ma droite, un hussard ennemi qui poursuivait un chasseur à l'écart, lequel allait être atteint et sabré par ce hussard. Je lançai vivement mon cheval pour le contre-barrer dans sa course et je l'atteignis au moment où il allait doubler le chasseur à sa droite. J'arrivai, la tête de mon cheval sur la croupe de celui du hussard, en lui lâchant mon coup de pistolet dans le flanc presque à bout portant. Alors je criai au chasseur : « Fais demi-tour, n'aie pas peur, je le tiens ! » Voyant ce hussard tomber à la renverse, je dirigeai mon cheval habilement vers le sien, que je saisis à la course par ses rênes de bride et je l'arrêtai. Comme je me retirais avec mon cheval de prise, le chasseur me suivit et me remercia du service que je venais de lui rendre. « C'est réciproque entre nous, lui répondis-je ; tu pourras me le rendre si l'occasion se trouve. » Dans ce moment, nous vîmes trois hussards ennemis qui venaient au galop directement sur nous. Aussitôt je pris ma résolution : « Faisons halte, mon ami, dis-je au chasseur ; il faut les combattre plutôt que de nous sauver ; attendons-les avec fermeté, prends ta carabine, et moi mon pistolet, laissons-les venir à bout portant, ne manquons pas nos coups, et puis avec nos sabres, nous en viendrons à bout. »

Ainsi résolu, j'allais être obligé de laisser là mon cheval de prise sans savoir si je pourrais le rattraper, quand, par un heureux hasard, un maréchal des logis et un chasseur, Chany et Champion, deux bons soldats de notre compagnie, qui avaient aussi aperçu les trois hussards ennemis, accoururent à leur rencontre ; le chasseur Cottinet que je venais de débarrasser, alla se joindre aux deux camarades : ils attaquèrent les trois hussards, ils en renversèrent deux et prirent leurs chevaux : le troisième, voyant ses camarades tomber sous les premiers coups de sabre, se sauva. Comme il passait près de moi, je lui tirai un coup de pistolet à peut-être 15 pas de distance. J'ignore si je l'ai atteint.

Ensuite je me retirai avec mes camarades, emmenant chacun un cheval pris à l'ennemi : le chasseur Cottinet nous quitta pour aller rejoindre sa compagnie. Nous nous dirigeâmes aussi du côté de la nôtre, que nous avions perdue de vue.

Cependant, comme je te l'ai dit, nos deux escadrons de chasseurs étaient encore aux prises avec les hussards qui étaient sabrés supérieurement et qui furent forcés de se sauver en désordre. Nos chasseurs, se laissant emporter par trop d'ardeur, les poursuivirent jusque dans leur ligne, jusqu'à ce que quatre coups de canon, tirés sur nous, nous arrêtèrent. L'on sonna le ralliement et nos deux escadrons revinrent sur leurs pas se rallier au régiment. La nuit qui était survenue dans ces entrefaites, mit fin à cette affaire, qui se termina, comme tu peux bien le croire, à la gloire de notre 1er escadron.

Comme un de ceux qui se sont distingués aujourd'hui, j'ai reçu des compliments de mon capitaine et de mon lieutenant qui sont venus nous voir à notre bivouac ; mon cheval hongrois se trouve être bon, plein d'ardeur ; je le cède au régiment ; celui qui le montera sera content. La gratification accordée me sera payée plus tard.

Le cellier de Saltarunda. — Course sur la Piave.
A la recherche de 60 hommes égarés. — Le vin et les chevaux.

Saltarunda, le 7 mai au soir.

Mon ami, hier 6 au matin, notre régiment suivit tranquillement la grande route jusqu'au bourg de Citadella, vers la Piave, ramassant sur cette route plus de 600 traînards kaiserlites, que l'on se contentait de désarmer et de renvoyer sur les derrières. Nous vînmes occuper un village appelé Saltarunda, où chaque compagnie occupa les maisons qui lui convenaient, quoique tout fût déjà ravagé par les Autrichiens. Notre compagnie s'empara d'une maison bourgeoise assez considérable avec la ferme et d'autres dépendances ; tout était également bouleversé et abandonné. Pas de propriétaires, pas de paysans à qui parler. Et pourtant il fallait que nous nous procurions des vivres. Alors chacun se mit en devoir de miner et de fureter partout ; nous trouvâmes d'abord du fourrage pour nos chevaux ; l'on recueillit encore quelque peu de farine de maïs pour faire de la poulinte, et quelques volailles égarées dans un clos avec une chèvre. Il y avait une dizaine de cuves dans le cellier, cela désignait qu'il y avait du vin dans cette maison. Des chasseurs habiles doivent trouver tout ce qui se cache. Il faisait nuit. Je me trouvais avec six de mes amis ; nous avions allumé nos bougies, afin de chercher notre vie ; nous faisions le blocus d'un petit bâtiment où nous ne voyions ni portes ni fenêtres : nous jugeâmes qu'il y avait quelque chose là-dedans. Alors nous nous procurâmes des outils et chacun se mit à l'ouvrage ; nous perçâmes un trou dans la muraille avec assez de difficulté, car elle était solide, et ce fut moi qui passai le premier par ce trou avec ma bougie à la main. Je reconnus bientôt quel était ce bâtiment. Au comble du bonheur, j'appelai mes camarades : c'était un cellier qui renfermait 15 à 20 tonnes de vin. Aussitôt nous nous mîmes en devoir de percer les tonneaux et de goûter quel était le meilleur vin. Toute notre compagnie fut bientôt avertie de cette précieuse découverte, et tous accoururent pour faire leurs provisions. Quelques paysans, qui s'aperçurent que nous avions trouvé cette cachette, voulurent se récrier et faire des réclamations, mais on passa outre. Mon premier soin fut de penser au capitaine et d'aller lui porter un grand broc plein du meilleur vin ; je le trouvai avec les officiers de notre compagnie dans une chambre où ils se chauffaient et n'avaient rien à boire. Mon attention leur fit grand plaisir, et je leur appris l'aventure du cellier. Alors notre capitaine, réfléchissant à cela, fit mettre de suite deux maréchaux des logis de planton dans le cellier pour empêcher le gaspillage, et deux factionnaires à l'entrée du trou. Cependant, les autres compagnies furent averties. Bientôt nous ne fûmes plus les maîtres chez nous. Les chasseurs allaient et venaient comme en procession, avec des seaux, des baquets et d'autres vases, rendre visite à notre précieux cellier. Notre capitaine avait désigné un foudre de vin pour chaque compagnie (chaque foudre pouvait contenir quatre muids de notre pays). Ainsi, depuis le premier officier jusqu'au dernier chasseur, tous avaient du vin à boire à discrétion ; mais dans une si bonne occasion, il manquait à manger ; beaucoup étaient en ribotte et affamés.

Aujourd'hui 7 mai, après midi, notre régiment monta à cheval pour aller parcourir les rives de la Piave, où nous pratiquâmes un gué assez difficilement à travers les courants rapides. Arrivés de l'autre côté, chaque escadron se porta en avant à la découverte sur divers points et l'on reconnut bientôt des vedettes et des postes ennemis ; quelques coups de carabine furent échangés, sans aucun résultat.

La nuit étant survenue dans ces entrefaites, notre régiment revint passer la rivière au même gué. Alors notre colonel ayant eu avis que 60 hommes détachés de la grand'garde avaient sans doute perdu de vue le régiment et n'étaient pas encore rentrés, craignit que ce détachement ne s'égarât et allât tomber dans un parti ennemi ; il ordonna qu'on les envoyât appeler de suite par un trompette. Aussitôt l'adjudant Huint vint s'adresser à moi en me disant qu'il fallait que je retournasse de l'autre côté de la rivière pour sonner le ralliement et que je ne revinsse pas sans avoir trouvé les 60 hommes. Je me serais bien passé de cette corvée-là, mais il fallait obéir. Je retournai donc seul au milieu de l'obscurité passer la Piave à l'aventure ; je pris assez mes précautions tant pour remarquer mon chemin que pour éviter d'être entrainé par le courant. Je me trouvai alors dans une situation extraordinaire, seul, isolé, après neuf heures du soir sur les cailloux de la Piave, ne pouvant plus rien distinguer à vingt pas devant moi ; je n'entendais qu'un bruissement continuel fait par les courants rapides de l'eau qui se divise en plusieurs bras et qui roule en torrent sur un immense lit de cailloux qui n'a pas moins d'un mille de largeur à cet endroit. Cependant tout en me recommandant à mon bon génie, je traversai successivement les quatre bras d'eau sans trouver trop de profondeur, enfin j'arrivai de l'autre côté, puis m'avançant dans la plaine, je sonnai plusieurs fois l'appel et le ralliement. Nos chasseurs qui se trouvaient comme perdus dans cette plaine, ayant entendu la trompette, se dirigèrent vers moi. Les ayant reconnus, je les reconduisis à l'endroit où j'avais passé, et je repassai la Piave pour la quatrième fois de la journée. Lorsque nous arrivâmes sur l'autre rivage, nous y trouvâmes des chasseurs placés bien à propos de distance, en distance afin de nous guider jusqu'au régiment qui était rentré à Saltarunda, où nous arvâmes au milieu d'une nuit obscure. Le bon vin qui était au bivouac nous dédommagea de nos fatigues. Il faut te dire, mon ami, que mon cheval boit aussi bien du vin que moi, il y est accoutumé ; un demi-seau ne le rebute pas.

Je te fais remarquer cette particularité, car il est rare de voir des chevaux aimer le vin. Le mien n'est pas le seul qui en boit : quand on y ajoute un peu d'avoine ou d'autres grains, cela leur donne une telle vigueur, que l'on a du plaisir à les voir devenir comme fous, pour ainsi dire indomptables.

Adieu, mon ami, à demain ! Nous verrons du nouveau. Il parait que les deux armées vont se trouver en présence et que l'on va livrer bataille aux environs de la Piave ; je m'y trouverai, je l'espère.

BATAILLE DE LA PIAVE. — BRILLANTE CHARGE DE NOTRE RÉGIMENT. —
JE M'EMPARE D'UN CANON. — LA CANONNADE EST LA MUSIQUE DES
BRAVES.

Au bivouac sur le champ de bataille.
Le 8 mai au soir.

Mon cher père, je pense que vous apprendrez avec satisfaction la nouvelle d'une bataille gagnée aujourd'hui par
les Français après le passage de la Piave.

Nous voilà au comble de nos désirs. Nous commençons
à recueillir les fruits de nos peines. Les exploits de la
Grande Armée en Allemagne préparent aussi les lauriers
que doit cueillir notre armée d'Italie et nous transportent
au champ d'honneur avec cette ardeur guerrière qui est
aussi pour nous le prélude de la victoire.

Notre régiment a beaucoup contribué par sa bravoure
aux succès de cette journée et j'ai moi-même couru de
grands dangers, mais je m'en suis heureusement tiré. Donc
aujourd'hui 8 mai à la pointe du jour, notre régiment ga-
gnait la Piave avec le 28e régiment de dragons et deux
escadrons du 23e de même arme ; nous formions en tout
dix escadrons. L'on observa le terrain de manière à ne pas
nous laisser apercevoir par l'ennemi ; à cet effet, nous
mîmes tous pied à terre et nous nous tînmes dans un fond
longeant une espèce de longue berge sur le rivage. Nous
étions masqués du côté de la plaine par l'élévation du terrain qui était environné de bosquets et de broussailles et
devions demeurer là jusqu'à nouvel ordre, en attendant la
réunion des autres corps qui devaient arriver. Le pont
n'était pas encore rétabli : la Piave devait être franchie sur
plusieurs points en même temps.

Il y avait peut-être une heure que nous étions dans cette
espèce d'embuscade, lorsqu'on aperçut dans la plaine, à un
bon mille sur notre gauche, vers la direction du pont, un
parc considérable d'artillerie ennemie qui arrivait au galop.
Cette artillerie vint se déployer et se mettre en batterie
tout le long du rivage, et commença aussitôt un feu terrible à travers la rivière, sur l'autre rivage de laquelle nos
troupes arrivaient et se disposaient de suite à passer l'eau.

Les boulets et les obus volaient au ricochet sur les cailloux et en enlevaient des volées qui auraient infailliblement abîmé nos troupes si notre régiment avec nos dragons n'avaient fait les dispositions pour arrêter ce tapage-là. En effet, nos chefs, s'étant aperçus de cette attaque, nous commandèrent bien à propos de marcher en colonne par escadrons au grand trot ; nous arrivâmes ainsi jusqu'à une portée de fusil de distance de l'aile gauche de l'artillerie ennemie, laquelle ne se trouvait nullement soutenue. Ayant reconnu nos dragons qui se trouvaient en tête, l'artillerie n'eut que le temps de diriger sur nous trois ou quatre obus. Alors comme notre gauche s'appuyait au rivage, l'on commanda : « Sur le premier escadron des dragons, déployez la colonne, à droite en bataille ! » Puis : « En avant, guide à gauche, pour charger sur les pièces ! » Les chefs des compagnies firent exécuter le détail de cette manœuvre. Ce mouvement des 10 escadrons se fit au grand galop avec une précision telle qu'on pouvait la désirer, et nous arrivâmes avec la rapidité d'un torrent faire front sur le derrière de l'artillerie ennemie que nous enveloppâmes aussitôt de la gauche à la droite. Nous fonçâmes dessus à tort et à travers, nous hachâmes à coups de sabre les canonniers sur leurs pièces et partout où ils voulaient se sauver, si bien qu'il n'en réchappa aucun, si ce n'est quelques soldats du train qu'on épargna. En moins d'une demi-heure, nous nous trouvâmes maîtres de tout. Seize pièces de canon avec leurs caissons et plus de 100 chevaux de trait restèrent au pouvoir de nos 10 escadrons. Notre régiment a pu faire pour sa part la moitié de cette besogne, et les dragons l'autre moitié.

Cela se passa à la vue d'une partie de notre armée qui se trouvait vis-à-vis sur l'autre rive.

Dans cette action, je rencontrai un canonnier autrichien à ma portée, je lui allongeai un premier coup de sabre ; sans attendre le second, il se fourra sous un caisson où je le laissai pour m'employer à retenir deux chevaux que j'arrêtai dans cette mêlée, attelés à une pièce de canon. Les camarades s'emparèrent aussi du reste des canons et des caissons. Je conduisis ma pièce avec les autres ; nous menâmes le tout vers la tête du pont que l'on finissait de rétablir à la hâte. Là, nous déposâmes toute cette artillerie sur le rivage et nous la remîmes à la garde d'un bataillon d'infanterie qui venait de passer.

Dans ce moment, je vis des officiers supérieurs envoyés de la part du prince Eugène pour nous complimenter sur ce premier succès, duquel l'armée tira bon augure pour la journée.

Comme je demeurai environ une demi-heure sur le rivage, où la seule curiosité me retenait, je remarquai alors un mouvement considérable dans notre armée ; je vis arriver le prince Eugène avec son état-major, qui passait la rivière au gué comme les autres ; je vis sur notre extrème gauche que notre cavalerie était déjà passée, savoir les 6ᵉ, 9ᵉ, 25ᵉ régiments de chasseurs et le 6ᵉ hussards ; je vis l'artillerie et l'infanterie qui passaient également l'eau à plusieurs endroits, ce qui faisait une espèce de confusion, vu les difficultés occasionnées par la rapidité du courant. Pour faciliter l'infanterie, l'on avait tendu des cordages fixés à des caissons et des nageurs étaient placés afin de porter secours à ceux que les courants auraient pu emporter.

A mesure que nos troupes avaient franchi la rivière, chaque corps se ralliait et suivait la direction qui lui était indiquée, afin de prendre son rang de bataille.

Cependant je m'éloignai aussi des rives de la Piave pour aller rejoindre notre régiment duquel je m'étais absenté un instant avec plusieurs chasseurs, comme je viens de le dire, pour mener nos canons. Alors l'on voyait paraître dans la plaine plusieurs colonnes d'infanterie et de cavalerie également en mouvement : le combat était engagé sur notre gauche et le canon ronflait. Nos six escadrons de dragons, qui avaient participé avec notre régiment à la prise des pièces, faisaient une autre charge sur une colonne d'infanterie ennemie qu'ils culbutaient, mais ils en éprouvaient une fusillade qui les ramena avec perte. D'un autre côté, sur notre gauche, le 9ᵉ chasseurs se faisait ramener en désordre jusque dans la Piave par les hussards hongrois, lorsque le 25ᵉ chasseurs et le 6ᵉ hussards arrivèrent au secours et culbutèrent les hussards hongrois à leur tour.

Cette action fut d'autant plus remarquée de toute l'armée, que le 9ᵉ chasseurs était arrivé sur le champ de bataille, en faisant comme l'on dit les faquins, c'est-à-dire que, pour se distinguer des autres régiments, ils étaient en grande tenue ayant leurs plumets sur leurs shakos, comme un jour de parade, ce qui donna lieu de rire et de plaisanter sur leur compte, lorsqu'on vit les hussards hongrois les passer en revue de cette manière.

Il était neuf heures du matin ; la bataille était engagée sur tous les points. Les Français prenaient partout la supériorité sur les Autrichiens ; nous étions pour ainsi dire déjà maîtres de la plus grande partie de la plaine.

Cependant notre régiment, après sa charge sur l'artillerie, était demeuré près d'une heure à observer une position de réserve qui protégeait le passage d'une division de l'armée.

Lorsque nous nous avançâmes en ordre de bataille, nous vînmes faire halte à la vue d'une métairie, ou groupe de vieux bâtiments assez considérables situés dans cette plaine. Là, notre régiment pensa bien qu'il allait lui arriver quelque chose de cet endroit, car nous savions que l'ennemi y était retranché : ce qui ne manqua pas. Dès que nous fûmes arrêtés à cette nouvelle position, nous fûmes salués militairement par une batterie de six pièces de canon qui était dans un chemin creux masquée par un fossé. C'était la plus mauvaise rencontre que nous puissions faire physiquement. mais elle devenait nécessaire au moral de notre régiment ; elle servit à aguerrir et à affermir ceux qui n'avaient pas encore été mis à l'épreuve du BRUTAL [1]. En effet, les coups de canon se succédèrent si vivement, que la plupart de nos chasseurs furent étonnés de la brutalité avec laquelle les boulets nous arrivaient. Je n'étais pas moi-même le moins résolu, mais je n'étais pas non plus le mieux rassuré, en remarquant l'effet que produisait cet événement. Le premier mouvement d'étonnement fut bientôt réprimé par le major Cabanel, le plus vaillant soldat que l'on puisse voir ; il se faisait remarquer dans cette circonstance par un sang-froid rare, en allant et venant devant le front

____

1. Le canon.

de notre régiment où les boulets tombaient à chaque instant et fracassaient des hommes et des chevaux : « Ce n'est rien que ça ! Chasseurs ! disait alors l'intrépide major, restez fermes à vos rangs, c'est la musique des braves !... » Et tout chacun prenait à cœur de mépriser le danger. Pendant environ une demi-heure que notre régiment demeura exposé à cette canonnade continuelle, je me trouvais au premier rang avec tous nos trompettes au nombre de 12 : nous formions un petit peloton posté au centre du régiment dans l'intervalle de deux escadrons et nous n'étions pas les moins exposés sous le feu des canons, car, avec nos chevaux blancs, nous étions le principal but des canonniers ennemis. Plus de vingt boulets arrivèrent tomber devant nous : deux seulement firent fracas dans notre peloton ; le premier frappa le trompette brigadier Florentin, lui brisa la jambe et tua son cheval ; sa chute au milieu de nous occasionna un peu d'embarras et dérangea notre peloton. Une minute après, j'étais encore tourné de côté pour voir cet événement, quand un autre boulet arriva passer sous le col de mon cheval et frappa dans l'épaule le cheval de mon ami Roger qui se trouvait à ma droite ; le cheval tomba roide mort à côté de moi. C'est bien là le cas de dire que je l'ai échappé belle, car si j'eusse été tourné tant soit peu face à l'ennemi, ce boulet était pour moi. Aussitôt que je vis mon ami Roger tomber avec son cheval, je pensai qu'il était lui-même blessé ; je mis pied à terre à dessein de le secourir, mais il n'avait aucun mal ; il se débarrassa et se sauva à pied avec une si belle peur, qu'il ne se donna pas le temps d'enlever son porte-manteau de dessus son cheval.

Cependant notre colonel, ayant vu que ses trompettes étaient trop exposées, nous envoya l'adjudant Legendre pour nous dire d'aller chacun à la droite de nos escadrons. Alors notre petit peloton disparut de la vue des canonniers ennemis. Mais le danger allait aussi disparaître sur ce point. Comme j'arrivais à la droite de notre escadron, l'on aperçut une forte colonne de cavalerie ennemie qui s'avançait au trot en ordre de bataille. Notre régiment fit un mouvement par pelotons à droite, comme pour nous diriger vers cette cavalerie. Au même instant, nous vîmes arriver deux pièces de canon et quatre obusiers qui venaient nous remplacer dans notre position, afin de brûler et de saccager cette masse de bâtiments qui formaient obstacle dans le milieu de la plaine et, par ce moyen, en débusquer l'ennemi.

Le prince Eugène donne l'ordre a notre régiment. — Brillante charge. — Louanges aux vainqueurs de la Piave.

Conegliano, le 9 mai.

Avant de vous dire comment nous sommes arrivés à Conegliano ce matin, je dois terminer les détails de la journée d'hier.

Notre régiment changeait de position pour se porter à la rencontre de cette colonne de cavalerie ennemie que nous apercevions sur notre droite, lorsque le prince Eugène, parcourant le champ de bataille avec ses aides de camp, arriva vers nous et s'arrêta près de notre colonel. Je me trouvais assez près d'eux dans ce moment pour l'entendre dire : « Colonel Curto, voyez-vous l'ennemi là-bas qui s'avance ? eh bien ! c'est votre affaire ; vous allez le recevoir avec votre régiment, tâchez d'étriller ces bougres-là, si bien qu'ils s'en souviennent, je vais voir comment vous vous en acquitterez ! » A quoi notre colonel répondit : « Vous serez satisfait, mon prince ; l'occasion ne peut pas mieux s'en présenter, mes chasseurs ont les oreilles échauffées, ils vont se venger des coups de canon. »

Alors notre colonel fit faire les dispositions nécessaires et nous nous trouvâmes bientôt en présence de cette colonne de cavalerie ennemie que nous menacions déjà avec une joie féroce. Ils ne paraissaient pas beaucoup plus nombreux que nous (c'était le régiment de Marie-Thérèse hussards), ils se disposaient aussi à venir nous combattre, c'est-à-dire que nous avancions les uns contre les autres avec une égale ardeur de nous mesurer.

Dans ce moment, notre gros major se fit encore remarquer en prévenant dans chaque compagnie comment il fallait se comporter pour recevoir et donner cette charge.

Lorsque notre colonel commanda : « Escadrons en avant

au trot !... ensuite au galop !... » puis aux trompettes :
« sonnez la charge !... » ce fut le plus beau coup d'œil
que jamais des guerriers puissent offrir. Quel spectacle
imposant et digne d'admiration ! Figurez-vous, mon père,
deux bons régiments de cavalerie légère disposés avec la
même précision, composés chacun d'environ 900 hommes,
s'avançant les uns contre les autres avec une égale ardeur
de vaincre, puis les deux régiments arrivant en présence
l'un de l'autre comme deux murailles. Le premier choc se
donna sans faire brèche et obligea les deux partis à faire
chacun un petit temps d'arrêt, tant les rangs se trouvaient
bien soutenus, de manière que les chevaux se trouvèrent
tête à tête, les hommes ayant tous les sabres en main, se
menaçant et se défiant l'un pour l'autre. C'était là un coup
de temps bien remarquable, que l'aspect de ces deux
fronts de bataille, les têtes des chevaux couvertes et héris-
sées de lames de sabre en mouvement pour se porter
et parer réciproquement les coups ; chacun pensait au
beau jeu que l'on allait voir sur celui qui se laisserait entamer. L'on demeura peut-être deux minutes dans cette alternative, quand tout à coup, par un contre-temps assez
ordinaire dans la cavalerie, mais qui devint funeste aux
hussards, quelques pelotons de leur droite qui n'avaient
pas assez de distance, se laissèrent refouler par les autres,
si bien que, se trouvant trop serrés, ils furent forcés de se
rompre ; le flot se porta en arrière et leur fit crever un
escadron entier. Notre 3e escadron qui se trouvait vis-à-vis,
opposé à eux, fit aussitôt un mouvement en avant qui
acheva d'enfoncer ces hussards déjà ébranlés. Ce mouvement se communiqua rapidement dans tous les rangs ;
alors une espèce de terreur s'empara des Hongrois, ce qui
nous donna prise sur eux. Au même instant, un cri général poussé par nos chasseurs devint le signal de notre
triomphe : « En avant ! en avant ! chasseurs ! Sabrons !
tuons tout ! à toi, là ! à moi, ici ! hardis ! hardis ! courage,
mes amis, etc... », et l'on se trouva aussitôt pêle-mêle avec
eux.

Maintenant, mon père, vous allez connaître le résultat
de cette affaire et la manière dont j'y ai participé moi-
même : Aussitôt que j'eus sonné la charge, je me trouvai

en serre-file derrière notre 1er escadron, où je remarquai
le résultat du choc tel que je vous l'ai expliqué au premier
abord ; ensuite voyant que l'ennemi était entamé, je péné-
trai aussi au milieu de la mêlée et du cliquetis des armes ;
d'abord, je fus un moment à chercher l'occasion et à regarder autour de moi où je porterais mon premier coup de
sabre, tant je voyais nos chasseurs qui combattaient avec
acharnement et se distinguaient à l'exemple les uns des
autres, si bien que les coups de sabre tombaient comme la
grêle. Dans ce moment, un hussard passa à côté de moi
sans que je le visse venir et m'appliqua un furieux coup
de sabre sur l'épaule gauche. Je me trouvai tellement surpris de ce coup, que je pensais en être blessé ; sans perdre
de temps, je retournai mon cheval vers ce hussard au moment où il me dépassait, je le suivis seulement deux pas
en me lançant dessus et je lui allongeai un maitre coup de
pointe dans les reins. Je vis à mon sabre que j'étais bien
vengé ! Puis je perdis ce hussard de vue dans la mêlée. Le
coup de sabre que je venais de recevoir sur l'épaule gauche
avait justement porté sur la boucle de mon porte-giberne,
dont la banderole, qui est en bon cuir de buffle, se trouva
à moitié coupée, jusqu'à mon habit qui est aussi coupé.
J'en suis quitte pour une douleur à l'épaule qui est un peu
meurtrie. Après ce coup, la colère s'empara de moi et
m'anima au point que je me sentais la force de battre quatre
hussards si je les eusse trouvés à ma portée, mais tous se
trouvaient si bien entrepris, que je n'en rencontrai qu'un
qui n'avait pas d'adversaire. J'avançai sur lui et, l'ayant à
ma portée, je lui allongeai un coup de pointe dans le cou,
si bien appliqué au-dessous de l'oreille, qu'il tomba sur-le-
champ. Après quoi je me trouvai par hasard près de notre
gros major, au moment où ce fier soldat venait de recevoir
un coup de sabre sur la figure : il dit au hussard qui avait
eu cette audace : « Tu es un bon bougre, toi !... Mais tu
t'es mal adressé, tiens, porte cela à ta cuisine. » En disant,
il poussa son cheval sur son ennemi, et lui passa son sabre
au travers du corps. Je cite ce trait sur tant d'autres dont
je fus témoin, parce qu'il est de mon goût et que j'aime
les manières du major Cabanel. Alors je lui donnai du
vin que j'avais dans ma gourde, avec quoi il lava et pansa

sa blessure. Puis je demeurai un instant près de lui, afin de le garder et de le défendre en cas qu'il survînt quelques hussards.

Il y avait peut-être un quart d'heure que la mêlée était engagée, notre régiment avait constamment maintenu sa supériorité sur les hussards ennemis qui étaient complètement sabrés et bouleversés, si bien qu'ayant tout à fait perdu leur contenance, ils étaient forcés de se sauver en désordre. L'on entendait leurs trompettes sonner le ralliement.

J'allai rejoindre mon capitaine, duquel je m'étais trouvé écarté pendant cette action ; je le joignis à la tête d'une cinquantaine de chasseurs qui, emportés par l'ardeur d'être vainqueurs, continuaient de poursuivre les débris des hussards. Lorsque j'arrivai près de mon capitaine, je sonnai encore la charge à moi seul comme un déterminé. Nous les poursuivîmes jusqu'à ce que, nous trouvant nous-mêmes arrêtés par des pelotons d'infanterie embusqués à droite derrière des haies, à gauche dans des fossés, une fusillade nous assaillit de près et nous avertit de ne pas pousser plus loin. Aussitôt notre capitaine fit demi-tour, et nous revînmes vers notre régiment qui se ralliait hors de la portée des balles.

Chose étonnante et qui prouve combien nous avions saisi le bon moment pour enfoncer les hussards et les épouvanter, c'est qu'il n'y a eu dans notre régiment que le gros major et trois chasseurs de blessés, tandis que nos adversaires ont eu plus de la moitié des leurs hors de combat.

Il était midi. La canonnade et la fusillade étaient engagées sur toute la ligne. Vers les quatre heures, nous étions totalement maîtres du champ de bataille, car l'ennemi disparaissait et se retirait sur Conegliano et vers les montagnes. Enfin la victoire était décidée en faveur des Français ; nous n'entendions plus que quelques coups de canon, par-ci par-là, qui se prolongèrent jusqu'à la nuit. Il nous fallut passer la nuit sur le champ de bataille, dans une plaine aride, sans abri, sans feu et sans vivres.

Le soir, comme nous commencions à nous reposer, un ordre du jour arriva et qui fut publié dans notre régiment, à la lueur d'un flambeau. Par cet ordre du jour, le prince

Eugène témoignait toute sa satisfaction à son armée d'Italie qui venait d'obtenir le plus brillant succès par sa bonne conduite et sa bravoure, ayant surmonté les obstacles, etc., etc..., il désignait les faits et actions des divers régiments, il terminait par cette phrase à la louange du nôtre: « Je félicite également le 8e régiment de chasseurs de la belle conduite qu'ont tenue ses braves guerriers, qui se sont distingués en ma présence par deux charges des plus brillantes et qui font honneur à leur brave colonel. » Signé: Eugène, vice-roi.

Cette louange nous servit de souper, et la nuit se passa tout de même ; apparemment que la gloire nourrit le soldat.

Aujourd'hui 9 mai, à la pointe du jour, chaque compagnie fit pâturer ses chevaux, l'une après l'autre, dans les broussailles ; ensuite notre régiment se porta en avant sur la direction de Conegliano. Nous ne vîmes aucun ennemi, si ce n'est quelques soldats égarés et un grand nombre de leurs blessés qu'ils avaient abandonnés.

Cependant, pour la première fois depuis que la campagne est commencée, notre colonel a fait prévenir et réunir tous ses musiciens à la tête du régiment, et nous entrâmes comme en triomphe dans Conegliano, au son de notre musique.

Notre régiment s'étant arrêté deux heures dans cette petite ville, chacun s'occupa de se procurer des vivres.

Enfin, mon père, je ne fais pas toujours la guerre à mes dépens, car je ne manque pas de ressources ; la journée d'hier me vaut encore au moins 120 francs : ce sont quelques effets de valeur que j'ai trouvés en fouillant dans les caissons autrichiens, principalement un grand galon d'argent provenant d'une bordure de chabraque d'officier.

PASSAGE DU TAGLIAMENTO. — RETRAITE DES AUTRICHIENS HORS L'ITALIE. — ATTAQUE ET PRISE DU FORT DE TARWIS.

Villach, le 19 mai 1809.

Mon cher père, me voici donc une fois de plus en Autriche, justement dans les mêmes pays que j'ai déjà parcourus au commencement de l'année 1806, lorsque notre régiment se dirigeait vers l'Italie.

Voici le détail de nos marches depuis ma dernière lettre :

Après deux heures de rafraîchissements à Conegliano, notre régiment se remit en marche avec d'autres, et se dirigea sur Sacile, où l'ennemi, qui en occupait les environs, délogea à notre arrivée. Le lendemain, nous marchâmes sur Pordenone, ensuite sur Valvasone, toujours ramassant un grand nombre de traînards et des équipages autrichiens. Nous vînmes prendre position, le 11 mai au soir, en avant de ce bourg.

L'on remarque à présent que toute la province du Frioul se trouve dans une extrême misère ; il en est de même de la belle province de Venise et des circonvoisines, ce qui est triste à voir ; les Autrichiens ont tout saccagé dans leur double passage et les Français n'ont rien laissé ; il est temps que nous entrions en Allemagne pour nous dédommager ; gare les pauvres paysans, je les plains !

Le 12 mai, notre régiment passa le Tagliamento, tant au gué qu'à la nage, vu que l'ennemi avait brûlé le pont qui communique dans la plaine de Codroypo. Toute notre cavalerie s'était chargée de passer l'infanterie ; chaque cavalier prenait un soldat en croupe sur son cheval, ou bien il se chargeait de porter l'équipement et l'armement du soldat qui voulait traverser la rivière en tenant seulement le cheval par la queue.

Je passai ainsi le Tagliamento avec un tambour de grenadiers en croupe ; qui se ressemble s'assemble.

Ensuite notre régiment se porta dans les environs d'Osopo, puis se dirigea sur Udine : pendant cette marche, nous remarquâmes beaucoup de destructions, entre autres les superbes camps d'Osopo et d'Udine, construits en belles baraques et qui ressemblaient à des villes fortifiées régulièrement, tout était brûlé et détruit. Cependant les garnisons des forteresses d'Osopo et Palmanova, que les Autrichiens avaient tenues bloquées jusqu'alors, se trouvèrent libres à l'approche des Français, ce qui facilita davantage à nos troupes de repousser l'ennemi hors d'Italie.

Les 14 et 15 mai, notre armée d'Italie se divisa en plusieurs corps, afin de poursuivre l'ennemi à travers les montagnes dans les directions qu'il prenait, savoir : un corps par la Carniole sur la direction de Trieste à Laybach ; un corps par la Carinthie sur la direction de Villach à Klagenfurt ; un corps sur le Tyrol ; un autre corps était en Dalmatie, etc.

Le 8ᵉ régiment de chasseurs fait partie du corps d'armée principal sous les ordres du prince Eugène, qui opère sur le centre. Il passa par Gémona, Venzona, Ponteba, dernières limites de l'Autriche avec l'Italie. Ainsi, le 15 mai, les Autrichiens avaient évacué l'Italie qu'ils croyaient déjà si bien tenir.

Notre régiment a diminué d'environ 100 hommes. Nous sommes encore entrés en Allemagne plus de 800 hommes montés ; notre dépôt reste en Italie.

Les Autrichiens continuaient donc de battre en retraite, mais non sans nous opposer beaucoup d'obstacles ; ils interceptaient les routes en renversant des masses énormes de rochers ; ils brûlaient les ponts qui sont tous construits en bois et nos troupes étaient obligées de suspendre leur marche pour réparer ces désordres. On était arrêté par des forts qui dominent les routes et les environs ; on faisait tentative sur tentative, le canon ronflait jour et nuit. Comme dans ces pays de montagnes, la cavalerie ne pouvait rien faire, c'était l'infanterie qui faisait tout le service. Enfin hier 18 au matin, nous apprîmes avec joie la nouvelle que les forts étaient tombés au pouvoir des Français.

Comme c'est le fort de Tarwis que j'ai vu en passant et que j'en ai remarqué les particularités, je me plais à vous en faire ici une petite description. Nos troupes après y avoir multiplié leurs efforts, éprouvèrent la plus vigoureuse résistance à l'attaque de ce fort. Enfin il fut pris d'assaut, le 18 à la pointe du jour, par les trois bataillons du 55ᵉ régiment d'infanterie qui gravirent la montagne malgré la fusillade, la canonnade, les grosses pierres et les pièces de bois que l'ennemi faisait rouler du haut en bas ; nos intrépides soldats, bravant tant de périls, arrivèrent au pied des palissades qu'ils franchirent et pénétrèrent dans l'intérieur, à la grande confusion de l'ennemi, qui fut aussitôt exterminé, c'est-à-dire que la garnison autrichienne, qui s'y trouvait au nombre de 700 hommes, fut passée au fil de l'épée. Le prince Eugène envoya un aide de camp pour faire cesser le carnage ; mais il arriva trop tard ; la garnison était anéantie. L'on trouva dans ce fort 17 pièces d'artillerie, des munitions et des vivres pour deux mois.

Après cette expédition, notre régiment arriva vers cet endroit que l'on avait dit si redoutable qu'il ne fallait pas moins que la bravoure des Français pour le prendre. Je remarquai tous les débris de ce bouleversement, jamais je n'avais vu tableau plus frappant de carnage et de destruction. Il nous fallut suivre la route qui passe au milieu de Tarwis, dont les trois quarts des maisons étaient réduites en cendre et l'autre quart était encore en flammes. L'on voyait de grands magasins de charbon de bois tout enflammés, ce qui jetait une chaleur si ardente sur notre passage, qu'il nous fallut défiler au galop auprès de ces gouffres de feu. Ensuite nous vînmes passer au pied de ce fameux fort de Tarwis, là où je remarquai aussi cette montagne que la nature semblait avoir placée là, exprès pour devenir une fatalité.

C'est une éminence très élevée qui s'avance dans cette vallée, et qui est adossée à une chaîne de rochers inaccessibles ; sur cette éminence se trouve un plateau entouré de palissades, sur lequel se trouvaient trois batteries couvertes, ayant quatre et cinq embrasures, le tout construit en pierres maçonnées solidement, dominant toute la vallée ; et puis trois grosses tours carrées construites en charpente, dans les intervalles, pour tenir la garnison à couvert, avec des lucarnes ménagées par étages pour faciliter aux soldats de faire feu.

La pente de cette montagne était d'un accès assez difficile et couverte en partie de sapins abattus et jonchés parmi les pierres du rocher. J'y vis les restes des malheureux soldats, leurs armes, leurs bagages, leurs cadavres. Tout était culbuté et accroché pêle-mêle après les arbres et les rochers. Alors il n'existait plus qu'un morne silence autour de ce fort qui avait fait tant de fracas et qui, quelques heures auparavant, semblait être une montagne mouvante, vomissant le fer et la flamme, retentissant du bruit des armes et des cris des vainqueurs et des vaincus, qui se confondaient sous leur débris.

Après la prise du fort de Tarwis, notre régiment se porta en avant avec la division dont nous faisons partie ; nous arrivâmes aux environs de Villach où nous passâmes la Drave sans obstacles.

Aujourd'hui 19, nous occupons cette ville ou les Kaiserlites ont abandonné de nombreux magasins.

RENCONTRE ET PRISE D'UN TRÉSOR A L'ENNEMI.

Klagenfurt, le 20 mai 1809.

Me voici arrivé, mon ami, dans une ville remarquable, où j'ai déjà demeuré dès le commencement de l'année 1806, et où je me retrouve encore, ayant toute une histoire à te raconter. Aujourd'hui 20 mai, montant la grand'garde aux avant-postes, je me trouvai détaché avec 60 hommes de notre premier escadron commandés par le lieutenant Chenavard, nous étions les premières troupes françaises qui devions arriver à Klagenfurt. Tout en avançant vers cette ville, nous trouvâmes sur notre chemin un grand magasin d'avoine que les Autrichiens avaient abandonné, ce qui fut une grande ressource pour notre grand'garde, comme pour notre régiment qui nous suivait ; car il y avait près d'un mois que nos chevaux n'avaient pas mangé d'avoine ; après les avoir laissés se régaler à discrétion pendant une demi-heure. notre avant-garde poursuivit sa marche. En arrivant à une lieue de distance de la ville, nous rencontrâmes plusieurs militaires français que nous reconnûmes pour des soldats du 6e régiment de hussards et du 35e régiment d'infanterie, qui étaient prisonniers de guerre, depuis l'affaire de Pordenone en Italie. Ces pauvres diables nous témoignèrent une grande joie de revoir des compagnons d'armes ; ils avaient trouvé moyen d'échapper à la surveillance des ennemis ; ils revenaient pour rejoindre leurs régiments ; ils nous déclarèrent entre autres nouvelles favorables, que Vienne était prise par la Grande Armée, et que les Autrichiens se retiraient en grande hâte de Klagenfurt. que leurs derniers hussards devaient avoir évacué la ville à 10 heures (il était alors 9 heures). Aussitôt notre lieutenant, ne voulant pas perdre de temps, nous fit avancer au grand trot jusqu'aux portes de Klagenfurt dont la situation nous était bien connue. Cet intrépide officier prévoyant avec raison qu'il pourrait encore y surprendre quelques hussards de l'arrière-garde, résolut de bloquer et de reconnaître la ville en même temps ; alors il détacha 30 chasseurs, auxquels il donna ordre de tourner promptement le rempart qui enveloppe la ville et d'entrer dedans par la Porte Blanche, qui était opposée à celle où nous nous trouvions ; nous devions nous rejoindre dans l'intérieur sur la grande place. Nos 30 hommes partirent aussitôt, puis, notre lieutenant et les 30 qui lui restaient (j'étais de ce nombre), nous entrâmes dans la ville, sabre en main, sans rencontrer aucun obstacle.

En arrivant sur la place Marie-Thérèse, plus communément appelée la place du Dragon, d'où l'on découvre plusieurs rues qui aboutissent sur cette place, nous vîmes filer un carrosse suivi de quatre hussards autrichiens. A l'instant, notre lieutenant nous emmena au grand galop après ce carrosse qui avait beaucoup d'avance. Par l'effet du hasard et de la plus heureuse disposition, nos 30 chasseurs qui étaient partis en avant autour du rempart, arrivèrent à la Porte Blanche au moment où le carrosse et les quatre hussards en sortaient. Nos chasseurs ne manquèrent pas de les arrêter et de les obliger à se rendre. Au même instant, notre lieutenant arrivait avec son escorte et toute notre avant-garde se trouva réunie autour de ce carrosse qui était attelé d'un beau cheval hongrois et conduit par un officier autrichien. Nos chasseurs commencèrent par démonter et désarmer les quatre hussards et à s'emparer de ce qu'ils avaient. Comme je me trouvais dans ce moment un des plus proches du carrosse, je compris que l'officier autrichien s'adressant à notre lieutenant, d'un ton qui marquait sa tristesse, lui disait en allemand : « Messieurs les Français, vous me prenez un trésor de 60 000 goulden que la ville de Klagenfurt vient de me remettre et qui était destiné à payer nos troupes, voilà un grand malheur pour moi de tout perdre aussitôt. Je suis un officier d'honneur, ne me réduisez pas comme un misérable prisonnier. » — A quoi notre lieutenant lui répondit aussi en allemand : « Monsieur, vous serez traité avec tous les égards que vous méritez, mais j'en suis bien fâché pour vous, votre trésor et tout ce qui s'en suit m'appartient par le droit de la guerre ; il ne fallait pas vous laisser prendre. » Alors entendant cet arrêt, je sautai de dessus mon cheval sur un des brancards du carrosse et me fourrai aussitôt dedans en signifiant à l'officier autrichien l'ordre de notre commandant, et je le pressai de descendre sur-le-champ, ce qu'il fit en demandant à notre lieutenant une déclaration de ce qu'on lui prenait. Au même instant, je m'emparai d'une belle paire de pistolets et d'un beau sabre, c'étaient les premiers effets que je trouvai sous ma main. Un nommé Martin, brigadier à notre compagnie, monta avec moi dans le carrosse ; là, nous nous avisâmes de faire ensemble une revue du coffre, dans lequel nous trouvâmes deux boîtes très pesantes, mais bien fermées à clef, puis une troisième qui n'était que ficelée et que nous ouvrîmes aussitôt. Cette boîte était remplie de papier monnaie qu'on nomme ici banco-dzelds. Il n'y avait pas de temps à perdre, j'escamotai plusieurs poignées de banco-dzelds que je fourrai dans mon pantalon et dans mon dolman ; Martin en fit autant. Il n'y avait pas deux minutes que nous étions dans le carrosse, lorsque notre lieutenant nous appela à nos rangs (il s'était aperçu de notre manœuvre). Je sortis du carrosse sans rien faire paraître que la paire de pistolets et le sabre ; alors je dis au lieutenant, afin de le distraire, que j'avais aperçu des caisses dans le coffre qui étaient bien lourdes, mais je ne lui dis pas que je m'étais déjà pourvu ; là-dessus je gardai le silence pour ne pas faire de jaloux et je me retrouvai à cheval avec les autres. Notre lieutenant fit monter dans le carrosse un maréchal des logis avec l'officier autrichien, puis nous fîmes demi-tour et rentrâmes dans Klagenfurt avec notre prise bien escortée. Arrivés sur la place du Dragon, nous vîmes plusieurs avant-gardes des autres régiments de la division qui arrivaient occuper cette ville ; notre lieutenant y laissa aussi un poste de 20 hommes, et se dirigea de suite avec les restes de son avant-garde, afin de conduire notre prise vers notre régiment, que nous trouvâmes en repos dans une plaine à une lieue de distance de la ville.

Ce fut une joie pour notre régiment, quand notre

grand'garde y apporta la nouvelle de la prise d'un trésor.

Ce trésor fut conduit au quartier général de l'armée et remis à la disposition du prince Eugène qui accorda 25 000 goulden à notre régiment, pour être répartis à chacun selon son grade, ce qui équivaudra à plus d'un mois de solde. Notre avant-garde qui a fait la prise reçut double part à titre de gratification, et j'eus 60 goulden pour ma part, comme trompette du détachement. Mais je tiens le bon bout : la visite que j'ai faite dans le carrosse me vaut plus de 2 000 goulden en banco-dzelds de 1, 2, 3,5, et 10 geuldes. J'ai donné les pistolets et le sabre à un officier pour 50 francs, en sorte que je suis aujourd'hui un des plus heureux et des plus riches soldats de l'armée...

UNE VISITE CHEZ LE PAYSAN. — ARRIVÉE DE DEBRENNE. — DISPUTE. — MA PUNITION.

Suite du 20 mai, près Klagenfurt.

Mon ami, il y avait plus de deux heures que notre régiment était là planté dans les champs à griller au soleil, l'on avait besoin de rafraichissements et il était défendu de s'écarter de son rang. Comme je ne puis me tenir en repos et que j'aime à voltiger, je trouvais cette situation un peu trop gênante. Voyant quelques chasseurs qui s'écartaient pour leur compte, je fus aussi tourmenté de l'envie de circuler et d'aller à la provision. Je me faufilai donc, faisant semblant de me promener à pied par derrière le régiment, et me dirigeai vers un village qu'on voyait à une petite lieue de là. Lorsque je me vis assez écarté du régiment, pour ne plus craindre que l'on me rappellât, je montai à cheval et j'arrivai bientôt dans l'intérieur du village en question. J'y rencontrai plusieurs chasseurs qui étaient dans les mêmes dispositions que moi, si bien que nous entrâmes à quatre dans une petite ferme de bonne apparence où nous vîmes un bon paysan auquel je m'adressai militairement, afin qu'il eût à nous procurer de suite des vivres ; comme il ne voulut pas nous en donner, nous nous mîmes à fureter par toute la maison et nous trouvâmes bientôt des poules et des canards cachés, ce qui faisait bien notre affaire pour souper au bivouac. Je lui donnai de l'argent et il me témoigna de la satisfaction. Ensuite nous trouvâmes pour tout potage quelques terrines de laitage, disposées pour faire du beurre et du fromage, et du pain bis : nous nous accommodâmes fort bien de tout cela, en dépit de la femme du paysan qui n'était pas trop contente de nous voir faire les maîtres chez elle. Alors je la calmai par de bonnes raisons, tout en l'aidant à nous donner ce dont nous avions besoin ; enfin elle s'accoutumait à mes importunités. Ensuite, nous nous réunîmes tous les quatre autour d'une table de pierre qui était dans la cour, et, tout en nous régalant de laitage, nous étions heureux et joyeux, tandis que le paysan apportait à boire à nos chevaux.

Il nous survint alors une scène à laquelle nous étions loin de nous attendre et qui nous fut suscitée par un vieux maréchal des logis de la 2ᵉ compagnie, nommé Debrenne [1], lequel était sans doute envoyé par son capitaine afin de rappeler les chasseurs de sa compagnie qui pouvaient être dans le village : mais à nous quatre qui étions là, il n'avait rien à commander, car nous n'étions pas de cette compagnie. Malgré cela, Debrenne en entrant dans la cour, poussa brutalement son cheval sur nous en disant : « Que faites-vous, là, mauvais sujets ! s..... pillards, pourquoi n'êtes-vous pas à vos rangs ? Et, moi le camp hors d'ici, où vous allez voir comme je vais vous arranger... » Nous fûmes d'abord étonnés de sa manière de s'annoncer. — « Diable M. Debrenne, dit un chasseur, voilà qui est bien débuté. — Que veux-tu dire toi, f..... bête ? repartit Debrenne. » — Alors c'est moi qui pris la parole, d'abord avec modération : « Allons, père Debrenne, ne nous fâchons pas et gardons notre colère pour nos ennemis : vous avez été chasseur, vous savez comme l'on s'arrange, mettez pied à terre et prenez part à notre repas, il n'y a rien qui nous presse et nous partons aussitôt. — Que veux-tu dire aussi toi, s..... gueulard ? me répondit Debrenne avec son ton arrogant. —

1. C'est ce même Debrenne qui m'a démonté de mon cheval favori au tiercement général de San-Vito. Je lui avais voué ma haine. Il fut sabré par l'ennemi pendant cette campagne.

Ah ! ah ! lui répondis-je, un peu piqué du mot gueulard, c'est un trompette qui vous vaut bien et qui pourrait vous donner le conseil de ne pas être si insolent ; d'ailleurs vous n'avez rien à nous commander ici, laissez-nous tranquilles et allez au diable ! — Tu as raison, trompette ! répartit aussitôt un chasseur. » Alors le vieux diable mit pied à terre en jurant et en nous menaçant. Tout bleu de colère, il vint s'emparer d'une de nos terrines dans laquelle il y avait du lait caillé et la jeta à la volée sur nous, si bien que le liquide jaillit et couvrit nos vêtements. Ce fou de Debrenne allait encore en faire autant d'une autre terrine de laitage qui restait sur la table, lorsque je m'en emparai le premier, et flitch, je jetai le tout au visage de Debrenne, en lui disant : « Tiens, tu as attaqué, je riposte. » Il se trouva barbouillé de la tête aux pieds ; cela se fit vivement et sans réfléchir. Debrenne entra dans une fureur digne d'une bête féroce ; prenant son sabre en main, il se dirigea sur moi en faisant des moulinets : « En garde, me dit-il, défends-toi si tu peux ! » Je n'eus que le temps de faire deux sauts en arrière en m'armant aussi de mon sabre. Quoique Debrenne fût un vieux flibustier, je ne le craignais pas plus que tout autre le sabre à la main, et je croisai fièrement mon fer au sien. Les trois chasseurs nous laissèrent ferrailler plusieurs minutes. Je ne cherchais cependant pas à atteindre mon adversaire, je tâchais seulement d'éviter ses coups, et il n'avait pas beau jeu avec moi. Dans ce moment, survinrent trois autres chasseurs qui se trouvaient comme nous en fourrageurs et qui, ayant entendu du bruit, entrèrent dans cette cour pour prendre connaissance de notre affaire. Alors Debrenne parut se calmer tout à coup et voulut s'en aller. Nous le laissâmes partir ; il serrait les dents. Ce brutal nous avait privés de notre repas. Comme il y avait plus d'une heure que nous étions absents du régiment, nous pensâmes aussi à y rentrer ; nous montâmes à cheval tous les sept, puis je m'avisai de sonner le ralliement dans le village, où tous les chasseurs qui s'y trouvaient, au nombre d'une vingtaine, se réunirent à nous. Je marchai à la tête de ce détachement, nous rentrâmes ensemble au régiment en disant que nous venions de faire boire nos chevaux.

Je pensais que cette affaire se passerait ainsi, mais j'étais loin de mon compte. En effet, en rentrant à notre compagnie, je m'aperçus de suite qu'il y avait du déchet pour moi, lorsque le maréchal des logis en chef, M. Mignard, vint me dire : — « Trompette, donnez votre cheval à conduire à un chasseur, vous êtes mis à pied pour 4 jours par ordre du capitaine. » Cette nouvelle me défrisa ; je voulais en savoir la cause et puis m'expliquer, mais il n'y avait pas de réclamations à faire. Alors je trouvai une autre ressource : je priai MM. Chenavard et Naudet, officiers de notre compagnie desquels j'étais aimé, ainsi que M. Mignard, de parler pour moi et de me réconcilier dans l'esprit du capitaine, ce qu'ils me promirent de faire.

Alors je détachai mon porte-manteau de dessus mon cheval, je donnai mes provisions au chasseur qui devait le conduire, et lui recommandai mes effets et mon Rondeau jusqu'à mon retour. Je partis seul à l'écart, portant mon porte-manteau avec mon sabre sur mon épaule, comme un cavalier à pied et je n'en bisquais pas moins ; mais j'avais pour consolation, l'occasion et les moyens d'aller m'amuser et coucher à Klagenfurt. En arrivant dans cette ville, j'allai droit à une auberge où je demandai un bon dîner. Puis je me fis donner une chambre pour dormir. Mais au bout d'une heure, je me réveillai en sursaut. Il faisait encore jour. Je réfléchis que je ne devais pas rester plus longtemps sur la plume, car jusqu'au lendemain, notre régiment pouvait avoir fait du chemin et alors, comment le retrouver ? Aussitôt je sautai en bas du lit, j'endossai mon équipement et descendis l'escalier. Je me munis de provisions pour la route, je payai généreusement en témoignant ma satisfaction à mes bons hôtes qui étaient aussi contents de moi que je l'étais d'eux, et je partis gaîment pour la gloire.

AVENTURE DU BOIS. — DUEL AVEC MOREAU. — MLLE MEYER. — MA CONDUITE ENVERS ELLE. — JE RENTRE EN GRACE AVEC MON CAPITAINE.

Suite du 20 mai, sur la route de Volkermarht.

Le soleil commençait à disparaître derrière les montagnes, lorsque je quittai Klagenfurt, seul, sans savoir de quel côté était tourné notre régiment. J'arrivai près d'un poste d'infanterie, où je m'informai si l'on avait vu le 8ᵉ régiment de chasseurs. J'appris qu'il était passé il y avait plus d'une heure ; alors je suivis au hasard la direction que l'on m'indiqua, c'était la route de Volkermarkt à Maremberg, suivant la rive gauche de la Drave. Je marchai rapidement pendant plus de deux heures, sans rencontrer personne sur mon chemin : cependant je remarquais bien la trace des chevaux, ce qui me faisait croire que notre régiment avait suivi cette route. Il était alors plus de neuf heures du soir, le temps était calme, il faisait un beau clair de lune.

Lorsqu'en passant au long d'un bois de sapins, j'entendis une voix plaintive, interrompue par une voix plus menaçante. La curiosité me tenta, je m'avançai dans le bois sans faire de bruit, me cachant à mesure derrière des sapins, où j'écoutai avec attention. Alors je compris mieux les cris de la voix plaintive et de l'autre qui l'interrompait ; c'était quelqu'un qui parlait avec un mauvais mélange de français et d'allemand et qui tenait les propos les plus grossiers. Puis j'entendis des exclamations entrecoupées de sanglots et de gémissements, enfin une voix douce qui disait en bon allemand : « Ah ! Jésus, mon Dieu, venez à mon secours ! Donnez moi la force et le courage ! Non ! je ne veux pas faire ce que tu veux ; laisse-moi aller, j'aime mieux que tu me donnes la mort ! Scélérat, coquin, méchant homme que tu es !... » Mais l'autre qui ne comprenait pas sans doute l'allemand, redoublait ses instances brutales. Il m'était aisé de penser que c'était un soldat qui voulait faire violence à une fille ou à une femme vertueuse.

A l'instant, un sentiment d'indignation s'empara de moi, je fis quelques pas en avant, animé du désir de venger l'infortunée qui appelait à son secours. Je posai mon portemanteau à terre, puis, prenant mon sabre nu à la main, je parus sur la scène. C'était une Allemande aux prises avec un chasseur de notre régiment ; elle résistait de tous ses moyens. Dès que je l'aperçus, je lui dis en allemand : « N'ayez pas peur, ma brave dame, je viens à votre secours ! » A l'instant, cette infortunée se tourna vers moi et me tendit les bras avec confiance en me disant : « Ah ! monsieur, si vous êtes un honnête homme, sauvez-moi !... »

Je la reçus dans mon bras gauche en lui répétant de ne plus avoir peur. D'un coup d'œil, je remarquai une jeune Allemande bien mise ; ses beaux cheveux tombaient sur ses épaules et ses vêtements étaient dans un extrême désordre ; je jugeai que ce n'était pas une femme commune. Je la laissai aussitôt libre en lui disant de ne plus rien craindre ; puis me tournant vers le chasseur que mon arrivée venait de déconcerter, je reconnus un nommé Moreau ; nous étions de la même compagnie : « Que fais-tu là, lui dis-je, comment, pour un chasseur, oses-tu faire une pareille bassesse ? Il faut que tu sois bien scélérat. La connais-tu, cette femme-là ? » — A quoi Moreau, qui m'avait aussi reconnu, me répondit : « Bah ! tu badines, trompette, est-ce que tu voudrais prendre l'intérêt de cette rouleuse ? Te voilà bien arrivé, j'avais de la peine à venir à mon but, si tu veux, à nous deux, nous vaincrons sa résistance. — Lâche que tu es ! lui répondis-je avec animosité, est-ce ainsi que l'on doit se conduire ? Si c'était une rouleuse, est-ce qu'elle t'aurait fait tant de résistance ? Va, j'ai entendu tout ce qu'elle t'a dit : c'est ce qui m'engage à prendre sa défense ; loin de me rendre complice de ta lâcheté, je la protégerai de tout mon pouvoir. — Bah ! tu fais bien de l'embarras, avec ta morale ! reprit-il avec ironie, est-ce toi qui es dans le cas de me faire partir d'ici ?... — Oui, gredin ! lui répondis-je transporté de colère, ma cause est plus juste que la tienne. En garde, défends-toi ! » En disant, je fis un moulinet avec mon sabre et me mis en garde. Moreau se mit également en garde contre moi en disant : « A nous deux, voyons à qui mangera le lard... »

Je ne pourrais pas bien te peindre, mon ami, les divers sentiments qui m'animaient dans ce moment ; il suffit de te dire que je n'ai jamais entrepris une cause avec tant de vigueur et tant de dévouement. Le point d'honneur me guidait. Nous ne prîmes pas le temps d'ôter nos habits, déjà nos sabres étaient croisés. Le bois, qui n'était pas très épais à cet endroit, nous laissait un espace de terrain suffisant, éclairé par la lune dont la clarté pénétrait à travers les arbres. Ce lieu, joint au silence de la nuit, imprimait

une espèce de terreur ; là, sans témoins, abandonnés à
nous-mêmes, nous ne faisions pas d'autres réflexions que
de nous battre en déterminés. Je fonçai sur mon adversaire ; il me porta quelques coups que j'évitai, ce qui ne
m'empêcha pas de prendre l'avantage sur lui ; alors je le
serrai de près à grands coups et souvent, et ne m'écartai
pas de ma ligne, si bien que je le fis reculer plus de dix pas
dans les sapins. Après plusieurs coups de sabre portés et
parés réciproquement, je saisis un coup de temps sur une
parade de tierce, je parvins à lui riposter un coup de seconde, dont je crus si bien l'avoir atteint que je lui dis :
« Le tiens-tu, celui-là ? » Sur le coup, je le vis tomber à la
renverse ; je pensai l'avoir tué, mais ce n'était qu'un accident. Au même instant, que je lui lançai ce coup, Moreau
s'accrocha le pied à une souche de bois coupée près de
terre, ce qui le fit plutôt tomber, lorsque je l'entendis
dire : « Ce n'est rien que ça ! Si tu es brave, attends que
je sois relevé ! » Mais le temps pressait ; je voulais vaincre
d'une manière ou d'une autre ; au même instant, je courus me jeter à deux genoux sur la poitrine de mon adversaire, et je lui arrachai aussitôt son sabre de la main.

Je fis cette action si vivement que Moreau n'eut pas le
temps de se reconnaître. En moins d'une demi-minute, je
l'avais désarmé. Alors je me retirai avec les deux sabres et
me tins sur mes gardes à quatre pas de lui pendant qu'il
se relevait. Je lui dis : « Si j'en agis ainsi, c'est pour qu'il
n'arrive pas pis ; es-tu blessé ? — Je ne le crois pas, me
dit-il en se tâtant le côté ; à présent, tu peux me tuer si tu
veux. — Ne crains rien, lui dis-je. Apprends que tu n'as
pas affaire à un traître, je ne recommence plus à me battre
à présent. Mais demain, je te donnerai ta revanche si tu
veux ; et dis-moi ce que tu en penses avant que je te
rende ton sabre. — Eh bien ! me dit Moreau, que veux-tu ?
Je conviens que j'ai tort, je donnerais cent louis pour que
cela ne soit pas arrivé. Mon Dieu, où était donc ma raison ?...
— Va, Moreau, lui dis-je, je n'aurais jamais cru avoir affaire à toi de cette manière. Mais dis-moi par quel hasard
tu t'es trouvé avec cette jeune personne dans ce bois ? La
voilà sauvée, je n'en suis pas fâché. — Je vais te le dire,
reprit-il avec confiance : Je restai à Klagenfurt pour faire

ferrer mon cheval, après quoi je me trouvai seul pour aller rejoindre le régiment ; j'ai aperçu cette jeune fille, aussi seule sur la route, je pensai que c'était une rouleuse, je voulus m'en approcher, je la vis entrer dans le bois, j'y entrai derrière elle, où je la poursuivis et l'atteignis bientôt. Alors elle se mit à genoux devant moi en pleurant et en me disant plusieurs raisons que je ne compris pas ; tout autre que moi aurait été attendri de la situation de cette malheureuse ; mais le diable me possédait à ce moment, je pensais en faire ma conquête. J'attachai mon cheval là-bas à cet arbre, et n'ayant pu la prendre par douceur, j'usais de rigueur à son égard, quand tu es venu pour la défendre. Tu viens de me donner une leçon que je méritais, mais je ne t'en veux pas de mal. Je t'en prie, mon cher trompette, ne dis rien à personne de ce qui vient de se passer entre nous, donne-m'en ta parole d'honneur. — Va, Moreau, sois tranquille, je n'aime pas faire de peine à personne, et si tu n'as pas de rancune, cela n'empêchera pas que nous soyons camarades ensemble. » — Alors, je lui remis moi-même son sabre dans le fourreau, après quoi, nous nous donnâmes la main en signe de réconciliation. Il alla reprendre son cheval, et je le laissai aller. Cette scène violente n'avait pas duré plus de cinq minutes depuis le moment où j'avais abordé Moreau dans le bois. Après le départ de Moreau, je pensai à retrouver la jeune fille dont je venais de prendre la défense. Je la trouvai couchée, la tête appuyée sur mon porte-manteau ; elle était faible et presque sans connaissance, nouvel embarras !... Mon devoir m'obligeait à achever de la sauver et à rétablir l'ordre dans sa situation. Aussitôt je la pris dans mes bras, en me faisant connaître à elle, je la fis asseoir au pied d'un sapin et me tins auprès d'elle ; je la voyais trembler et me fixer avec des yeux égarés. Je m'empressai de la secourir de tous mes moyens ; je tirai de mon porte-manteau un flacon de bonne eau-de-vie, je lui en fis respirer et avaler un peu : enfin elle revint à elle et versa des larmes en abondance, ce qui la soulagea sans doute. Je m'efforçai de la consoler, jamais je n'avais été si doux, si éloquent, si délicat et si raisonnable. Elle ne paraissait pas avoir plus de 19 ans. Quoiqu'au clair de la lune et malgré son état

de tristesse, je la trouvai charmante ; la beauté de ses
traits et de sa taille, enfin sa mise, tout me parut quelque
chose de distingué. J'éprouvais une certaine joie en moi-
même, et m'applaudissais des soins que je prenais à l'égard
de cette intéressante demoiselle. Cependant soit crainte,
soit modestie, elle voulait me refuser. « Je vous en prie,
mademoiselle, lui disais-je alors en allemand, rassurez-
vous et ayez confiance en moi ; vous ne savez pas combien
j'ai du plaisir à vous être utile dans ce moment, je ne vous
quitterai pas que vous ne soyez parfaitement tranquille ;
ne craignez plus rien, vous êtes en sûreté avec moi ? »
Elle tâcha de rajuster tout le désordre où elle se trouvait ;
la première question qu'elle me fit fut de me demander
si le monstre qui voulait la perdre était encore là. Je lui
répondis que non, que je l'avais vaincu et qu'il était parti.
Comme je m'aperçus qu'elle était faible, je pris du pain et
du mouton rôti que j'avais sous la patte de mon porte-
manteau, je l'obligeai de partager avec moi ; j'avais aussi
du vin dans ma gourde, et le peu qu'elle accepta lui rendit
des forces. Alors cette demoiselle ne put retenir plus longtemps l'élan de ses sentiments à mon égard, soit bon
cœur, soit sensibilité, elle se pencha sur moi et m'embrassa
de bon cœur. « Vous êtes mon libérateur, ô brave Français,
disait-elle, je vous aurai de l'obligation toute ma vie. C'est
Dieu qui vous a envoyé à mon secours, dans un moment
où je ne pouvais plus lutter longtemps contre ce soldat, et
j'allais devenir sa victime si vous eussiez tardé un instant
à venir m'en délivrer. Hélas ! comment reconnaître un tel
bienfait ?... » En disant, elle ne put s'empêcher de m'embrasser encore une fois.

J'étais flatté des sentiments de cette bonne Allemande
qui me paraissait une fille bien mieux élevée que moi.

Je parvins par mes attentions à essuyer ses larmes et à
consoler mon aimable protégée : puis nous sortîmes hors
du bois afin de gagner la grande route. Je lui offris mon
bras qu'elle accepta avec confiance et nous marchâmes
comme une paire d'amis. Cependant notre entretien continua sur les diverses questions que je lui adressai. J'appris que ma compagne se nommait Joséphine Meyer ; et
lorsque je lui demandai comment elle s'était trouvée iso-

lée, et si elle avait ses parents dans ces environs ; elle me répondit :

« Notre demeure n'est pas loin d'ici. Mon père était capitaine au service de notre empereur ; hélas ! la guerre nous en a privées voilà 10 ans. J'ai encore un frère qui est cadet dans les hussards Seiklers ; je suis restée seule avec ma bonne mère. Notre maison est à une petite lieue d'ici sur cette route. Lorsque nous avons vu arriver les Français, ma mère a voulu que je me retirasse à la ville chez une tante, afin d'y être plus en sûreté que dans une maison de campagne. Je partis de chez nous ce matin dans une voiture d'occasion qui me conduisit droit à Klagenfurt ; là, j'allai chez ma tante ; mais je fus bien étonnée quand je trouvai la porte fermée et que l'on m'apprit que ma tante était partie depuis deux jours, sans nous avoir prévenues, pour Astfeld en Tyrol, où nous avons encore des parents. Jugez de mon embarras, ne connaissant personne dans cette ville. Alors je me trouvai obligée de m'en retourner seule ; d'ailleurs j'étais bien aise de revenir de suite auprès de ma bonne mère, et c'est dans cette circonstance que je suis tombée entre les mains d'un barbare qui me retenait depuis une heure, quand par bonheur vous êtes venu m'en délivrer. » Ce récit me fit plaisir, surtout quand je sus qu'elle était la fille d'un ancien militaire mort au service de sa patrie : je lui fis compliment et je l'embrassai avec une vive affection. Mlle Meyer y fut sensible, elle me dit : « Vous allez venir avec moi chez ma mère, afin qu'elle embrasse aussi mon protecteur. » J'acceptai la proposition avec joie. Alors notre conversation se ranima. Je voyais avec plaisir mon aimable protégée tout à fait rassurée. Bientôt nous arrivâmes vers un endroit que Mlle Joséphine me dit être sa demeure. Alors nous frappâmes à la porte, et nous appelâmes à plusieurs reprises. Nous entendîmes une voix qui nous dit en allemand : « Qui est là ?... » A ces mots la joie de Joséphine redoubla (c'était le vieux Michel, jardinier de la maison). S'adressant à lui, elle se fit connaître. « Michel, vite, ouvrez-moi la porte ; où est ma chère maman ? » Aussitôt Mme Meyer répondit et parla à sa fille, pendant que Michel s'empressait de débarricader la porte. Mme Meyer reçut sa fille dans ses bras ;

celle-ci lui expliqua ce qui lui était arrivé. Lorsque le récit fut fini, l'aimable Joséphine me prit par la main et me présenta à sa mère en lui disant avec émotion : « Voyez, maman, voilà mon libérateur ! » Alors cette bonne mère, attendrie jusqu'aux larmes, me regarda un instant fixement et me dit avec émotion : « Quoi ! généreux Français ! comment pourrai-je reconnaître un tel bienfait ? » Et elle m'embrassa de bon cœur. A quoi je répondis : « Madame, le bonheur d'avoir réussi à sauver Mlle Joséphine fait toute ma récompense. »

Je me rendis donc avec Mme Meyer et sa fille dans leur maison, où je fus obligé de demeurer plus d'une heure. L'on m'offrit quelques rafraichissements que j'acceptai sans façon. Je remarquai bientôt que j'étais chez des personnes d'un mérite distingué en Allemagne. Je répondais de mon mieux aux témoignages de bonté de Mme Meyer et de Mlle Joséphine ; ce fut un moment heureux pour moi ; jamais je ne m'étais tant distingué à parler allemand.

Enfin, après avoir soutenu la conversation sur divers sujets, Mme Meyer voulut me faire accepter un bon lit pour me reposer le reste de la nuit ; je l'en remerciai. Elle me proposa même de demeurer chez elle comme sauvegarde pendant le temps que l'armée française occuperait ces pays ; elle se chargeait d'obtenir pour moi un ordre exprès du prince Eugène ou d'un autre général, elle voulait que je l'accompagnasse dans cette démarche. Cette marque de protection me fit penser que Mme Meyer avait du crédit. C'eût été pour moi une occasion favorable pour me dispenser de courir les dangers et les fatigues de la guerre ; mais il n'était pas dans mon caractère de rester dans l'inaction ; et puis, après, où retrouver notre régiment ? Je fis là-dessus mes observations à Mme Meyer et la priai de m'excuser, car je ne voulais pas demeurer plus longtemps. Alors elle m'apporta une belle bourse en soie qui me parut être assez considérable et qu'elle me pria d'accepter. Je la refusai constamment en lui faisant voir que je n'avais pas besoin d'argent ; mais voyant qu'elle me pressait, je pris cette bourse, j'en retirai tout ce qui était dedans, ce qui pouvait s'évaluer à environ 100 goulden en Kronen taller, cus d'Allemagne, que je priai Mlle Meyer d'accepter à son tour, en lui disant : « Puisque Madame votre mère me donne cela, je puis en disposer comme bon me semble ; je garderai seulement cette jolie bourse comme un agréable souvenir : prenez cela, Mademoiselle, et n'en répétons plus. » Mais elle refusa. Aussitôt je déposai les écus sur un fauteuil et, sans attendre d'autres explications, je chargeai brusquement mon porte-manteau sur mon épaule et je regardai de quel côté était la porte afin de me soustraire aux bontés de ces bonnes gens. Il était plus de minuit. Mme Meyer, Mlle Joséphine et le vieux Michel me reconduisirent à la porte du jardin où nous nous embrassâmes avec l'expression de l'amitié et de la reconnaissance. Je me remis en route au clair de la lune.

Maintenant, je vais terminer cette lettre, en te disant, mon ami, comment le bonheur m'a accompagné jusqu'au bout. Après avoir encore marché près d'une heure, j'arrivai à Volkermarkt où je trouvai notre régiment au bivouac. Là, j'appris que notre compagnie montait la grand'garde à un poste avancé. Quoique fatigué d'avoir fait 5 à 6 lieues de chemin à pied, et quoique incertain de l'endroit où je trouverais la position de notre grand'garde, néanmoins je pensai qu'en m'y rendant de suite, au lieu de rester au bivouac, c'était une occasion favorable pour moi de parler à mon capitaine qui pouvait me rendre mon cheval aussitôt.

Je me remis donc en marche à la recherche de notre grand'garde, espérant bientôt trouver soit des vedettes soit le feu du poste. J'y parvins par un bonheur inattendu, sans quoi, j'eusse cherché longtemps.

Le premier officier que je rencontrai fut M. Naudet, auquel je me plaignis d'avoir eu beaucoup de peine à faire la route à pied, que c'était par attachement à la compagnie et à mon service que j'étais venu la chercher jusqu'ici. « Tu arrives à propos, me dit-il ; nous avons parlé au capitaine de ton affaire, il a fini par en rire, il a déjà demandé après toi ; viens, nous allons le voir. » Cette réception me rassura. Arrivé près du capitaine, M. Naudet lui parla en ma faveur, et j'en fus quitte pour une petite morale que me fit mon capitaine, auquel je promis d'être plus circonspect à l'avenir. Alors il m'envoya reprendre

mon cheval, et je le remerciai ainsi que mon lieutenant ;
puis je retournai avec plaisir parmi mes camarades, où je
remis ordre à mon équipage.

Festin de Marbourg. — Un coup de tête. — Manière d'enlever
une vedette. — Mon troisième cheval de prise. — Le chateau
d'Ekeinberg. — Contremarche pour la Hongrie.

Des environs de Neustadt, le 31 mai au soir.

Mon cher père, me voici arrivé à une de ces époques
heureuses où notre régiment jouit de quelques douceurs
qu'il a bien méritées.

Si j'étais un écrivain plus habile, je me plairais à vous
faire quelques descriptions de cette belle et riche contrée
que nous venons de parcourir, mais les moyens me man-
quent, et puis je m'éloignerais trop de mon sujet. Je me
contente de vous donner la suite de mon journal et de nos
actions militaires. Le 21 mai au matin, j'allai à la découverte avec notre compagnie, dans un vallon couvert de
bois, aux environs de la Drave, vers Lawmude, sans rencontrer d'ennemis. Ensuite nous rejoignîmes notre régiment
vers les rivages de la Drave, que nous parcourûmes quelques heures, puis nous vînmes rafraîchir près Maremberg.
, Le lendemain 22, toujours à l'avant-garde, nous parcourûmes les champs sur la direction de Marbourg ; nous
étions les premiers Français qui arrivions dans ces pays.

Parvenus près de Marbourg où nous demeurâmes en position, nous vîmes arriver vers nous plusieurs habitants,
apparemment envoyés comme une députation pour prier
notre colonel de ne pas venir occuper la ville avec son régiment. J'ignore quelles conditions il s'en suivit, mais,
quelques heures après, nous vîmes sortir de Marbourg une
multitude de paysans, hommes, femmes et enfants, arrivant vers nous, comme une procession, apportant avec eux
chacun une corbeille sur leur tête, et d'autres paniers à
leurs bras, dans lesquels il y avait toutes sortes de vivres
préparés, tels que de la soupe, des légumes, des viandes, du
pain, du vin, des ustensiles de table, etc..., si bien que
chaque officier, sous-officier et chasseur s'emparait d'un

ou de plusieurs paysans, à mesure qu'ils arrivaient avec leurs provisions. Il se trouva des vivres plus qu'il n'en fallait ; tout le service s'établit par terre et le bon ordre s'observa dans cette distribution. Bientôt tous les militaires se trouvaient confondus avec les paysans ; ce n'était plus qu'un vaste festin ; nous étions au sein de l'abondance et de la gaité. Après quoi, nous allâmes passer la nuit dans un village vignoble de ces environs.

Le lendemain 23, notre régiment traversa cette jolie petite ville de la basse Styrie qui nous avait si bien régalés la veille ; nous la régalâmes à notre tour au son de notre musique guerrière. Ensuite nous parcourûmes pendant toute cette journée la plaine de Pettare, où nous nous attendions à rencontrer quelques partis ennemis, mais il y avait apparence qu'ils nous craignaient, puisqu'ils nous évitaient. Là, nous aperçûmes de loin, de l'autre côté de la Drave, la fameuse ville de Waradin, en Sclavonie ; ensuite nous vînmes prendre position sur la rive droite de la Muerhr. Le lendemain 24, nous nous portâmes vers Luttemberg, petite ville située sur la Muerhr au pied d'une superbe colline très élevée. Étant sur cette hauteur, nous aperçûmes plusieurs pelotons de cavalerie ennemie voltiger dans la plaine sur la rive gauche de la Muerhr, et puis une arrière-garde d'infanterie qui se retirait après avoir achevé de couper le pont de bois construit au-dessus de Luttenberg. Nous prîmes une nouvelle direction le long d'un vallon couvert de bois ; nous vînmes passer la Muerhr sur un autre pont, à un bourg nommé Mureck ; ensuite nous marchâmes en ordre de bataille dans toute l'étendue de la plaine. Les postes ennemis se retiraient toujours à notre approche, quelques tirailleurs se faisaient entendre ; il n'y eut encore rien de nouveau pour nous ce jour-là ; nous nous tenions solidement sur nos gardes.

Le 25, nouvelles marches, nouvelles courses, passant par Veimbourg et d'autres villages. Il ne nous manque rien ; nous sommes dans les meilleurs pays de l'Autriche, jamais nos chevaux n'ont été plus vigoureux. Ce jour-là, le 25, nos éclaireurs rencontrèrent trois soldats bavarois isolés dans les champs, qu'ils amenèrent à notre colonel ; ces soldats avaient été faits prisonniers par les Autrichiens, ils étaient parvenus à s'échapper, ils revenaient de Gratz. Ils nous apprirent la nouvelle que les Autrichiens faisaient des réjouissances extraordinaires dans la ville, à l'occasion d'une grande victoire que l'armée autrichienne venait de remporter sur la Grande Armée française dirigée sur le Danube par Napoléon [1]. Cette nouvelle, si elle est vraie, va sans doute rendre l'ennemi plus audacieux et plus entreprenant, mais elle ne doit pas déconcerter notre armée d'Italie dans ses opérations.

Nous manœuvrons par divisions, en observant l'ennemi sur ses différentes directions, dans la haute Styrie, et dans la basse Autriche ; nous sommes toujours disposés à nous réunir en cas de besoin.

Ce même jour, 25 mai au soir, je m'écartai par hasard de mon rang et me trouvai réuni à un détachement de 50 hommes de la 2ᵉ compagnie de notre régiment, (mon ancienne compagnie), lesquels marchaient en éclaireurs dans les champs. La nuit était survenue : ce détachement forma une ligne d'observation vers un vallon où l'on soupçonnait des postes ennemis. On devait faire des patrouilles fréquentes, afin de bien s'assurer des environs. Alors comme il n'y avait rien qui m'obligeât de rester là en observation avec les autres, je m'associai à deux chasseurs de la 5ᵉ compagnie qui n'étaient pas non plus tenus de rester avec le détachement. C'étaient deux bons garçons bien montés et aussi bien disposés que moi. Je leur mis dans l'idée d'aller faire une patrouille pour notre compte, afin de voir s'il n'y avait pas quelques pahours à rançonner. Je me chargeais de l'entreprise et je répondais de tout ce qui pouvait arriver, pourvu que mes deux camarades me secondassent bien. Alors je me dirigeai avec eux vers un village nommé Sigersdorf, situé le long d'une côte que j'avais remarquée pendant le jour.

Nous marchâmes donc, l'œil surveillant, l'oreille atten-

1. Effectivement, c'était la nouvelle de cette bataille sanglante, au passage du Danube, les 21 et 23 mai, désignée, du nom de bataille d'Essling, où l'armée française, au moment d'être victorieuse, éprouva un échec assez malheureux, où périt le brave maréchal Lannes, duc de Montebello, et où les ponts construits sur le Danube se rompirent.

tive. La lune éclairait à travers des nuages. Il était plus de dix heures du soir, lorsque nous arrivâmes à deux portées de carabine du village en question, où nous apercevions déjà de la lumière. Dans ce moment, nous aperçûmes aussi, à 100 pas de distance, un cavalier placé à côté d'un arbre : nous nous arrêtâmes un instant, afin de nous orienter, nous jugeâmes que ce ne pouvait être qu'une vedette ennemie. Alors notre plan était manqué, en pensant que leur poste ne devait pas être loin du village. Je dis à mes camarades : « Il me vient une idée : je connais le nom de leurs régiments, qui sont dans ces environs, il faut agir de ruse et tromper la vedette ; laissez-moi faire, suivez-moi et ne faisons pas de bruit. » En disant, je m'avançai à 40 ou 50 pas de la vedette et je la prévins hardiment par un verdaw ! ou qui vive !

A quoi il répondit aussitôt : « Kaiser Joseph Huzards regmintt ! (régiment de hussards empereur Joseph.) « Verdaw ! » me demanda-t-il à son tour : je lui répondis sur le même ton : « Vachgt maeister Ferdinand huzard Regmintt patruill quehn, blepto ! » (maréchal des logis, régiment de hussards Ferdinand, en patrouille, reste-là !) La vedette prit si bien le change, qu'elle ne m'en demanda pas davantage. Vous remarquerez ici que je me faisais passer pour hussard autrichien : alors je m'avançai à une quinzaine de pas de distance de la vedette, mes deux chasseurs me suivaient à quatre pas. Il faisait assez nuit pour qu'on ne pût pas distinguer notre uniforme. Je lui demandai encore en allemand : « Dis-moi, dans quel endroit est le poste de nos hussards ? J'ai des ordres à communiquer à votre commandant. Il paraît que demain matin, votre régiment et le nôtre, nous allons attaquer les chasseurs Napoléon et leur donner une bonne chasse ; c'est demain qu'ils danseront la malaisée, ces fameux chiens-là ! — Ah ! c'est bon, me répondit-il bonnement, ils sont dans ces environs, ces fameux voleurs-là, demain nous les verrons donc ! » (C'était notre régiment que je lui désignais, nous étions aussi connus que redoutables aux Autrichiens, ils nous nommaient voleurs). Ainsi la vedette tomba dans mon panneau, et elle m'indiqua l'endroit où je trouverais le chemin qui me conduirait droit à leur grand poste. C'était là une occasion favorable et bien préparée ;

si nous eussions été assez forts, il nous eût été facile d'aller surprendre ce poste et de l'enlever à coups de sabre. Mais c'eût été une imprudence de risquer cette entreprise à nous trois, car il aurait fallu au moins un peloton de 25 hommes. Nous nous bornâmes donc à nous assurer de la vedette. « Allons, mes amis, dis-je, il faut enlever ce bougre-là. Suivez-moi ! » Sans perdre de temps, nous marchâmes sur sa gauche du côté de l'arbre, puis nous nous trouvâmes tous les trois sur lui. Sans lui donner le temps de se reconnaître, je lui dis en allemand : « A présent, rends-toi aux chasseurs Napoléon, ou tu es mort ! » En disant, je m'emparai des rènes de son cheval, tandis qu'un chasseur lui allongeait un coup de sabre sur la tète, et que l'autre lui appuyait la pointe du sien sur la poitrine, si bien que ce pauvre hussard se trouva tellement déconcerté de cette brusque surprise, qu'il ne fit pas la moindre résistance ; il dit seulement dans l'excès de sa crainte : « Ahg, fransouss pardun ! macht ci mir nitt veh ! » (ah ! Français, pardon, ne me faites pas de mal !) Aussitôt nous lui otâmes sa carabine, son fourniment, son sabre et ses pistolets, puis nous l'emmenâmes, les bras pendants, comme un pénitent à cheval. Cette petite entreprise se fit sans bruit, en moins de trois minutes, depuis le moment où je lui avais demandé le premier Verdaw.

Tout en nous retirant avec notre prisonnier, nous nous proposions d'aller vers notre grand garde pour lui faire part de notre découverte et demander du renfort afin d'aller surprendre le poste ennemi. Je prévoyais déjà la récompense qui suivrait la réussite de mon projet. Comme nous étions remplis de cette idée, après avoir marché quelques minutes, j'entendis du bruit derrière nous et j'aperçus un cavalier à quelques pas de distance. A l'instant j'empoignai la carabine de notre prisonnier dont j'étais porteur et je prévins ce cavalier en lui demandant : Verdaw ! Il répondit par un coup de carabine dont j'entendis siffler la balle. Alors je lui ripostai aussi mon coup de carabine, sur quoi, ce cavalier se retira. Ce ne pouvait être, à mon avis, qu'une autre vedette placée aux environs de celle que nous venions d'enlever, qui s'était aperçue, mais trop tard, de notre entreprise.

Cependant ce contretemps renversa tout à fait mon projet, car aussitôt, 6 ou 7 coups de carabine se succédèrent et nous pensâmes que le poste ennemi allait bientôt être à nos trousses. Dans ce moment, notre hussard prisonnier crut qu'il pouvait saisir ce coup de temps pour nous échapper; il sauta lestement en bas de son cheval dans un champ de seigle. Nous courûmes dessus et nous le sabrâmes. Nous tenions la meilleure part, son cheval et son équipement.

Alors il était temps de penser à notre sûreté. Nous nous doutions bien qu'une dizaine de coups de carabine tirés au milieu de la nuit allaient mettre tous les postes en mouvement. A la hâte, nous nous dirigeâmes tous les trois vers nos bivouacs et bientôt nous trouvâmes la grand'garde de notre régiment qui se tenait à cheval sur la route. Là, le brave capitaine Baroux, qui commandait cette grand'garde et auquel je rapportai ma démarche, me réprimanda en quelque sorte de ma témérité.

Pour ce qui concerne notre cheval de prise, je fis un accord avec les deux chasseurs en leur payant de mon argent, chacun vingt goulden qu'ils me demandèrent pour leur part, et le cheval me resta pour mon compte. Je l'ai remis à notre compagnie : c'est M. Note, notre fourrier, qui va le monter, et la gratification m'en sera payée à moi seul, au prix fixé.

Le lendemain 26, nous n'entendîmes plus parler de l'ennemi et notre régiment ne se fatigua pas à marcher, nous ne fîmes que changer de position, nous vînmes nous emparer de la belle propriété d'Ekheinberg.

Ce château, situé à environ deux lieues de Gratz, appartient à un prince de la maison impériale d'Autriche, et maintenant il appartient à notre régiment. Nous avons trouvé ce magnifique château, avec ses immenses dépendances, fourni de toutes sortes de provisions, magasins de farine, grains, fourrages, caves remplies de vin, basse-cour complète avec bœufs, vaches, moutons, porcs, volailles, etc... Les environs sont remplis de gibier. Tous nos officiers occupent les appartements du château et sont servis comme des maîtres ; tout le régiment est répandu dans les allées d'arbres du parc qui environne ce château où nos bivouacs sont établis et divisés par compagnies. C'est ce

qu'on peut appeler un camp délicieux, où nous nous procurâmes tout ce dont nous avions besoin ; nous fîmes bombance du matin au soir. Vous pouvez juger de la consommation et du gaspillage qu'a pu faire un régiment de
cavalerie de 800 hommes campés auprès d'un tel château
pendant deux jours. Notre régiment, en quittant le château
d'Ekheinberg, s'avança vers Gratz, mais cette fois, nous ne
vîmes cette ville que de loin, c'est-à-dire hors la portée du
canon ; il n'y avait pas d'ordre pour nous d'y entrer, car le
fort Muehr, qui domine la ville, était prêt à nous recevoir à
coups d'obus.

Cependant Gratz allait être quand même occupée par
les Français ; cette entreprise eut lieu par l'intrépidité de
la division du général Broussier, qui y arriva ce même
jour prendre des positions, de manière que les jours suivants, après plusieurs combats acharnés dans l'intérieur
de la ville et des faubourgs, nos troupes s'en rendirent
maîtresses, après en avoir chassé les Autrichiens, et tinrent
le fort bloqué.

C'est là que se passa le plus beau fait d'armes que l'on
puisse voir. Un de nos régiments d'infanterie, le 84ᵉ, se
couvrit de gloire sur la place Saint-Jacques, où il se trouvait cerné en combattant et soutenant seul contre une division d'infanterie ennemie forte de 10 000 hommes. Le
prince Eugène, pour signaler la valeur de ce régiment, a
fait aussitôt inscrire sur leur drapeau « 10 CONTRE 1 ».
Voilà, mon ami, un échantillon de l'armée d'Italie.

Mais revenons à notre régiment.

Le 28 mai, nous gagnâmes la grande route au bourg de
Pegau et nous suivîmes la Muehr à travers les bois et les
montagnes. Arrivés à Forleyden, nous trouvâmes cette
malheureuse petite ville entièrement brûlée ; les ruines
fumaient encore. C'était la suite d'un vigoureux combat
qu'une de nos divisions, arrivant par Leoben, avait eu la
veille avec l'ennemi dans ce défilé. Le 29, après une bonne
journée de marche, notre régiment vint occuper un bivouac qui venait d'être abandonné près du village de Resttsten, sur la route de Forleyden à Bruck. Nous trouvâmes à
peu près des vivres pour nos chevaux, mais pour les hommes rien.

Le lendemain 30 mai, notre régiment vint passer la Muehr à Bruk, où nous nous trouvâmes plus de 20 000 hommes de troupes françaises réunies dans cette ville. Puis notre régiment poursuivit sa marche par la route de Neustadt. Alors nous nous trouvions encore dans les mêmes lieux que nous avions parcourus trois ans auparavant à l'époque de la bataille d'Austerlitz. Nous vinmes descendre cette fameuse montagne nommée le Sommering, ou mont Calemberg, et nous arrivâmes à Schottvienn, où nous passâmes le fameux défilé de Glognitz. Ensuite nous arrivâmes à Neikert, cette petite ville remarquable à mon souvenir par les farces que j'y ai faites pendant le séjour de notre régiment en 1806. Le 31, notre régiment est venu occuper un bourg nommé Fiesting, situé à une lieue de Neustadt, où il paraît que nous sommes tranquilles sur le compte de l'ennemi.

Tous, dans notre régiment ainsi que dans les autres, nous nous attendions à arriver demain, 1er juin, à Vienne, afin de nous joindre à la Grande Armée qui occupe les environs de cette capitale. Il faut vous dire qu'après les résultats des affaires des 19, 21 et 22 mai dernier, la plus grande partie de la Grande Armée se trouve sur le Danube, comme dans un état d'impuissance et de gêne, à cause des difficultés de maîtriser le fleuve. La principale position est dans un lieu qu'on nomme le Prater, ou l'île Lobau, que les Français fortifient et que l'on nomme actuellement l'île Napoléon. C'est notre armée d'Italie qui était attendue pour venir donner un coup de collier de ce côté. Mais les opérations de la campagne vont prendre une autre tournure ; nous ne pouvons pas encore nous réunir à nos frères d'armes du Danube, car l'ennemi veut nous empêcher de faire notre jonction ; il tâche toujours de diviser nos forces, c'est-à-dire qu'il opère une diversion dans la Hongrie. En effet, nous apprenons qu'une armée ennemie hongroise s'organise dans ce pays. Or, c'est notre armée d'Italie qui est destinée à aller la combattre. A l'instant, des ordres arrivent pour prendre cette nouvelle direction. C'est ainsi que notre régiment, au lieu de se rapprocher de la Grande Armée, va s'en éloigner encore pour aller faire enrager ces fameux Hongrois qui se lassent d'être tranquilles et auxquels nous allons donner de l'occupation, afin qu'ils n'aient pas le temps de venir entraver davantage les opérations de la Grande Armée qui n'a déjà pas trop de bon temps.

Adieu, mon père ; cette époque terminera la troisième partie de mes lettres. Dans les suivantes, vous me verrez en Hongrie...

QUATRIÈME PARTIE

DEPUIS MON ARRIVÉE EN HONGRIE JUSQU'A LA FIN DE MA CARRIÈRE MILITAIRE.

EN HONGRIE. — MA 8ᵉ CAMPAGNE, A L'AGE DE 23 ANS.— COMBATS D'AVANT-GARDE. — CHEVAL DE PRISE ET BON BUTIN.

Au bivouac près Norap, le 8 juin 1809, au soir.

Jusqu'aujourd'hui, mon ami, il n'y a pas d'affront pour nous. Nous voilà arrivés dans une contrée où il paraît que nous allons nous exercer dans les travaux de la guerre, mieux que jamais ; dans ce cas, j'espère que je vais encore bien employer mon temps, s'il ne m'arrive pas de malheur. Je puis bien te dire que j'espère encore faire mon devoir de guerrier en Hongrie, comme dans les autres pays. L'action d'aller en tirailleur me plaît beaucoup, parce qu'alors on fait à sa volonté ; mon poste de trompette me donne au moins cette facilité, que je ne suis pas tenu à aucun rang de rigueur, et que je puis choisir celui qui me convient, soit la droite, soit la gauche ou le centre de la compagnie ou de l'escadron ; je fais partout mon service ; mes chefs ne contrarient pas mes dispositions et me laissent pour ainsi dire carte blanche ; si je m'expose à être sabré, tant pis pour moi, mais si je réussis, tant mieux.

Le 1ᵉʳ juin, notre régiment, passant par Neustadt, se porta à Œdembourg. Ce premier jour, l'on s'aperçut bien que l'on entrait en Hongrie, vu le changement de coutume et de langage des habitants ; et bientôt, personne ne comprit, ni ne put rien expliquer.

Me voici donc encore dans un pays nouveau pour moi ; d'abord, je ne comprenais pas plus le hongrois que l'arabe, mais je trouvai bientôt l'occasion de me débrouiller et de me rendre utile à mes camarades et à moi-même, voici comment : Après plusieurs jours de marche, notre régiment arriva bientôt bivouaquer auprès d'un endroit nommé Paspok. Là, je me trouvai dans une maison parmi une famille de juifs dont plusieurs parlaient allemand. Alors j'entrai en conversation familièrement et je demandai en cette langue l'explication en hongrois des différentes choses les plus utiles à connaître pour un soldat, de manière que j'ai fait un recueil de tout cela sur du papier où j'ai traduit la valeur de chaque mot hongrois en français, si bien que j'en fais des phrases et des demandes suivant les occasions. C'est ainsi, qu'en peu de temps, me voilà devenu l'interprète de mon capitaine et de notre compagnie. Il y a aussi parmi nous d'autres interprètes, ce sont ceux qui savent parler latin, car l'on trouve aussi quelques hongrois instruits qui savent parler cette langue.

Mais revenons à notre marche. Le 2 juin, nous nous portâmes sur Gross-Waresdorf, le 3 sur Guntz, le 4 à Steina-Mager, le 5, aux environs de Paspok, où nous passâmes une rivière qu'on nomme le Raab, le 6, à Megye, où nous passâmes une autre rivière (la Marchalz), le 7, aux environs d'Ayka. Nous marchons quatre régiments de chasseurs à cheval réunis, qui sont les 6e, 8e, 9e et 25e, formant la 2e division de cavalerie sous les ordres des généraux Grouchy et Sahuc. Les autres divisions de notre armée en Hongrie marchent sur Kaposvar et Sarvar. Nous sommes informés que tous les Hongrois en état de porter les armes depuis l'âge de 20 ans jusqu'à 40, sont appelés à la défense de leur pays, et qu'ils forment déjà de nombreuses troupes de hussards et de heiducs. Plusieurs petits engagements ont déjà eu lieu à notre avantage.

Hier 7 juin au soir, notre 1er escadron partit pour monter la grand'garde aux avant-postes. Nous nous attendions à faire une bonne corvée, vu les dispositions que nous prenions au pied d'une colline. Là, le bon vin et la bonne chère ne nous manquèrent pas durant toute la nuit. Aujourd'hui 8 juin au matin, nous nous mîmes en route à la suite d'un bon déjeuner qui nous donna de la vigueur à toute la grand'garde.

Je m'étais muni, la veille, de la carabine et du fourniment d'un chasseur qui s'était laissé mourir au bivouac, par suite de blessures ; puis, j'en séparai la giberne et y rajustai la mienne. Ainsi je portais une carabine pendue au crochet, comme un chasseur ; telle était mon idée, je pensais redoubler d'activité avec mes deux pistolets, deux paquets de cartouches dans ma giberne, mon sabre fraîchement repassé, mon manteau roulé à la mandrin et fixé autour de moi comme cela se pratique en campagne, ma trompette également à ma disposition par-dessus tout cet équipement ; ayant le tempérament solide, la tête échauffée par le bon vin de Hongrie, des provisions de réserve dans ma musette et dans ma gourde. Mon cheval était aussi bien disposé que moi ; il avait avalé sa part d'un baquet d'avoine trempée avec du vin blanc, ce qui est un régal pour mon brave Rondeau et le rend aussi intrépide que le Tartare de mon lieutenant.

Il était 7 heures du matin, lorsque notre grand'garde partit à la découverte. D'abord nous traversâmes quelques bois, puis nous arrivâmes dans une plaine couverte de récoltes d'une étendue immense, bornée par des bois à droite et à gauche. Bientôt un village s'offrit à notre vue dans le lointain sur notre droite ; comme nous nous attendions à rencontrer l'ennemi à chaque instant, la vue de ce village qu'on appelle Ayka, nous rendit tous contents. Tant il est vrai que notre escadron ne respirait qu'après le moment de rencontrer l'ennemi pour faire de la besogne : en effet, nous aperçûmes bientôt des vedettes se mettre en mouvement à travers les seigles ; alors une douzaine de nos chasseurs se portèrent en avant, afin de les observer de plus près. Cependant nous ignorions la force qu'il pouvait y avoir dans le village, nous devions prendre quelques précautions pour le savoir, et pour cela, nous continuâmes de nous en approcher jusqu'à une distance raisonnable. Bientôt nous aperçûmes deux pelotons de cavalerie se présenter hors du village et y rentrer aussitôt, puis une trentaine de ces hussards s'avancer en tirailleurs. Alors une vingtaine de nos chasseurs les mieux montés sortirent des pelotons sur l'appel de nos chefs ; dans ce moment, je me portai aussi en avant de bonne volonté et j'allai me mettre en ligne ; aussitôt l'attaque commença de part et d'autre, nous échangeâmes des coups de carabine durant une demi-heure ; nous frisions les hussards de si près, qu'ils nous laissaient le champ libre, vu qu'ils se retiraient vers leur village.

Quant à moi je puis dire qu'au quatrième coup de carabine que je tirai dans cette occasion, visant un hussard ennemi à environ 50 pas de distance, je le vis sur le coup se retirer et gagner le village, tout en chancelant sur son cheval ; je lui avais sans doute envoyé sa paye.

Comme les tirailleurs ennemis se sauvaient et disparaissaient dans l'intérieur du village, nous nous réunîmes une trentaine, afin de les y poursuivre. Arrivant à l'embouchure d'une rue très large à la mode de ce pays, nous y entrâmes hardiment, marchant tous les 30 de front, la carabine haute, le sabre pendu au poignet par la dragonne. Dans ce moment, je me trouvais à la droite de notre petite colonne avec le maréchal des logis Robert ; nous n'apercevions qu'une douzaine de hussards et quelques paysans qui se retiraient à l'extrémité de la rue. Nous avancions avec confiance, nous croyant déjà maîtres du village. Tout à coup, nous nous trouvâmes en face d'une troupe de 2 à 300 hussards hongrois qui débouchèrent d'une autre rue de traverse et vinrent se déployer et barrer celle où nous nous avancions : si bien que nous n'eûmes que le temps de tirer au hasard chacun notre coup de carabine sur cette troupe, puis de faire demi-tour et de nous sauver au grand galop. Aussitôt les hussards se mirent à nos trousses et nous chargèrent assez vivement en nous tirant des coups de carabine ou de pistolet et criant après nous comme des sauvages. (J'ai remarqué que, dans cette circonstance, nous devions tomber dans leur piège s'ils nous avaient laissés avancer encore 25 pas, ou s'ils avaient encore tardé une demi-minute à se montrer.) Alors je me sauvai aussi habilement que mes camarades, et nous vînmes rejoindre notre escadron, que nous trouvâmes bien à propos à cent pas dehors le village. C'est moi qui arrivai un des premiers vers notre capitaine, en lui disant : « Capitaine, voilà tout ce que nous avons vu dans le village, nous vous les amenons au galop ! — C'est bien fait, me répondit-il, sonne la charge, il faut les rosser ! » À l'instant, les dispositions furent faites en conséquence. Je me joignis aux trompettes de notre escadron et, tous trois ensemble, nous sonnâmes la charge avec vigueur.

Cependant les hussards hongrois se présentèrent hors du village, arrivant en fourrageurs à 20 pas de nous.

L'on en vint aux mains; nous reçûmes nos adversaires à bras déployés, et la mêlée s'engagea aussitôt. Les coups de sabre tombaient de toutes parts. Nos chasseurs paraissaient se multiplier et ne combattaient que pour vaincre, dans cette action qui dura environ un quart d'heure. Une demi-heure de mêlée, c'est rare, car c'est toujours dans le premier choc que le sort des armes décide quel parti culbutera l'autre.

Je me fourrai dans la mêlée du côté où était mon capitaine. Le premier hussard que je rencontrai à ma portée tourna son cheval contre le mien, de manière que je saisis un coup de temps à mon avantage pour lui allonger un coup de sabre sur le poignet qui tenait les rènes, si bien appliqué, que son cheval, ne se sentant plus guidé, disparut et emporta son hussard je ne sais où. Un second hussard se présenta à moi, en disant : « Koutia, koutia Fransouss! » Il me porta un coup de sabre qui devait me couper la figure, mais je l'évitai en portant mon sabre à la parade. Je reçus le coup qui s'amortit sur ma lame et sur ma monture de sabre ; la riposte fut aussi prompte que la parade fut habile ; j'étais en ligne, notre choc avait fait faire un petit temps d'arrêt à nos chevaux, ce qui me favorisa ; je baissai le poignet en tierce et je plongeai ma pointe de sabre dans le ventre de mon adversaire.

Je poussai encore mon cheval sur un troisième hussard qui pensait plutôt à se sauver qu'à faire résistance, je lui allongeai un coup de sabre sur l'oreille, en lui disant : « Va-t-en au diable! » Ainsi, mon ami, mon sabre porte les marques de ma gloire.

Enfin la grand'garde de notre régiment rossa si bien celle des hussards hongrois, qu'ils ne pensèrent plus qu'à se débarrasser de nous et à se sauver en désordre ; nous les poursuivîmes partie à travers le village et partie aux environs; nous n'avions pas le temps de nous embarrasser à faire des prisonniers, il fallait sabrer pour diminuer le nombre de nos ennemis. Puis cette affaire étant terminée, ce fut aux plus habiles à faire du butin. J'aperçus un cheval hongrois tout équipé qui avait perdu son maître et se sauvait seul à travers les champs. Je parvins à l'arrêter et à le prendre dans un champ de seigle, où il avait les jambes embarrassées dans les rênes de sa bride ; il avait une oreille pendante, presque toute coupée d'un coup de sabre. (Je m'étendrai un peu à l'occasion de ce cheval, car il fait un certain rôle dans mes actions militaires.) Je m'en allais donc avec mon cheval de prise, lorsque je rencontrai encore un hussard démonté, désarmé et blessé, lequel cherchait à m'éviter mais inutilement. Quand il me vit près de lui, il me demanda : « Pardonn françouss ! » Je n'avais pas l'intention de lui faire plus de mal qu'il n'en avait. Ce hussard me parut surpris en voyant le cheval que je tenais en main ; apparemment qu'il le connaissait. Il me fit entendre que j'avais là un fort bon cheval, ayant appartenu à un vaguemestre de la même compagnie que lui, et qu'il devait y avoir du bon butin dans le porte-manteau.

Dans ce moment, j'entendis sonner le ralliement pour nos chasseurs. Plusieurs coups de fusil tirés du côté des bois, désignaient assez que nous n'étions pas seuls dans ces environs. J'allai donc rejoindre notre campagnie qui se ralliait à l'entrée du village. Nous avions plusieurs chasseurs blessés ainsi qu'un officier, M. Douint. Mais les hussards payèrent cette rencontre beaucoup plus cher : la plupart d'entre eux emportèrent nos coups de sabre ; 8 ou 10 des plus exterminés restèrent sur le champ ; nous avions 6 chevaux à eux. Un de mes collègues, nommé Nicolas, trompette à l'escadron, avait pris un de leurs trompettes. Tout ceci n'est cependant qu'une escarmouche ou une rencontre de grand'gardes. Ainsi, en Hongrie comme en Italie, le 8e régiment de chasseurs soutenait sa réputation !

Vers les dix heures du matin, notre grand'garde se réunit au régiment qui se présenta dans la plaine avec les autres régiments de la division ; alors nous nous portâmes en avant, tous en ordre de bataille. Nous rencontrâmes aussi un régiment de dragons avec plusieurs bataillons d'infanterie, qui se dirigeaient vers les bois où l'on entendait des coups de fusil.

Nous apercevions des colonnes de cavalerie ennemie qui manœuvraient au loin dans la plaine ; cependant les affaires militaires ne paraissaient pas devoir s'engager ce jour-là, puisque, vers midi, l'ennemi se retira sur la direction d'Albe, et tout disparut successivement.

Notre régiment continua de marcher le reste de cette journée sans obstacle ; nous vînmes nous établir près d'un bourg, nommé Norap, où toute notre division arriva également se disposer à bivouaquer.

J'ajoute, mon ami, que nous avons été surpris agréablement aujourd'hui à la vue de plusieurs régiments de cavalerie française que nous n'avions pas encore vus. Nous savons à présent que l'empereur Napoléon a envoyé au prince Eugène, en Hongrie, une grande partie de la cavalerie légère de la Grande Armée, afin de seconder les opétions de notre armée d'Italie. L'on évalue la force de la cavalerie ennemie au nombre 30 à 36 000 hommes, et celle de la cavalerie française au nombre de 20 à 24 000. Avec notre infanterie et notre artillerie, l'armée française peut faire nombre de 80 000 hommes dans ce pays, l'armée ennemie peut s'évaluer au double. Il est facile de remarquer, par tout ce qui nous environne, un appareil de guerre formidable, qui pourrait nous en imposer si nous n'y étions pas accoutumés. Les Hongrois sont excités à la révolte et menacent de se soulever en masse.

Au moment où j'écris cette lettre, je me trouve en possession du cheval hongrois que j'ai pris ce matin. Pour ménager mon Rondeau, j'ai monté ce cheval le reste de la journée, je l'ai trouvé bon par excellence, je n'en ai jamais monté un meilleur ; Rondeau est bon, il fait bien son service, mais ce n'est qu'un âne en comparaison. Néanmoins je lui dois la préférence. Je suis seulement résolu de combattre une journée avec mon hongrois, afin de me contenter avant de le céder au régiment, et je crois que l'occasion va s'en présenter amplement demain, 9 juin.

Ce soir en arrivant au bivouac, mon premier soin fut de m'occuper de ma prise et de faire l'inventaire de l'équipement de mon hongrois. Je trouvai dans le porte-manteau un beau et bon pantalon de coutil rayé façonné à la mameluk, un beau gilet rouge écarlate, tressé jaune, à la hus-

sarde, six mouchoirs, trois chemises fines à la hongroise,
un grand portefeuille contenant 130 goulden en banco de
dzelds et 20 goulden en monnaie de cuivre : puis, sur le
devant de la selle, sous la schabraque, un bon manteau ;
enfin je trouvai dans une musette une belle et bonne paire
de bottes à la hongroise qui me vont bien et m'arrivent à
propos pour remplacer les miennes qui sont ruinées depuis
deux mois que je ne les ai pas quittées de mes jambes.

Dans tout autre temps, mon superbe hongrois serait estimé
600 francs pour un amateur. Hé bien, il m'en reviendra
tout au plus 100 francs. Ma journée me vaut 330 francs.
J'abandonne le reste. Je laisse mon hongrois tout équipé.
J'ai achevé de lui couper l'oreille, je l'ai pansé. C'est un
cheval qui sera vraiment original avec une oreille abattue,
il n'en aura pas moins de mérite. Mon capitaine qui est
curieux des bons chevaux, me l'a bien recommandé.

Au grand village d'Aszar, le 11 juin 1809.

Depuis deux jours, mon cher père, voilà encore de l'ouvrage de fait ! Comme il paraît que nous allons prendre
quelque repos dans le grand village que nous occupons
maintenant, je vais employer mes moments de loisir à vous
rapporter à peu près ce qui s'est passé le 9 et le 10 juin,
et comment je me suis tiré d'affaire. Pour reprendre la
suite de mon journal, je vous dirai que, le 9 juin, notre régiment monta à cheval de bon matin : nous quittâmes Norap
et nous marchâmes, toute la division, sur Mezelak, puis nous
nous dirigeâmes sur Lorled, où nous arrivâmes dans une
grande plaine.

Comme nous nous attendions à voir l'ennemi de près,
je témoignai à mon capitaine le désir que j'avais de me
servir de mon cheval hongrois pendant cette journée pour
aller en tirailleur devant l'ennemi. Mon capitaine Périolat
qui m'aime et qui m'appelle son ami, ne me refusa pas.
J'allai donc trouver son domestique qui suivait les bagages

du régiment, je lui donnai mon Rondeau à conduire avec mes effets et tout ce que j'avais vaillant; je lui dis que tout était pour lui en cas que je me fisse tuer.

Je me trouvais donc libre de moi, monté et équipé en partie de l'uniforme hongrois, c'est-à-dire que mon cheval avait tout son uniforme à la hongroise, et moi, pour suivre ma fantaisie, je m'étais attaché sur les épaules une pelisse brune, tressée jaune, à la hussarde. Ainsi je revins à mon rang avec les trompettes, en défilant au galop avec mon coursier hongrois qui plaisait à tous; j'en étais moi-même très curieux.

Nous nous aperçûmes bientôt que nous suivions à la piste un corps de cavalerie que nous appelons la Noblesse hongroise, lorsque nous trouvâmes notre 2e escadron qui était de grand'garde et qui leur avait déjà pris plusieurs voitures de bagages et plusieurs de ces nobles prisonniers.

Il était onze heures du matin, quand nous arrivâmes dans la plaine de Lorled où nous trouvâmes des régiments de cavalerie française marchant en ordre de bataille pour observer de nombreux escadrons de cavalerie ennemie qui se montraient également dans cette plaine et leur faire face. Je voyais le moment où environ 25 000 hommes de cavalerie allaient s'entre-choquer et se battre ensemble; mais divers mouvements exécutés de part et d'autre réprimèrent cette mêlée générale. Cependant une masse de cavalerie ennemie vint se déployer et se former en bataille devant le front de nos quatre régiments de chasseurs qui formaient la division du général Grouchy et aussitôt nous vîmes arriver un grand nombre de hussards qui se présentèrent en tirailleurs à 100 pas de nos rangs, et nous saluèrent par une volée de coups de carabine; cette bravade nous sembla un peu leste de leur part. Il fallait leur répondre sur le même ton ; aussitôt chaque escadron de chasseurs fit porter en avant un peloton de 24 hommes qui s'étendirent aussi en tirailleurs et firent bientôt reculer ceux de l'ennemi à leur distance.

C'est dans ce moment que je me portai aussi en avant comme trompette des tirailleurs. D'abord je demeurai un instant au peloton de réserve avec le sous-lieutenant Naudet. C'était là un beau coup d'œil à voir pour un amateur de cavalerie ! Figurez-vous, mon père, deux lignes de cavalerie légère composées d'environ 36 escadrons rangés en bataille dans un ordre admirable, vis-à-vis les uns des autres à 4 ou 500 pas de distance ; puis, au milieu de cet intervalle, deux autres lignes de tirailleurs disposés en avant du front de leurs escadrons, animés les uns contre les autres à faire le coup de carabine de 50 à 100 pas de distance. C'était là que j'allais me distinguer aussi avec mon hongrois. Voici comment : Je quittai le peloton de réserve pour aller me ranger parmi nos tirailleurs. Au premier coup de carabine que je tirai, mon hongrois faillit me désarçonner, tant il était sauvage à ce bruit ; au second, au troisième coup, je calmai ses mouvements précipités. J'achevais de recharger la carabine pour la quatrième fois, lorsqu'un hussard m'approcha à 30 pas et me tira son coup de carabine à la course. Comme je le voyais venir je lui réservai aussi mon coup de carabine, que je lui envoyai au même instant ; l'un et l'autre n'adressa pas. Aussitôt je vis mon adversaire prendre son sabre en main et manœuvrer devant moi en me signalant du bras, et me jurant en son langage hongrois et mauvais allemand qu'il voulait me sabrer et avoir mon cheval hongrois.

Lorsque je vis qu'il s'adressait directement à moi, je ne le fis pas répéter, car aussi bien j'étais content de trouver l'occasion de me mesurer tête à tête avec lui. Je rassemblai mes rênes et m'avançai sur mon ennemi. J'observais ses mouvements afin de le guider à ma droite. Car c'est là que l'on connaît un bon cavalier quand il sait prendre l'avantage de la droite sur son ennemi, c'est-à-dire de l'attaquer par sa gauche. D'abord nous nous présentâmes à quatre pas l'un de l'autre en nous menaçant et nous couvrant par des moulinets ; nous nous joignîmes tous deux et nous attaquâmes en même temps. Je lui allongeai mon coup de sabre bien appliqué, à dessein de lui couper la figure ; mais soit qu'il baissât la tête ou autrement, je le frappai sur son shako au-dessus de l'oreille gauche au même instant qu'il me portait un coup qui me frappa en travers de la poitrine où mes vêtements me garantirent. Ensuite de cette première attaque, nos chevaux nous écartèrent l'un de l'autre : je ramenai bientôt le mien afin de suivre les mouvements de mon adversaire ; puis nous nous croisâmes et nous tournâmes plusieurs fois sans pouvoir saisir aucun moment avantageux, tant nous maniions nos chevaux et nos sabres habilement. Cependant nous nous portâmes encore plusieurs coups de sabre qui furent parés ou mal adressés. Alors, je m'aperçus que mon hussard avait du sang à la figure ; c'était sans doute l'effet de mon premier coup de sabre qui lui avait coupé son shako et entamé la tête, ce qui le rendait plus furieux et plus acharné après moi ; mais il avait affaire à un gaillard qui ne s'épouvantait pas de ses jurements et qui ne lui cédait en rien pour l'audace et pour la force. Je pensais bien qu'il n'y aurait qu'un bon coup de sabre qui ferait quitter la partie à l'un ou à l'autre, et j'employais tous mes moyens pour parvenir à vaincre. Enfin j'y réussis : je surpris mon hussard sur sa gauche et je lui appliquai un maitre coup de sabre sur le poignet, à dessein de le démonter de ses rênes, si bien que je lui coupai soit le poignet, soit ses rênes, vu que sur le coup son cheval, ne se trouva plus guidé, mon hussard piqua des deux et partit au grand galop du côté de ses compatriotes. Je ne jugeai pas nécessaire de le poursuivre, je le perdis de vue derrière la ligne de leurs tirailleurs.

C'est ainsi, mon père, que votre guerrier combattit tête à tête avec une vieille moustache des hussards hongrois, dans l'intervalle des deux lignes de tirailleurs, à la vue de nos nombreux escadrons. Ce combat singulier dura peut-être cinq minutes sans que personne vint nous interrompre.

Je me trouvais fier de mon succès et je voulais encore braver quelque hussard ; mais l'on n'est pas toujours prudent dans ses actions, car au lieu de rentrer dans la ligne de nos tirailleurs, je me rapprochai de ceux de l'ennemi sans trop me faire remarquer. J'avais un maintien d'assurance ; je paraissais plutôt être un hussard hongrois, car j'en avais presque l'uniforme, à cause de la pelisse que je portais sur l'épaule qui couvrait une partie de mes vêtements. Les hussards qui m'environnaient ne portaient peut-être pas leur attention sur moi, ou du moins ils ne se doutaient pas que c'était un soldat français qui les croisait et les passait en revue de si près, puisqu'aucun d'eux ne tira sur moi. Lorsque je vis que mon rôle réussissait, je pensai qu'à la guerre comme en affaires de mauvaise foi, c'était le plus malin qui attrapait l'autre et je voulus les tirer d'erreur en abusant de leur crédulité ; alors je portai mon audace jusqu'à m'approcher d'un tirailleur ennemi que je surpris au moment où il bourrait sa carabine, et je lui allongeai un coup de sabre sur le bras droit ; il se sauva vers ses compagnons. Alors je pensais à faire demi-tour pour rentrer dans la ligne de nos tirailleurs, quand j'aperçus quatre ou cinq hussards qui venaient me charger. Je les évitai heureusement, quoique mon cheval hongrois me fit faire une échappée à laquelle j'étais loin de penser, c'est-à-dire encore une bravade à la vue des escadrons de hussards. Voici comment cet assaut m'arriva : Je donnai trop tôt des éperons à mon hongrois qui se lança ou, pour mieux dire, qui s'emporta avant d'avoir fait son demi-tour. Il dirigea sa course à gauche en arrière de la ligne des tirailleurs ennemis et la prolongea dans l'intervalle qui était entre eux et le front de leurs escadrons. Qui se voyait dans l'embarras ? c'était moi. Mon cheval n'obéissait plus ni à son mors, ni à son cavalier. Il m'eût été facile de faire un quart à gauche, de traverser la ligne des tirailleurs ennemis et de rejoindre les nôtres, mais non ! mon perfide hongrois portait la tête au vent et courait comme un cerf ; il suivait son instinct naturel en se voyant du côté de ceux de sa nation, il s'y soutenait et m'y engageait malgré moi, qui tâchais en vain de le faire changer de direction.

Cette course au milieu des ennemis se passa mieux que je n'aurais dû m'y attendre, soit que mon déguisement me favorisât ou soit que la rapidité avec laquelle mon cheval défilait me fît éviter la rencontre des hussards. Lorsque j'eus 100 pas d'avance sur ceux qui avaient voulu me charger, je me trouvai pour ainsi dire libre, car plus je m'éloignais de l'endroit où j'avais fait le coup, plus leur action devenait inutile à mon égard ; ils ne pouvaient pas assez tôt prévenir et communiquer cette aventure aux autres, qui me voyaient ainsi galoper sans savoir pourquoi et qui ignoraient sans doute qui j'étais.

Enfin, après avoir couru ainsi l'espace d'environ mille pas, je parvins à l'extrémité de la ligne des tirailleurs, où je trouvai un fossé assez large, que mon hongrois aperçut heureusement et qu'il franchit sans hésiter. Alors j'avais dépassé la ligne des hussards et m'en trouvais assez éloigné. Je calmai mon cheval et commençai à respirer. Je perdis ma carabine dans cette course, car l'anneau de la tringle se cassa et s'échappa du crochet. Comme je me trouvais à la gauche de notre division, je me dirigeai aussitôt pour retourner vers notre régiment qui occupait le centre. J'ôtai la pelisse de hussard de dessus mes épaules et j'allai rejoindre mon rang en passant au galop devant le front de notre division. J'arrivai bientôt vers notre compagnie, répondant aux questions, aux plaisanteries ainsi qu'aux félicitations de plusieurs officiers et de mes camarades qui avaient remarqué mes actions et me voyaient revenir avec plaisir. Je vantais à tous mon hongrois sans pareil. Par exemple, mon capitaine me fit une forte réprimande de m'être ainsi exposé et me dit que je ne monterais plus mon hongrois, que le colonel l'avait déjà désigné pour monter l'adjudant Legendre et que ma gratification serait de 100 francs, à cause de sa bonté supérieure.

Il était plus d'une heure après midi, l'armée ennemie prenait le parti de se retirer et disparaissait successivement ; tandis que l'armée française se réunissait dans cette plaine et manœuvrait sur plusieurs directions ; pas un seul coup de canon ne se fit entendre ce jour-là. Ensuite notre régiment avec la division vint prendre position dans un grand village appelé Eses-Nek, où chaque régiment, chaque compagnie établit convenablement ses bivouacs pour passer la nuit.

Cette même nuit, je me trouvais de garde à l'état-major, j'avais procuré un bon souper à mon cheval, et pour moi, je n'avais encore rien trouvé, lorsque la fatigue me força à m'endormir sans souper ; je m'éveillai sur les minuit, dévorant la faim ; à cette heure, tous nos chasseurs reposaient, et le silence régnait dans tous les bivouacs ; j'allai rôder afin de trouver quelque chose à prendre pour me restaurer ; mon bonheur me conduisit au bivouac de la 6e compagnie de notre régiment, où j'aperçus une chaudière qui était sur un feu presqu'éteint, autour duquel une quarantaine de chasseurs étaient couchés et ronflaient ; je m'approchai doucement de la chaudière, et je vis, à mon grand contentement, qu'elle était encore pleine de fricot en train de bouillir. Aussitôt, sans être vu des dormeurs, je commençai par me servir le premier, je trouvai un plat sous ma main et j'escamotai sans cérémonie quatre quartiers d'oie et deux morceaux de cochon, le tout étant bien cuit ; je me retirai avec ma proie, aussi doucement que j'étais venu, personne ne m'avait vu, je revins à mon poste où je fis bonne chère.

Le prince Eugène. — Danger auquel j'échappe. —
Un bataillon prisonnier.

Encore au grand village d'Aszar, le 12 juin 1809.

Voici, mon ami, encore des détails militaires qui me concernent.

Le 10, vers les quatre heures du matin, j'étais bien disposé, en train de causer avec quelques amis, lorsque nous vîmes arriver le prince Eugène ; il était accompagné de son état-major. Le prince vint s'adresser à moi directement en me demandant où demeurait mon colonel ; je lui montrai la maison près de laquelle je me trouvais ; puis il dit : « Voilà un trompette que je rencontre bien à propos », et il me donna l'ordre lui-même de sonner à cheval promptement pour toute la cavalerie. Justement, mon cheval était prêt. Je sautai dessus et je partis au galop, sonnant à cheval par tout le village, puis dans les environs. En moins de cinq minutes, 50 trompettes de tous les régiments se firent aussi entendre en se répétant.

Successivement, et en moins d'un quart d'heure, plus de 10 000 hommes de cavalerie étaient sous les armes. Bientôt tout marcha en avant sur la direction d'une petite ville nommée Papa : alors j'avais rejoint mon poste comme trompette d'ordonnance près de mon colonel. Bientôt les avant-postes français découvrirent et attaquèrent ceux de l'ennemi. Vers les 8 heures du matin, aucune armée ne pouvait offrir à la vue un plus beau coup d'œil ni un appareil plus imposant que tous ces guerriers qui se présentaient de part et d'autre dans l'étendue d'une plaine immense.

D'abord, ce ne furent que dispositions d'attaque et combats partiels à coups de sabre et à coups de carabine, puis l'on vit les régiments s'engager et se charger successivement sur toute la ligne. Cette fameuse cavalerie autrichienne et hongroise, qui se donne la réputation d'avoir la supériorité sur les autres, eh bien ! cette cavalerie quoique plus nombreuse que la nôtre, fut encore rossée, culbutée et poursuivie dans cette action où l'on n'eut pas besoin du secours de la seconde ligne.

Cependant notre cavalerie à force d'avancer se vit saluée par l'artillerie ennemie qui se tenait en réserve, ce qui nous fit faire halte au milieu de cette plaine. Nos artilleurs arrivèrent mettre leurs pièces en batterie à la hauteur de notre première ligne de cavalerie et répondirent à l'ennemi sur le même ton. Bientôt le feu s'anima de part et d'autre et l'on vit rouler les boulets et les obus ; c'était là le cas de dire : gare les jambes ! La première ligne éprouvait plus de mal que la seconde, celle-ci ne faisant aucun mouvement pendant une heure que cette canonnade se soutint. Alors notre colonel voulut se porter à 3 ou 400 pas en avant de son régiment vers la première ligne, afin d'observer sans doute ce qui se passait par là. Nous suivîmes notre colonel, savoir le gros major, deux adjudants, son chasseur d'ordonnance et moi. Arrivés tous les six sur une petite élévation de terrain, nous distinguions bien les positions de l'ennemi ainsi que leurs canons qui faisaient feu ; mais apparemment qu'ils nous distinguèrent aussi, car nous n'y fûmes pas longtemps sans avoir leur visite : ce fut un boulet qui arriva frapper à terre sous le ventre le cheval du major Cabanel, et, en se relevant, il cassa une jambe au cheval de l'adjudant Huint qui se trouvait à côté.

Une minute après, nous entendîmes siffler un obus qui passa si près du bonnet de notre colonel, qu'il ne put s'empêcher de baisser la tête dans ses épaules ; à l'instant, le major qui se trouvait à côté de lui et qui s'aperçut du mouvement, lui dit en plaisantant : « Hé bien, colonel ! qu'en dites-vous de cette demoiselle-là ? Il paraît qu'elle vous aime et qu'elle est venue pour vous baiser. — C'est vrai, major, répondit le colonel en riant ; mais elle est si insolente, que je ne veux pas de ses faveurs ; aussi je lui ai dit de passer. » Ce trait te fait voir, mon ami, qu'au mépris du danger, les soldats ne pensent qu'à plaisanter. Dans ce moment, je remarquai avec Dubois un aide de camp qui allait au grand galop dans la ligne, portant sans doute des ordres à la droite de l'armée, quand tout à coup, cet aide de camp fut surpris dans sa course par un obus ; nous le voyons tomber et disparaître lui et son cheval, ce qui me fit faire à mon ami Dubois la réflexion suivante : « Exécrables, maudits soient les inventeurs de la poudre et de l'artillerie ! avec quel raffinement de fureur et de cruauté les hommes ont-ils perfectionné ces inventions pour se détruire ? J'aime bien la guerre, mais je voudrais que l'usage des canons y fût défendu ; nous ne verrions pas tant de si braves soldats tomber sur le champ de bataille sans pouvoir se défendre. » A peine je finissais, que je vis tomber un boulet, à peut-être 30 pas de moi ; ma première pensée en le voyant toucher à terre, fut qu'il allait se relever et sauter sur moi ; ce qui m'imprima un mouvement subit de terreur, puisque je m'écriai : « Mon Dieu, sauvez-moi ! » En disant, je me penchai sur le devant de ma selle en poussant vivement mon cheval de côté, afin d'éviter ce brutal s'il était possible. Il semblait que mon brave Rondeau le voyait aussi venir, si bien que la promptitude du mouvement que nous fîmes pendant ce court espace nous sauva peut-être. Le boulet se releva en sautant et retomba encore à terre à 4 pas devant le nez de mon cheval ; il se releva d'un second saut, me glissa sur la cuisse droite près la hanche et arracha en passant le bout de mon porte-manteau sur le cul de mon cheval, en nous couvrant d'éclaboussures de terre, puis il roula encore en sautillant plus de 300 pas jusqu'au bout de sa force. Jamais un boulet ne m'avait chatouillé de si près. J'en fus quitte pour une légère contusion à la cuisse. Peu s'en est fallu que ma carrière militaire ne fût terminée dans cet endroit.

Maintenant revenons au résultat de la bataille de Papa, suivant ce que j'ai pu remarquer. Il était environ midi, le canon ronflait terriblement. Une nouvelle batterie de 12 pièces d'artillerie française arriva se déployer avec audace en avant de la droite de la première ligne ; aussitôt nos canonniers commencèrent un feu oblique qui devint épouvantable pour l'ennemi qui se trouvait foudroyé en flanc par ces 12 pièces. Cependant notre infanterie manœuvrait pour tourner la petite ville de Papa, puis elle s'en empara de vive force en fusillant et culbutant l'infanterie ennemie qui la défendait. C'est alors que l'on vit l'action décidée en faveur des Français. L'ennemi observé et canonné de toutes parts, et au moment d'avoir sa retraite coupée, abandonna le champ de bataille, se retira et disparut bientôt. Toute notre cavalerie se mit à sa poursuite. Après avoir marché au grand trot pendant plus d'une heure, notre régiment arriva dans un village, où nous surprîmes un bataillon d'infanterie ennemie fort de 3 à 400 hommes qui mirent bas les armes dès qu'ils nous reconnurent et se rendirent sans faire aucune résistance. Ensuite plusieurs détachements de nos chasseurs allèrent à la découverte, afin de s'assurer s'il n'y avait plus d'ennemis dans les environs ; puis notre régiment s'établit dans ce village jusqu'au lendemain 11 juin, que nous nous réunîmes à notre division ; nous marchâmes une partie de cette journée sans rencontrer l'ennemi ; enfin nous vînmes occuper un grand village qu'on nomme Aszar, où nous sommes assez tranquilles ; nous faisons enrager les paysans hongrois pour avoir des vivres ; nous consommons tout ce qu'ils ont et, si nous demeurons encore là deux jours, tout sera épuisé.

JE ME TROUVE DANS L'EMBARRAS AVEC MON CHEVAL. — MON HONNÊTE MEUNIER. — LA MAISON ISOLÉE. — COMPLOT RÉPRIMÉ PAR MES SOINS.

A la maison isolée sur la route de Papa
à Raab, le 15 juin au matin.

Je vais te rapporter de suite, mon ami, que le 13 juin à 8 heures du soir, notre régiment monta à cheval pour changer de position. Alors nous partîmes d'Aszar et nous mar chàmes par une nuit des plus obscures sans savoir où l'on nous menait, lorsque vers les minuit, nous reconnûmes que nous arrivions prendre position près la petite ville de Papa. Notre régiment s'enfila sous une belle et longue avenue de tilleuls, où chacun se plaça et s'arrangea de son mieux.

Je me souviendrai longtemps de cette nuit, car je fus le soldat le plus malheureux du régiment, à cause de mon maudit cheval qui, avant de partir d'Aszar, s'était détaché de sa place et avait été se soûler à même un tas d'avoine fauchée en vert, dont il avait mangé si goulûment, que le ventre lui enfla prêt à crever.

Il serait trop long, mon ami, de te faire le détail de l'embarras extrême et de la colère où je me trouvai pendant cette nuit du 13 au 14, avec un cheval qui ne pouvait plus se soutenir et qui ne sentait plus les éperons ni son mors. Je ne voulais pas le laisser tomber pour ne pas rester en arrière et perdre de vue le régiment. Enfin j'arrivai à destination et je le laissai se rouler à terre à son aise; heureusement le jour reparut et mon embarras cessa. Je menai mon pauvre Rondeau au hasard dans un moulin à eau où je trouvai une écurie commode; là, je m'occupai de le soigner et de lui procurer tout ce qu'il fallait pour le soulager et le guérir promptement.

Ce qui me rassurait davantage, c'est qu'il y avait apparence que notre régiment devait demeurer toute cette journée du 14 à Papa. Cependant il me paraissait convenable, qu'après avoir éprouvé tant de tourments, je pusse aussi prendre un peu de récréation. Alors je consignai mon cheval et mes effets aux soins du meunier, duquel je m'étais fait bien venir en arrivant au moulin.

Puis je m'associai avec plusieurs de mes camarades, nous parcourûmes les divers quartiers de Papa, cherchant aventures. Ce fut un jour de divertissement où je fis mes folies complètement.

Dans cette circonstance, je faillis être dupe de mon trop de sécurité, c'est-à-dire que je me trouvai encore dans une autre espèce d'embarras. Tout occupé de mon plaisir, absent du régiment depuis 6 heures du matin (il était 9 heures du soir), je n'avais pas encore pensé ni à mon cheval, ni à retourner à la compagnie. Comme il y a fin pour tout, je me disposai, avec quatre de mes camarades, à aller rejoindre notre compagnie ; nous nous donnions le bras et chantions gaiment, lorsque nous reconnûmes un adjudant du régiment, accompagné d'un brigadier qui avait riboté avec nous et nous avait quittés depuis une heure ; ils venaient nous chercher au galop, en nous disant : « Vite à cheval ! A quoi vous amusez-vous donc à cette heure ? Le régiment est parti, l'ennemi arrive dans les environs. » Aussitôt mes quatre camarades me laissèrent seul pour courir après leurs chevaux qu'ils avaient laissés au bivouac de leur compagnie ; tandis que moi, sans m'épouvanter du bruit, je retournai à mon moulin, où je retrouvai mon meunier avec ses bonnes dispositions à mon égard. Il m'apporta de la lumière et vint m'aider à équiper mon cheval que je revis avec plaisir, car son indigestion avait totalement disparu.

Il était 10 heures du soir quand je m'éloignai de Papa ; je me trouvai bientôt dans un état d'isolement absolu. Je prêtais l'oreille de temps en temps et je n'entendais rien qui troublât le calme qui m'environnait. Je réfléchissais sur les différentes situations où je m'étais trouvé depuis vingt-quatre heures, lorsqu'après plus d'une heure de marche, je crus entendre un qui-vive. J'avançai quelques pas et je ne doutai plus que ce fût de nos gens. Je me fis connaître en répondant : « France ! partisan du 8e régiment en patrouille. » Je reconnus mes quatre camarades qui m'avaient laissé les derniers à Papa pour courir à leurs chevaux. Je les retrouvais plus embarrassés que moi, faisant la corvée tout au long, c'est-à-dire qu'étant arrivés trop tard, le régiment était parti et la compagnie avait emmené leurs chevaux, de manière que mes quatre gaillards marchaient à pied, ne sachant pas plus que moi où ils trouveraient le régiment. Nous fîmes chemin ensemble jusqu'à ce que le hasard voulût que nous trouvions une espèce d'auberge, seule sur cette route, ce qui devint pour nous un nouveau sujet de distraction. Nous entrâmes tous les cinq dans cette maison dont les portes et les fenêtres étaient déjà brisées. J'avais de la bougie dans ma musette, nous commençâmes par nous procurer de la lumière. Nous trouvâmes, pour tous habitants, deux paysans assez robustes et une vieille femme qui ne s'étaient pas encore couchés. Ils nous virent arriver avec indifférence, ne daignant pas nous répondre ni se déranger pour nous ; ce que voyant, nous nous rendîmes absolument les maitres, en faisant la visite partout, et nous remarquâmes que cette maison était à peu près dévastée. Pendant que mes camarades continuaient leur visite, j'étais demeuré dans une salle où j'avais fait entrer mon cheval. Là, je lui faisais manger de l'avoine sur une table, lorsque j'entendis les deux paysans avec la vieille, près d'une cheminée qui n'était séparée de la salle que par une cloison. Je m'approchai doucement en prêtant l'oreille ; ces gens chuchotaient tout bas et avaient une conversation assez animée ; je compris quelques mots de leur langage et je jugeai qu'ils faisaient un complot où il ne s'agissait rien moins que d'aller chercher leurs partisans dans les bois pour nous faire égorger.

Comme ils ne me savaient pas si près d'eux, je dissimulai ma colère jusqu'à ce que j'eusse prévenu mes camarades du danger qui nous menaçait. Alors nous résolûmes de nous assurer par la force de nos perfides hongrois. Sans hésiter, nous nous présentâmes tous les cinq, le sabre à la main ; je leur répétai à peu près ce que je leur avais entendu dire et leur déclarai qu'ils étaient des traitres et des brigands qui méritaient d'être coupés en morceaux. En disant. nous leur présentâmes nos sabres sur le col et sur la poitrine, comme si nous voulions les tuer, tellement qu'ils se croyaient déjà morts, ou du moins, jamais ils n'ont eu si peur. Mes camarades voulaient effectivement les frapper : je m'y opposai en voyant leur soumission. Nous les empoignâmes et les poussâmes dans une espèce de cuve qui nous parut être la resserre du laitage et autres provisions : il n'y eut ni supplications, ni pardon qui fit, nous fûmes sourds à leur plaintes, nous fermâmes la porte au verrou sur eux : nous étions sûrs qu'ils ne se sauveraient pas et nous les laissâmes là jusqu'à ce que d'autres après nous vinrent sans doute les délivrer. Ensuite nous nous reposâmes plus d'une heure dans la salle, étendus sur des bancs et sur des tables, tandis qu'un d'entre nous, qui s'était fait fort de ne pas dormir, répondait de nous garder en fumant sa pipe et de nous avertir en cas d'alerte.

Pendant ces entrefaites, la journée du 15 commença à paraître. Il était 3 heures du matin. Nous nous disposions à nous remettre en route, lorsque nous vîmes venir cinq cavaliers qni se dirigeaient vers notre demeure ; nous les reconnûmes pour une patrouille de la grand'garde du 6ᵉ régiment de chasseurs qui se trouvait dans les environs. Comme le but de cette patrouille était d'arriver à la maison isolée, nous les reçûmes amicalement ; nous leur rapportâmes comment nous étions venus passer la nuit dans cette maison et la perfidie dont les paysans avaient pensé faire usage contre nous. Ce qui les indigna au point qu'ils voulaient les prendre pour les fusiller eux-mêmes : mais je les détournai encore de cette résolution, en observant que nous avions suffisamment bien réprimé le dessein de ces gueux en les mettant hors d'état de nuire. Nous quittâmes la maison isolée, moi et mes quatre amis, accompagnant les cinq chasseurs de patrouille jusqu'au poste de leur grand'garde. Là, on nous indiqua à peu près la direction qu'avait prise notre régiment. Nous nous remîmes en marche, suivant des chemins qui nous parurent tracés par de la cavalerie ; nous n'apercevions pas un chat dans toute l'étendue de la plaine que nous traversions.

Cependant, vers les 6 heures du matin, nous entendîmes plusieurs coups de fusil dans le lointain, ce qui nous fit juger de quel côté étaient les avant-postes. Un instant après, nous entendîmes des coups de canon sur une direction plus rapprochée et nous rencontrâmes quelques soldats, aussi isolés, ce qui commença à nous remettre du baume dans le sang : « Ha ha ! mes amis, dis-je alors, il y a du monde par-là ; il paraît que l'on va se brosser aujourd'hui. Dépêchons-nous d'arriver à nos rangs ; je ne voudrais pas pour 1 000 goulden que l'on dise que je me suis absenté du régiment un jour de bataille. » Mes quatre compagnons partageaient mes sentiments, et s'ils étaient contrariés, c'était de ne pas avoir leurs chevaux afin d'arriver plus tôt. Quoique je fusse à cheval, je n'allais pas plus vite qu'eux, j'avais promis de ne pas les quitter, je n'en bouillais pas moins d'impatience.

Enfin le bruit du canon nous guida vers le centre de notre armée que nous trouvâmes en mouvement. Alors n'y voyant pas nos chasseurs, j'allai m'adresser à un aide de camp que je rencontrai, lequel m'envoya vers l'aile gauche où nous retrouvâmes notre régiment, après avoir fait dans cette circonstance 7 à 8 lieues de marche, isolés depuis Papa jusqu'à cet endroit. Il était 9 heures du matin, lorsque j'arrivai à mon rang. Mon absense n'avait pas été trop remarquée, car l'on savait l'embarras où je m'étais trouvé à cause de mon cheval, ce qui me servit de prétexte.

Bataille de Raab. — Charges de notre régiment. — Nous sommes vainqueurs.

> Du champ d'honneur devant Raab,
> le 15 juin 1809 au soir.

Honneur et gloire aux braves soldats ! Notre armée d'Italie triomphe en Hongrie. Comme tu as pu le voir, mon ami, par mes lettres précédentes, depuis que nous sommes dans ce pays, notre régiment n'a fait que figurer et ne s'est toujours trouvé engagé qu'en détail dans des affaires partielles ; mais aujourd'hui, nous venons de nous trouver engagés dans une affaire générale, où nous nous sommes distingués autant que l'exigeait notre réputation.

Depuis plusieurs jours, l'armée française d'Italie sous les ordres du prince Eugène, et l'armée ennemie sous les ordres de l'archiduc prince Jean, avaient combiné leurs opérations de manière, l'une à se rapprocher du Danube, et l'autre à s'y opposer. Aujourd'hui 15 juin, les dispositions des deux armées s'accordant avec les circonstances, une bataille générale fut résolue, à une lieue ou deux aux environs de Raab.

D'abord la canonnade avait commencé dès le matin et s'était engagée successivement, si bien que sur les dix heures, le feu était très vif vers le centre de notre armée, et paraissait se prolonger jusqu'à l'extrême droite. Tandis qu'il faisait si chaud par là, l'aile gauche, où se trouvait notre régiment, n'avait pour ainsi dire rien à faire qu'à s'observer dans ses positions et se maintenir sur la ligne ; quelques tirailleurs, quelques coups de canon par ci par-là, mais rien ne paraissait devoir s'engager sérieusement de ce côté. L'armée ennemie avait ses lignes à peu près parallèles aux nôtres. Leur centre avait pris une bonne position sur un long coteau, d'où le but des Français était de les débusquer, de les chasser et de s'emparer de la hauteur, ce qui occasionna un feu terrible, vu que toute notre artillerie était dirigée sur ce point et que l'ennemi opposait une vigoureuse résistance qui dura plus de 4 heures. Cependant notre régiment se rapprocha aussi du coteau afin de soutenir un régiment de carabiniers, avec une batterie de 6 pièces d'artillerie bavaroise, nos alliés, lesquels se battirent aussi solidement sur la ligne, dirigeant leur feu sur un village appelé Rapatz, situé au bas du coteau qui prenait naissance à cet endroit, et où l'ennemi était aussi embusqué. Notre régiment demeura là en position près d'une heure; nous avions la facilité de voir toute l'action qui avait lieu sur la hauteur à notre droite, sans que nous fussions exposés, si ce n'est quelques boulets perdus qui nous arrivaient de temps en temps.

Ce n'est que vers les midi que les dispositions de cette bataille commencèrent à devenir favorables aux Français. L'ennemi était tourné et désuni par sa gauche; bientôt toute sa ligne se trouva compromise et céda aux efforts multipliés de nos troupes, car aussitôt la canonnade se ralentit, mais la fusillade se ranima, puis des mouvements rapides s'opérèrent dans notre armée. Dans ce moment, je remarquai une furieuse mêlée d'infanterie qui eut lieu à peu de distance de notre position. C'était la division italienne appuyée de deux régiments français, lesquels se lancèrent sur le coteau au pas de charge en bravant le feu et le nombre de l'infanterie ennemie; bientôt nous les vîmes aux prises pêle-mêle, s'exterminer à coups de baïonnette et à coups de crosse; mais l'ennemi ne tint pas longtemps contre l'ardeur de nos soldats qui le forcèrent enfin d'abandonner la hauteur; nous le vîmes disparaître de l'autre côté de ce fameux coteau sur lequel il avait fait une si longue résistance, ne se battant plus que pour protéger plusieurs de leurs corps qui étaient en déroute et pour se rallier et protéger leur retraite.

Ainsi l'armée française se rendit maîtresse du champ de

bataille, et l'on continua de poursuivre l'ennemi sur plusieurs directions. Tel est, mon ami, l'aperçu des opérations de cette affaire en général. Maintenant nous allons passer au second acte où notre régiment va figurer.

Au moment où l'ennemi était renversé de dessus le coteau, je remarquai plus près de nous une colonne d'infanterie qui débouchait par le village de Rapatz, sur lequel le feu de nos 6 pièces d'artillerie bavaroise était dirigé; alors les canonniers redoublant d'activité, nous vîmes cette colonne foudroyée, tant par les boulets et les obus que par la poursuite que leur faisaient nos Italiens et nos carabiniers bavarois.

Dans ce moment décisif, toute notre aile gauche opéra un changement de front et s'engagea successivement au combat, vu que l'ennemi voulait faire diversion de ce côté, afin de se rapprocher de la ville de Raab, dont nous étions alors à environ une lieue de distance. L'ennemi pensait aller se mettre sous la protection de ses fortications, afin de se défendre réciproquement; mais tout était prévu, les dispositions étaient faites pour l'en éloigner.

C'est dans cette circonstance que notre régiment prit aussi part à cette action: il était plus de midi, quand nous reçûmes l'ordre de nous porter en avant au grand trot; nous reconnûmes bientôt devant nous une division d'infanterie ennemie qui tâchait de se rallier en masse; un grand nombre de tirailleurs paraissaient soutenir sa retraite, puis un escadron de dragons autrichiens les appuyait à leur gauche.

Notre régiment arriva déployer son front de bataille à 300 pas de cette fourmilière d'ennemis, l'ordre étant donné de les attaquer sans hésiter, afin de ne pas les laisser se rallier. Cette besogne paraissait difficile à entreprendre, vu que la partie était inégale, mais rien n'épouvante les Français. Notre colonel, venant à passer près des trompettes réunis au centre, nous dit de sonner la charge. Aussitôt notre régiment se lança sur l'ennemi dans la meilleure disposition, culbutant d'abord les tirailleurs et ceux qui n'étaient pas rejoints à la masse. Notre 1er escadron se dirigea sur les dragons qui prirent aussitôt la fuite, gagnèrent un bois, et par ce moyen nous évitèrent. Alors la division ennemie, nous voyant charger sur elle, fit un temps d'arrêt, se forma comme un gros carré serré en masse, présentant son front de tous côtés. D'abord notre charge fut reçue par une fusillade assez mal soutenue, leur confusion les empêchait sans doute de mieux faire; mais notre régiment manqua son coup, car au lieu d'attaquer sur un seul côté, tout se porta avec trop de précipitation pour envelopper cette colonne, de manière que nos escadrons se trouvèrent désunis et nos chasseurs dispersés autour de cette masse d'infanterie et que nous n'avions plus assez de force pour les entamer, ce qui fit que nous n'obtinmes aucun avantage de cette première charge, où plusieurs de nos braves chasseurs tombèrent sous les coups de l'ennemi.

Cette charge ayant manqué son effet, nous entendimes sonner le ralliement; aussitôt le colonel Curto nous prépara à exécuter une seconde charge, c'est-à-dire que nous fimes un changement de front sur le flanc gauche de la colonne ennemie qui se remettait en marche. Tout notre régiment ne respirait que le désir de reprendre sa revanche, lorsque la charge sonna de nouveau. Pour cette fois, nos quatre escadrons tous unis, attaquent la colonne sur son flanc gauche: alors nous n'éprouvâmes plus qu'une faible résistance, l'ennemi fut entamé et nous pénétrâmes dans son flanc au premier choc; puis cette masse se trouvant dans une confusion extrême, ne pouvant plus se déployer, tout se désunit et prit la déroute à l'instant, si bien que notre régiment en eut bon marché.

Il n'y eut plus de pardon qui fit, nous étions devenus des lions pour la fureur, acharnés à venger la perte de nos compagnons; nous nous trouvâmes bientôt nous-mêmes dispersés, chacun pour notre compte, à travers la colonne, sabrant, poursuivant, culbutant tout. Ce carnage dura peut-être une demi-heure. Il serait difficile, mon ami, de te peindre un tableau aussi pitoyable que celui que présentaient en ce moment tous ces pauvres Kaiserlites se sauvant à la débandade, heurtés et bousculés de tous côtés, abandonnant armes et bagages pour mieux courir: les plus alertes gagnaient un bois; ceux qui étaient blessés ou qui ne pouvaient plus se sauver, étaient foulés aux pieds des chevaux et enfin d'autres gagnaient un village appelé Zsemere où ils allaient se cacher, puisque, quand nous y arrivâmes, toutes les maisons en étaient remplies.

C'est ainsi que le 8e régiment de chasseurs à cheval, fort alors de 6 à 8 colonnes, battit et mit en fuite une division de l'armée ennemie en colonne serrée forte de 8 à 10 mille hommes, composée de jeune milice hongroise, de paysans levés en masse et de plusieurs bataillons de vieilles troupes. Ils laissèrent sur le champ plus de 3 000 fusils, autant de sacs, gibernes et autres bagages. Leur général fut tué. Quant aux blessés, ils le furent presque tous, c'est-à-dire qu'il s'en échappa peu sans avoir reçu le cachet de notre régiment.

Tout cela, mon ami, te paraîtra peut-être impossible, mais rien n'est plus véritable et si nous avions eu affaire à de la bonne infanterie qui aurait su se défendre, notre régiment aurait été criblé et perdu. Cependant nous avons à regretter la perte du bien-aimé capitaine Monotte, officier très distingué, d'un lieutenant, d'un adjudant et d'environ 30 de nos braves guerriers qui ont été tués ; de ce nombre se trouvent 5 chasseurs de notre compagnie d'élite et notre fourrier. J'ai perdu là trois de mes bons camarades, Tiscome, Villiem et Champion.

Je ne te parlerai pas de tous nos blessés ; mais, comme je suis trompette, je dois te dire que mes collègues Bachelery, Nicolas et Baucher sont de ce nombre, ainsi que moi, qui l'ai échappé belle, comme je te le dirai à la suite.

Quant toute cette bataille eût cessé, nous avons enseveli tous nos malheureux compagnons d'armes sur cette partie du champ de bataille, en rendant les honneurs de la guerre à ces braves. De tout le butin, nous composâmes une espèce de pyramide qui représente un trophée d'armes sur le tombeau de nos chasseurs.

Pendant plus d'une heure que le résultat de ces deux charges occupa notre régiment, de beaux faits d'armes s'opéraient également sur d'autres points du champ de bataille, où chaque division, chaque régiment de l'armée remplissait aussi sa tâche. Il était 4 heures après midi ; la victoire était décidée en faveur de l'armée française. Alors le prince Eugène, accompagné de son état-major, du gé-

néral Grouchy et d'autres, vint à passer près de notre
régiment qui se trouvait encore dans la plaine sur le champ
de Zsemere où nous avions défait la division ennemie ; là,
ils s'en rapportèrent au fait et nous comblèrent de louanges. Le prince Eugène était seulement mécontent que l'on
n'eût pas fait de prisonniers. On a évalué que l'armée autrichienne était diminuée de 24 000 hommes dans cette
affaire, tant tués que blessés. Le résultat de cette bataille,
comme de celle de Papa, nous donne de grands avantages
sur l'ennemi qui se trouve entièrement découragé.

Aujourd'hui, 15 au soir, l'armée française environne la
ville de Raab et tout se dispose pour en faire le siège.

CHARGES A RAAB. — PORTRAIT D'UN SOLDAT QUE J'AI COMBATTU. —
JE SUIS ATTEINT D'UNE BALLE AINSI QUE MON CHEVAL. — JE VISITE
LE CHAMP DE BATAILLE.

> Au bivouac de Rapatz, village près Raab,
> le 16 juin.

Maintenant, mon ami, je vais te rappeler ma conduite
et mes actions d'hier, où tu vas voir que je ne suis pas
étranger à la part des lauriers que notre régiment a cueillis sur le champ de bataille, dont je t'ai rapporté toutes les
circonstances dans ma lettre précédente.

Après avoir sonné la charge avec les autres trompettes
du régiment, je vis d'un coup d'œil que la besogne me
convenait également. Je les quittai aussitôt pour courir
rejoindre notre 1er escadron que je voyais se diriger sur
les dragons autrichiens, longeant le flanc gauche de la colonne d'infanterie qui accueillait nos chasseurs à coups de
fusil ; je me lançai au grand galop de ce côté à travers le
sifflement des balles, bravant l'ennemi jusqu'à m'en approcher hardiment à dix pas de distance.

Dans ce moment, j'aperçus deux soldats ennemis qui me
parurent des tirailleurs écartés de leur colonne ; je résolus
aussitôt d'aller les combattre, j'oubliai pour un instant le
soin d'aller rejoindre notre compagnie, et je dirigeai mon
cheval sur ces deux soldats qui se sauvaient déjà de ma
rencontre. J'arrivai sur le premier en lui criant en alle-

mand : « Plebto ! (rends-toi) ». A ce mot, il s'arrête, se tourne vers moi, jette son fusil à terre et se met en devoir d'ôter son sac et sa giberne ; mais je manquai de modération envers ce pauvre diable, j'étais sur lui avant d'avoir pensé à modérer mon ardeur, de manière qu'il ne put éviter la pointe de mon sabre, ni le choc de mon cheval, si bien que je le renversai à terre avec violence, où je le laissai pour courir après l'autre que je voyais se sauver à 20 pas plus loin. Il pensait à charger son fusil en marchant, puisque je le surpris au moment qu'il venait d'amorcer et qu'il allait mettre la cartouche dedans. En arrivant sur lui, je lui criai en allemand : « Schmeiss teinn kevir, over teinn copschneider (Jette ton fusil, ou je te coupe la tête) : » A ces mots, ce soldat s'arrêta tout à coup, me fit face en me croisant sa baïonnette ; il me répondit dans un langage croate que je ne compris pas. Je fus d'abord étonné de sa fermeté et je fus obligé de maintenir mon cheval, en tournant autour de lui : il suivait mes mouvements, ce qui me donna le temps de considérer ce vilain soldat qui voulait me braver. C'était un gros balourd croate tout brute, ressemblant plutôt à un sauvage qu'à un soldat ordinaire. Sa veste toute déboutonnée laissait voir sa large poitrine à découvert ; il avait la figure et le col tout noircis de crasse et de poudre, il avait perdu son chapeau, car il avait la tête nue avec une grosse chevelure noire touffue et hérissée dont une partie lui couvrait les yeux. Cependant je lui récidivai avec menace de jeter son fusil. Alors soit crainte, soit envie de se sauver, il marchait à reculons sans néanmoins cesser de me croiser sa baïonnette. Son opiniâtreté ne servait qu'à m'actionner davantage ; en deux ou trois sauts de mon cheval, j'arrivai sur sa gauche et l'assommai d'un furieux coup de sabre sur la tête, dont je le vis tomber sur-le-champ.

C'est ainsi que j'ai vaincu ce vilain soldat qui m'avait occupé après son casaquin au moins cinq minutes. Après quoi, je partis à la rencontre de notre compagnie qui revenait de donner la chasse aux dragons. Je me retrouvai avec plusieurs chasseurs sur l'un des flancs de la colonne ennemie que notre régiment enveloppait et tentait d'entamer sur plusieurs points. Là, d'un coup d'œil je voyais cette troupe où je remarquais beaucoup de jeunes soldats que la peur faisait resserrer les uns contre les autres. Alors j'élevai la voix avec force, leur criant en allemand et en hongrois : « Rendez-vous, Autrichiens et Hongrois ! nous vous faisons tous prisonniers, ne tirez plus, ne tirez plus ! » Ces mots que je répétai à plusieurs reprises, firent leur effet sur une longueur de plusieurs pelotons devant lesquels je me trouvais allant et venant, si bien que pas un coup de fusil ne fut tiré sur moi dans cette circonstance. Je voyais même les officiers et les soldats dans une espèce d'incertitude et d'inaction ; et si, dans ce moment, j'eusse cru pouvoir, en sonnant le ralliement pour mon compte, réunir un escadron ou deux à la minute, nous eussions facilement entamé l'ennemi à cet endroit. Mais tout cela me parut difficile à pratiquer, vu l'éloignement de nos chasseurs qui se fatiguaient autour de cette colonne. Cependant je vis arriver près de moi une douzaine de chasseurs de notre compagnie ; alors je leur fis remarquer ce qu'il en était : il s'agissait d'aller trouver le colonel ou quelques autres chefs, pour leur dire d'amener du monde sur ce point, lorsque nous entendîmes plusieurs trompettes sonner le ralliement.

C'est dans ce moment où j'étais fort animé, que, poussé par le génie du mal, je pris mon second pistolet et, m'approchant encore à 10 pas des rangs de l'ennemi, je fis feu dans la foule. Aussitôt ils ripostèrent et une volée de coups de fusil vint payer ma témérité ; je me sentis frappé d'une balle sur le ventre, si bien que je perdis la respiration et tombai courbé sur le devant de ma selle. A l'instant, mon cheval guidé par un instinct naturel, semblait avoir connaissance que j'étais blessé : ne me sentant plus pour le conduire, il fit demi-tour de son propre mouvement et m'éloigna de l'ennemi au grand galop. De ce coup, je me crus mort, en me sentant emmené par mon cheval sans pouvoir ni remuer ni respirer, et cependant j'entendais les coups de fusil et les balles qui me faisaient la conduite. Mon cheval se trouva bientôt arrêté par plusieurs chasseurs ; je repris haleine et revins à moi en peu de temps, me sentant une forte douleur au flanc droit où la balle m'avait frappé dans toute sa force. Pour cette fois, je dus ma conservation à un heureux hasard ; la balle avait adressé justement sur ma ceinture où elle avait glissé sur plusieurs écus amassés, ce qui m'a sans doute bien garanti, vu que je n'eus que la peau du ventre entamée ; j'en fus quitte pour une forte contusion, ma ceinture déchirée et tous mes vêtements percés à cet endroit. Mes camarades s'aperçurent que mon cheval avait du sang à la cuisse : « Comment, dis-je, mon pauvre Rondeau aurait aussi attrapé une prune ? Ce n'est rien que cela, sans doute, puisqu'il vient si bien de se tirer d'affaire. » Effectivement mon cheval avait été atteint d'une balle dans le gras de la cuisse, qui lui avait endommagé la peau et un peu la chair. Enfin, le temps pressait, tout cela ne devait pas m'empêcher, ni mon cheval, d'aller.

Cependant notre régiment se ralliait, comme je l'ai dit, et se préparait à exécuter une seconde charge. La fureur, la vengeance animaient nos chasseurs. J'étais moi-même très animé du désir de combattre et de mieux réussir ; j'étais échauffé, j'oubliai ma douleur au côté. Quand la deuxième charge sonna, je partis à la tête de notre compagnie, près de mon capitaine ; je donnai seulement un couplet de la charge afin de ne pas perdre de temps, je rempoignai mon sabre. Bientôt notre régiment arriva sur la colonne ennemie qui fut enfoncée au premier choc. Dans ce premier moment de presse, ma trompette se trouva accrochée dans l'équipement d'un chasseur, le cordon se cassa et la trompette se perdit dans la foule. Alors je me trouvai dans la mêlée avec les autres, m'actionnant à sabrer, à pointer et à bousculer tous les ennemis que je rencontrais à ma portée. Chacun de nous s'encourageait ; c'était à qui serait le plus acharné à faire du mal et à qui exterminerait le plus d'ennemis. Pour ma part, j'en ai au moins exterminé dix dans cette action, jusqu'à ce que je me trouvasse, moi et mon cheval, tout essoufflés et hors d'haleine.

Lorsque je vis toute cette colonne rompue et dispersée, un moment de réflexion m'arrêta au milieu de cette confusion. J'aperçus mon ami Duflot que j'appelai près de moi, en lui disant : « Ma foi, mon ami, qu'en penses-tu ? En voilà assez de fait ! À quoi sert à présent de tant s'acharner à poursuivre de pauvres diables de soldats qui ne font

plus de résistance et qui se sauvent comme ils peuvent ? »
Alors je demeurai un instant avec Duflot, observant ensemble cette déroute et ce mélange d'hommes à cheval et
à pied, les uns courant sur les autres comme des loups qui
poursuivent un troupeau égaré.

Enfin la colonne ennemie avait disparu et notre régiment
se rallia sur le champ qui était témoin de notre courage ;
alors je m'occupai, comme les autres, à ramasser des sacs
et des bagages dont la plaine était jonchée ; là, je me choisis quelques pièces de bon butin.

Il était six heures après-midi, quand notre régiment vint
prendre position à Rapatz, ce même village dont j'ai parlé,
qui se trouve situé en bas du coteau où s'est donné le fort
de la bataille ; nous établîmes notre bivouac dans un grand
clos qui paraissait avoir été bien planté et bien cultivé,
réunissant l'utile à l'agréable, mais nous achevâmes de
tout dévaster. Lorsque je vis que tout se disposait pour demeurer dans ce clos, il me prit envie d'aller visiter le coteau. Je laissai mon cheval avec les autres et je partis à
pied sans rien dire à personne de mon intention, poussé
seulement par un mouvement de curiosité. Je montai la
côte comme un soldat qui va réfléchir sur les événements
de la guerre ; je me trouvai bientôt parcourant et observant cette partie du champ de bataille ; je ne pus m'empêcher d'éprouver une grande émotion en remarquant le
désastreux silence qui existait sur ce lieu de destruction.
De quelque côté que je tournasse mes regards, je voyais des
soldats morts ou expirants : j'entendais les plaintes de
beaucoup de ces malheureux que leurs blessures obligeaient de demeurer sur le champ sans secours. Comme il
ne m'était pas possible de soulager ces malheureux, ma
pitié fit place à un sentiment de terreur et d'indifférence
qui m'empêcha d'approcher d'aucun d'eux.

J'en avais assez vu pour un tableau aussi triste : j'allais
prendre le parti de descendre la côte pour retourner au
bivouac, lorsqu'en traversant un grand champ de vignes,
voyant toujours sur mon passage des soldats morts ou expirants, je trouvai un officier d'infanterie italien, étendu
de son long dans la vigne. D'abord je pensai qu'il n'était
pas mort, tant il avait bonne mine ; rien dans son uni-

forme n'était dérangé, il tenait encore son sabre à la main. Je reconnus que c'était un chef de bataillon ; cet infortuné n'existait plus, une balle l'avait percé au cœur. Je lui ôtai ses épaulettes tissues d'argent fin, dont une à gros grains ; je lui ôtai aussi son beau sabre, dont la poignée était en ébène et la monture en argent massif, le fourreau et le ceinturon aussi garnis en argent : je trouvai sur lui une belle montre en or qui marquait alors 7 heures et demie, je lui pris aussi son portefeuille contenant des papiers. Dès mon retour au bivouac, je voulus prendre connaissance de ce portefeuille ; c'étaient des lettres datées de Parme en Italie, relatives à la famille de cet officier qui se nommait Edmond Falcarini, puis des papiers relatifs au gouvernement italien, concernant ses services, ses titres, etc... Je trouvai aussi sa croix de mérite de l'Ordre de la Couronne de fer.

Je ne voulus rien déranger : je trouvai à propos d'écrire dans l'intérieur du portefeuille ces mots : « Le brave supérieur auquel appartenait ce portefeuille avec les papiers et titres qu'il renferme, n'existe plus. Un militaire de l'armée française l'a trouvé, le corps percé d'une balle, dans une vigne sur le champ de bataille ; après s'être emparé de ses dépouilles, l'honneur lui a fait un devoir de tâcher de faire parvenir ces derniers témoignages de son malheur à sa famille.

« Du champ de bataille devant Raab, le 15 juin au soir. »

Ensuite j'enveloppai le portefeuille et l'adressai au commandant du 3e régiment d'infanterie italienne à l'armée du prince Eugène en Hongrie. Enfin le même soir, je fis remettre ce paquet à un officier de l'état-major du Prince.

Aujourd'hui 16, il y a apparence que notre régiment va encore demeurer à son bivouac de Rapatz. C'est dans cette situation, mon ami, que je t'écris cette lettre. Nous nous trouvons avec le 2e régiment de la Garde italienne. C'est ici que je viens d'apprendre qu'Antonio Bertoli, le frère de mon Élisa de San-Vito, qui servait dans ce régiment, a été tué hier dans le combat. Cette fâcheuse nouvelle causera bien des chagrins, lorsqu'elle parviendra à San-Vito. Hélas ! faut-il que les heureux souvenirs que je conserve à l'égard de la famille Bertoli soient troublés par cet événement ! Mais faisons trève à de tristes réflexions.

Maintenant je m'occupe avec les autres à voir faire le siège de Raab qui se pousse vivement.

Je dois aussi faire ici une remarque qui m'intéresse et me fait plaisir. Il vient d'arriver au régiment un renfort d'environ 60 hommes qui viennent du dépôt ; ce sont la plupart des hommes et des chevaux qui étaient restés éclopés ou blessés et qui reviennent bien rétablis. De ce nombre se trouve le père Nicolas Felstiker, notre maître de musique, avec sept jeunes chasseurs musiciens : ils apportent avec eux tous les instruments de la musique. Je suis on ne peut plus content de revoir ce bon père Nicolas qui vient aussi partager la gloire et les fatigues de notre régiment.

Adieu, mon ami, il est 7 heures du soir ; le canon a cessé de tirer ; voilà plus de deux heures que nous voyons des tourbillons de fumée et de flammes s'élever dans différents quartiers de la ville. « Tant mieux, disons-nous, la voilà qui brûle, elle ne tardera pas à se rendre. »

(En effet, le lendemain 17, l'on signa les articles de la capitulation de Raab : les Français doivent occuper cette ville et disposer de ses ressources en faveur de l'armée.)

Il faut te dire aussi que j'ai fait présent à mon capitaine du sabre et des épaulettes que j'ai trouvés sur le chef de bataillon italien ; ce qu'il a accepté avec plaisir. Ce bon capitaine Périolat veut me récompenser de mon généreux procédé, il m'a dit de compter sur une somme de cent francs de sa part après la campagne.

JE SUIS PROPOSÉ POUR FOURRIER A LA COMPAGNIE D'ÉLITE. — CONTRETEMPS. — MON DÉPIT.

Bivouaqués à la Ferme-aux-Moutons, près Dorok-Jarak,
le 25 juin.

Mon cher père, c'est en mémoire de votre bonne fête que votre guerrier vous écrit cette lettre. Quoique éloigné de vous de 350 lieues, je vous la souhaite aussi bien que si j'étais réuni à votre famille pour vous donner un bouquet. Nous venons de faire la fête de notre colonel : cette occasion a doublé ma joie dans la part que j'y ai prise à votre intention. En faisant des vœux au ciel pour votre conservation, je demande aussi à Dieu qu'il me fasse la grâce d'échapper aux fureurs de la guerre, afin qu'un jour à venir nous puissions nous revoir.

Maintenant, mon père, je vais vous rapporter cette circonstance où je me vis à la veille d'éprouver un bienfait de mon capitaine; comment lui et moi avons été trompés dans notre attente, le dépit que j'en ai ressenti et la folie qui s'en est suivie. C'était hier 24; je me trouvais trompette de garde. Comme je sonnais à l'ordre dans l'intérieur de nos bivouacs, j'aperçus mon capitaine qui causait avec le lieutenant Chenavard. Il était question de moi, car à l'instant mon capitaine m'appela près de lui et me dit : « Ha ça ! mon garçon, nous parlons de toi ! Comme je te veux du bien et que je te trouve assez raisonnable à quelques étourderies près, dis-moi, serais-tu content d'être fourrier à la compagnie d'élite ? — Oui mon capitaine, très content, répondis-je. — Eh bien, reprit-il, je sais que le colonel, en mémoire de sa fête, va nommer des officiers et des sous-officiers à la place de ceux que nous avons perdus à Raab : je ne lui ai encore proposé personne pour être mon fourrier, et c'est sur toi que j'ai des vues. Ainsi tu vas venir avec moi chez le colonel ; s'il t'accepte, demain tu es mon fourrier. »

L'idée d'un changement de situation me remplit de joie ; j'accompagnai mon capitaine chez le colonel, où étant arrivé, il me dit d'attendre un instant, qu'il avait à lui parler en particulier. Je ne doute pas que mon capitaine ait fait son possible dans ce moment pour persuader le colonel de ses bonnes intentions à mon égard. Quand le colonel m'appela, je m'aperçus de suite à la contenance de mon capitaine, que la démarche n'avait pas réussi, lorsque le colonel me dit : « Je te félicite, mon cher Chevillet, de la bonne opinion que le capitaine Périolat a de toi, je la partage avec lui. Dans un autre moment, j'accepterais la proposition qu'il me fait, mais aujourd'hui, c'est impossible. Je n'ai plus que 10 trompettes, et pour peu qu'il vienne encore à m'en manquer, je ne veux pas m'en priver volontairement ; j'ai trop besoin de toi. Ainsi continue ton service ; va, sois tranquille, je ne t'oublierai pas ; après la campagne, tu auras de l'avancement, d'ailleurs, je sais récompenser mes bons soldats, etc... »

Je devais bien sentir la justesse de ce raisonnement ; mais comme en tout j'aime le changement, je tâchai d'éluder les raisons de mon colonel qui termina en me disant : « Pas d'observations ! obéis et je tiendrai promesse. » Puis il s'en alla. Alors je me retirai assez mécontent, maudissant colonel et trompette.

J'étais tellement contrarié, que je ne pus me retenir de faire éclater mon dépit ; je fis plusieurs extravagances, toutes à mon préjudice et qui n'aboutirent à rien qu'à faire rire les autres. Je ne voulais plus être trompette : je brisai mon maudit instrument et je le jetai dans un puits ; j'allai aussitôt prendre un fourniment et une carabine aux équipages et je revins parmi mes compagnons, décidé à faire le service de chasseur. Ainsi le soir arriva, j'étais déjà consolé ; tout cela ne m'empêcha pas d'aller me réunir avec les musiciens et de jouer la musique pour le bouquet de la fête du colonel.

Lorsqu'aujourd'hui, 25 juin au matin, je me présentai à l'appel à mon rang de chasseur, mon capitaine, m'apercevant avec ma carabine et mon fourniment, s'approcha de moi en me demandant ce que je faisais là. Je lui répondis tranquillement : « Mon capitaine, vous blâmerez sans doute ma vivacité et mon inconséquence, j'ai brisé ma trompette par dépit de ce qu'elle est un obstacle à mon avancement. » — « Ah ! je te reconnais bien là, grand étourdi, reprit mon capitaine ; mais tu fais une sottise dont tu ne seras pas longtemps sans te repentir : crois-moi, procure-toi au plus tôt une autre trompette, et que le colonel ne s'aperçoive pas que tu lui as désobéi. » Enfin ce bon capitaine me persuada pour mes intérêts, si bien que je devais faire en sorte de ne pas le désobliger.

P.-S. — Le lendemain, 26 juin, notre régiment se trouvant réuni avec plusieurs autres allant à la découverte sur Comorn, ceux de mes collègues qui s'intéressaient à moi coururent vers les trompettes des autres régiments et mon ami Duflot me trouva une trompette dans le 7e régiment de hussards.

LA FERME-AUX-MOUTONS. — JE ME RUINE AU JEU. — JE RÉCHAPPE
MA FORTUNE.

> Encore au bivouac près Dorok-Jurak,
> le 27 juin 1809.

Mon ami, je vais te rapporter maintenant nos diverses occupations depuis huit jours que notre régiment se trouve bivouaqué à cette maudite Ferme-aux-Moutons.

Le 17, nous partîmes de notre bivouac de Rapatz, marchant le long de la côte sur le champ de bataille du 15, où il nous fallut défiler au grand trot en nous bouchant la respiration, vu le grand nombre de cadavres de chevaux et d'hommes qui étaient déjà tout gonflés et noircis par l'ardeur du soleil, ce qui donnait une odeur insupportable. Nous marchions, disait-on, pour aller disperser des partisans qui se réunissaient du côté de Bude. Ainsi nous fîmes 8 à 10 lieues sur cette direction sans trouver d'obstacles, puis nous arrivâmes dans un gros bourg nommé Mury, où nous demeurâmes les 18 et 19 juin dans une agréable situation, jouissant en abondance de toutes espèces de douceurs que nous nous procurions chez les paysans, n'ayant rien à faire que d'aller à la découverte, chaque escadron alternant de six heures en six heures. Nous poussions nos reconnaissances à 3 ou 4 lieues à la ronde, jusqu'aux bourgs de Esakvar, Pisky, Pitska, sur la direction d'Albe et de Bude, sans rien voir ni rien apprendre de nouveau sur les mouvements des partisans.

Enfin le 20, notre régiment partit de cet heureux séjour, qui aurait bien pu nous devenir funeste, vu que nous nous trouvions isolés de l'armée et que les partisans, venant à le savoir, auraient pu nous tomber dessus. Nous marchâmes plus de 10 lieues ce jour-là, afin de nous rapprocher de notre armée qui a pris des positions sur la rive droite du Danube, depuis Raab jusqu'à Saigonie, observant les environs de Comorn qui sont le point central de l'ennemi.

Ainsi notre régiment arriva prendre position et s'établir à ce petit hameau consistant en une jolie maison de campagne, une bonne ferme avec quelques dépendances, près d'un bourg nommé Dorok-Jurak qui était déjà occupé par d'autres régiments de cavalerie.

C'est ce hameau que nous avons nommé la Ferme-aux-Moutons, parce qu'en y arrivant, nous nous sommes emparés d'un gros troupeau d'environ 1 000 moutons ; puis nous y avons trouvé une cachette où il y avait 100 tonneaux de vin blanc et rouge. Chaque compagnie fit sa provision en abondance ; mais le second jour, personne n'avait plus de pain, il n'y avait pas moyen d'en trouver dans les environs, car la cavalerie et l'infanterie occupent tout le pays à 6 lieues à la ronde.

Au moment où je t'écris cette lettre, mon ami, voilà dix jours que je n'ai pas mangé deux livres de pain, si ce n'est qu'avant-hier, 25, l'on fit une distribution de pain de 8 livres pour six hommes, provenant de ce qu'un grand nombre de braves soldats d'une de nos divisions d'infanterie ont sacrifié leur vie pour conquérir quelques bateaux de farine sur un convoi que des troupes autrichiennes escortaient, en remontant le Danube, aux environs de Strigonie, ce qui a occasionné une furieuse canonnade d'une rive à l'autre du fleuve, jusqu'à ce que les Autrichiens abandonnassent une partie de leur convoi aux Français pour sauver l'autre. Pour comble d'incommodités, nous n'avons pas prévu demeurer longtemps dans ce maudit bivouac, nous avons dépouillé les moutons et laissé tous les rebuts et tripailles au soleil sur les champs aux environs de nos bivouacs, de manière que tout est devenu une infection insupportable. Voilà déjà deux fois que nous allons chercher la cavalerie ennemie. Nous nous réunissons au bourg de Neudorf, nous marchons en colonne par escadrons à travers l'immense plaine du Zeny sur la direction de Comorn ; mais tout cela se réduit à exécuter quelques grandes manœuvres ; nous avançons ainsi jusqu'à deux lieues de distance de Comorn où l'armée ennemie se trouve concentrée, mais nous ne la voyons pas, et nous retournons chacun dans nos bivouacs.

Nous attendons de jour en jour l'arrivée du maréchal Marmont, avec son armée de Dalmatie, qui vient de balayer toutes les provinces illyriennes, et le général Broussier, avec sa division qui était restée à Gratz pour balayer également la Styrie et les rives du Raab. Et lorsque toutes ces troupes auront fait leur jonction, nous marcherons tous ensemble pour porter du renfort à la Grande Armée qui nous attend.

Telles sont, mon ami, les dispositions où nous nous trouvons. Quoi qu'il en soit, je ne m'accoutumerais pas longtemps au genre de vie que nous menons à la Ferme-aux-Moutons. Néanmoins j'ai les moyens d'y suppléer par la dissipation que je trouve par intervalle. Tous les soirs, la musique se rassemble et joue chez le colonel où je fais toujours ma partie de 1re clarinette. Comme j'ai toujours conservé ma clarinette avec moi, je prends plaisir à amuser mes camarades, ce qui m'est souvent arrivé depuis que nous sommes en campagne, soit au bivouac, soit en route, ou autrement.

A propos d'amusement, mon ami, je vais t'en rapporter un. C'était hier, 26, après-midi : j'étais disposé comme à l'ordinaire pour aller faire la musique chez notre colonel ; nous étions déjà plusieurs musiciens réunis en attendant l'heure convenue. Alors on proposa de jouer une partie aux dés ; mes amis Alexandre et Schmitt acceptèrent, je fis le troisième. La grosse caisse nous servit de table pour rouler les dés. Comme je me trouvais en état de faire aller le jeu, j'animais les autres en doublant les mises et en faisant des paris. J'avais déjà joué dans d'autres occasions et je m'étais entretenu entre la perte et le gain ; mais dans celle-ci, la fatalité du sort voulut que la veine du gain m'échappât : je n'amenais toujours que les plus bas points et ne passais presque jamais ; ainsi, tout en doublant mes mises afin de me rattraper, je faisais des pertes sensibles, jusqu'à 80 et 100 gouldes à la fois, si bien que mes bancos-dzelds et mes écus diminuaient dans ma ceinture. Alexandre qui perdait aussi, se modérait au jeu, mais moi, je ne jouais plus que par entêtement, je voulais tout perdre plutôt que de laisser voir de la faiblesse, et l'heureux Schmitt réussissait à tout coup à me gagner. Figure-toi, mon ami, les cruelles angoisses que j'éprouvai, lorsqu'après avoir joué ainsi pendant plus d'une heure, je me trouvai totalement à sec : j'avais perdu 672 francs tant en or qu'en argent et en banco-dzelds, plus ma montre en or que j'avais mise au jeu pour 200 francs, c'était ma dernière ressource et je la perdis de même. Après quoi, j'allai jouer la musique. Juge quelle contenance je devais faire, en pensant à tout mon avoir de 872 francs perdus par mon imprudence en si peu de temps. Cette aventure fut bientôt connue de tout le régiment; je n'étais pas d'humeur à entendre la plaisanterie de personne tant je bisquais. Quand la musique fut finie, le démon du jeu m'inspira de nouveau. J'allai trouver le maréchal des logis en chef de notre compagnie qui avait de l'argent à moi, je lui en demandai; il me donna 50 goulden en banco-dzelds, avec quoi j'allai trouver Schmitt à sa compagnie pour l'engager à jouer avec moi sur nouveaux frais. Schmitt pensait s'en défendre sous divers prétextes : je voulus qu'il me donnât ma revanche et, afin de le persuader, je le provoquai de mettre le sabre à la main s'il me refusait. Ses camarades le persuadèrent aussi de jouer, et bon gré mal gré il y consentit; deux chasseurs se mirent de la partie. Il était 10 heures du soir lorsque nous nous remîmes à jouer : un manteau étendu à terre nous servit de tapis et nous roulâmes les dés à la lueur d'une bougie. D'abord je jouai petit jeu et m'entretins jusqu'à ce que la chance me revint peu à peu. Bientôt ce fut Schmitt qui s'entêta à son tour et qui perdit comme il avait gagné; je fis plusieurs passes qui me valurent jusqu'à 115 goulden. Enfin le démon du jeu qui m'avait inspiré me devint aussi favorable qu'il m'avait été pernicieux, si bien qu'il était deux heures après minuit que j'avais regagné toutes mes espèces et 106 goulden en plus; mais ma montre en or ne me revint plus, quoique j'offris à Schmitt de la lui racheter. Enfin, las de jouer, nous terminâmes notre partie et nous nous séparâmes en bons camarades après avoir vidé une gourde de schnaps ensemble.

Oh! pour cette fois, mon ami, voici encore une bonne leçon de l'expérience qui me servira d'exemple.

J'ai fait serment dès ce moment de ne plus jamais m'exposer à jouer de la sorte, tant je me souviendrai longtemps de cette rude épreuve de la passion du jeu.

HORS DE LA HONGRIE. — LA MUSIQUE AU CHATEAU DE BERESCKH.
JE JOUE DE LA CLARINETTE POUR LA DERNIÈRE FOIS.

> Au bivouac, près La Xembourg,
> le 4 juillet au soir.

Mon ami, la nouvelle est que nous tenons le diable par la queue, il ne s'agit plus que de la lui arracher. Notre armée de Dalmatie, sous les ordres du maréchal Marmont, avec la division du général Broussier, sont arrivées le 28 juin faire leur jonction avec l'armée du prince Eugène. Ce même jour, toute notre armée d'Italie s'est mise en marche afin de nous rapprocher de la Grande Armée.

Notre régiment est parti de Dorok-Jurak, se dirigeant avec d'autres sur Koir, traversant tous ces pays ruinés. Nous vinmes passer le Raab sur un pont : ensuite nous marchâmes vers Altenbourg. De là, nous suivimes des chemins de traverse et nous arrivâmes sur les bords d'un grand lac très remarquable, le lac Fuerto, ou Xeisideler Zée (mer de Nésidel), du nom d'un joli bourg situé sur ses bords que nous occupâmes et où j'allai à la pêche et à la chasse afin de me procurer des vivres. Le lendemain qui était le 2 juillet, nous nous trouvâmes hors de la Hongrie, après avoir passé la Leita, près d'une belle petite ville nommée Bruck, qui fait à cet endroit la limite de la Hongrie et de l'Autriche.

Comme nous nous trouvons beaucoup de troupes dans ces environs, chacun cherche, pille, dévaste, pour avoir des subsistances, je ne vois partout que misère et confusion. Cependant ce même jour, 2 juillet, notre régiment arriva occuper un village où nous nous trouvâmes seuls une partie de cette journée. Alors l'on se procura quelques rafraichissements; notre colonel se logea avec tout le corps d'officiers dans un château où ils se trouvèrent sans doute bien reçus, puisqu'ils firent rassembler la musique sur une terrasse ; nous jouâmes pendant plus d'une heure. C'est là que mon amour-propre fut flatté par mon colonel et plusieurs officiers qui remarquèrent que j'étais celui de tous les musiciens qui avait la meilleure tournure, tant par ma taille que par ma bonne tenue, etc...

Il faut remarquer ici, en passant, que c'est à ce village qu'on nomme Bereczkh, situé aux environs de Bruck, sur la rive gauche de la Leitha, que j'ai joué de la clarinette pour la dernière fois.

Le lendemain 3 juillet, notre régiment arriva bivouaquer au bourg de Schvandorf, où nous nous réunimes avec les 6e et 9e régiments de chasseurs, afin de former la division du général Sahuc.

Le grand nombre de troupes, c'est-à-dire l'artillerie, la cavalerie et l'infanterie qui arrivaient sur cette direction, faisait prévoir que nous allions bientôt avoir du nouveau. Jamais nous n'avions éprouvé une aussi grande chaleur ni une poussière plus épaisse, ce qui nous incommoda beaucoup. Aujourd'hui 4 juillet, le même désagrément nous accompagna jusqu'à Laxembourg, où notre régiment arriva prendre position avec ceux de la division.

Notre armée d'Italie, réunie aujourd'hui dans ces environs, se compose de 80 à 90 000 hommes ; nous arrivons à temps pour donner du renfort à la Grande Armée, qui se trouve dans une situation assez embarrassante depuis le 22 mai dernier. Il paraît que nous allons prendre part à de grands événements sur les bords du Danube.

Comme notre régiment, avec le 6e et le 9e, se disposent à bivouaquer ici jusqu'à demain, et que nous nous trouvons, les trois régiments de chasseurs, dans une situation assez resserrée, nous sommes à même de fraterniser chacun suivant son choix, car l'on dit : qui se ressemble s'assemble ; ce qui occasionna notre réunion de tous les trompettes des trois régiments. Joyeux de nous trouver tous ensemble, nous fimes une petite récréation conforme à la circonstance, où chacun procura de bon cœur ce qu'il pouvait avoir de ressources : comme j'étais un de ceux qui avaient de l'argent, je suppléai à ce qui nous manquait pour ceux d'entre nous qui n'étaient pas riches. Si bien que, chacun agissant d'intelligence, nous nous trouvâmes dans une espèce d'abondance : la joie et la gaité nous animaient, c'était comme un jour de fête pour les trompettes des trois régiments, ce qui se serait prolongé toute la nuit, sans un maudit contretemps qui est venu contrarier nos dispositions ; c'est-à-dire que, depuis les cinq heures après-midi, le temps a changé tout à coup ; il est survenu un furieux orage qui fondit en un déluge de pluie.

C'est ainsi, mon ami, que l'armée d'Italie est parvenue à opérer sa jonction avec la Grande Armée. Cette fameuse jonction tant désirée, qui devait s'opérer voilà plus d'un mois, a été retardée (comme je te l'ai dit) par la diversion que l'ennemi a pu faire afin de nous occuper en Hongrie ; mais tous ses projets ont tourné à sa confusion ; nous l'avons battu et dispersé, et la réussite de nos opérations en Hongrie est devenue également avantageuse pour la Grande Armée. Adieu.

Afin de ne pas interrompre l'ordre des dates que je me suis obligé de suivre dans toutes les circonstances de ce journal, j'ai jugé à propos de rapporter ici les deux lettres suivantes : la première de mon ami Duflot qui apprend à mes parents la nouvelle qu'elle a pour objet ; et la deuxième qui est celle que j'adressai moi-même à ma famille pour lui donner de mes nouvelles, ne sachant pas que Duflot m'avait déjà devancé.

De trois jours au-delà de Vienne, le 10 juillet 1809.

Duflot, trompette au 8ᵉ régiment de chasseurs, à M. Chevillet, gendarme à Pontoise.

« MONSIEUR,

« Liés depuis longtemps par l'amitié et l'attachement le plus sincère avec Chevillet votre fils, nous nous sommes obligés réciproquement d'apprendre à nos parents les événements fâcheux qui pourraient nous arriver pendant cette guerre ; c'est avec les larmes aux yeux que je vous apprends la fatale nouvelle de l'accident qui vient d'arriver à votre fils.

« J'aurais bien tardé plus longtemps, mais un devoir pénible m'oblige à ne vous rien cacher.

« Le 5 de ce mois une grande bataille vient d'avoir lieu de l'autre côté du Danube ; le malheureux Chevillet, après s'être comporté en vaillant militaire et avoir combattu en brave soldat pendant cette journée, a eu le malheur d'être atteint par un éclat d'obus qui lui a coupé le bras droit et son cheval a été tué sous lui.

« Au milieu du carnage où nous nous trouvions alors, je l'ai relevé et réchappé de dessus le champ de bataille, j'ai pris tous les soins que je pouvais avoir pour mon meilleur ami, et que sa position exigeait, enfin je suis parvenu quoique avec peine à le mettre en sûreté.

« Chevillet est présentement à l'hôpital de Vienne. Je vous prie, Monsieur, de vous consoler du chagrin que va vous causer cette fatale lettre, ce sont des accidents qu'un soldat ne saurait éviter, et qui sont les résultats de la guerre.

« Votre fils est regretté de tous ses camarades ; j'aurai pour lui tous les soins qu'il sera en mon pouvoir de lui donner.

« Enfin, Monsieur, la douleur que j'éprouve et mes larmes qui couvrent cette lettre m'arrêtent la main... Je ne puis vous en dire plus long... Je vous salue très respectueusement.

« Votre second fils, signé Duflot.

« L'armée française est toujours victorieuse! »

Tel est le texte de la lettre de mon ami Duflot, que j'ai copiée ici mot par mot. Les dernières phrases de cette lettre étaient assez équivoques, et n'étaient pas faites pour rassurer mes parents sur mon existence. Lorsque quelque temps après, je leur donnai des nouvelles de ma situation d'une manière plus positive.

J'étais alors à l'hôpital à Vienne où ma santé commençait à s'améliorer où je fis écrire par un de mes camarades, nommé Lapierre, brigadier au 8ᵉ régiment, qui était aussi blessé à l'hôpital ; je lui dictai la lettre suivante à mon père, que je signai de la main gauche pour la première fois.

Vienne, le 3 août 1809.

Mon cher père et ma chère mère, depuis longtemps, je n'ai pas pu vous donner de mes nouvelles parce que les circonstances n'ont pas été propices. Hélas ! mon cher père, vous pouviez bien penser que j'étais mort ; mais non ! j'existe encore, bien malheureux et dans les souffrances.

Je vais vous dire en abrégé ce qui m'est arrivé. Après avoir parcouru, le sabre à la main, une partie de l'Italie, de l'Autriche et de la Hongrie, notre régiment, avec l'armée d'Italie, est arrivé le 4 juillet devant Vienne. Le 5, nous avons passé le Danube avec la Grande Armée qui nous attendait pour lui donner du renfort. L'armée ennemie de son côté nous attendait de pied ferme dans une plaine très étendue où elle avait élevé des redoutes sur plusieurs points. La bataille de Wagram a duré deux jours, c'est-à-dire que l'on s'est battu pendant quarante heures sans discontinuer avec un acharnement sans pareil ; jamais l'on n'a vu une bataille aussi terrible et aussi meurtrière. Le premier jour, nous avons fait reculer l'armée autrichienne 3 à 4 lieues sur le champ de bataille, jusqu'à ce qu'elle ait pris des positions de réserve avantageuses sur une hauteur où est situé le village de Wagram même. C'est là où notre armée d'Italie a fait des efforts pour débusquer l'ennemi avant de finir la journée du 5.

Je venais d'être nommé maréchal des logis, et je tenais la droite d'un peloton de la compagnie d'élite ; il était 9 heures du soir, notre régiment venait d'exécuter deux charges : la première sur de l'infanterie ennemie et la seconde sur de la cavalerie ; nous étions parvenus à sabrer et à culbuter tous nos adversaires, je combattais moi-même en déterminé, bravant tous les dangers, les coups de sabre, les coups de fusil, les boulets, la mitraille, rien ne m'étonnait plus, et c'est dans ce moment qu'un obus arriva mettre un terme à mes actions guerrières et ralentir mon courage, un obus, dis-je, vint tomber justement devant moi où il éclata aussitôt : j'en reçus pour ma part un éclat qui me coupa le bras droit au-dessus du coude, et mon cheval fut tué au même instant par un autre éclat ; puis je suis demeuré 2 heures sur le champ de bataille, ayant une jambe prise sous le corps de mon cheval. Sans deux de mes amis, Duflot et Leroy, j'eusse infailliblement péri dans cette situation.

Voilà, mon cher père, ce que c'est que le sort de la guerre. Ainsi jugez quelle affliction pour moi de me voir un membre de moins dans les plus beaux jours de ma jeunesse, à la veille d'être heureux et récompensé ! Après m'être trouvé présent à plus de dix batailles ou combats, au milieu des coups de canon, des coups de fusil, des coups de sabre, au milieu des charges et des mêlées, sans avoir attrapé aucune blessure dangereuse, mon destin me réservait de succomber dans cette dernière bataille.

Je suis maintenant à l'hôpital à Vienne ; ma blessure commence à aller mieux, je reprends mes forces peu à peu, j'ai de l'argent avec quoi je me procure des douceurs, c'est ce qui me sauvera, et je crois que je n'irai pas dans le tombereau ; mais il me faut au moins trois mois pour être guéri, vu que l'on ne m'a pas fait amputation. Après tout, j'espère avoir une pension avec laquelle je pourrai me retirer pour vivre avec vous, s'il y a moyen, sinon j'irai à l'hôtel des Invalides : c'est là ma dernière ressource.

Ainsi, mon père, il faut nous consoler de ce malheur ; ne comptez plus sur moi pour vous être utile, du moins je tâcherai de ne pas vous être à charge ! Adieu, mon père, jusqu'à ce que je puisse aller vous retrouver ; c'est encore un hasard que j'ai à courir, car j'ai 300 lieues de chemin à faire, avant d'arriver chez vous.

Je finis en vous embrassant, ainsi que la famille : je vous souhaite plus de bonheur qu'à votre malheureux guerrier.

Il faudra bien que j'apprenne à écrire de la main gauche, mais je n'aurai plus les talents que j'avais avec la main droite : enfin ce qui est perdu est perdu !...

Vous ferez part de cette lettre à mon ami : je me propose de lui faire un rapport plus étendu et détaillé des circonstances qui ont précédé et suivi ma catastrophe.

Le 5 juillet. — Le cantinier italien. — Le général Sahuc. — Aperçu de la bataille de Wagram.

De Vienne, le 7 août 1809.

Mon ami, tu as sans doute appris le terrible malheur qui m'est arrivé à la bataille de Wagram. Ce n'est plus au milieu des camps et environné des bruyants attirails de la guerre et des trophées de la victoire que je t'écris cette lettre, mais c'est à l'asile de la douleur des malheureux gémissant sur leur sort, environné des attributs de la misère et des apparences de la mort qui entraîne tous les jours des tombereaux pleins de soldats mutilés qui succombent à leurs souffrances ; c'est de l'hôpital enfin, où je me trouve depuis un mois.

Maintenant que mes facultés physiques se rétablissent, grâce à un bon tempérament et à la résolution que j'ai prise d'être indifférent au malheur et de ne pas prendre de chagrin, j'espère que je me tirerai de là.

En attendant, il me reste à te donner les détails circonstanciés de ma conduite et de mes actions, de ce que j'ai vu et remarqué le jour de cette bataille où j'ai été blessé, où tu verras la part de gloire que j'y ai prise avec notre régiment, jusqu'au moment où le sort de la guerre m'a séparé de mes compagnons d'armes.

D'ailleurs, pour ce qui est de cette bataille en général, tu en trouveras tous les détails qui en sont très exacts, dans le 25e Bulletin que je me suis procuré et que je joins ici pour être conservé à l'appui de ma lettre.

Ainsi, mon ami, je vais reprendre la suite de mon journal. J'en suis resté à la triste nuit de pluie du 4 au 5 juillet. Vers les minuit, une terrible canonnade se fit entendre sur la direction du Danube, l'obscurité de la nuit nous faisait paraître l'atmosphère tout en feu de ce côté, c'étaient des attaques combinées par le génie de l'Empereur qui avait fait tout préparer pour effectuer le passage du Danube.

Le 5 juillet, jour glorieux pour les Français et en même temps fatal à ma mémoire, je sonnai à cheval à 4 heures du matin et notre régiment se dirigea vers le Danube.

J'étais alors dépourvu de vivres pour cette journée, n'ayant qu'un morceau de lard dans ma musette ; ma gourde était vide, comment faire ? J'étais riche de 7 à 800 francs. Je résolus avant tout de tâcher de me procurer des vivres à quelque prix que ce fût, quoiqu'il ne fût pas aisé dans ce moment de s'écarter de son rang. Néanmoins, je me consultai avec mes amis Duflot et Roger qui étaient aussi pris au dépourvu ; ils me remirent leurs gourdes et quelque argent, et je me chargeai d'aller faire la commission. Je me trouvai bientôt parmi la foule des militaires des divers régiments de l'armée, parcourant pour mon compte les bivouacs et les rues de Laxembourg. Enfin, tout en cherchant, j'arrivai dans une rue écartée du passage de la troupe où j'aperçus un cantinier italien qui sortait d'une maison avec sa voiture, je le fis arrêter et lui dis en italien : « Patron, tu dois avoir de l'aqua vita, tu me rendras service en m'en vendant à tel prix que ce soit, j'ai de quoi te payer. » Le cantinier me répondit : « Signor, je suis fâché, mais je n'en ai que ce qu'il me faut pour les officiers de notre régiment, je la leur ai promise. — Bah ! tu badines, patron, et tu crois pour cela que je m'en passerai ; oh non ! tu vas m'en donner où nous allons voir. » Alors il s'éleva une querelle entre moi et ce cantinier. Je n'étais pas d'humeur à laisser échapper une occasion que je n'aurais plus rencontrée ailleurs. Je finis par obliger le cantinier à céder à ma générosité en lui donnant une poignée de banco-dzelds, que j'avais préparés avec quelques pièces d'argent, ce qui pouvait faire une somme de 150 gouldes ; alors le cantinier, voyant que je lui payais de quoi racheter plus que plein son baril d'eau-de-vie, se dépêcha de bonne grâce à m'emplir mes trois gourdes, il me donna en sus environ deux livres de pain et un fromage de Hongrie (ce qui ressemble assez aux fromages de Marolles). Dans ce moment, une dizaine d'autres militaires arrivèrent entreprendre mon cantinier ; je les laissai s'arranger ensemble et je m'en allai bien content avec ma provision. Je retrouvai notre régiment à peu de distance hors de Laxembourg, puis je rejoignis bientôt mon rang, joyeux avec mes camarades d'avoir de quoi oublier nos privations.

Cependant nous marchions en colonne avec les autres régiments de l'armée ; de tous côtés, l'on était en mouvement. Toutes les armes étaient réunies, artillerie de toutes espèces à cheval et à pied, infanterie légère et de ligne, cuirassiers, dragons, hussards, chasseurs, toute la Garde Impériale, enfin les Alliés et tous les équipages et attirails qui peuvent composer une armée de 200 000 hommes bien organisée, joins à cela la bonne tenue et l'ardeur avec laquelle les Français marchaient sur le champ de bataille, tout offrait un charmant coup d'œil à l'observateur. Je voyais tout cela avec plaisir ; une telle armée ne devait pas se laisser vaincre.

Notre régiment arriva donc sur la rive droite du Danube qui est divisé en cet endroit par plusieurs îles ; bientôt nous passâmes le premier bras du fleuve sur un pont superbe, construit en bois de charpente avec art et solidité, et nous arrivâmes dans la grande île que les Autrichiens nomment le Prater, ou l'île Lobau, et que les Français ont nommée l'île Napoléon. Cette île est couverte de bois ; dans des temps paisibles, c'est le rendez-vous des fêtes et des divertissements des habitants de Vienne et des environs ; c'est là aussi que l'empereur d'Autriche et les princes de cette maison se procurent tous les plaisirs de la chasse, comme dans une forêt remplie de gibier de toute espèce. Mais aujourd'hui, tout est dévasté. Nous demeurâmes dans cette île plus d'une heure à voir défiler tous les régiments qui allaient chacun à son tour passer le second bras du Danube sur trois ponts que l'on avait établis pendant la nuit. Vers les 9 heures du matin, notre régiment se présenta aussi pour passer le second bras du Danube sur un pont flottant, c'est-à-dire un pont de radeaux fait avec des sapins assemblés et attachés ensemble. Lorsque notre régiment fut enfilé dessus par quatre de front, son poids faisait disparaître le pont qui s'enfonçait dans le Danube de plus d'un pied, si bien que l'eau coulait rapidement par-dessus, dans les jambes des chevaux ; des perches plantées seulement sur les côtés de distance en distance, guidaient la direction. La plupart ne passaient qu'en tremblant sur ce pont invisible qui était complètement agité par le courant de l'eau et le contrepoids des chevaux. Il nous semblait que l'on échappait d'un grand danger en abordant sur la rive gauche du fleuve, par le contentement que l'on éprouvait en se retrouvant sur terre. Et ainsi de suite, nous vîmes passer après nous d'autres régiments de cavalerie, de l'artillerie, etc...

Après avoir passé le Danube, notre régiment se trouva dans cette immense plaine à jamais célèbre par les exploits des Français et des Autrichiens. En y arrivant, l'on voyait d'un côté nos tirailleurs qui élevaient des ouvrages pour nous défendre en cas de retraite ; d'un autre côté, le canon tirait vivement ; les corps de l'armée qui avaient passé le Danube les premiers étaient déjà engagés avec les Kaiserlites.

A 10 heures. notre régiment était réuni avec les 6ᵉ, 9ᵉ

et 25ᵉ chasseurs sous les ordres du général Sahuc, lequel passait devant le front de chaque régiment, faisait à chacun un discours analogue à la circonstance. Lorsqu'il arriva vers nous, il s'exprima en ces termes : « Chasseurs, la victoire nous a conduits de l'autre côté du Danube pour cueillir de nouveaux lauriers. Nous allons prouver à l'Empereur que nous réaliserons les grandes espérances qu'il a fondées sur l'armée d'Italie. J'espère que vous soutiendrez dans cette journée l'honneur et la réputation du brave 8ᵉ régiment de chasseurs. Souvenez-vous qu'il n'y a pas de retraite à espérer pour l'armée française et qu'il faut vaincre nos ennemis. »

Ce discours fit impression dans notre régiment. Pour moi, je l'eus présent à la mémoire pendant toute cette journée.

Ensuite notre régiment s'avança dans la plaine afin de suivre son rang de bataille.

La canonnade et la fusillade roulaient et faisaient un bruit semblable au tonnerre, les boulets et les obus volaient de toutes parts. Depuis 11 heures jusqu'à 3 ou 4 heures après-midi, notre régiment (ainsi que beaucoup d'autres) ne fit que marcher en réserve à la seconde ligne, où nous pouvions voir tout ce qui se passait en avant; mais on ne pouvait pas tout distinguer, à cause des nuages de fumée qui enveloppaient toute la première ligne. Ce n'était qu'en avançant dans la plaine que l'on voyait tous les débris de la guerre, tant il est vrai que cette bataille n'avait lieu pour ainsi dire qu'à coups de canon, tandis que les troupes ne faisaient que manœuvrer de position en position. Ainsi vers les 3 heures de l'après-midi, l'armée ennemie était déjà délogée de ses redoutes et de ses premières positions, elle avait reculé environ trois lieues dans la plaine, laissant les Français maîtres de tout le terrain.

Vers les 4 à 5 heures, l'ennemi prenait de nouvelles positions, son centre s'établissait sur une hauteur. Alors par suite des mouvements opérés par différents corps (toute l'armée d'Italie occupait le centre de la ligne de bataille), notre régiment se trouva à la première ligne, avec le 6ᵉ chasseurs, marchant à la vue de l'ennemi; les 9ᵉ et 25ᵉ chasseurs formaient une seconde ligne derrière nous.

Quant aux trompettes, nous marchions comme d'habitude réunis, tous les 10 ensemble, au centre de notre régiment, dans l'intervalle de deux escadrons.

Jusque-là, les boulets nous avaient respectés ; mais alors ils commençaient à nous approcher. J'en aperçus un au bout de sa portée, qui arrivait en sautant droit à moi ; je n'eus que le temps d'appuyer vivement mon cheval à droite en disant : « Gare le brutal ! » et il roula entre les jambes de nos chevaux sans faire de dommage.

Plus nous marchions en avant, plus nous nous apercevions que les tirailleurs autrichiens redoublaient d'activité à nous envoyer des boulets et des obus qui enlevaient des hommes et des chevaux dans notre régiment comme dans les autres, mais ce n'était encore que des roses. Alors, comme nous pouvions bien distinguer les mouvements de l'ennemi, nous aperçûmes une vingtaine de pièces de canon qui arrivaient manœuvrer vis-à-vis notre division sur laquelle ils firent feu aussitôt. J'en distinguai environ dix qui étaient en batterie, justement devant le front de notre régiment, ce qui me fit dire à mes collègues : « Pour cette fois, mes amis, gare les chevaux blancs ! Il va y avoir de la fricassée pour quelqu'un de nous ; si c'est pour moi, je veux boire un coup de schnaps pour mieux la digérer. » Quatre boulets arrivèrent successivement passer près de nous ; deux vinrent labourer la terre à vingt pas devant notre petit peloton de trompettes, puis, en se relevant, ils sautèrent par-dessus nos têtes, nous rasant de près, et nous en fûmes quittes pour être couverts d'éclaboussures de terre. Alors, comme plusieurs de mes collègues s'étaient enfoncé la tête dans leurs épaules, et que moi-même, comme par un mouvement involontaire, je m'étais aussi un peu incliné, je tournai cette faiblesse en risée, en disant : « Bravo, mes amis ! il est bon d'être honnête et de saluer les passants ! » Nous nous attendions à être exterminés, lorsque nous vîmes deux compagnies d'artillerie légère de la Garde Impériale avec 16 pièces de canon, qui allaient au galop se mettre en batterie à 300 pas en avant sur la gauche de notre régiment, dans l'intervalle de terrain qui existait entre nos rangs et l'artillerie ennemie. Aussitôt les intrépides canonniers de la Garde commencèrent un feu prodigieux sur l'artillerie ennemie; celle-ci répondit quelque temps avec la même activité, ce qui détourna les coups de dessus notre régiment, à quelques boulets près que l'on voyait venir en roulant. Nous étions là, spectateurs de cette furieuse canonnade d'artillerie contre artillerie; cependant il était aisé de remarquer la supériorité de la nôtre; quoiqu'elle eût beaucoup souffert, elle parvint à éteindre tout à fait celle de l'ennemi.

Dans ce moment, notre division de chasseurs reçut l'ordre de se porter en avant au trot, en obliquant à droite, et nous arrivâmes nous ranger en bataille à 100 pas de distance derrière une ligne d'infanterie qui était engagée dans une terrible fusillade avec une ligne d'infanterie ennemie, directement au bas de la côte sur laquelle se trouvait situé le village de Wagram qui était déjà en feu. Notre régiment demeura là, dans une espèce de fond, jusqu'à nouvel ordre, à recevoir des coups de fusil et des coups de canon. Ce que je trouvais d'extrordinaire dans cette nouvelle position, c'est que nous étions postés entre deux feux, vu qu'il y avait une batterie d'artillerie, placée derrière nous, qui tirait sur la hauteur en avant, de manière que les boulets et les obus sifflaient par-dessus nos têtes.

Vers les 6 à 7 heures du soir, le feu s'animait de plus en plus fort; la canonnade et la fusillade devenaient terribles sur le centre comme sur toute la ligne; j'étais si étourdi de tout ce bruit, que la tête m'en faisait mal. Les deux armées étaient aux prises sur toute la ligne qui se prolongeait d'environ deux lieues de la gauche à la droite.

Figure-toi, mon ami, si deux armées à peu près égales en nombre, c'est-à-dire 3 à 400 000 hommes, avec environ 1 200 pièces de canon, devaient tenir de l'étendue, étant déployées.

C'était là qu'il fallait voir les charges multipliées. L'ordre et l'ensemble des mouvements des masses de cavalerie, d'infanterie et d'artillerie étaient remarquables; toutes les armes semblaient se confondre; tous combattaient chacun dans leurs directions. Jamais je n'avais vu une pareille action, ni une confusion de tant d'événements à la fois. Les cris différents des vainqueurs et des vaincus, la fumée, le feu, le bruit, l'éclat des armes, l'explosion des caissons qui sautaient à chaque instant, les obus qui volaient et éclataient en l'air, les immenses débris de toutes parts ; mais le pis de tout cela, c'étaient les malheureux soldats blessés qui étouffaient et rôtissaient sans secours dans les flammes : le feu prenait partout dans les champs de blé, de seigle et autres récoltes, si bien que la plaine était enflammée en plusieurs endroits, ce qui nuisait beaucoup aux positions de l'artillerie et des troupes. Enfin, toutes ces circonstances transportaient l'âme des soldats hors d'elle-même, et ils ne connaissaient plus alors ni Dieu, ni sagesse, ni modération. Voilà ce que l'on pouvait appeler un beau désordre. Il était expressément défendu dans l'armée de quitter son rang pour porter des secours aux blessés ; ce soin était réservé, après la bataille, à des fourgons d'ambulance qui se trouvaient dans la plaine.

Il faut dire, en passant, que l'empereur Napoléon était le directeur de ce grand spectacle ; donnant partout des ordres et veillant à tout, il allait et venait avec son escorte dans l'intervalle des deux armées ; on le voyait braver tous les dangers ; on eût dit qu'il passait son armée en revue, tandis que plusieurs de ses officiers et de ses gardes étaient frappés derrière lui par des boulets ou de la mitraille. Lorsqu'il passait devant le front des différents régiments, l'on voyait tous les militaires élever leurs shakos au bout de leurs baïonnettes, en criant : « Vive l'Empereur ! »

Maintenant revenons à notre régiment qui était venu, comme je l'ai dit, se ranger en bataille pour soutenir l'infanterie qui combattait au bas de la côte, où nous étions nous-mêmes écrasés par les boulets et la mitraille. Le jeu devenait sérieux ; il n'y avait plus de quoi rire. Un boulet arriva dans toute sa force frapper dans notre petit peloton et tua le cheval de notre collègue Laurent ; un instant après, un autre arriva avec la même rapidité et coupa deux jambes au cheval de Cloës : tous deux en furent quittes pour être démontés : ils se débarrassèrent et se retirèrent en arrière. Alors Martin et Penigot qui tremblaient (quoiqu'il fît bien chaud), profitèrent de cette circonstance pour faire demi-tour, afin d'aider prudemment les deux collègues à se sauver du danger avec leurs bagages. Nous demeurâmes encore six trompettes au poste.

Un instant après, comme je donnais à boire du schnaps à même ma gourde à un pauvre grenadier d'infanterie qui se retirait ayant un bras fracassé d'un coup de feu et que j'étais penché de côté et courbé sur mon cheval, une balle arriva friser le poil de mon colback et frappa à la tête le trompette Dietz qui se trouvait justement placé derrière moi. « Hayau ! » s'écria-t-il, en tombant sur le devant de sa selle. Aussitôt Hubert et Duflot portèrent du secours et se retirèrent avec le blessé. « Je l'échappe encore belle ! » dis-je alors à mes deux collègues, Roger et Leroy, qui restaient les derniers avec moi.

Comme j'appuyais avec mes deux collègues sur la gauche du 2e escadron, je sentis mon cheval fléchir d'une jambe de derrière et Roger me dit que mon cheval était blessé. Je mis pied à terre pour voir qu'une balle l'avait frappé au pied, à la naissance du sabot : le coup ne me parut pas dangereux. Je remontai à cheval aussitôt et je vis avec plaisir que mon brave Rondeau n'en montrait que plus d'ardeur.

La suite, mon ami, à un autre jour.

Je suis nommé maréchal des logis a la compagnie d'élite sur le champ de bataille. — Charges du 8ᵉ chasseurs. — Combat durant la nuit. — Terrible accident qui m'arriva le 5 juillet après 9 heures du soir.

Vienne, le 10 août 1809.

Il était plus de 8 heures du soir, le soleil baissait sur l'horizon. Il y avait apparence que la ligne d'infanterie, qui combattait depuis près d'une heure au bas de la côte, se trouvait fatiguée et commençait à plier, vu la vigoureuse résistance que l'ennemi faisait sur ce point. Entre autres, le 19e régiment d'infanterie perdit sa contenance et se désunit : alors l'on vit tous ces soldats accourir passer dans les jambes de nos chevaux et dans les intervalles de nos escadrons, malgré les chefs qui faisaient leurs efforts afin de les arrêter et de les rallier. Tous ces pauvres diables étaient harassés de fatigue, désespérés et couverts de blessures et de sang. Ce que voyant, notre division de chasseurs se disposa à charger pour soutenir l'infanterie et ne pas laisser compromettre notre ligne de bataille. Dans ce moment, le capitaine Baroux, près duquel je me trouvais au centre du régiment, me dit d'aller avec mes deux collègues à la droite, car on allait faire un changement de conversion et nous nous trouverions trop isolés. Alors je dis à Roger et à Leroy : « Allons, mes amis, ne nous quittons pas. Tout à l'heure, nous aurons l'honneur de sonner la charge. » Nous partîmes au galop pour arriver à la tête de notre régiment qui rompait déjà par pelotons pour traverser un grand fossé marécageux, dont il n'y avait qu'un passage à cet endroit, praticable pour la cavalerie : nous le passâmes comme un défilé, par pelotons au grand galop, puis nous arrivâmes nous former en bataille de l'autre côté de cette espèce de bourbier, en bravant une grêle de balles et de mitraille qui nous abîmaient. En peu de temps, notre division de chasseurs avait franchi ce passage et se trouvait rangée en bataille à la portée du canon du village de Wagram, où se trouvait toujours le centre des principales forces de l'armée ennemie.

Comme j'arrivais, avec mes deux collègues, à la droite de notre régiment, près le 1er peloton de notre compagnie d'élite, je m'aperçus qu'un boulet venait d'emporter la tête d'un maréchal des logis, nommé Robert, qui tenait la droite du 2e peloton de notre compagnie. Alors animé du désir de trouver de l'avancement sur le champ de bataille, j'allai de suite prévenir mon capitaine qui se trouvait en ce moment au centre de notre 1er escadron, remplaçant le chef d'escadron Didelot qui venait d'être tué. Là, je lui dis que M. Robert venait d'être tué par un boulet, que, s'il me le permettait, je me trouvais capable de tenir la droite du peloton à sa place, qu'il pouvait compter sur mon zèle et sur ma fermeté. À quoi mon capitaine répondit : « Hé bien, mon garçon, va tenir la droite de ce peloton à la place de Robert ; demain, tu seras reconnu maréchal des logis à sa compagnie. Va et sois toujours brave ! nous allons avoir de la besogne avec ces coquins là-bas. » Ainsi, au milieu du combat et du carnage qui avaient lieu, j'éprouvai une grande satisfaction en allant me ranger à mon nouveau poste ; et, me voyant bien accueilli de mes camarades au peloton, je leur promis que j'allais foncer de bon cœur sur l'ennemi. Quant à mes deux collègues trompettes, je leur dis qu'ils fissent leur devoir, que j'allais faire le mien. Mon changement de position se fit en deux minutes, tandis que les autres escadrons passaient encore le défilé.

Le soleil se couchait derrière les montagnes de la Bohème ; alors un nouveau signal des combats se fit entendre ; la charge sonna dans notre division de cavalerie légère, nous pouvions encore compter 2 000 hommes présents dans nos 4 régiments de chasseurs.

Nous nous portâmes en avant pour charger sur l'ennemi. Je pris ma trompette, voulant encore me faire entendre dans les rangs, mais j'avais si chaud et j'étais si animé, que je ne pus sonner que le premier couplet de la charge ; puis je n'eus que le temps d'empoigner mon sabre, nous étions déjà arrivés sur l'infanterie ennemie, bravant les coups de fusil et les coups de baïonnette, sabrant et bousculant tout, nous animant les uns aux autres : « A toi ! à moi ! hardis chasseurs ! » etc... C'était à qui ferait preuve de plus de courage. En moins d'une demi-heure, nous avions passé sur le ventre à la plus grande partie de cette infanterie : le reste se trouvait dispersé et se sauvait comme il pouvait. Pour compléter leur défaite, notre infanterie, que nous venions de soulager, s'était ralliée derrière nous et achevait d'anéantir les restes ennemis, dont un grand nombre s'étaient couchés à terre, pensant par ce moyen éviter l'action de notre cavalerie. Jamais je n'avais vu tant d'acharnement, le champ était couvert de morts.

Aussitôt la disparition de ce corps d'infanterie ennemie, notre régiment commença à se rallier. Dans ce moment, je m'aperçus que mon cheval avait le col ensanglanté : c'était sans doute un coup de baïonnette qu'il avait reçu près de l'épaule, mais cette blessure ne devait pas encore l'empêcher d'aller, il fallait finir la journée.

Quand notre régiment fut tout à fait rallié, tous mes chasseurs se trouvèrent encore présents à mon peloton, chose extraordinaire et qui prouve combien la cavalerie française est faite pour épouvanter l'infanterie ennemie, puisque notre division avait défait environ 6 000 Kaiserlites dans cette occasion. Après cette brillante charge, nous nous trouvions tous au bas de la côte dans une situation assez rapprochée des lignes des Autrichiens qui se repliaient dans leurs positions élevées sur Wagram, d'où ils continuaient toujours un feu d'artillerie très vif ; mais alors, presque tous les coups de canon passaient par-dessus nous.

Il n'y avait pas un quart d'heure que nous venions de culbuter l'infanterie ennemie, lorsque nous aperçûmes en haut de la côte, à la lueur de l'horizon, une colonne de leur cavalerie qui descendait et arrivait déployer le front de bataille à 200 pas vis-à-vis le front de notre régiment. Nous nous trouvions déjà disposés à les recevoir.

Nos chefs recommandèrent qu'il fallait attaquer cette cavalerie à coups de carabine ou de pistolets, et qu'ensuite, il fallait les enfoncer et les servir à coups de pointe de sabre, surtout du courage et de la fermeté, car c'était le moment de vaincre. Telle était toujours la manière de combattre de notre régiment.

Aussitôt notre colonel commanda : « Escadrons en avant au trot ! pour charger ! » Bientôt notre régiment arriva à 10 ou 15 pas de distance du front des dragons autrichiens. Comme si l'on se fût donné le mot de : feu ! l'on s'attaqua les uns et les autres par une décharge de coups de carabine et de pistolet : les balles portèrent dans les rangs tant bien que mal, attrape qu'attrape ! j'en reçus une dans le haut de mon colbak qui en fut percé : un chasseur de mon peloton, nommé Amaga, qui se trouvait à côté de moi, fut aussi atteint d'une balle qui lui cassa le bras. Aussitôt cette attaque, nos escadrons, ainsi que les escadrons ennemis, se précipitèrent avec fureur les uns sur les autres, à coups de sabre, à toi, à moi. Au moment de cette charge, la nuit était survenue envelopper le champ de bataille de ses ombres ; l'on ne voyait plus que la clarté du feu des coups de canon, des coups de fusil, et des villages qui brûlaient dans les environs.

Les dragons kaiserlites portaient des habits blancs, ce qui faisait qu'on les reconnaissait bien à leur uniforme, quoique dans l'obscurité ; cela nous devint avantageux. Ailleurs il y eut beaucoup de méprise de part et d'autre.

En général, cela fit un mauvais effet de se battre la nuit, car les Français et les Autrichiens se trouvèrent pêle-mêle; on ne se reconnaissait plus; ce qui favorisait l'un, devenait funeste à l'autre.

Maintenant voici ce qui me concerne dans cette action où j'étais comme maréchal des logis à la tête de mon peloton. En arrivant sur l'ennemi, j'avais le pistolet à la main et je fis feu comme les autres sur les dragons, à dix pas de distance; puis remettant mon pistolet dans sa fonte, j'empoignai mon sabre qui était attaché à mon poignet par la dragonne. D'abord nos chevaux arrivèrent tête à tête avec ceux de l'ennemi; mon peloton résista au choc sans se désunir. Je pris les rènes à mes dents et j'empoignai de la main gauche mon second pistolet que je tirai presque à bout portant sur un dragon que je vis tomber à la renverse; puis je jetai mon pistolet à la volée, à la tête d'un autre, et je repris mes rènes en main; je fis cet exercice en moins d'une minute. J'étais animé, je ne connaissais plus de bornes et jamais je ne combattis avec tant d'ardeur, criant: « En avant! en avant! braves chasseurs! en avant! » Je donnai des éperons à mon cheval et me précipitai tête baissée dans les rangs ennemis, me faisant passage entre leurs chevaux et en fourrant la pointe de mon sabre dans le ventre du premier dragon qui se trouva sous ma main. Au même instant, je reçus un furieux coup de sabre sur la tête, qui m'abasourdit un peu. Par bonheur, mon colbak était d'un bon cuir qui résista. Mais j'avais fait brèche avec mon peloton. Par ce coup de temps précipité, mon cheval que j'avais lancé et le coup de sabre qui m'avait un peu étourdi, firent que je me laissai emporter à dix pas de l'autre côté derrière les dragons. Quoiqu'il en soit, je ne perdis pas la carte. Me voyant ainsi séparé de mon peloton, je fis bientôt demi-tour; déjà trois ou quatre dragons venaient à ma poursuite; deux coups de sabre m'arrivèrent, l'un sur le dos, qui se trouva paré par mes effets d'équipement, et l'autre que je parai habilement. Tout en relançant mon cheval adroitement, je laissai mes adversaires sur ma droite, puis je rencontrai encore un dragon à ma portée, je lui plongeai la pointe de mon sabre dans les reins, et bientôt je retrouvai mes camarades et je m'actionnai avec mes frères d'armes, à pousser et à sabrer nos ennemis : hommes et chevaux, rien n'était épargné pour les faire reculer. J'avais soin de me garder de tous côtés, afin de ne pas me faire sabrer moi-même.

Enfin cette furieuse mêlée durait depuis un bon quart d'heure, la cavalerie ennemie hachée de coups de sabre et bouleversée de toutes parts, n'en voulait plus et commençait à plier ; j'avais tué ou blessé 5 ou 6 dragons pour ma part : j'avais mon sabre levé au-dessus de ma tête, cherchant encore un ennemi pour le frapper... A ce moment, j'entendis près de moi le sifflement d'un obus qui m'éblouit par la clarté de la mèche ; je n'eus pas le temps de me reconnaitre, que cet obus tombait devant le nez de mon cheval. Sans poser à terre, il éclata aussitôt. « Haaye ! » m'écriai-je en me sentant frappé au bras. Mon cheval s'abattit au même instant et je me trouvai la jambe prise dessous. Mon premier mouvement fut de chercher à me relever et de porter la main gauche à mon bras... Mais hélas ! je sentis que j'avais le bras droit coupé. Mon cheval, mon pauvre Rondeau, fit encore quelques mouvements des pieds et de la tête en gémissant ; en moins de cinq minutes. il était mort... Un éclat l'avait frappé dans le poitrail à la naissance du col et lui avait coupé la gorge.

A l'endroit de la mêlée où cet événement arriva, je me trouvai bientôt seul : l'explosion de l'obus avait dispersé les chasseurs de mon peloton, ainsi que les dragons autrichiens. de manière qu'il ne resta là que du déchet. Le cheval de mon ami Roger qui se trouvait près de moi, eut les deux jambes de devant coupées : il était tombé sur le champ à deux pas de moi. de façon que je me trouvais dans l'intervalle, entre ce cheval et le mien. Roger s'était débarrassé aussitôt, il avait disparu, sans faire attention à son malheureux ami. Un chasseur de mon peloton eut la figure déchirée par un éclat, et plusieurs dragons étaient étendus à peu de distance autour de moi : entre autres, il s'en trouvait un assez près de la tête de mon cheval ; je vis remuer et se débattre ce dragon qui finit par mourir là ; il avait été aussi atteint par un éclat de l'obus.

Cependant la charge continuait, et le tumulte s'éloignait

de moi ; les chasseurs étaient vainqueurs, ils repoussaient la cavalerie ennemie.

C'est ainsi, mon ami, que le hasard de la guerre, c'est-à-dire mon destin, voulut que je succombasse et que je terminasse mes actions militaires. L'obus qui m'a blessé est tombé devant moi et a éclaté sans poser à terre, il était sans doute parti des positions que l'ennemi avait sur la hauteur de Wagram : de là, il fut sans doute tiré perpendiculairement pour venir tomber dans une direction aussi rapprochée que celle où nous nous trouvions de la hauteur. Il faut dire aussi que, dans ce moment de confusion, le feu de notre artillerie avait cessé, car toutes nos troupes avaient passé en avant ; mais l'artillerie autrichienne tirait toujours et écrasait aussi bien ses gens que les Français, vu que l'on montait la côte pêle-mêle dans l'action d'une charge.

Après dix heures du soir. — Deux amis arrivent a mon secours. — Je suis pansé a six heures du matin. — Je considère mon bras pour la dernière fois. — On me vole mon portemanteau.

Vienne, le 12 août 1809.

Maintenant, mon ami, que tout est changé pour moi, mes lettres ne t'offriront plus de ces détails de combats et d'actions militaires où je me plaisais tant : je n'ai plus que des détails plus ou moins tristes à te donner et qui sont conformes à ma situation, qui est à peu près celle de tous les militaires blessés.

Victime du sort de la guerre, j'étais sur le champ de bataille parmi les morts et les blessés. J'étais couché entre deux chevaux morts, ayant la jambe droite prise sous le corps du mien, ne pouvant pas me débarrasser ; je faisais des vœux pour que les Français se maintinssent les maîtres du combat. Je demeurai dans cette situation peut-être deux heures, baigné dans le sang, souffrant de cruelles angoisses, faisant mille réflexions sur mon sort, je combattais entre l'espérance et le désespoir. L'éclat d'obus qui m'avait frappé n'avait pas entièrement coupé mon bras : il tenait encore par un peu de chair. J'eus la précaution de délier avec ma main gauche les courroies de mon portemanteau sur le cul de mon cheval et de prendre du linge dont j'entortillai ma blessure ;

et, afin d'arrêter l'effusion de mon sang qui coulait en abondance, je me liai le haut du bras avec un cordon que j'ôtai de mon manteau qui était fixé autour de moi en sautoir. Comme j'éprouvais une soif ardente, j'avais encore un restant d'eau-de-vie chaude dans ma gourde, j'en bus à plusieurs reprises, et mon altération augmenta. J'essayais aussi de retirer ma jambe de dessous mon cheval ; les efforts que je fis ne servirent qu'à redoubler la perte de mon sang et à m'affaiblir davantage. Ainsi je m'engourdissais dans la douleur et m'abandonnais à ma destinée.

Il était plus de 10 heures du soir, la nuit était assez obscure, le feu de la bataille avait cessé de part et d'autre, si ce n'est quelques coups de fusil que j'entendais tirer par-ci, par-là : je percevais la voix des soldats qui allaient et venaient sans doute avec des blessés dont j'entendais aussi les plaintes : mais je ne voyais personne de qui je pusse me faire entendre, et me voyant toujours là abandonné sans secours, je n'espérais plus revoir le jour, tant il est vrai que je m'attendais à périr dans cette cruelle situation. Cependant je ne me plaignais pas de mon malheur, car ma vie était sacrifiée à ma Patrie et j'étais disposé à savoir mourir comme j'avais su combattre, en vrai Français. C'est le sort d'un soldat.

Enfin, au milieu du bruit confus, des cris et des plaintes qui m'environnaient, j'entendis marcher des chevaux et quelqu'un dire : « C'est par ici que nous devons le trouver !... Voilà les dragons blancs que nous avons étalés... Voyons, nous le reconnaîtrons bien par son cheval ?... Ah ! voilà deux chevaux blancs ! Voyons, il doit être là ?... » A ces paroles, je reconnus la voix de mes amis Duflot et Leroy. Aussitôt je les appelai : « Par ici, mes amis, il est là, celui que vous cherchez !... » Alors Duflot s'approcha de moi : « Ah ! cher ami, tu n'es pas mort ! nous te cherchons. Prends courage ! Où es-tu blessé ?... — Hélas ! je n'ai plus qu'un bras, mon cheval est mort et j'ai la jambe prise dessous !... » A l'instant, mes deux camarades soulevèrent mon cheval et m'aidèrent à retirer ma jambe que je ne sentais plus, tant elle était engourdie. Alors je m'assis sur le corps de mon cheval et reçus les secours de mes libérateurs.

Cependant ma jambe commençait à revenir ; mes deux amis prirent mes effets et me préparèrent un cheval de dragon autrichien qu'ils avaient amené avec eux, sur lequel ils m'aidèrent à monter. Alors il s'agissait de marcher et de chercher un endroit pour me faire panser. Comme je l'ai dit, mon bras n'était pas tout à fait coupé, il tenait encore par un lambeau de chair gros comme le pouce et il pendait dans la manche de mon habit. J'aurais désiré que l'un de mes amis achevât de le couper, vu que j'étais obligé de placer ce débris devant moi sur ma selle et que le mouvement du cheval le faisait toujours retomber pendant, ce qui me faisait de cruelles douleurs ; j'étais trempé de mon sang qui coulait jusque dans ma botte : je m'affaiblissais au point que Duflot était obligé de me maintenir par le collet sur mon cheval que Leroy conduisait par la bride.

C'est ainsi, mon ami, que je traversai, au milieu de la nuit du 5 au 6 juillet, cet immense champ de bataille où il existait une confusion extrême, à en juger par les cris des soldats égarés cherchant après leur régiment ou autrement ; les coups de fusil tirés individuellement de tous côtés ; les diverses troupes qui étaient en mouvement, les chariots, l'artillerie allant et venant, etc... Je me dirigeai à travers tout ce charivari vers un endroit que l'on voyait brûler du côté du Danube, dans l'espoir de trouver par là quelque ambulance pour me faire panser.

Alors le hasard me fit rencontrer sur cette direction le capitaine Périolat et le lieutenant Chenavard, et six chasseurs de la compagnie qui se retiraient tous blessés. Mon capitaine et mon lieutenant, qui ignoraient encore ce que j'étais devenu, apprirent avec peine le malheur qui m'était arrivé. Ces deux braves officiers avaient toujours été témoins de ma conduite et de mes actions : ils m'avaient pour ainsi dire élevé, corrigé de mes fautes et instruit dans l'art militaire pendant les cinq années que j'ai été sous leur obéissance ; ils voulaient mon bien et mon avancement, et voilà comment la guerre coupe le fil des plus belles espérances.

Enfin, vers une heure après minuit, j'arrivai dans un bourg nommé Essling, situé sur la rive du Danube : cet endroit était en partie brûlé et saccagé, j'y trouvai encore un bouleversement sans pareil, c'est-à-dire une confusion de soldats égarés, des voitures, des équipages, et tout l'embarras de la suite d'une armée ; les maisons remplies de blessés. Alors je descendis de cheval et j'entrai dans plusieurs maisons, afin de m'y placer et de me faire panser de suite, mais il s'y trouvait déjà trop de monde. M. Chenavard, ainsi que mes deux amis, sollicitaient pour moi auprès de plusieurs chirurgiens qui répondaient qu'ils étaient déjà trop occupés ou qu'ils n'avaient pas ce qu'il leur fallait. Ainsi je ne pus encore être pansé et je n'en étais pas plus à mon aise.

Enfin mes deux camarades trouvèrent une maison où il y avait encore de la place pour moi. Je m'y rencontrai avec d'autres camarades de notre régiment, dont un maréchal des logis et un chasseur, l'un avait le bras fracassé d'un coup de boulet, et l'autre la cuisse ; ils éprouvaient aussi de grandes souffrances, la maison retentissait de leurs cris plaintifs : nous avions tous besoin d'être pansés, il nous fallait un chirurgien, sinon, nous étions des hommes morts !...

Nous fûmes obligés d'attendre le jour dans cette situation. Je m'étais couché sur un banc ayant la tête posée sur mon porte-manteau et le débris de mon bras étendu sur mon ventre : ainsi engourdi dans la douleur, je ne tenais plus compte de l'existence.

Mes deux amis Duflot et Leroy, qui m'avaient secouru jusqu'alors, étaient obligés de retourner à leur compagnie pour éviter, disaient-ils, d'être remarqués comme fuyards, vu aussi qu'il n'y avait plus de trompettes au régiment. Ils m'embrassèrent une dernière fois avec le regret de me quitter pour retourner à leur poste : mais je leur témoignai que j'étais content de leurs secours et je leur dis : « Adieu, mes bons amis, allez, je sais comme vous que l'honneur est le premier devoir. Puisse le sort de la guerre vous épargner et soyez plus heureux que moi ! Si je survis à mon malheur, je vous rappellerai toujours à mon souvenir... » Avant de me quitter, ces deux braves garçons me laissèrent le cheval qui m'avait amené, et me confièrent aux soins des deux chasseurs qui avaient conduit leur camarade ayant la cuisse coupée. Cependant Bichet et Joanelle (l'un était maréchal des logis et l'autre brigadier) qui avaient amené le maréchal des logis Auburtin, étaient partis pour chercher un chirurgien. Il était 5 heures du matin, lorsqu'ils revinrent avec M. Valette ; c'était justement un chirurgien de notre régiment. Ce brave homme nous donna tous les secours qui étaient en son pouvoir : il commença par panser Auburtin qui partit aussitôt avec ses deux camarades.

Ensuite je sortis hors de la maison pour me faire panser dans la cour, au grand jour. Je présentai mon bras mutilé au chirurgien qui, aidé de deux chasseurs et du paysan de la maison, commença par ouvrir avec des ciseaux la manche de mon habit et de ma chemise : il ôta le linge que j'avais mis sur ma blessure, il arrêta aussitôt la perte de mon sang en nouant l'artère du bras avec un bout de fil et, d'un coup de bistouri, il acheva de couper le lambeau de chair par lequel mon bras était resté pendant jusqu'alors : puis il retailla la chair et les nerfs, il banda ma blessure, enfin il arrangea le tout à son idée, si bien que quand je fus pansé, je me trouvai soulagé. Ainsi, depuis 9 heures du soir que mon bras avait été arraché par l'éclat de l'obus, jusqu'au lendemain 6 heures du matin que je fus sans être pansé, juge, mon ami, si j'ai dû perdre du sang ! Pourtant j'ai supporté mes souffrances avec assez de courage ; quoique très affaibli, je n'ai pas perdu connaissance un moment. Tant il est vrai, que si j'eusse pu être pansé aussitôt après avoir reçu le coup, j'eusse conservé toutes mes forces, dont j'eusse tiré bon parti.

Pendant que l'on me pansait, je demandai au chirurgien si l'on ne serait pas obligé de me faire l'amputation, c'est-à-dire de me recouper le bout du bras : il me répondit que, si cela était nécessaire, on le ferait dans la suite, mais que j'y réfléchisse, que j'étais trop faible pour supporter une semblable opération sans y périr, que je guérirais bien sans cela, mais que ce serait un peu long.

Je ne puis dire l'émotion que j'éprouvai en me voyant un moignon pour la première fois. Puis, prenant mon bras droit dans ma main gauche, je considérai pour la dernière fois la plus belle fleur de mon existence qu'il fallait perdre pour toujours. Le plus grand de mes regrets était de penser que je perdais avec mon bras tout espoir d'être heureux, les talents que j'avais acquis de la musique, de jouer de la clarinette, d'une belle écriture, enfin tous mes moyens de travailler. Alors je donnai mon bras au paysan de la maison qui était là présent : « Tiens, paysan, lui dis-je en allemand, je t'en prie, va enterrer mon bras au pied d'un arbre dans ton jardin : tu te souviendras que c'est le bras d'un soldat français qui a bien battu les Kaiserlites ; mais à présent c'est fini, il ne battra plus personne…. » A quoi le paysan me répondit : « Pauvre diable, tu t'en souviendras aussi d'avoir battu les Kaiserlites ! »

Lorsque je fus pansé, je rentrai dans la maison pour reprendre mon porte-manteau et mon bonnet que j'avais laissés sur mon banc : mais, autre revers de fortune ! je ne retrouvai plus mon porte-manteau ; on me l'avait escamoté pendant que j'étais dans la cour à me faire panser, si bien que personne ne s'en était aperçu. Aussitôt je cherchai dans tous les coins et recoins, mais vaines recherches ! Mon porte-manteau, dont je n'aurais pas donné le contenu pour 200 francs, était perdu pour moi. Étaient-ce des paysans ? Étaient-ce quelques traînards ou des fuyards comme il s'en trouve toujours qui rôdent aux environs des armées ? Je n'ai pu savoir qui m'avait fait ce tour. Ainsi, malgré mon dépit, il fallut encore me conformer à cette perte.

J'avais sur moi la meilleure partie de ma fortune, c'est-à-dire ma ceinture garnie d'argent et mon portefeuille plein de banco-dzelds ; dans mon malheur, je possédais encore plus de 600 goulden.

Alors je remontai sur le cheval autrichien qui m'avait amené et que mes amis Duflot et Leroy avaient laissé à ma disposition. Le pauvre chasseur qui avait sa cuisse coupée, venait de se laisser mourir dans la maison : les deux chasseurs qui l'avaient conduit se chargèrent de me conduire à Vienne.

Il faut te dire ici, mon ami, pour terminer cette lettre, que les deux armées avaient passé la nuit sur le champ de bataille à se réorganiser, et que la bataille de Wagram avait recommencé le 6 juillet à la pointe du jour, car les Autrichiens avaient rattaqué les Français. En me retirant blessé, j'entendais le canon ronfler aussi terriblement que la veille; et cette journée fut peut-être plus meurtrière encore.

Au résultat, l'armée française remporta la victoire la plus complète et l'armée autrichienne fut encore battue et confondue.

JE REPASSE LE DANUBE. — L'AIDE DE CAMP. — J'ARRIVE A VIENNE. — MA SITUATION A L'HOPITAL.

De Vienne, le 14 août 1809.

Mon ami, le 6 juillet, vers les 8 heures du matin, je repassai le bras de la rive gauche du Danube, et j'arrivai dans l'île Napoléon parmi une foule de militaires allant et venant. Alors je me trouvai tellement fatigué et si faible, que je ne pus aller plus loin; il me fallut nécessairement mettre pied à terre.

Comme je me trouvais dans ce moment dans un bivouac d'ouvriers sapeurs et de marins de la Garde Impériale, plusieurs de ces braves gens eurent pitié de moi en me procurant un peu de bouillon et un verre de vin. Puis je priai les deux chasseurs qui m'accompagnaient de me laisser reposer seulement une heure et de ne pas m'abandonner. Alors ils étendirent mon manteau à terre, je me couchai là et je m'endormis d'un profond sommeil. Lorsque les chasseurs me réveillèrent, je me trouvai bien soulagé et beaucoup plus capable de continuer mon chemin; je remontai à cheval et je quittai l'île.

Comme j'allais passer sur le pont établi sur le bras qui communique à la rive droite du Danube, un officier supérieur (c'était un aide de camp) venant à me rencontrer avec mes deux chasseurs, nous arrêta en disant : « Pourquoi ces deux chasseurs-là ne sont-ils pas à leur rang? Retournez-y de suite et suivez-moi! Cet homme s'en ira bien seul. » Ces mots furent prononcés d'un ton si impératif, que mes deux chasseurs ne surent quoi répondre; ils allaient m'abandonner, lorsque je pris la parole avec une présence d'esprit bien nécessaire dans ce moment et je m'expliquai avec l'officier.

Alors l'aide de camp prit un ton plus radouci et me demanda de quel régiment j'étais ; je lui répondis : « Mon commandant, vous pourrez vous adresser à la compagnie d'élite du 8ᵉ régiment de chasseurs à cheval, et vous apprendrez qui je suis. » L'aide de camp, voyant ma résolution, me dit : « Allez, mon ami, vous trouverez des hôpitaux à Vienne et renverrez de suite ces deux chasseurs à leur poste. » Et il partit.

J'avais 4 à 5 lieues de chemin à faire pour arriver à Vienne. Je rencontrai sur la route beaucoup de militaires blessés qui allaient aussi à l'hôpital ; plusieurs me paraissaient encore plus malheureux que moi, et je me plaisais à leur faire donner quelques rafraîchissements que je payais aux cantiniers et vivandiers que l'on rencontrait sur la route.

Enfin j'arrivai à Vienne par le faubourg de Hongrie. La première chose que je remarquai, c'était une espèce de bouleversement dans ce faubourg qui borde le Danube ; on voyait des détachements de cavalerie qui s'exerçaient à charger et à disperser à coups de sabre les rassemblements du peuple qui étaient dans le cas de nuire au bon ordre que l'on tâchait de maintenir dans la capitale. On voyait les habitants en foule sur les remparts, sur les hauteurs et sur les maisons, d'où ils observaient aisément les manœuvres qui avaient lieu dans la plaine de l'autre côté du Danube.

Mon premier soin fut de m'adresser dans les premiers hôpitaux militaires que je trouvai, mais il n'y avait déjà plus de place. Néanmoins l'on m'en indiqua un bon où je devais trouver à me placer ; mais il fallait encore marcher une heure avant d'y arriver. Tout en continuant mon chemin, je suivais de longues avenues qu'on appelle les boulevards ; alors plusieurs bourgeois, qui se trouvaient réunis près des cafés ou guinguettes, vinrent successivement au-devant de moi en me présentant des rafraîchissements tels que des verres de bière, eau sucrée, vin, eau-de-vie, du pain ; je ne refusai rien, pour en faire part à mes deux chasseurs.

C'est dans une de ces circonstances où je me trouvais entouré de plusieurs de ces bourgeois, lesquels, me voyant monté sur un cheval qui avait l'uniforme autrichien et m'entendant parler allemand, pensaient d'abord que j'étais aussi Autrichien, jusqu'à ce que je les eusse tirés d'erreur. Ils me faisaient diverses questions relatives à la bataille, auxquelles je répondais en mettant toujours les choses à l'avantage des Français, ce qui les faisait bisquer, vu que je contrariais leur enthousiasme, car ils me disaient alors qu'ils attendaient les Princes ce même jour à Vienne, que les vivres et les logements étaient préparés pour la victorieuse armée autrichienne, pour les libérateurs de la patrie, que les Français étaient perdus, qu'ils allaient être tous jetés dans le Danube, etc... Cette apostrophe me parut un peu trop violente et me touchait de trop près : elle ranima le peu de sang qui me restait dans les veines et je leur répondis sur le même ton. J'étais encore bon pour soutenir mon parti et, si ces bourgeois m'avaient insulté, je les eusse fait charger par mes deux chasseurs.

Il était deux heures après-midi, quand j'arrivai dans le faubourg Maria-Heilf, puis à la caserne Traritt-marck qui était transformée en un hôpital militaire. Là, je fus assez bien reçu et conduit dans une salle parmi d'autres militaires blessés.

Alors je témoignai ma reconnaissance aux deux chasseurs qui m'avaient rendu grand service en me conduisant, car sans eux je ne sais pas ce que je serais devenu. Comme je garderai toujours le souvenir de ces deux bons camarades, je dois rapporter ici cette petite note relativement à eux : L'un s'appelle Cotinet ; c'est justement ce même Cotinet que j'avais si bien débarrassé de la poursuite d'un hussard ennemi, et auquel j'avais peut-être sauvé la vie à l'affaire de Castel-Franco en Italie, le 5 mai. Cette circonstance l'avait beaucoup attaché à moi ; il me rendit la réciproque avec un autre camarade appelé Déclair. Ces deux chasseurs faisaient leur première campagne ; ils n'avaient pas encore beaucoup l'intelligence du métier de la guerre. M'étant aperçu qu'ils n'avaient pas d'argent, je les obligeai d'accepter environ 50 goudles que je leur donnai pour aller dîner et boire une bouteille à ma santé. Ensuite je leur recommandai d'aller rejoindre le régiment et d'y reconduire le cheval qui m'avait amené.

Maintenant je vais te faire connaître ma situation à cet hôpital où je suis depuis le 6 juillet. En y arrivant, comme j'étais tout ensanglanté, je me fis aider par un infirmier et je commençai par me déshabiller à nu dans la cour près d'une pompe : je me lavai partout où j'étais barbouillé de sang, puis je me procurai une chemise blanche. Ainsi disposé, j'allai me reposer sur le lit qui m'était destiné ; ce lit était simplement composé d'une paillasse et d'une paire de gros draps : mon manteau me servit de couverture. Mon premier sommeil dura environ trente heures, sans m'éveiller : ensuite je demeurai encore plusieurs jours dans un état d'assoupissement continuel : il n'y avait que les puces qui avaient soin de me tourmenter. Je prenais peu de nourriture, c'est-à-dire du bon bouillon que j'envoyais chercher exprès, et peu à peu je revins de mon état de faiblesse. D'abord je restai couché six jours sans être pansé. J'appelais à moi les chirurgiens qui venaient pour les autres blessés : ils me répondaient que ça ne pressait pas, qu'il fallait 8 jours pour lever un premier appareil. Ainsi je me résignai à endurer mes souffrances : l'inflammation se portait à ma blessure ; les mouches, que la suppuration y attirait, engendraient une grande quantité de petits vers blancs qui fourmillaient sur le drap où était posé mon moignon. Je pensai qu'on voulait me laisser périr dans cette triste situation : je communiquai mes inquiétudes à mon infirmier Affidé qui m'était très utile et me servait bien, vu qu'il trouvait son profit avec moi. Enfin, le septième jour, qui était le 12 juillet, je le vis apporter la boîte à pharmacie pour la première fois sur mon lit, et le chirurgien vint me dire : « Allons, mon ami, à nous deux ! » Il me sembla que ce moment me rachetait la vie, tant j'éprouvai de contentement. Il trouva ma blessure en bon état et il me pansa avec soin. Alors je pensai que je ne ferais pas mal d'intéresser ce chirurgien à ma situation, et je lui donnai 25 francs en argent, en lui disant : « Permettez, Monsieur, que je vous témoigne le vif contentement que j'éprouve pour les services que vous pouvez me rendre en me sauvant la vie ?... » Ce chirurgien me parut satisfait de mon procédé, car dans ces sortes d'occasion il est rare qu'un chirurgien éprouve la générosité d'un soldat. Comme, dans ces premiers jours, l'on pansait les blessures avec des étoupes, puisqu'il n'y avait pas de charpie à l'hôpital,

j'en envoyai acheter en ville à mon compte, que je payai
3 francs la livre, jusqu'à ce que l'administration de l'hôpital venant à s'organiser de mieux en mieux, mon chirurgien me traitât avec soin, et je fus pansé deux fois par
jour.

Mes moyens sont ceux d'un militaire à son aise qui ne
se trouve pas borné à la portion de l'hôpital. Par surcroît
de bien-être, la bienveillance de Napoléon s'étend jusque
sur les militaires blessés. L'on nous a donné en son nom
une gratification de 100 francs à chacun. Cette distribution
nous a été faite par des officiers de son état-major qui sont
venus eux-mêmes dans tous les hôpitaux compter cette
somme à chaque blessé sur son lit, en s'informant de l'état
et de la situation de tous, et en nous disant que l'Empereur
ne nous oublierait pas. Cette circonstance bien consolante
pour des blessés, nous ranima et nous encouragea tous.
(L'on comptait alors 24 hôpitaux militaires à Vienne, qui
contenaient 40 à 50 000 Français blessés.) J'ai reçu aussi
ma gratification de 100 francs, et j'en ai hérité presque
autant dans la salle des pauvres diables qui se sont laissé
mourir avec leur argent. Ainsi tu vois, mon ami, que je
n'ai pas encore manqué de ressources pécuniaires; je me
suis déjà procuré un porte-manteau que je garnis de nouveau butin. Au résumé, j'ai soin de moi et j'évite de faire
des excès, comme beaucoup d'entre nous, dont l'argent est
la cause de leur mort.

Cependant, mon ami, par les soins et le repos que je
prends depuis 40 jours à l'hôpital, je sens mes forces qui
se rétablissent si bien, que je me crois hors de danger. Je
suis déjà sorti plusieurs fois pour me promener et prendre
de la dissipation au dehors. J'ai déjà été visiter les divers
quartiers et à peu près toutes les curiosités de Vienne dont
je ne te ferai pas de description, car cela me mènerait à
de trop longs détails.

Je terminerai cette lettre, mon ami, en te disant que
c'est demain le 15 août, fête de notre Empereur, et je me
dispose à aller lui présenter un placet, afin d'obtenir une
récompense que je crois avoir méritée, puisque j'ai contribué comme les autres à la gloire de notre belle Patrie et à
mettre ses affaires en bon état.

Époque de la fête de Napoléon. — Je me présente a l'Empereur au palais de Schoenbrunn. — Affabilité de l'Empereur envers moi. — Ma dotation.

De Vienne, le 23 août 1809.

Vive l'Empereur ! mon ami. Dans mon malheur, j'éprouve encore une satisfaction bien douce pour mon existence : Je viens d'apprendre de notre Souverain même, que je vais jouir d'une récompense que j'ai bien méritée par mes services et mes souffrances. Cette circonstance doit être la plus heureuse et la plus belle époque de mes lettres si l'avenir ne me trompe pas ; aussi je vais t'en rapporter les détails avec plaisir.

Je te dirai, mon ami, qu'en continuant de me promener et de fréquenter les différents quartiers de la ville et des faubourgs de Vienne, je fis des connaissances, je rencontrai plusieurs camarades, ainsi que plusieurs officiers de notre régiment, entre autres mon capitaine et mon lieutenant, qui avaient été blessés et se trouvaient convalescents, logés chez les bourgeois ainsi que beaucoup d'autres. Alors je suivis l'exemple de plusieurs de ces braves militaires, lesquels, quoique blessés, n'en soutenaient pas moins leurs prétentions.

Je fus donc inspiré de faire à l'Empereur une réclamation tendant à être décoré de la croix de la Légion d'honneur. D'ailleurs ma prétention était soutenue par le capitaine Périolat et le lieutenant Chenavard ; ce dernier venait d'être nommé capitaine et décoré de la Légion d'honneur. Ces deux braves officiers m'assurèrent que je réussirais, vu, disaient-ils, que si je fusse resté au régiment, ils savaient que le colonel me réservait cette récompense et qu'il me l'eût fait obtenir ; mais que je pouvais également la solliciter moi-même auprès de l'Empereur ; que le jour de sa fête arrivait, et que je n'avais qu'à lui présenter un placet, que ce jour-là, il accorderait toutes les justes réclamations qu'on lui ferait.

Je suivis cet avis avec empressement. En conséquence, j'allai trouver l'adjudant-major de notre régiment, M. Fauconnet, qui se trouvait aussi à Vienne, lequel se fit un plaisir de me rédiger un placet, adressé à l'empereur des Français, où il exposait en peu de lignes mes services au 8e régiment de chasseurs à cheval, ma conduite pendant cette dernière campagne, que je m'y étais distingué dans plusieurs occasions; enfin que je croyais avoir acquis assez de droits à la bienveillance de Sa Majesté Impériale pour oser solliciter de ses bienfaits la récompense due au mérite et à la bravoure d'un bon soldat qui avait bien servi sa Patrie, etc...

Ce placet étant fait dans les formes convenables, je le fis signer par le colonel Curto qui était venu à Vienne pour voir les officiers de son régiment qui s'y trouvaient blessés, par le chef d'escadron Hug, par les capitaines Périolat, Chenavard, Fauconnet, Moneret.

Cependant le 15 août arriva; et je fus témoin de cette belle fête qui fut célébrée à Vienne par l'armée française au milieu des trophées les plus éclatants de la victoire, où tout rendait hommage au grand capitaine qui y donnait lieu. Alors je me portai avec les autres pour voir toutes les réjouissances et, en même temps, pour chercher l'occasion de m'approcher de l'Empereur et lui remettre mon placet. Comme j'arrivais sur la place d'armes où devait passer le cortège qui se rendait à l'église, les habitants de Vienne se portaient en foule sur les passages où se trouvaient déjà des troupes rangées en haie. Au moment où l'Empereur arrivait sur la place d'armes, je tâchai de me faire passage au milieu de la foule des curieux; mais lorsque je me vis engagé dans la presse, heurté et poussé de tous côtés, je pensai au danger où je m'exposais par le mal que l'on me faisait en me touchant, vu que je portais mon moignon à l'ordinaire enveloppé dans un grand mouchoir de soie suspendu à mon col et que ma blessure m'était encore trop sensible pour pouvoir y résister. Je fus donc forcé de renoncer à me faire faire passage; je me trouvai encore heureux de me sauver de cette presse, mais cet obstacle ne devait pas me rebuter, et je remis mon entreprise à un autre jour.

Ce fut quatre jours après (le 19 août), que je résolus d'aller trouver l'Empereur au palais de Schœnbrunn, château impérial où il faisait sa résidence, à une lieue de

Vienne. Je m'appropriai de mon mieux et je sortis de l'hôpital de bonne heure. J'allai louer un cabriolet qui me conduisit à Schœnbrunn. Il était onze heures, lorsque j'arrivai à la grille du château : je passai près des différents postes de la Garde Impériale et de plusieurs officiers ; personne ne s'opposa à mon entrée, au contraire. J'appris avec plaisir que l'Empereur n'était pas encore sorti et que je pourrais le voir. Alors je m'introduisis avec assurance dans une galerie intérieure du château, jusqu'à ce que je rencontrasse un officier de la maison qui me demanda ce que je venais faire. Je lui fis part du sujet de ma démarche, en lui montrant le placet que j'avais à remettre. Il me répondit qu'il voulait bien se charger de faire ma commission, mais je le priai afin qu'il eût la bonté de me faire parler à l'Empereur même. Dans ce moment, l'Empereur parut avec sa suite au bout d'une longue avenue qui aboutissait à un donjon situé sur une montagne en face du Palais, ce que voyant, l'officier me dit que l'Empereur était là-haut, et que je pouvais aller lui parler. Alors je suivis l'avenue et j'arrivai au haut de la montagne, vers un magnifique donjon fait tout en châssis de vitrages richement ornés : c'était ce qu'on appelle un belvédère, ou lieu de plaisance.

Comme je montais les degrés du perron, je reconnus l'empereur des Français parmi une dizaine de grands dignitaires qui l'environnaient : je reconnus aussi le prince Eugène, vice-roi d'Italie, et le prince Alexandre Berthier, premier ministre, lesquels me voyaient arriver, je puis dire, avec bienveillance. Je me présentai avec l'assurance d'un militaire sans reproche et le respect nécessaire devant de pareils chefs. Ce fut l'Empereur qui me prévint en m'adressant le premier la parole : il me dit : « Que veux-tu ? mon brave garçon, approche ! » Alors je tirai mon placet de mon gilet et le lui présentai en disant : « Sire, le bonheur de voir Votre Majesté et l'honneur de lui faire une réclamation. » Dans ce moment, le prince Berthier prit mon placet, le déploya et le présenta à l'Empereur qui le lut d'un coup d'œil puis le remit au prince Eugène, en disant : « Tenez, Eugène, voilà un brave de votre armée. » Puis s'adressant à moi, l'Empereur me parla avec l'affabilité

J'appris avec plaisir que l'Empereur
n'était pas encore sorti et que je pourrais le voir, alors
je m'introduisis avec assurance dans une galerie intérieure
du château, jusqu'à ce que je rencontrai un officier de
la maison qui me demanda ce que je venais faire;
je lui fis part du sujet de ma démarche en lui montrant
le placet que j'avais à remettre, il me répondit qu'il
voulait bien se charger de faire ma commission; mais
je le priai pour qu'il eut la bonté de me faire parler
à l'Empereur même. Comme dans ce moment S. M.
était dehors il parut avec sa suite au bout d'une longue
avenue qui aboutissait à un Donjon situé sur une
montagne en face du Palais, ce que voyant l'officier
me dit que l'Empereur était là-haut, et que je pouvais aller
lui parler: alors je suivis l'avenue et j'arrivai au haut
de la montagne vers un magnifique Donjon fait tout
en châssis de vitrages richement orné. C'était ce qu'on
appelle un bel védir, ou lieu de plaisance.

Comme je montais les degrés du Perron je reconnus
l'Empereur des français parmi une dizaine de grands
dignitaires qui l'environnaient; je reconnus aussi le Prince
Eugène Vice-roi d'Italie et le Prince Alexandre Berthier
premier ministre; lesquels me voyaient arriver je puis
dire avec bienveillance; je me présentai avec l'assurance
d'un militaire sans reproche et le respect nécessaire
devant de pareils chefs. Ce fut l'Empereur qui me
prévint en m'adressant le premier la parole, il me dit:
— Que veux-tu, mon brave garçon, approche? — alors je tirai mon
placet de mon gilet et te lui présentai en disant: Sire, le
bonheur de voir Votre Majesté, et l'honneur de lui faire une réclamation
— Dans ce moment le Prince Berthier prit mon placet, le déploya
et le présenta à l'Empereur qui le lut d'un coup d'œil, puis le
remit au Prince Eugène, en disant: Lisez, Eugène voila un brave
de notre armée! puis s'adressant à moi, l'Empereur me parla
avec l'affabilité d'un bon père en me disant «C'est bien mon enfant.
«J'approuve ta demande, tu seras récompensé de tes services de manière
«que tu sois content; je t'accorde une Dottation de 500f. de rentes
«sur les domaines de la couronne, tu en recevras le brevet pour
«en jouir toi et tes descendans à perpétuité, ainsi avec la solde
«de retraite tu pourras vivre honorablement étant dans tes foyers
«La décoration que tu réclames ne te serait pas aussi avantageuse
«puisqu'elle ne te rapporterait que 250f. elle te conviendrait si
«tu restais en activité; je ne puis te donner l'un et l'autre
«vu que j'ai beaucoup de braves comme toi à récompenser.
— Ces paroles de l'Empereur me persuadèrent suffisament; je
«lui répondai: Sire je suis content, vos bienfaits surpassent mon
«espérance, que votre volonté soit faite, et je me souviendrai
«toujours de vos bontés.

d'un bon père en me disant : « C'est bien, mon enfant, j'approuve ta demande, tu seras récompensé de tes services de manière que tu sois content ; je t'accorde une dotation de 500 francs de rentes, sur les domaines de la couronne ; tu en recevras le brevet pour en jouir toi et tes descendants à perpétuité. Ainsi avec ta solde de retraite, tu pourras vivre honorablement dans tes foyers. La décoration que tu réclames ne te serait pas aussi avantageuse, puisqu'elle ne te rapporterait que 250 francs. Elle te conviendrait si tu restais en activité ; je ne puis te donner l'une et l'autre, vu que j'ai beaucoup de braves comme toi à récompenser. »

Ces paroles de l'Empereur me persuadèrent suffisamment. Je lui répondis : « Sire, je suis content, vos bienfaits surpassent mon espérance, que votre volonté soit faite ! et je me souviendrai toujours de vos bontés. »

Alors le prince Berthier me fit plusieurs questions relatives à l'hôpital ; je lui répondis naïvement suivant ce qui était à ma connaissance. « Allez, mon ami, me dit-il enfin, rétablissez-vous bientôt, la Patrie n'oubliera pas ses braves défenseurs. » Puis j'entendis le prince Eugène qui parlait bien en faveur du 8e régiment de chasseurs ; il disait à l'Empereur que ce régiment avait rendu de grands services, etc...

Enfin je demeurai peut-être dix minutes sur les degrés du belvédère : là, j'aimai à considérer à mon aise notre brave Empereur, le plus célèbre capitaine de l'univers, ainsi que les personnages distingués qui étaient avec lui. Tandis qu'ils parlaient entre eux, je remarquai aussi la beauté de ce donjon de verres, je n'avais jamais rien vu de plus beau et de plus magnifique en ce genre. C'était une espèce de salon carré élevé sur des degrés de marbre blanc. Les quatre portes et les quatre angles étaient figurés par un double rang de colonnes en marbre de diverses nuances. Tout le reste était en bois peint et doré. Tout était à jour et l'on voyait du dehors tous les ornements du dedans. De là, la vue portait dans une grande étendue sur Vienne et les environs.

Alors, comme j'étais content de moi et tout glorieux de la démarche que je venais de faire, et comme je n'avais plus rien à dire après les intentions de l'Empereur, je me

retirai d'une manière respectueuse. Je repris le chemin
par où j'étais venu : mon cabriolet m'attendait à la grille ;
je quittai Schœnbrunn et je retournai à mon hôpital.

C'est ainsi, mon ami, que j'ai eu l'occasion de parler à
l'empereur des Français. Comme tu vois, je n'ai pas mal
réussi dans cette démarche, et si je ne suis pas décoré du
signe des braves, c'est-à-dire de la croix de la Légion d'honneur, j'y avais néanmoins des droits incontestables dont ma
blessure m'a privé. Mais me voilà assuré d'une récompense
nationale de 500 francs de rentes, sans compter ma retraite
que j'obtiendrai en arrivant en France, ce qui peut déjà
contribuer à me faire supporter la rigueur de mon sort.

Enfin, mon ami, je crois que je ne tarderai pas à être
évacué pour la France : je pense que voilà ma dernière
lettre que je t'écris de Vienne.

DÉPART DE VIENNE. — SÉJOUR A LINTZ. — MA RÉCLAMATION AU
8ᵉ RÉGIMENT DE CHASSEURS.

De Lintz, le 3 septembre 1809.

Cette fois, mon ami, me voilà en chemin pour revoir mes
foyers ! L'espérance et la joie d'arriver bientôt me reposer
au sein de ma famille augmentent mes forces. C'est le
26 août que j'ai été évacué de Vienne après y avoir demeuré 52 jours. Maintenant je fais route avec un convoi
d'environ 100 militaires estropiés qui sont comme moi à
peu près guéris et nous devons être transportés en voiture
chacun chez nous. Nous partîmes de Vienne dans des car-
rosses ou voitures publiques qui sont mises en réquisition
pour évacuer tous les blessés jusqu'à deux ou trois journées
de marche.

Il faut te dire ici, pour te faire connaitre jusqu'où s'étend
la bienfaisance de notre Empereur, qu'en passant devant
son palais de Schœnbrunn, comme c'était notre route, des
officiers de sa maison se présentèrent à toutes les voitures
pour donner à chaque militaire blessé un napoléon d'or de
40 francs de la part de l'Empereur, pour nous aider, disaient-ils, à faire la route.

J'ai aussi reçu ma pièce de 40 francs et avec ce qui me

restait d'argent et de banco-dzelds, j'emportais de Vienne
une somme d'environ 300 francs. Mon capitaine m'avait remis, quelques jours avant mon départ, les 100 francs qu'il
m'avait promis en reconnaissance du présent que je lui ai
fait après la bataille de Raab. Ainsi tu vois, mon ami, que
je suis encore assez riche, en me ménageant, pour me procurer des douceurs tout le temps que je serai en route.

Maintenant reprenons l'itinéraire de notre marche. Le
convoi dont je fais partie était composé de 20 à 25 voitures;
le nombre en diminuait ou augmentait suivant les circonstances et les localités. Nous suivîmes notre route par
Burkersdorf à Saint-Polten; là, nous logeâmes dans un
hôpital de passage très mal organisé, manquant de tout,
ensuite à l'abbaye de Molk, grand couvent très remarquable par sa belle situation et par les immenses ressources
qu'il procura aux armées françaises. Ma blessure n'est pas
guérie et je suis obligé de me faire panser tous les jours ;
je porte avec moi une petite pharmacie à mon usage.
Le 30 août, nous arrivâmes à Lintz qui est une grande et
belle ville d'Allemagne, sur le Danube. Voici le quatrième
jour que nous y sommes retenus : nous sommes assez bien
logés chez les habitants, en attendant qu'il y ait des voitures
disponibles pour nous transporter plus loin. Ce service
manque, car il n'y a pas assez de voitures dans les environs pour faire les convois militaires qui arrivent journellement à Lintz : il faut attendre de partir chacun à son tour.

Je n'ai donc rien autre chose à faire pendant mon séjour
à Lintz, qu'à me promener et me dissiper; je me suis associé
un brave garçon pour camarade de voyage, c'est un chasseur de notre régiment, nommé Farget, qui s'en va aussi
chez lui avec un coup de sabre sur le poignet.

Je viens aussi de m'occuper d'une affaire dont je m'ap-
plaudis beaucoup et qui doit avoir un résultat avantageux
pour moi, grâce à un ami qui m'a donné un coup de main.
Le hasard m'a fait rencontrer, hier 2 septembre, un ancien
camarade du 8ᵉ régiment, nommé Boulet, que j'ai connu
autrefois dans la même compagnie que moi. Il a quitté le
régiment en Hollande pour entrer dans la gendarmerie ; je
le retrouve à Lintz où il commande une brigade de gendarmes, comme il y en a d'établies dans tous les endroits sur

cette route pour la correspondance. Nous nous sommes reconnus avec plaisir. Tout en parlant de nos affaires, Boulet
m'offrit de m'être utile dans la situation où je me trouvais;
il s'agissait de faire mes réclamations au régiment pour
tout ce qui m'était dû. En conséquence, Boulet m'écrivit
deux lettres en forme de pétitions, l'une s'adressait au
colonel et l'autre au conseil d'administration, par lesquelles
je donnais des nouvelles de mon existence et de mon éva-
cuation pour la France. Je réclamais de la justice de mes
supérieurs pour qu'on me fît mon compte des sommes qui
m'étaient dues au régiment, et j'en donnais moi-même
l'exposé le plus exact :

Savoir :

Pour quatre mois de solde. . . .	80 francs.
Ma masse complète de.	48 —
Deux trimestres de décompte. . .	14 —

Plus les gratifications pour les chevaux que j'ai pris à l'ennemi pendant
la campagne, savoir :

Le 1er pris le 19 avril au poste de
Casa-Nova ; il m'en revenait pour ma
part.. . . . . , ...   9 —

Le 2e que j'ai pris le 5 mai à l'affaire de Castel-Franco, la gratification
m'en revenait à moi seul. . . . .   75 —

Le 3e pris le 25 mai lorsque j'enlevai
une vedette aux environs de Gratz;
ayant remboursé la part aux deux
chasseurs qui étaient avec moi, par
conséquent c'est à moi qu'en revenait la gratification de. . . . . .   75 —

Le 4e que j'ai pris le 8 juin dans la
plaine d'Aika, la gratification ayant été
fixée à.. . . . .   100 —

Total de mes réclamations. . . .   401 francs.

Sur cette somme, mon intention était de laisser 150
francs que je mettais à la disposition du maréchal des

logis chef de la compagnie d'élite, en le priant de vouloir bien partager entre mes amis Duflot, Leroy, Cotinet, Declair, en reconnaissance des services qu'ils m'avaient rendus.

Plus, je déclarais devoir à M. Mignard, maréchal des logis chef, une somme de 50 francs. Restaient 250 francs qui me revenaient encore. Ainsi je demandais qu'on m'envoyât l'état de cette somme payable chez le commissaire des guerres de la place de Strasbourg, où j'espérais me rendre incessamment.

Ces deux lettres furent mises sous enveloppe, à chacune leur adresse au 8e régiment de chasseurs à cheval, que je savais être à cette époque dans les cantonnements de Maarbourg, en Styrie. J'écrivis aussi par la même occasion à mon ami Duflot ; c'était la première lettre que j'écrivais de la main gauche ; je lui donnais de mes nouvelles, je lui faisais part de mes intentions, je le chargeais aussi de recevoir des petites dettes qui m'étaient dues par plusieurs camarades, etc... J'ai remis ces trois lettres à la poste à Lintz : je pense qu'elles parviendront. Tu vois, mon ami, que j'aime à mettre ordre à mes affaires.

CIRCONSTANCES DE MON DÉPART POUR LINTZ. — TERRIBLE MALADIE A L'HOPITAL DE PASSAU. — JE SUIS VOLÉ.

De Passau, le 30 octobre 1809.

Mon cher ami, c'est encore de l'asile du malheur et de la misère que je t'écris, à peine réchappé des bras de la mort, à l'hôpital de Passau enfin, où je me trouve retenu depuis plus de 50 jours par une maladie qui m'a accablé.

Hélas ! ce terrible contretemps me fait voir que je ne dois pas me flatter d'avance et que le malheur suit de près une lueur d'espérance. Je devrais être arrivé chez nous et j'en suis encore éloigné de 245 lieues. La mauvaise saison s'avance : je suis à peine rétabli d'une fluxion de poitrine accompagnée d'une fièvre putride : j'ai été volé ; ma misère est à son comble, je ne sais plus quand j'arriverai à Pontoise.

Étant à Lintz, moi ainsi que les autres militaires qui fai-

sions partie du même convoi, nous étions obligés de nous
rendre tous les jours au matin sur la place, afin de voir s'il
y avait des voitures arrivées pour nous transporter. S'il n'y
en avait point, nous attendions encore jusqu'au lendemain.
Cinq jours se passèrent ainsi, lorsque, le 5 septembre, j'arrivai comme de coutume au rendez-vous avec mon camarade de voyage. Rien ne nous avait fait croire que nous
dussions encore partir ce jour-là ; aussi nous fûmes bien
surpris quand nous apprîmes que les voitures désignées
pour notre convoi étaient parties il y avait déjà une heure.
Dans cette circonstance, j'avais deux conseils à suivre :
C'était de rester encore à Lintz, en attendant le départ d'un
autre convoi ; ou bien de partir après les voitures et tâcher
de les rejoindre. Comme j'étais déjà ennuyé d'avoir attendu
cinq jours, je me décidai à partir à pied, espérant bientôt
atteindre les voitures qui étaient attelées avec des bœufs.
Je me mis en route avec mon camarade de voyage ; tout
en suivant la route qui serpentait le long du Danube, nous
apercevions de temps en temps le convoi devant nous, ce
qui nous actionnait à marcher davantage : je ne prévoyais
pas que je courais à ma perte.

Depuis que j'étais blessé, je n'étais plus accoutumé à la
fatigue et je marchais difficilement avec mes bottes et
chargé de mon porte-manteau. Je sentais bien que je faisais là une course au-dessus de mes forces : quoi qu'il en
soit, je persistai et je rejoignis le convoi après environ trois
heures de marche. Alors j'avais chaud, j'étais fatigué et
tout en sueur : je montai avec empressement sur une
voiture ; mais bientôt le brouillard et la fraîcheur de l'air
du Danube me firent éprouver un frissonnement glacial par
tout le corps, causé par une sueur qui se refroidit et se res-
suya sensiblement. Cependant je ne disais rien à personne
de ce que je sentais, car, parmi nous autres militaires
blessés, l'on est indifférent sur les peines et la situation
les uns des autres, et je me croyais encore aussi robuste
qu'autrefois.

Ce jour-là, nous arrivâmes loger au bourg d'Efferding,
où je trouvai encore l'occasion de me dissiper avec des
amis. Le lendemain 6, nous arrivâmes rafraîchir à la petite
ville de Charding, ensuite nous continuâmes notre marche

jusqu'à Passau. Dès ce jour, je commençai à ressentir les suites de mon imprudence par le dégoût et le malaise que j'éprouvais. Arrivé à Passau, j'y demeurai le 7 et le 8 septembre, logé chez les habitants avec mes compagnons de voyage, en attendant les voitures qui devaient arriver le 9. Mais, le 8, je me trouvai tellement malade, qu'il ne fallut plus penser à continuer mon voyage, vu que tous les soins que l'on me prodiguait devenaient inutiles.

Je fus forcé de demeurer à Passau; mon camarade Farget me conduisit à l'état-major de la place où l'on me délivra un billet d'hôpital ; puis il me mena à ce maudit hôpital militaire où je fus de suite installé dans une grande salle parmi d'autres militaires blessés ou malades. Le 2ᵉ ou 3ᵉ jour, une fluxion de poitrine se déclara, puis une fièvre violente s'empara de moi ; ma blessure se rouvrit, la plaie s'enflamma et redevint aussi grande que les premiers jours. Bientôt je perdis la tramontane et la connaissance de ma situation.

Je demeurai environ 26 jours dans un état de faiblesse désespéré, tantôt assoupi, tantôt agité d'un transport comme l'on en voit peu, battant la campagne, suivant tout ce que mon imagination égarée pouvait me présenter de choses extraordinaires : je ne voyais autour de moi que batailles, feux, explosions d'obus, etc..., toutes images relatives à la guerre, où je finissais toujours par être tué ; tel était l'esprit de mon délire. C'est dans cette alternative que je reçus le coup le plus sensible qui pouvait m'être porté : un scélérat de grenadier d'infanterie, qu'on appelait dans la salle le Bonnet Rouge, et qui avait son lit à côté du mien, se mit d'accord avec un infirmier. Alors ces gueusards, profitant de mon état de délire, me volèrent pendant la nuit qui précéda le jour de la sortie de l'hôpital de Bonnet Rouge : ils m'enlevèrent ma ceinture qui contenait encore au moins 240 francs, que j'avais mise dans mon portemanteau sous mon matelas à la tête de mon lit ; ils me volèrent aussi tout ce que j'avais de meilleur en butin. Ainsi juge, mon ami, de quel coup je fus frappé lorsque, reprenant connaissance de temps en temps, je m'aperçus que mon argent et mon butin avaient disparu. Je me trouvais réduit à la dernière extrémité. Mon transport empira et, dans les accès de fièvre délirante, mon imagination se portait toujours sur ceux qui m'avaient volé. Pour combler la mesure de mon bien-être, presque tous les jours, il fallait me changer de draps et refaire mon lit : les coquins d'infirmiers cherchaient les moyens d'accélérer ma destruction afin de se débarrasser de moi ; ils recouvraient mon lit avec des draps encore mouillés qu'ils allaient chercher sur les cordes où on les faisait sécher, puis ils me remettaient dans cette glacière humide en me disant : « Réchauffe-toi si tu peux, tu n'as plus longtemps à vivre, nous te porterons bientôt au n° 3 » (c'était la salle des morts). Et ainsi de suite pendant 15 jours. Je battais la campagne toutes les nuits ; l'on était surpris chaque matin de me trouver encore en vie. Je me trouvais si faible, que je ne sentais pas si je souffrais, c'est-à-dire que je ne savais pas si j'existais et j'ignorais les traitements qu'on me faisait. Je n'appris ces circonstances que peu à peu, à mesure que je repris la connaissance de ma situation, par tout ce que m'en ont dit les camarades qui étaient dans la salle, notamment un cuirassier qui en a toujours bien agi avec moi dans ma détresse et dont les soins m'ont peut-être rappelé à la vie. Maintenant on m'appelle le chasseur réchappé et l'immortel.

C'est donc un vrai hasard que je sois réchappé de cette dangereuse maladie : j'en rends grâce à la Providence qui me réserve peut-être quelque chose de plus heureux pour l'avenir.

Je dois dire aussi que les secours de l'art ont beaucoup contribué à me rendre ma pauvre vie qui ne tenait plus qu'à un fil : car à Passau comme à Vienne, j'ai eu le bonheur d'être entrepris par des chirurgiens et des médecins savants qui se sont intéressés à moi et m'ont porté tous les soins que ma position exigeait ; je leur dois cette justice ; tant que je vivrai, ils auront des droits à ma reconnaissance et je verrai toujours les personnes instruites dans cette profession avec considération.

Cependant j'arrive à la fin de ma convalescence, et je crois que je ne tarderai pas à me mettre en route : je sors tous les jours de l'hôpital pour me promener dans la ville et les environs où je trouve, en prenant des forces, quelques sujets de distraction.

Ce que je redoute à présent, c'est la longue route que j'ai à faire, vu que je suis vêtu un peu trop légèrement pour l'hiver.

Adieu, je m'en tirerai comme je pourrai.

Suite de mon voyage depuis Passau.

Augsbourg, le 18 novembre 1809.

Mon ami, je suis en route, heureux comme le poisson sur la paille. Après avoir demeuré 56 jours à l'hôpital à Passau, j'en suis parti, le 3 de ce mois, en assez bonne santé, après avoir passé la revue du général Bourcier qui commande les dépôts de cette place. Ce général m'a fait donner une bonne capote de drap vert qui est toute ma richesse, car elle m'est très utile à la saison où nous sommes. Enfin je partis de Passau avec un convoi de 26 blessés dirigés sur Strasbourg, passant par Pleinteing, Sterhof et Straubling qui est une belle petite ville située sur le Danube ; de là, au lieu de suivre la route qui conduit à Ratisbonne, notre convoi prit des chemins de traverse par Schiering ; nous passâmes dans les environs d'Eckmulh, de Tanne, puis à Abensberg ; de là, au lieu de suivre la route de Neubourg, il y eut encore contre-ordre, notre convoi suivit la route de Rottembourg et nous arrivâmes à Landshut qui est une ville assez considérable, où l'on remarque l'église qui est surmontée d'un clocher, le plus haut qui existe dans toute l'Allemagne. Je remarquais, en passant, tous les endroits et les positions où s'étaient données ces fameuses batailles qui furent toutes à la gloire des armées françaises ; la plupart de ces endroits, durant environ 100 lieues de chemin, se trouvaient encore brûlés et ravagés par les événements de la dernière guerre ; quelques-uns commençaient à se rétablir.

De Landshut, notre petit convoi marcha par Mosburg, Staffenhoffen, Aika et nous arrivâmes à Augsbourg, où nous sommes depuis quatre jours à nous reposer en attendant des voitures. Là, j'ai le temps de me promener et d'aller visiter les édifices et les curiosités de cette grande ville.

Ainsi, je n'ai rien autre chose à te marquer que de te peindre ma situation. Comme je me trouve encore logé chez de pauvres gens, je ne suis pas plus content un jour que l'autre. Depuis Passau, j'ai fait 15 jours de marche sans trouver un bon logement. Tu sais comment j'ai été réduit à ne pas posséder un sou et c'est ce qui me fait sentir plus vivement ma misère et mes privations. Quelle différence de ma situation actuelle avec celle où je me suis vu autrefois avec notre régiment ! Maintenant je n'ai plus que de la patience et un courage impuissant, réduit à supporter l'adversité dans toute l'étendue du mot ; je suis dédaigné et humilié de tout ce qui m'environne, parce que je n'ai plus d'argent ; au lieu que, si j'avais ce que l'on m'a volé, je me moquerais de la mauvaise volonté de mes compagnons de voyage qui ont quelque argent et qui me font sentir ma misère en payant quelquefois pour moi un petit verre d'eau-de-vie, bien que je leur promette de les rembourser en arrivant à Strasbourg : ce sont des égoïstes et des mauvais camarades.

Tous les détails que je t'ai donnés jusqu'à présent, mon ami, peuvent suffire pour te donner une idée de la vie et des différentes situations où peut se trouver un soldat dans toutes les circonstances du service militaire. Que mille braves soldats, qui auront fait comme moi 8 ou 10 campagnes et davantage, lisent mes lettres, ils y reconnaîtront un peu plus, ou un peu moins, tous ces événements qui sont communs à tous, et toutes les traverses que l'on éprouve.

A mes aventures près, chacun a les siennes suivant ses dispositions et suivant les occasions. D'ailleurs je n'ai pas écrit comme un soldat parvenu et protégé, auquel la fortune et une éducation soignée peuvent donner les moyens et la capacité de s'avancer dans les affaires d'importance qui influent sur les événements remarquables.

Mais moi, j'ai écrit simplement comme un vrai militaire dans la force du terme et suivant mes moyens : je me suis toujours occupé de mon état suivant les occasions ; et, si j'eusse pu demeurer plus longtemps en activité, je serais peut-être parvenu à me perfectionner davantage. Mais puisque ma carrière militaire est terminée, je laisse à d'autres la tâche de me surpasser. Pour moi, le souvenir de ma conduite et de mes actions doit suffire à ma gloire et à mon amour-propre ; je pourrai toujours dire que j'ai servi ma patrie avec honneur et que j'ai fait mon devoir avec zèle. Que chacun en fasse autant !

Adieu, mon ami, demain je me remets en route.

SUITE DE MON VOYAGE EN ALLEMAGNE. — MON SÉJOUR A STRASBOURG.

De Strasbourg, le 20 décembre 1809

Dieu merci, mon ami, me voilà enfin arrivé à Strasbourg ! Toutes mes peines sont effacées, je dédaigne à mon tour ceux qui m'ont dédaigné pendant la route depuis Passau jusqu'ici. Je te dirai qu'en partant d'Augsbourg, je n'ai pas eu meilleur temps qu'auparavant ; je passai par Zumershausen, Leipheim et j'arrivai à Ulm, où je demeurai deux jours, chez un boulanger ; c'est le meilleur logement que j'aie rencontré pendant ma route. C'est alors que je fus bien étonné du grand changement qui s'était opéré dans cette ville, que j'avais vue trois ans auparavant bien fortifiée et soutenir un siège. Ses remparts, ses bastions, ses fossés, tout est maintenant comblé et aplani ; je voyais à la place un grand nombre de jolis jardins naissants. Voilà comme cette ville de guerre, si célèbre autrefois, qui a vu périr peut-être 100 000 hommes dans ses remparts et aux alentours, n'offre plus que la vue d'une jolie ville champêtre. De cette façon, je trouvai les habitants d'Ulm beaucoup plus heureux, vu qu'ils ne sont plus assujettis aux formalités d'une ville de guerre, ni exposés à éprouver les horreurs d'un blocus ou d'un siège.

D'Ulm, je continuai ma route par Geisslingen, Goppingen, Esslingen, Canstadt : je passai le Neker pour arriver à Stuttgard, capitale du Wurtemberg : ensuite, passant par Wahingen, Pforsheim, Ettingen, Rastadt, Stolofen, je traversai ce fameux fort de Kell, qui défend le passage du Rhin devant Strasbourg, où je suis arrivé le 28 novembre 1809, après 25 jours de marche depuis Passau.

C'est à Strasbourg, où je suis maintenant, que se trouve

le dépôt général de tous les militaires blessés qui arrivent de l'Allemagne.

Je suis obligé d'y demeurer comme les autres ; j'attends mon tour pour que l'on expédie ma lettre d'avis qui doit fixer ma solde de retraite, ainsi que ma feuille de route pour me rendre dans mes foyers.

Maintenant, mon ami, tout ce que j'ai à te dire n'est pas d'une grande conséquence. Cependant il faut écrire jusqu'à la fin tout ce qui peut m'intéresser. En arrivant à Strasbourg, je me trouvai encore logé chez un boulanger aussi bon et aussi humain que celui d'Ulm ; c'était la fille de la maison qui avait soin de moi et qui pansait elle-même ma blessure, car il y a toujours une petite plaie large comme un centime. J'aurai toujours de l'obligation à ces braves gens pour les services qu'ils m'ont rendus. Au bout de quatre jours, je fus obligé de quitter ce bon logement pour entrer à la caserne avec les autres. Cependant mes premières démarches furent d'aller chez le commissaire des guerres, afin de savoir si mon argent que j'avais réclamé au régiment, était arrivé. Effectivement, j'appris avec une joie inexprimable que mes chefs m'avaient rendu justice, que tout était parvenu conforme à ma demande. Ainsi, au bout de huit jours, je touchai chez le payeur de la place une somme de 296 francs, suivant les états envoyés du régiment, plus mon décompte pour des indemnités de route, deniers d'hôpitaux, etc... Je reçois, sans cela, pour le temps que je demeure à Strasbourg, les vivres et la paye de maréchal des logis, ainsi que quelques effets d'habillement. Jamais secours ne m'arriva plus à propos et je me trouvai bientôt dans un autre monde, tant les trois mois que j'ai été malheureux m'avaient paru longs.

A la manière des militaires bons vivants, j'oubliai bientôt le temps passé et m'en dédommageai amplement avec de bons camarades. Je n'ai d'autre occupation que de me promener et de me divertir dans Strasbourg, qui est une des plus belles et grandes villes de France, frontière supérieurement fortifiée sur la rive gauche du Rhin. Je me plais à aller visiter tout ce qu'il y a de curieux et de remarquable dans cette ville, tels que l'arsenal, la fonderie de canons, les fortifications, l'hôpital militaire, l'église cathédrale sur-

montée du plus beau et du plus étonnant clocher qui existe
en Europe, enfin cette fameuse horloge, chef-d'œuvre mer-
veilleux de mécanique, que l'on voit en entrant dans l'église.

Rien de plus à te marquer pour le présent, mon ami.
Puisque enfin je touche au sol de ma patrie, j'ai l'espoir
d'être heureux et je crois que mes peines sont terminées.
D'ailleurs je me conformerai toujours à ma situation et je
saurai jouir paisiblement d'une heureuse médiocrité.

Mon départ de Strasbourg et mon retour chez mon père.

De Saint-Denis, le 31 janvier 1810.

Enfin, mon ami, Dieu m'a fait la grâce d'arriver après
un voyage pénible où je suis demeuré plus de six mois en
route.

C'est donc demain que j'arriverai à la maison paternelle,
que j'aurai le bonheur d'embrasser mon père, ma mère,
mes sœurs et mon jeune frère que je n'ai pas encore vu,
c'est demain que je reverrai ma famille après plus de neuf
années d'absence. C'est demain, mon ami, que j'espère
aussi te revoir et t'embrasser, c'est demain enfin, que tu
verras celui qui t'entretient, depuis plus de neuf ans, de
ses aventures, de sa conduite et de ses actions,

J'ai écrit à mon père, en date de Lunéville et de la Ferté-
sous-Jouarre, en le prévenant de mon arrivée; je l'ai chargé
de t'en faire part. Maintenant voilà ma dernière lettre qui
doit terminer ma correspondance avec toi; je vais finir par
te rapporter le journal de mon voyage en France depuis
Strasbourg jusqu'ici.

Le 24 décembre dernier, j'ai obtenu ma feuille de route
et mon titre de retraite fixée à 251 francs par an. Alors je
partis de Strasbourg après y avoir demeuré 26 jours. Je me
mis en route avec d'autres militaires, conduits sur des
charrettes où il y avait tout simplement de la paille, par un
temps d'hiver très dur, ce qui me saisit d'autant plus qu'il
y avait 4 ans que je n'avais éprouvé aucun froid, n'ayant
vu ni glace ni neige en Italie. Passant par Saverne, Phals-
bourg, Sarrebourg, Blamont, j'arrivai à Lunéville le 28 décembre. Pendant ces quatre jours de marche, la rigueur du

froid se fit tellement sentir par rapport à ma blessure qui
était trop sensible, qu'il me fut impossible d'y résister plus
longtemps; je fus forcé d'entrer à l'hôpital de Lunéville, où
je demeurai sans être malade ni de corps, ni d'esprit. Là, je
me trouvai bien traité et ne manquai de rien suivant mon
goût. Comme ce sont des sœurs qui gouvernent les malades, l'une d'elles, la sœur Ursule, s'intéressa beaucoup
à ma situation et eut soin de moi.

Cependant je sortais de temps en temps pour aller me
dissiper dans l'intérieur de la ville qui n'offrait rien d'agréable dans cette saison, si ce n'est que l'on y remarquait le
château et le parc, autrefois résidence de Stanislas, roi de
Pologne, qui se réfugia en France lors de la révolution et
du partage de son malheureux royaume. Ce château est
actuellement transformé en caserne pour les deux régiments de carabiniers.

Enfin, après m'être reposé 22 jours à Lunéville, le froid
étant un peu radouci, je me remis en route le 19 janvier 1810, avec une douzaine d'autres militaires estropiés
qui se rendaient comme moi, soit dans leurs foyers, soit à
l'hôtel des Invalides.

La route se fit gaiement par Nancy, l'une des plus belles
villes de France ; ensuite par Toul, Vaucouleurs, Joinville,
Saint-Dizier et Vitry-le-François. Cette journée d'étape fut
une des plus agréables que j'ai eues dans toute ma route :
c'était le jour de saint Vincent, par conséquent la fête des
vignerons qui se réjouissaient et ribottaient comme bons
vivants dans cette petite ville de Champagne où le bon vin
n'était pas cher.

A notre arrivée, nous fûmes tous bien accueillis chez les
habitants où nous nous trouvâmes logés ; nous fûmes également admis à leur bal de société où nous nous distinguâ-
mes aussi par une gaieté franche et par les danses étran-
gères que nous connaissions. C'est ainsi, mon ami, que
j'éprouvai encore une journée de contentement en partici-
pant avec les habitants de Vitry aux récréations de leur
fête, si bien que je passai la nuit à me divertir.

Le lendemain, je partis en voiture avec mes compagnons
et nous continuâmes notre route par Châlons-sur-Marne,
Épernay, Château-Thierry, la Ferté-sous-Jouarre, endroit

remarquable par les carrières où l'on tire une grande quantité de meules de moulins.

Ensuite j'arrivai à Meaux, enfin à Saint-Denis où je me trouve maintenant seul, car tous mes compagnons de voyage ont pris chacun leur route, les uns pour se rendre à Paris, les autres ailleurs.

C'est ici, mon ami, que je termine naturellement l'époque de mes campagnes, de mes voyages et de mes aventures comme militaire. Ainsi voilà ma tâche remplie sous ce rapport. Demain je serai à Pontoise et alors il me faudra commencer une autre carrière dans laquelle je vais d'abord me trouver novice, car je sens toute la différence des mœurs et habitudes du civil avec celles de l'état militaire d'où je sors.

Conclusion de mon ouvrage.

Je n'ai pas prétendu me montrer dans tous ces détails comme un modèle de perfection, vu que l'orgueil ni la vanité n'ont jamais été mon faible. Mais aussi je n'ai pas eu besoin pour orner mon ouvrage de m'associer avec des personnages considérables, où à l'aide de beaucoup d'esprit et de fortune l'on fait des grands rôles. J'ai écrit tout simplement, comme un vrai soldat qui a rempli sa carrière suivant ses petits moyens.

Il y en a qui ont été plus heureux et plus vaillants que moi, il y en a encore plus qui ont été plus malheureux et qui n'en ont pas tant fait. Ainsi j'engage mes compatriotes qui me succèderont dans la carrière militaire à aimer, servir leur patrie et savoir faire usage de leurs armes contre ses ennemis, comme je l'ai fait, enfin de me surpasser en valeur pour ne pas dégénérer de ces braves Français qui ont triomphé de toutes les nations.

Quoi qu'il en soit, je déclare que tout ce que j'ai rapporté dans ce recueil et qui fait le sujet de mes lettres, est conforme à la plus exacte vérité, et que tout ce qui me concerne personnellement n'a été ni supposé, ni emprunté aux faits et actions des autres. C'est mon intelligence qui a donné lieu à ma conduite et à mes actions partout, suivant les circon-

stances et les localités. Toutes les personnes que j'ai désignées à l'appui sont les témoignages que j'en puis offrir.

Tant il est vrai que mon travail serait de peu de valeur
à mes yeux et que je ne me serais pas donné tant de peine
à le rédiger, si j'y avais ajouté, pour me faire valoir davantage, des faits et actions que j'aurais empruntés à d'autres.
Mais non ! Ce n'était pas là mon but ; c'est moi qui ai agi
partout où je me suis trouvé dans le cas d'agir comme je
l'ai rapporté suivant les circonstances et les moyens qui
étaient en mon pouvoir, et où je me suis comporté en
conséquence.

En foi de quoi, j'ai rédigé ce manuscrit, ou précis de ma
vie militaire, que je destine à la connaissance de tous mes
parents, de mes amis et de mes enfants, si j'en ai par la suite,
enfin à tous ceux qui composeront ma famille, venus et à
venir, de mon vivant, comme après moi.

Fait à Pontoise, le 24 novembre 1811, jour et époque que j'ai
achevé ce travail.

CHEVILLET,

*Ex-maréchal des logis au 8ᵉ régiment de chasseurs
à cheval, en retraite.*

TABLE DES MATIÈRES

	Pages.
PRÉFACE.	V
QUELQUES MOTS DU PETIT-FILS DE L'AUTEUR.	XVII
AVERTISSEMENT.	XXI

PREMIÈRE PARTIE

Depuis mon entrée au régiment jusqu'à mon passage du Rhin à Mayence.

	Pages.
Mon origine. — Mon goût militaire. — Mon séjour à l'École de Versailles.	1
Départ avec cinq camarades.	2
Aventure des cerises. — Intervention de ma part. — Ingratitude et lâcheté de mes compagnons de voyage. — Arrivée à Metz.	4
Au 8ᵉ régiment de chasseurs à cheval. — Je graisse la marmite. — Mes premiers exercices au manège.	7
Une liaison avec la famille Beaumont. — Aventure plaisante. — Duel risible.	9
Départ de Thionville. — Voyage. — Arrivée en Hollande.	13
Mon séjour à La Haye.	15
L'Ile maudite. — Un aigle en cage. — Prise d'un navire anglais. — Butin.	17
Une querelle qui se termine bien. — Je pars en détachement.	21
Description et beauté du camp de Zest. — Incendie risible.	24
Pitt et Pitta. — Aventure du magasin. — Extravagances. — Ribotte. — Le Caveau. — Je suis enfermé avec les morts.	27
Utrecht. — Querelles avec des Hollandais.	33
Le colonel Curto. — Changement de compagnie et de cheval. — Formation d'une musique.	35
Embarquement de la cavalerie pour l'Angleterre. — A bord des « Trois-Sœurs ». — Mauvaise farce que l'on me fait éprouver.	37
La musique descend à terre. — Aventure de la prairie. — Passage du fossé. — La meule de foin. — L'orage. — Délivrance.	42

Débarquement. — Désordre. — Les chevaux malades. —
Départ pour l'Allemagne. 49
Grave imprudence en traversant le Rhin. — Péril. — Mon
désespoir de faire couper ma queue. — En route pour
la Gloire.. 52

DEUXIÈME PARTIE

**Depuis mon passage du Rhin à Mayence jusqu'à mon arrivée
en Italie et ce qui s'en suit jusqu'à Vicence.**

En Allemagne. — Je commence ma quatrième campagne.
— Pillage d'une ferme. 59
Je vois l'Empereur. — Bataille d'Ulm.. 62
Siège d'Ulm. — Je tire le canon. — Capitulation. — L'armée
autrichienne défile devant nous. — J'entre seul dans
la ville. — Démarche hardie et périlleuse. — Réus-
site. 64
Ma 5e campagne. — Carrière de Sel. — Découverte d'une
cachette. — Butin. 70
Marche dans les montagnes du Tyrol. — Les Alpes. — Nos
peines. — Un de mes tours d'escamoteur. 74
Expédition dans la gorge de Dolach. — Prise du village et
de 400 Autrichiens. 78
Suite de la précédente. — Le jeune officier et sa montre.
— Les 10 sergents. — Le paysan de Dolach. — Butin.
— Départ avec nos prisonniers.. 83
Le château d'abondance. — La farce du dindon. — Époque
de la bataille d'Austerlitz. — Terrible incendie.. . 89
Querelle avec Cloès. — Duel à cheval. — Aventure de la
carabine maudite. — Suspension des hostilités. . . 94
Suite de la précédente. — L'hôtel des trompettes. — Ren-
contre avec le capitaine. — Sauve-qui-peut. — En-
trevue avec le colonel Curto.. 99
Mon séjour à Gratz. — Une grand'garde aux environs. — Le
feu au poste. 104
Mon capitaine me rattrape. — Encore une de mes espiègleries. — Un moment de conversion. — La prison
de Gratz.. 108
Heureux séjour à Klagenfurt. — Coup d'œil sur les Alle-
mandes. 111
Arrivée en Italie. — On me vole mon butin. — Mauvaise
situation.. 114
Je vends la peau de mon cheval. — Médard vient inter-
rompre notre joie. — Le cachot. — Ma soumission.
— Ma grâce. — Bijou. 116
Séjour à Rana et à Gémona. — Je m'appelle maintenant
Lucas.. 122
La tante Pasquetta. — La grêle. — Une querelle. — Bijou
et Rondeau.. 124

Séjour à San-Vito. — La musique. — Voyage à Venise. —
    La Saint-Jean de 1808. — Beaumont. — Querelle vi-
    goureuse. — Détails d'un duel.   129
Revue de l'Empereur à Udine. — Départ de San-Vito. —
    Le bon religieux de Pordenone.   137
San-Salvator. — Séjour à Vicence. — Il signor Albantini. —
    J'entre à la compagnie d'élite.   141

TROISIÈME PARTIE

**Depuis le commencement de la guerre de 1809, en Italie,
jusqu'auprès de Vienne, au moment d'entrer en Hongrie.**

Ma 8ᵉ Campagne. — Une farce dans une Hosteria. — Mes
    dispositions militaires.   145
Commencement de la guerre de 1809 en Italie. — Ma pre-
    mière grand'garde. — Retraite de l'armée d'Italie. —
    Chute rare et plaisante.   147
Belle contenance du 8ᵉ chasseurs devant l'ennemi à Porde-
    none. — Je sauve le neveu de mon capitaine. —
    Moneret et le colonel autrichien. — Démarche har-
    die. — Chute périlleuse.   153
Combat de Pourcia. — Action de la grand'garde des chas-
    seurs.   159
J'aide un officier blessé. — Une balle dans mon manteau.
    — Désordre dans la retraite.   164
L'alerte. — Embarras extrême pendant la nuit. — Attaque
    d'un village. — Un cheval pris à l'ennemi. . . .   168
Je vais en parlementaire à l'ennemi. — L'alerte de Ligis-
    mone et l'égout. — Passage de la Brenta.   173
Visite chez il signor Albantini. — Le réveil. — Mon dégui-
    sement. — Toujours la retraite. — Combat près de
    Montebello.   177
Positions de l'armée d'Italie. — Mauvaise situation au
    bivouac de Caldiera.   182
La retraite cesse. — Mon action de guerre à Montebello. —
    Prise d'un pont et d'un village. — Mon cheval blessé.   186
Rentrée à Vicence. — Entrevue avec un hussard hongrois
    dans une île de la Brenta.   189
Arrivée à Castel-Franco. — Affaire de cavalerie. — 2ᵉ che-
    val pris à l'ennemi.   193
Le cellier de Saltarunda. — Course sur la Piave. — A la
    recherche de 60 hommes égarés. — Le vin et les che-
    vaux.   196
Bataille de la Piave. — Brillante charge de notre régiment.
    — Je m'empare d'un canon. — La canonnade est la
    musique des braves.   199
Le prince Eugène donne l'ordre à notre régiment. — Bril-
    lante charge. — Louanges aux vainqueurs de la
    Piave.   204

Passage du Tagliamento. — Retraite des Autrichiens hors
    l'Italie. — Attaque et prise du fort de Tarwis.. . .   208
Rencontre et prise d'un trésor à l'ennemi. 212
Une visite chez le paysan. — Arrivée de Debrenne. — Dis-
    pute. — Ma punition.   215
Aventure du bois. — Duel avec Moreau. — Mlle Meyer. —
    Ma conduite envers elle. — Je rentre en grâce avec
    mon capitaine..   218
Festin de Marbourg. — Un coup de tête. — Manière d'en-
    lever une vedette. — Mon troisième cheval de prise.
    — Le château d'Ekeinberg. — Contremarche pour la
    Hongrie.   227

QUATRIÈME PARTIE

Depuis mon arrivée en Hongrie jusqu'à la fin de ma carrière militaire.

En Hongrie. — Ma 8ᵉ campagne à l'âge de 23 ans. — Com-
    bats d'avant-garde. — Cheval de prise et bon butin.   237
Affaires de cavalerie. — Je combats tête à tête avec un
    hussard hongrois. — Je suis vainqueur. — Je brave
    toute la ligne des hussards.   244
Le prince Eugène. — Danger auquel j'échappe. — Un
    bataillon prisonnier..   250
Je me trouve dans l'embarras avec mon cheval. — Mon
    honnête meunier. — La maison isolée. — Complot
    réprimé par mes soins..   253
Bataille de Raab. — Charges de notre régiment. — Nous
    sommes vainqueurs.   258
Charges à Raab. — Portrait d'un soldat que j'ai combattu.
    — Je suis atteint d'une balle ainsi que mon cheval.
    — Je visite le champ de bataille.   263
Je suis proposé pour fourrier à la compagnie d'élite. —
    Contretemps. — Mon dépit.   269
La Ferme-aux-Moutons. — Je me ruine au jeu. — Je ré-
    chappe ma fortune.   272
Hors de la Hongrie. — La musique au château de Beresckh.
    — Je joue de la clarinette pour la dernière fois.. .   276
Le 5 juillet. — Le cantinier italien. — Le général Sahuc.
    — Aperçu de la bataille de Wagram..   281
Je suis nommé maréchal des logis à la compagnie d'élite
    sur le champ de bataille. — Charges du 8ᵉ chasseurs.
    — Combat durant la nuit. — Terrible accident qui
    m'arriva le 5 juillet après 9 heures du soir. . . .   289
Après dix heures du soir. — Deux amis arrivent à mon
    secours. — Je suis pansé à six heures du matin. —
    Je considère mon bras pour la dernière fois. — On
    me vole mon portemanteau.   295
Je repasse le Danube. — L'aide de camp. — J'arrive à
    Vienne. — Ma situation à l'hôpital.   301

Époque de la fête de Napoléon. — Je me présente à l'Empereur au palais de Schœnbrunn. — Affabilité de l'Empereur envers moi. — Ma dotation. 306
Départ de Vienne. — Séjour à Lintz. — Ma réclamation au 8ᵉ régiment de chasseurs. 311
Circonstances de mon départ pour Lintz. — Terrible maladie à l'hôpital de Passau. 314
Suite de mon voyage depuis Passau. 318
Suite de mon voyage en Allemagne. — Mon séjour à Strasbourg. 320
Mon départ de Strasbourg et mon retour chez mon père. . 322
Conclusion de mon ouvrage. 324